ORIENS

P

13

14

P

O

Explication der andern Carten worin
der Morgen zu 120 Ruthen gerechnet

Lit	Nahmen der Reviers	Morg.	R.	R.
M	Der Paderbornsche halß	1129	2	8
N	Der Kohlgrund	931	–	21
O	Der Hilsgrund	504	2	10
P	Der Kruppen busch	450	–	2
P	Das Krebenlau	7	–	21
	Summa =	3031	2	7

Cordula Marx / Agnes Sternschulte (Hrsg.)

„... so frei, so stark ..."

Westfalens wilde Pferde

Klartext

Schriften des Westfälischen Freilichtmuseums Detmold
– Landesmuseum für Volkskunde –
herausgegeben im Auftrag des Landschaftsverbandes Westfalen-Lippe
von Stefan Baumeier

Band 21
Herausgegeben von Cordula Marx und Agnes Sternschulte

CIP-Einheitsaufnahme – Die Deutsche Bibliothek

„... so frei, so stark ..." : Westfalens wilde Pferde / [hrsg. im Auftr. des
Landschaftsverbandes Westfalen-Lippe]. Cordula Marx/Agnes Sternschulte
(Hrsg.). – 1. Aufl. – Essen : Klartext, 2002
    (Schriften des Westfälischen Freilichtmuseums Detmold –
    Landesmuseum für Volkskunde ; Bd. 21)
    ISBN 3-89861-082-9

Die Umschlagabbildungen zeigen einen Ausschnitt aus dem Ölgemälde „Sennelandschaft mit Pferden"
von Carl Rötteken und Gustav Quentell (Staffage), um 1860. Lippisches Landesmuseum Detmold.

Vor- und Nachsatz zeigen eine Karte und Beschreibungen über die dem lippischen Landesherrn zustehenden
Waldungen. Lopshorn. Kolorierte Handzeichnung von Förster Christian Jacob Feige, 1756. NRW Staatsarchiv Detmold

1. Auflage April 2002
Lektorat: Christine Waßmann, München
Umschlagentwurf: Angelika Reuter AGD, Holzminden
Satz und Gestaltung: Klartext Verlag
Lithographie: Klartext Verlag, Essen
Druck und Bindung: Meiling Druck, Haldensleben
© Klartext Verlag, Essen 2002
ISBN 3-89861-082-9

Pferde als treue Begleiter
der Menschen in Westfalen

Pferde sind unentbehrliche Begleiter und Partner über Jahrhunderte. Westfälische Geschichte ist ohne sie nicht denkbar. Auch der LVM ist eng mit den westfälischen Pferden verbunden. Vor mehr als 100 Jahren war es Burghard Freiherr von Schorlemer-Alst, der den Anstoss zur Gründung des „Westfälischen Bauernvereins" gab, den späteren Mitbegründer des LVM. Unabhängig davon enstand ebenso auf seine Initiative das „Westfälische Pferdestammbuch".

Wer einmal der Faszination der Pferde erlegen ist, kommt meist sein Leben lang nicht mehr von ihnen los. Im Pferd vereinen sich Anmut, Kraft, Ausdauer und Treue zu großer Harmonie. Die Begegnung mit diesen schönen Tieren weckt in fast jedem Menschen bestimmte Bilder und Vorstellungen. Pferde sind auch heute immer noch unverzichtbarer Teil der Welt und unseres Lebens, sie gehören zu uns Menschen.

Das vorliegende Buch dokumentiert in eindrucksvoller Weise die zeitlose Botschaft Westfalens wilder Pferde. Denn diese Pferde sind eine Ergänzung zu ihren hochgezüchteten Artgenossen auf der Rennbahn, im Dressurviereck und Springparcours. Pferde in der Natur, in freier Entfaltung und ohne Einengung durch den Menschen.

Im Laufe der Geschichte des LVM nahm das Pferd eine bedeutende Rolle ein. Nicht nur im Rahmen von speziellen Pferdeversicherungen, sondern auch – dem Landeswappen Nordrhein-Westfalens entliehen – in unserem Logo. Für uns war es deshalb keine Frage, das Projekt „Westfalens Wilde Pferde" zu unterstützen.

Gerd Kettler, Vorstandsvorsitzender des
LVM Landwirtschaftlichen Versicherungsvereins Münster a.G.

Inhalt

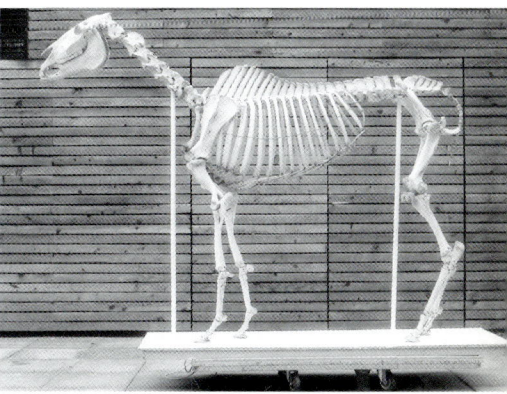

Gegenwart
Anknüpfen und Bewahren

Zukunft
Pferde in der Landschaftspflege

Anhang

Einführung

Cowboys, galoppierende Pferde mit wehenden Mähnen, weite, unbesiedelte, bis zum Horizont unbegrenzte Flächen ... – mit Wildpferd assoziiert wohl jeder die Mustangs in Nordamerika. Ein wenig näher sind den Europäern vielleicht die weißen Hengste der Camargue, die sich in den 1950er Jahren noch einmal mit dem Kinderfilm „Crin Blanc" beziehungsweise „Der weiße Hengst" tief in das kulturelle Gedächtnis einer Generation eingeprägt haben. Aber die Schimmel der Sümpfe, auf deren plötzliches Auftauchen im Schilf und Morast des Rhône-Deltas jeder Pferde- und Frankreichfreund hofft, werden weniger mit Begriffen wie Trittsicherheit, natürliche Auslese und Überleben in der Anpassung an den Lebensraum verbunden als mit Werten wie Freiheit und Stärke. Kaum hat man diese Bilder der sich gegen den Einfluss der Menschen aufbäumenden Hengste auf die Höhe der eher kleinen Schimmelhengste zurückgeholt, erscheint vor dem inneren Auge der Marlboro-Mann – die Hufe trommeln im wilden Galopp und treten wieder Bilder los – von Kraft, Schönheit, freiem, ungebundenem Leben in Einklang und ungestörter Harmonie mit der Natur. Einen prickelnden Nervenkitzel beschert uns die Vorstellung von ungebremster Geschwindigkeit und Stärke, von ungesicherter Abkehr von der Zivilisation.

Der Titel dieses Buches und Ausstellungsbegleitbandes „... so frei, so stark ... – Westfalens wilde Pferde" knüpft an solche überkommenen Bilder an, sein Ziel ist jedoch, das Wildpferd in den geschichtlichen, gegenwärtigen und zukünftigen Kontext vieler Fachdisziplinen zu stellen. Vor allem steht uns das wilde Pferd schon räumlich sehr viel näher als die meisten annehmen: Die westfälischen Brüche und Wälder waren in der Vergangenheit durch ihre große Zahl an Wildbahngestüten im Besonderen „Heimat der wilden Pferde". Aus der Senne, dem Emscherbruch, der Davert, dem Merfelder Bruch, der Letter und Stever Mark, dem Mindener, Arnsberger und Hardehauser Wald sowie dem Duisburger Wald an der Grenze zu Westfalen liegen Nachrichten über Wildbahnen vor, in denen die Pferde frei lebten und der Mensch wenig eingriff. Seit dem Erscheinen des Werkes von Hans Peter Lampe 1977 hat sich niemand mehr auf die Hufspuren der wilden Pferde begeben.

Die meisten Gestüte, deren Anfänge sich oft im „Dunkel der Vorzeit" verlieren, werden im Zuge der Markenteilung zu Beginn des 19. Jahrhunderts aufgelöst und können den Forderungen einer sich intensivierenden Land- und Forstwirtschaft, die Freiräume des störenden Konkurrenten zu beschneiden, nur unter der Schirmherrschaft einzelner Adelsfamilien standhalten. Der Beitrag zur Entwicklungsgeschichte des Pferdes erinnert an die zeitlichen Dimensionen der Herausbildung der Spezies Pferd und seine an den Lebensraum angepassten Charakteristika des pflanzenfressenden Fluchttiers. Das Pferd prägt ihm überlassene Landstriche, bis der Mensch mit den technischen Möglichkeiten des 19. Jahrhunderts in kurzer Zeit beispielsweise die Bruchlandschaft des Emscherbruchs irreversibel in eine Industrie- und später in eine Sanierungsregion verwandelt. Nicht nur die Landschaft, sondern auch die Rolle des Pferdes und der fürstlichen Gestüte verändert sich: Bis ins 19. Jahrhundert sind die durch ihre halbwilde Haltung widerstandsfähigen und an die Umweltbedingungen besonders angepassten Pferde, insbesondere die durch ausgesuchte Deckhengste veredelten Senner, willkommene diplomatische Geschenke und auf Auktionen gefragt. Eisenbahn und Automobil führen zu Funktionsverlusten: Im Alltag der fürstlichen und adeligen Familien spielen Pferde vor allem im Bereich des Sports, insbesondere der Jagd noch eine wichtige Rolle. Für diese Phase des Wandels vermittelt der Bericht eines Stallmeisters des Sennergestüts eine authentische Vorstellung von den Abläufen und der Führung eines halbwilden Gestüts. Das Westfälische Freilichtmuseum Detmold – Landesmuseum für Volkskunde – ist über seinen ökologischen Einsatz für gefährdete Haustierrassen und kulturhistorisch gewachsene Landschaften hinaus besonders eng mit den in ihrer Existenz bedrohten Sennern verbunden. Ab 1850 dient das heutige Museumsgelände als Weide und Außenstelle des fürstlichen Gestüts, bevor es eine Zeit lang einziger und letzter Standort der nun in die Hände des Verbandes Lippischer Pferdezüchter übergebenen Pferde ist.

Aber unser Ritt durch die Geschichte der wilden Pferde löst sich auch vom geografisch definierten Raum und der westfälischen Region. Das Pferd ist aus der Kunst ebenso wenig wegzudenken wie die Heerscharen von Mädchen von den Reiterhöfen oder die unüberschaubare Zahl von Pferdezeitschriften, -kalendern, Barbie- oder Steiff-Pferden aus ihren Kinderzimmern. In der Kunst findet die enge und besondere Beziehung zwischen Mensch und Pferd in jeder Epoche ihren Ausdruck. Die bildlichen Darstellungen offenbaren die vielfältigen Funktionen des Pferdes – von der lebenden Insignie des Herrschers über sein mythisch-spirituelles Symboldasein bis hin zu seiner Bedeutung als Metapher für die romantische Sehnsucht nach Naturverbundenheit und der Befreiung von Zwängen, die auf den heutigen Plakatwänden fortlebt. Mit dem Verschwinden des Pferdes aus dem Alltag der Menschen des 20. und 21. Jahrhunderts kehrt es in der Kunst in die mythische Vorstellungswelt zurück. In der Pferdewelt der Reiterhöfe gewinnt gleichzeitig das weibliche Geschlecht zahlenmäßig die Oberhand. Neben das Interesse am Sport tritt bei den Heranwachsenden angesichts dieses letzten und größten Kuscheltiers ein Bindungs- und Fürsorgemotiv. Die stärkere Beziehung zum Pferd scheint zumindest punktuell mit einer entscheidenderen Rückwirkung auf die eigene persönliche und psychische Entwicklung zu korrelieren.

Die Volkskunde folgt nur im verlangsamten Schritt der Entwicklung von der traditionellen zur gegenwärtigen Pferdekultur. Nach der Ablösung des Pferdes in der Landwirtschaft und bei Festbräuchen hat die volkskundliche Forschung erst zum Sprung angesetzt, um die Hürde zur Erforschung des Pferdes der Freizeitgesellschaft, der Medien und seines Einsatzes bei politischen Aktionen zu nehmen.

Unterdessen erreicht unsere Herde wilder Pferde sehr dezimiert die Gegenwart: Die vom Menschen aufgestellten Hindernisse haben nur die Dülmener und die Senner überwunden. Die Dülmener Herde an der mit viel Einsatz geführten langen Leine der Herzöge von Croy ist die letzte bodenständige, wild lebende Kleinpferdrasse. Nicht so konti-

nuierlich verlief das Leben der Senner-Pferde. Die Reste der in völliger Auflösung befindlichen „Herde" wurden durch einen engagierten Privatmann, Karl-Ludwig Lackner, zusammengeführt und neu aufgebaut. Nach 30-jährigem Beharren auf Wert und Besonderheit dieser lippischen Rasse ist das Brandzeichen der Sennerpferde wieder in ein eigenes Stutbuch beim Westfälischen Pferdestammbuch, auf die Listen der bedrohten und förderwürdigen Pferderassen und ins Bewusstsein der Öffentlichkeit gebrannt. Genetische Untersuchungen der Stutenlinien der Senner streuen dies „tierische" Engagement mit wissenschaftlichen Ergebnissen ein: Die Senner gehen auf eine sehr alte und seltene Stutenlinie zurück, die sie besonders erhaltenswert macht. Denn - dieser grundlegende Baustein eines Pedigrees wilder Pferde sei an dieser Stelle nachgeliefert – im zoologischen Sinne sind die Pferderassen der Wildbahngestüte keine Wildpferde. Allein die 1878 „wiederentdeckten" Przewalski-Pferde lassen sich auf die ursprünglichen Wildpferde zurückführen. Die Wildpferderomantik reduziert sich damit endgültig auf den Mythos, aber die Rassen wild gehaltener Pferde – wie zum Beispiel die Dülmener –, die bis heute überlebt haben, werden als genetische Ressourcen gegenüber den hochgezüchteten sehr geschätzt und sind besonders erhaltenswert. Seit nunmehr 20 Jahren koordiniert in Deutschland die Gesellschaft zur Erhaltung alter und gefährdeter Haustierrassen die Bemühungen um die 14 im Jahr 2002 als gefährdet eingestuften Pferderassen. Wissenschaftliche Erforschung, Zucht, Tier- und Naturschutz und das Bemühen um die Unterstützung durch alte und neue Pferdefreunde werden in der Hand des Rassebetreuers gebündelt. Die Beobachtung der wild lebenden Dülmener Herde erlaubt angeborenes und im Umgang mit dem Menschen erworbenes Verhalten neu zu entdecken und zu unterscheiden. Die Erkenntnisse über das arttypische Verhalten fließen ein in Reformen der Pferdehaltung: Zum Beispiel widersprechen der Herdentrieb und die ständige Bewegung des Pferdes der Boxenhaltung und das Bedürfnis nach kontinuierlicher Nahrungsaufnahme einer punktuell ein- bis zweimal am Tag erfolgenden Fütterung.

Aber es wird nicht nur der passive Erhalt der alten robusten Rassen mit ihren Qualitäten wie Widerstandsfähigkeit, Genügsamkeit, Gesundheit, Langlebigkeit und langer Fruchtbarkeit angestrebt – den „wilden Pferden" wird eine aktive Rolle in der Landschaftspflege übertragen. Vermehrt entstehen Projekte mit dem Ziel, die Nachkommen der robusten Rassen wieder auszuwildern. Im Naturschutzgebiet Moosheide in der Senne läuft ein Versuch zur Erhaltung und Verbesserung trockener Grasheiden mit Senner-Pferden. In den Przewalski-Reservaten der Uckermark und Schorfheide in Brandenburg beobachten Wissenschaftler den Einfluss der Beweidung auf die Vegetation. Erstes Re-

sultat ist, dass sich robuste Pferderassen bei entsprechenden Voraussetzungen insbesondere in Kombination mit
Rindern gut eignen. Bei aller Liebe zum Pferd sollte man die
landschaftsgestaltende Mithilfe der übrigen Großsäuger
nämlich nicht vergessen. Dennoch eignet sich der Rücken
der Pferde am besten, um Züchter, Naturschützer, Touristen
und Pferdeliebhaber gemeinsam in die Zukunft galoppieren
zu lassen. Die Thesen und Ergebnisse, die wir bei der Beschäftigung mit der Entwicklung der Wildbahngestüte und
wild gehaltenen Pferde sichten, geben uns Anlass, einige
ein-, fest- oder durchgerittene Ideen zu überdenken. Andere
reizen dazu, ins Jagdhorn zu blasen und sich für die gefährdeten Rassen und einen arttypischen, an der wilden Haltung
orientierten Umgang mit Pferden einzusetzen. Zwar wird
man nie wieder, wie noch Hermann Löns Ende des 19. Jahrhunderts, unvermittelt im Teutoburger Wald und der Senne
auf wilde Pferde treffen: „Schnaubte es da nicht laut und
wild? Die freien Sennerpferde waren es, wohl dreißig, die da,
ledig vom Zaum und Eisen, nackt und ungeschirrt über die
Trift zogen, die Nasen im Wind, wie Wild." Aber sowohl im
Westfälischen Freilichtmuseum Detmold, das sich mit den
Stuten Nadine und Dorinah an der Zucht der Senner beteiligt, als auch im Wildbahnprojekt Senne grasen die Pferde
in art- und landschaftsgemäßer Form einer gesattelten und
ungesattelten Zukunft entgegen.

Allen, die dieses Pferdeprojekt so spontan unterstützt
und ohne Kraftfutter starke Leistung erbracht haben, ein
herzliches Dankeschön.

Unser Dank gilt allen Autorinnen und Autoren sowie fol-
genden Institutionen und Privatpersonen, die unser For-
schungs- und Ausstellungsprojekt durch ihre Beratung und
Leihgaben intensiv gefördert und unterstützt haben:
Westfälisches Museum für Naturkunde, Münster
    insbesondere Dr. Alfred Hendricks, Dr. Brunhild Gries
    und den Präparatoren Werner Beckmann und Wilfried
    Stöhr, die sich um die zwei Emscherbrücher verdient
    gemacht haben.
Lippisches Landesmuseum Detmold
    insbesondere Prof. Dr. Rainer Springhorn, Dr. Imke
    Tappe-Pollmann, Vera Scheef, Jürgen Ihle
Lippische Landesbibliothek Detmold
Deutsches Pferdemuseum Verden –
    Dr. Dietrich Fröba und Britta Stühren
Emschertalmuseum Herne, Dr. Alexander von Knorre,
    Dr. Heinrich
Stadtmuseum Hofgeismar – Helmut Burmeister
Westfälisches Pferdemuseum Münster – Silvia von Heere-
    mann, Dr. Ulrich Hermanns
Rheinisches Archiv- und Museumsamt, Archivberatungs-
    stelle – Dr. Dieter Kastner

Stadtarchiv Recklinghausen – Dr. Matthias Kordes
NRW Staatsarchiv Münster. Dr. Veddeler, Dr. Müller
NRW Staatsarchiv Detmold – Dr. Hermann Niebuhr,
    Matthias Schultes
Diözesanarchiv Paderborn – G. Sander
Stadtarchiv Bad Lippspringe
Stadtarchiv Dülmen – Dr. Hemann
Familie Lackner, Borgholzhausen
Biologische Station Senne
Gesellschaft zur Erhaltung alter und gefährdeter
    Haustierrassen e.V.
Erbprinz Rudolf von Croy
Herzog von Croysche Verwaltung – Herr Knoke
Dr. Maximilian Graf von Spee, Schloss Heltorf
Dr. Armin Prinz zur Lippe, Prinzessin Traute zur Lippe,
    Schloss Detmold
Familie Bolhöfer, Domäne Möllenbeck
Wilhelm Meyer zu Hölsen, Bad Salzuflen
Karl-Ludwig Busse, Pottenhausen

Familie Meyer, Lemgo
Familie Lüpke, Lemgo
Hanskarl von Unger, Duisburg
Dieter Schinner und Andreas Krukemeyer für ihre
    Fotografien
Marion Vogel
Wisentgehege Springe – Herr Henning
Wisentgehege Hardehausen – Herr Gulnz
IG Dülmener Wildpferde e.V.
Andrea Heuer

Für Ihre Förderung danken wir unseren Partnern
LVM Landwirtschaftlicher Versicherungsverein Münster a.G.
Großewinkelmann GmbH & Co. KG, Rietberg-Varensell

Stefan Baumeier, Cordula Marx, Agnes Sternschulte
Detmold, März 2002

Vergangenheit

Entwicklung und Verdrängung der Wildbahngestüte

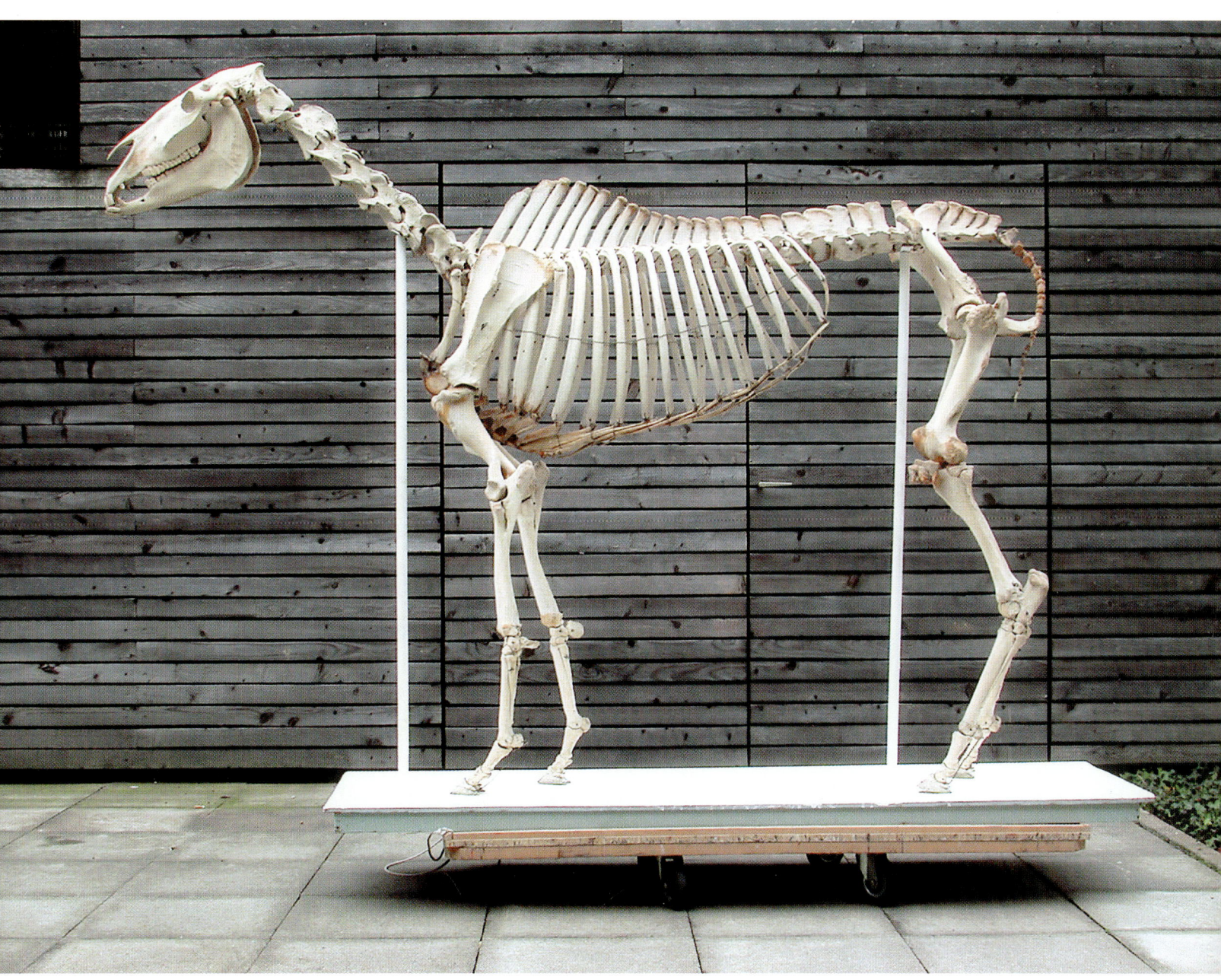

▲ *Vollständiges Skelett eines Senners – vermutlich von Garrick*

Cordula Marx

Die westfälischen Wildbahngestüte

Ein historischer Überblick

Wer nach den Wurzeln der westfälischen Pferdezucht sucht, stößt unweigerlich auf die Wildbahngestüte. Westfalen zeichnet sich durch die Anzahl dieser Gestüte und durch ihr Jahrhunderte langes Bestehen bis zum heutigen Tag aus.

Die bekanntesten westfälischen Wildbahnen sind die Davert, der Emscherbruch, die Senne, der Merfelder Bruch und der Duisburger Wald. Schon Freiherr Roth von Schreckenstein, der 1851 feststellt, dass „die Zahl der Pferde zwar erfahrungsgemäß in den Ländern abnimmt, wo die Zahl der Einwohner sich vermehrt, wo die industriellen Unternehmungen sich ausbreiten und wo der Grund und Boden geteilt und zuletzt sehr sorgfältig benutzt wird", führt die westfälischen Pferdestämme auf diese halbwilden Gestüte zurück.[1] Die Erinnerung an die wilden Pferde Westfalens wird vor allem durch die „Dülmener" wach gehalten, die weit über die Grenzen Westfalens hinaus Inbegriff der letzten in freier Wildbahn lebenden Pferde sind.

„Mit Auflösung der Gestüte verlor Westfalen …

… auf dem Gebiete der Pferdezucht immer mehr an Bedeutung."[2] Westfalens Wildpferde haben in der Fachliteratur periodisch immer wieder Beachtung gefunden. Chronologische Schwerpunkte sind in der Historiografie erkennbar. Solange die wilden Gestüte existieren, sind es vorwiegend Hippologen, die sich für Zucht und Haltung interessieren. Später werden sie oft von Heimatforschern abgelöst, die aber meistens das grundlegende Werk von Friedrich Karl Devens wiedergeben. Devens schrieb gegen Ende des 19. Jahrhunderts systematisch alle noch bestehenden Wildbahngestüte und letzte Zeitzeugen an und rettete damit viele Informationen.[3] Die letzte grundlegende Bestandsaufnahme des Vorkommens wilder Pferde in Westdeutschland hat Hans Peter Lampe vor einem Vierteljahrhundert – 1977 – vorgelegt. Die ältere Fachliteratur sammelt Material über die zum Teil nur punktuell zu belegende Existenz wilder Pferde. Dabei dient die Schilderung der ursprünglichen, in Westfalen beheimateten Naturrassen oft dazu,

den beklagenswerten Zustand der Pferdezucht in Westfalen nach 1815 herauszustellen. Der bereits zitierte Freiherr Roth von Schreckenstein bedauert, dass mit der Auflösung des Duisburger Gestüts „leider das Kind mit dem Bade ausgeschüttet wurde, indem man die vorhandenen Stammpferde verschleuderte und nicht im Geringsten daran dachte, diesen dauerhaften uralten Pferdestamm zu erhalten".[4] Nach ihrem Untergang werden die Gestüte retrospektiv idealisiert. Um 1900 findet eine erneute Rückbesinnung auf eine in Westfalen beheimatete „echte Naturrasse" statt, die aus den wilden Gestüten hervorgegangen sei. Da die Provinz Westfalen in züchterischer Hinsicht hinter den anderen Ländern der Monarchie und Preußen hinterherhinkt, erinnert man sich der westfälischen Spezifika: Wildbahngestüte, die nicht nur auf Leistung gezüchtet waren, sondern sich durch Gesundheit, Robustheit und Widerstandsfähigkeit auszeichneten.[5] Auch Gustav Rau, der anlässlich der Hamburger DLG-Ausstellung 1910 die inzwischen anerkennenswerten Leistungen der westfälischen Zucht hervorhebt, hat die selbstständigen lokalen Rassen, die über die Grenzen der Provinz bekannt waren, im Blick.[6] Am Ende des 20. Jahrhunderts steht fest, dass Westfalen, ein Bundesland mit Pferd im Wappen, ein wahres Pferdeland ist. Statistisch ist dies belegbar: In keiner anderen Region gibt es so viele Pferde, organisierte Pferdesportler und Freizeitreiter wie in Westfalen. Auch die Konzentration pferdesportlicher und züchterischer Institutionen ist hier besonders dicht. Die Zeitreise zu den Ursprüngen, zu den ersten Hufspuren, hat nun eine neue Perspektive.[7]

Im letzten Jahrhundert wurde die Diskussion um die Wildpferde entscheidend von der Entdeckung des Prze-

▲ *Przewalski-Hengst im Wisentgehege Springe. 2002 im Westfälischen Freilichtmuseum Detmold zu Besuch*

gen die Semi-Reservate ausgewilderter Pferde der Gegenwart und Zukunft.

„Das Senner Pferd ...

... umgibt als das letzte deutsche Wildpferd etwas Sagenhaftes."[10] Hauspferd oder Wildpferd? Wilde Pferde oder verwilderte Pferde? Lassen sich die Pferde der wilden Gestüte wirklich auf die Wild- und Urwildpferde zurückführen? Lange versucht man die Pferde der wilden Gestüte in eine Linie mit den „kleinen unansehnlichen" Pferden der Germanenstämme zu stellen, von denen Tacitus und Cäsar berichten.[11] Tatsächlich waren – wie Lampe anhand der Funde nachweist – Wildpferde im gesamten westfälischen Raum von der Altsteinzeit bis zum Ende der Jungsteinzeit verbreitet. Als um etwa 2000 v. Chr. in ganz Europa und auch in Westfalen die Domestikation des Pferdes beginnt, greift man natürlich auf die regional vorhandenen Wildpferdebestände zurück. So plausibel diese Folgerung auch erscheint, rückwirkend lässt sich kein Zusammenhang zwischen den Pferden der Wildbahnen und den nach der Eiszeit noch vorhandenen Wildpferden nachweisen. Aber man

walski-Pferdes *(Equus przewalski Poljakoff)* und den Fangexpeditionen Hagenbecks belebt.[8] Das Bemühen um die Erhaltung der letzten Vertreter mündet in den Versuch, sie in ihren ursprünglichen Lebensräumen wieder heimisch zu machen. Heute begleitet die Forschung diese Projekte, die nicht nur in China und der Mongolei, sondern auch in zahlreichen europäischen Ländern im Rahmen eines europäischen Erhaltungsprojekts die Wildpferde auf ihre Freiheit vorbereiten.[9] Neben dem Artenschutz verfolgt man das Ziel, Kulturlandschaftstypen zu erhalten, die gefährdet sind und deren Struktur nicht zuletzt auf die Weidewirkung der Pferde zurückgeht. Auf die Wildbahngestüte von einst fol-

► *Urwildpferd aus der Serie „Pferderassen" von Richard Schönbeck, 1903, Verlag Otto Teichgräber Berlin. Chromolithographie*

Die Wildbahngestüte in Westfalen

Provinz Hannover

HOLLAND

Schaumburg-Lippe

Lippe-Detmold

Braun-schweig

Hessen-Nassau

RHEIN-PROVINZ

Waldeck

Provinz Hessen-Nassau

◄ Die Westfälischen Wildbahngestüte um 1900 – die Senne und der Duisburger Wald sind nicht mit einbezogen

Ungefähre Lage der westfälischen Wildgestüte

I Emscher-Bruch
II Davert-Wald
III Merfelder-Bruch
IV Tungerloher-Bruch
V Hardehauser-Wald
Arnsberger-Wald
VII Gutsbezirk-Meschede

kann davon ausgehen, dass Restbestände echter Wildpferde in den Gestüten aufgehen. Spätestens im Mittelalter ist jedoch das echte Wildpferd in Europa ausgerottet.[12] Dennoch berichten viele mittelalterliche Quellen von Wildpferden. In einem Brief von 723 an den Missionar Bonifatius verbietet Papst Gregor II. zum Beispiel, das Fleisch wilder Pferde zu essen. Im kaiserlichen Landfrieden vom 25. November 1371 schließt Karl IV. auch die wilden Pferde ausdrücklich in seinen Schutz ein.[13]

Aber wilde Pferde müssen begrifflich vom Wildpferd und dem verwilderten Pferd abgegrenzt werden. Das Wildpferd mit seinen Unterarten ist die Stammform des „Equus", aus der sich die Hauspferde entwickelt haben. Das Wildpferd beeinflusst der Mensch nicht direkt. Aber er beschränkt seinen Lebensraum und macht es zu seiner Jagdbeute. Unter wilden Pferden versteht man frei lebende Tiere, die sich, eingekreist von Kulturland, in Ödlandgebieten erhalten haben. Durch die Auswahl von Zuchthengsten, winterliche Zufütterung, Beseitigung kranker Tiere und Begrenzung des Lebensraums wirkt der Mensch auf ihre Entwicklung ein. Bölsche definiert die wilden Pferde der mittelalterlichen Quellen einerseits als die verwilderten

◄ Deckel des grundlegenden Werks über die wilden Gestüte von Friedrich Karl Devens, das seit 1898 in mehreren Lieferungen erschienen ist

Flüchtlinge aus Kriegszeiten, andererseits als die Kulturpferde, die in fürstlichen Gestüten in halbwildem Zustand gehalten werden. Andere Bezeichnungen sind Wildlinge und Wildfänge, im Lateinischen *equi silvestres* oder *equi vagi*.[14] Das bekannteste Beispiel für verwilderte Pferde sind die Mustangs Nordamerikas, die von den entlaufenen und verwilderten Hauspferden der spanischen Einwanderer abstammen, nachdem in Amerika selbst die Equiden vor 10.000 bis 12.000 Jahren ausgestorben sind.[15] Heute unterscheidet man noch zwischen den hochgezüchteten Hauspferdrassen und den so genannten Primitiv- oder Robustrassen, die unter naturnahen Bedingungen gehalten werden und als genetische Ressourcen besonders erhaltenswert sind.

Dazu zählen die englischen Exmoors, die polnischen Koniks, die französischen Camargue-Pferde, die portugiesischen Sorraias und die Dülmener des Merfelder Bruchs.[16] Die Nähe zu ihren Ahnen ist bei diesen primitiven Hauspferden daran erkennbar, dass sie ein gewisses Wildpferderbe bewahrt haben: Merkmale sind die Stehmähne, der Aalstrich, eine Zebrastreifung an den Außenseiten der Vorder- und Hinterbeine. Die graue Fellfarbe führt man auf den südrussischen Tarpan, die falbe auf das mongolische Przewalski-Pferd zurück. Abzeichen und Fehlfarben, zum Beispiel Albinos, kamen auch schon bei Wildpferden vor.[17] Im Stutbuch des Sennergestüts wird noch im 19. Jahrhundert zumindest bei einer Stute auf den Aalstrich verwiesen. Nach Aussage des heutigen Züchters ist bei manchen Fohlen nach der Geburt eine Zebrastreifung zu beobachten, und ein Teil der Senner trägt immer noch den Aalstrich. Damit haben die lange Zeit wild lebenden Senner wie auch die Dülmener bis heute ein Wildpferderbe bewahrt.[18]

„Aus diesen beyden Arten derer wilden Gestüte kommen ...

... nun die weltberühmten Pferde, welche alles ausstehen können und dabey mit der schlechten Kost vorlieb nehmen."[19] Der Abgrenzung von wilden und Wildpferden entspricht die Unterscheidung zwischen wilden, halbwilden und zahmen Gestüten. Als wilde Gestüte definiert die Encyklopädie der Wissenschaften und Künste 1856 solche, in denen Hengste und Stuten herdenweise in Gemeinschaft weiden, sich fortpflanzen und vermehren, ohne dass Menschen darauf einwirken."[20] Sie sind das ganze Jahr bei jeder Witterung ununterbrochen im Freien, suchen sich ihre gesamte Nahrung selbst und vermehren sich wild. Ihre Freiheit wird allein durch eine gewisse, wenn auch dürftige Aufsicht von Hirten eingeschränkt, die die Eigentumsrechte ihrer Herren wahren. Im Gegensatz dazu werden in halbwilden Gestüten, „die freigehenden Stuten einer Gegend (...) von zahmen Hengsten (...) belegt, um durch diese der ganzen Zucht die beabsichtigte Richtung zu geben."[21] Die halbwilden Gestüte werden während der Winterzeit unter Schuppen oder in Ställe oder Erd- und Mistumwallungen gestellt und gefüttert und vor den Unbilden der Witterung geschützt. Manche halbwilden Gestüte lassen ihre Pferde auch während der Winterzeit, wenn es der Schnee erlaubt, auf die Weide gehen. Die meisten verzichten auf die Winterweide, um Größe und Wachstum der Pferde nicht zu beeinträchtigen. Die Kosten für die halbwilden Gestüte sind nicht hoch. Das Gelände wird unentgeltlich genutzt, und im Winter wird knapp gefüttert – bleiben die Unterbringung und die Kosten für die Anschaffung eines Beschälers. Die Gestüte sollen ein schnelles, starkes Pferd zum Reiten oder Fahren liefern und meis-

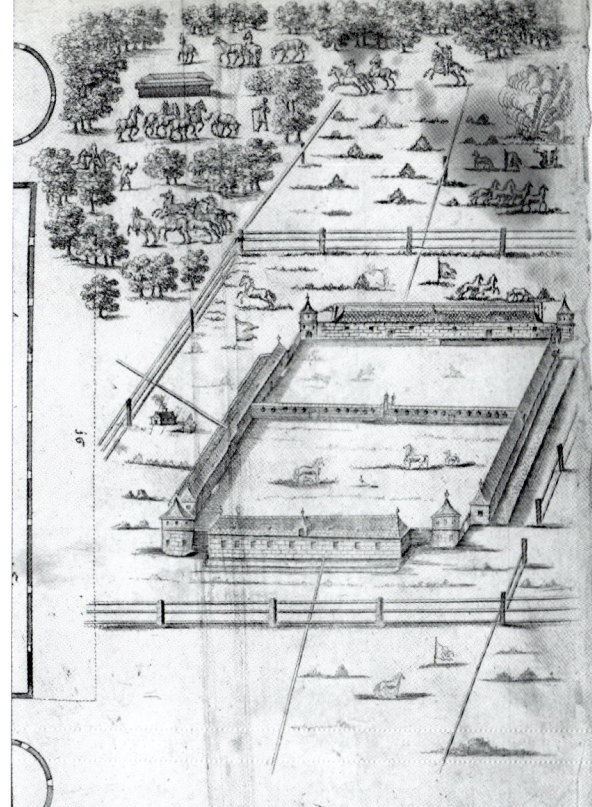

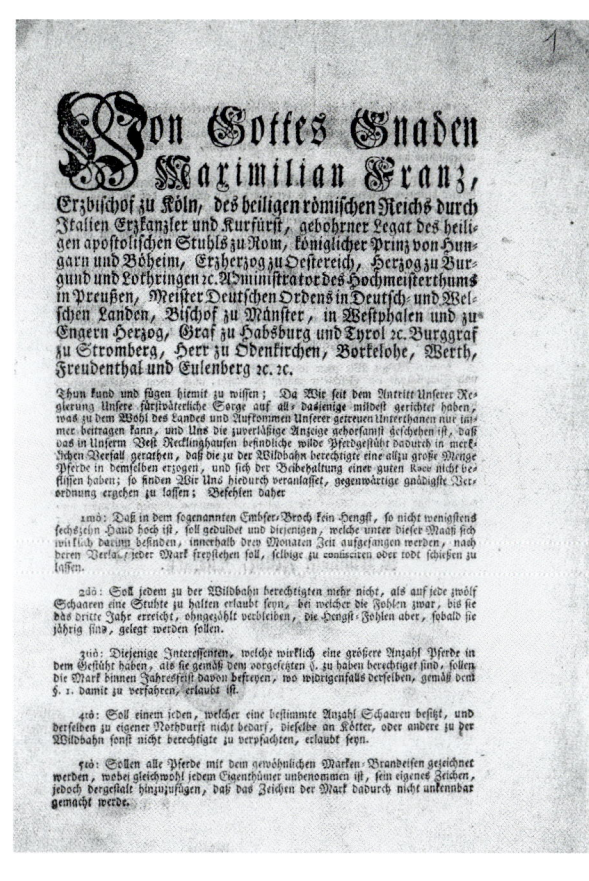

◄◄ *Darstellung eines Gestüts aus Georg Simon von Adlersflügel, Neuer und vermehrter Tractat von der Stuterey oder Fohlenzucht. Nürnberg 1687*

◄ *Gestütsordnung für den Emscherbruch von 1785*

tens nur den Bedarf des Züchters decken. Dabei kann es sich um die Hofhaltung eines weltlichen oder geistlichen Herrn handeln. Unter den halbwilden Gestüten werden jedoch nur die Stutenstämme verstanden, die den bleibenden Bestand bilden. Dementsprechend bedeutet auch das alte sächsische Wort „Wilde" Mutterpferd.[22] Das Sennergestüt, welches wie alle Wildgestüte älter ist als bezeugt werden kann, hat alle Formen des Gestüts durchlaufen: Von einem wilden wandelt es sich in ein halbwildes, dann durch den Verzicht auf Winter- und Waldweide und die Einführung von Haferfütterung in ein zahmes Gestüt. Diese Entwicklung nehmen die meisten Wildgestüte, wenn sie überhaupt dem Ausgreifen von Forst- und Landwirtschaft und menschlicher Besiedlung standhalten.[23]

„Seit Urzeiten sind die Brüche Westfalens ...

... immer ein idealer Zufluchtsort für das Wild gewesen, so auch für die Wildpferde (...)."[24] Einige Autoren gehen davon aus, dass alle westfälischen Wildbahnen ursprünglich ein großes, zusammenhängendes Gebiet vom Duisburger bis zum Teutoburger und Reinhardswald gebildet haben. Mit der zunehmenden Besiedlung werden die Pferde in isolierte Bahnen gedrängt.[25] Dabei handelt es sich meistens um periphere Flächen, die für den Menschen bei dem damaligen Stand der Technik nicht nutzbar waren: meist leicht versumpfte Gebiete mit struppigem Wald, Erlenbrüchen, Heide- und Moorniederungen. Der bekannteste Bruch, der bis in die erste Hälfte des 19. Jahrhunderts Wildpferde beherbergt, ist der Emscherbruch mit seinen Emscherbrücher Dickköpfen, die diese Landschaft mitgeprägt haben.

„Wo heute die Eisenbahnen, Automobile und Straßenbahnen dahinbrausen ...

..., wo Tausende von Rauchschloten in die Luft ragen, wo die schweren Hämmer der Eisenwerke erdröhnen, im Tal der Emscher, war bis vor neun Jahrzehnten die Heimat wilder Pferde, die in diesem Revier, auf meilenweiten Flächen, in Rudeln zusammengeschart, aller Fesseln bar, ein ungebändigtes, freies Leben führten."[26]

Überlieferung: Überwältigt von dem atemberaubend schnellen und irreversiblen Wandel leitet Friedrich Karl Devens mit diesen Worten seine grundlegende Abhandlung über die Emscherbrücher Wildbahn ein. Alle späteren Arbeiten zur Wildpferdezucht des Emscherbruchs und zum Cranger Pferdemarkt stützen sich auf sein Werk und die heimatgeschichtliche Schrift des Wanner Postboten Gustav Heglers. Beide haben noch Kontakt zu Zeitzeugen und profitieren von den Erinnerungen und wohl auch bereits ausgeschmückten Erzählungen des Gemeindevorstehers von Crange, Heinrich Koch.[27] Die Adelsarchive der Wildbahnberechtigten, des Herzogs von Arenberg und des Grafen von Westerholt, spiegeln den Zustand der Wildbahn zu einem kritischen Zeitpunkt wider: Ab 1781 wird ganz dringlich eine Verbesserung des Gestüts gefordert. 1785 erlässt Maximilian Franz, Erzbischof zu Köln, eine Gestüts-

Die „letzten"
Emscherbrücher:
präparierte Stute und
hier das Fohlen aus dem
Westfälischen Museum
für Naturkunde, Münster

ordnung, die aber von den Markengenossen schnell wieder in Frage gestellt wird. Auf diesen Grundlagen beruht der folgende Steckbrief:

Wildbahn: „Die Vestische Wildbahn, welche unter dem Nahmen vom Embser Bruch bekant ist, begreift eine Strecke von ungefehr 7 Stunde länge auf zwei bis dritte halb breite." Sie ist 25 Kilometer lang und 6 Kilometer breit und umfasst eine Fläche von 10.000 Hektar oder 40.000 Morgen. Die Wildbahn liegt vor allem rechts der Emscher. Die kleine Emscher, der Boy, die Flötte und der Welheimer Mühlenbach fließen durch das Gebiet, das in acht Marken eingeteilt ist. „Deren Nahmen sind die Welheimer, Hörster, Berger, Reeser, Herter, Hochlarer, Recklinghäuser und Suderwicher."[28] Zwischen den Marken gibt es teilweise Wälle, Gruben und Frechtungen, aber eine vollständige Absperrung ist schon auf Grund des zugelassenen Weidegangs des anderen Viehs nicht möglich. Die Marken haben deshalb ihren wilden Pferden den freien Durchstrich eingeräumt.[29]

Exterieur: Die Emscherbrücher sind von gedrungenem, sehnigem Körperbau, haben eine stark gewölbte Brust, einen niedrigen Widerrist. Sie sind nicht groß: „Die Pferde, die damals [vor 1785] die Marken bevölkerten, waren ächte Wilde, sie waren klein bis zum karikaturmäßigen, allein dauerhaft, behende und leicht zu ernähren."[30] Die Gestütsordnung von 1785 versucht, die Größe der Pferde zu regulieren, indem sie vorschreibt, dass alle Hengste unter 16 Hand ausgefangen werden müssen.[31] Die Emscherbrücher schwanken dann zwischen einem Stockmaß von 1,50 und 1,60 Meter. Die veredelten sind später bis zu 1,70 Meter groß.[32] Ihren Spitznamen im Volksmund, „Dickköppe", tragen sie auf Grund ihres breitstirnigen Kopfes mit stark hervortretenden Augenbogen, ihres ausgeprägten Unterkiefers und ihrer weiten Kinnladen.[33] Vorherrschende Farben sind Fuchsig, Schwarz und Braun, während Schimmel selten sind. Abzeichen kommen vor. Ein Stirnschopf fällt ihnen

weit über die Augen. Mähnen- und Schweifhaar sind mächtig. Das dichte, struppige Fell schützt sommers und besonders winters vor der Witterung. Die Unterscheidung, die Devens zwischen einem ursprünglichen und einem veredelten Schlag macht, geht vermutlich auf die seit 1785 eingesetzten Beschäler zurück.[34]

Lebensweise: Entsprechend einem wilden Gestüt leben die Pferde wie das Wild in Rudeln – ein Leithengst zieht mit bis zu 20 Stuten auf ihren Wechseln durch den Bruch. Sie durchschwimmen auch die Emscher, kehren aber immer zurück. Da die Hengstfohlen nicht ausgefangen und „bis zum Jahre 1785 ihre Fortpflanzung einzig der Natur überlaßen wird", werden heftige Hengstkämpfe ausgetragen. Der Überlieferung zufolge werden nach 1785 spanische und türkische Beschäler eingesetzt. Devens vermutet, dass man auch die ebenfalls aus wildem Gestüt stammenden Senner zur Veredelung gewählt hat.[35]

Nahrung: „Sie ernähren sich der Regel nach im Winter und im Sommer selbst ohne Zuthun ihrer Eigentümer. Dieser letzte Umstand verlockt viele Unterthanen zur Pferdezucht; wer sich einmal eine wilde Stute angekauft hatte, der bedürfte sich ferner nicht mehr darum zu bekümmern."[36] Erst nach 1785 wird regelmäßiger Winterfutter – Klee und Grasheu – in den Wald gefahren. Ansonsten begnügen sich die Pferde mit dem, was sie finden: Bucheckern, Eicheln, verdorbenes Gras, Baumrinde und Heidekraut. Die Verbissschäden durch die Pferde sind aber viel geringer als die des Rotwilds. Wenn sie im strengen Winter auf die Felder der Bauern austreten, setzen diese sich zur Wehr, indem sie mit Salz und Pfeffer auf die Pferde schießen. Als 1808 das Interesse an der Wildpferdzucht nachlässt und die „weit vorteilhaftere Rindviehzucht" befürwortet wird, wird die Wildbahn im interessanten Vergleich zu den „unübersehbaren, offenen Waiden" Polens, Russlands und Ungarns als „sumpfige Wälder" beschrieben, „in welchen die besten Waide-stellen durch Holz bedeckt, nur ein mattes, saures Graß, die offenen aber mehr Heide, als Graß, hervorbringen und die noch dazu vom ersten Kaimen der Halme bis spät in den Herbst von einer unzähligen Menge Hornvieh beweidet werden, so dass die großen Pferde selbst im Sommer kaum hinreichend Nahrung darin finden (...)."[37] Die Zufütterung sei für einfache Bürger zu zeit- und kostenaufwändig: muss doch nach langem Weg, etwa von Recklinghausen, abgewartet werden, dass die richtigen Pferde das zugedachte Heu verzehrt haben.

Während Devens die Pferde von Krankheiten freispricht, wissen die Quellen, dass viele Pferde das vierte Jahr nicht erreichen. Nur die Gesunden und Kräftigen haben eine Chance in Freiheit zu überleben.

Wildbahnberechtigte: Als Inhaber des Wildbanns steht dem Landesherrn das Recht an den wilden Pferden zu, welches er aber an andere verleihen kann. Die Berechtigung

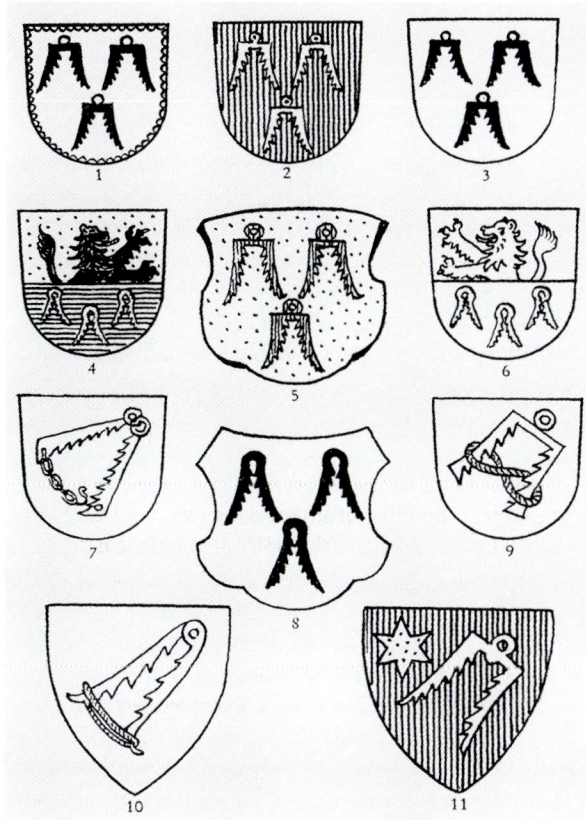

der Rittergutsbesitzer und Gemeinden leitet sich aus den Forst- und Weidegerechtsamen her: „Die adliche Häuser, die in der Mark zu Holtz und Graß ein unbeschränktes Recht besitzen, haben ein gleiches zur Wildbahn." Das Recht der Bauern ist beschränkt, während die Kötter gar nicht zur Wildbahn zugelassen waren. Erst nachdem die Gestütsordnung von 1785, das Recht Pferde zu halten, für veräußerlich erklärt hat, können es Kötter pachten. Weil vor dieser Zeit jeder beliebig viele Pferde gehalten hat, wird die Anzahl nun an die ihm zustehenden Scharen (Markenrechte) gebunden: Auf je zwölf Scharen darf eine Stute gehalten werden. Eine Schätzung ergibt eine ungefähre Anzahl zugelassener Pferde für die einzelnen Marken ohne die unbestimmte Zahl der adeligen Häuser. Bei den Vorbereitungen der Reformen rechnet man 1781 im Ganzen mit 700 bis 800 Stuten. Mit den zwei- bis dreijährigen Fohlen ergibt sich eine Zahl von zirka 1.500 Pferden.[38] An der Wildbahn sind 26 Rittergüter beziehungsweise ihre wechselnden Besitzer berechtigt, darunter Horst, Strünkede, Bladenhorst, Dorneburg, Haus Crange und die Äbtissin von Essen.[39] Viele der Geschlechter machen ihr dingliches Recht an den Pferden nicht nur durch ein eigenes Brandzeichen deutlich, mit dem die Einjährigen zusätzlich zum Markeneisen gebrannt werden. Nur in dieser Wildbahn fließt der Stolz auf das Recht an den wilden Pferden sogar in die Wappen der Adelshäuser ein: Die Familien führen darin eine Prame oder Pferdebremse. Mit diesem zangenähnlichen, innen oft gezahnten Gerät klemmt man die Pferdelippe ein. Die knebelnde Wirkung nutzt man zur Zähmung der eingefangenen Pferde.

Pferdefang und Pferdemarkt: In der Erinnerung der Menschen der Region leben die Emscherbrücher vor allem durch die Erzählungen von den Pferdestrickern und durch die Cranger Kirmes weiter. Bernhard von Großfeld, Jan van Leythe oder Bernhard Vogelwiesche heißen die berühmten Trapper, deren Namen und Taten unvergessen sind. Die traditionell am Fest des Hl. Laurentius, dem 10. August, stattfindende Cranger Kirmes, hat sich inzwischen zum „Oktoberfest des Westens" entwickelt – aber ihren Ursprung hat sie im Verkauf der wilden Pferde.[40] Die wilden Pferde werden entweder einzeln gefangen, oder vor dem 10. August wird eine Treibjagd abgehalten. Besonders spannend ist der Einzelfang. Der Pferdestricker wartet auf einem Baum an einem gewohnten Wechsel oder Standort der Pferde. Seinen Strick beziehungsweise das Lasso hat er an einem Ast befestigt, der stark genug sein muss, um die Flucht des Wildlings aufzuhalten. Handelt es sich um kapitale Hengste, gehen Wildfänger und Tier in geschichtenumwobenen Zweikämpfen gleichermaßen an die Grenzen ihrer Kräfte.[41] Die alljährlichen Treibjagden dienen dazu, die Pferde zu-

▲ *Pferdestricker im Emscherbruch Federzeichnung nach Steindruck von Theodor Rocholl, um 1898*

◄◄ *Pramen in Adelswappen aus dem Emscherbruch und Umgebung*

Cranger Kirmes und Pferdemarkt zu Beginn des 20. Jahrhunderts

► *Cranger Pferdemarken*

sammenzutreiben, um die Fohlen zu brennen, die Hengstfohlen zu schneiden und Pferde für den Cranger Markt auszusondern. Neben den Berechtigten müssen auch die Eingesessenen teilnehmen, Frauen eingeschlossen. Jede Mark ist verpflichtet, eine bestimmte Anzahl an Treibern zu stellen.[42] Die Pferde werden von Reitern in Fangställe, so genannte Schütten getrieben.[43] Im Fangstall bändigt man sie mit Trense und Kappzaum und schleppt sie auf den Cranger Verkaufsplatz, eine Halbinsel, wo sie an Leinen gebunden werden, die von einem Baum zum anderen gespannt sind. Die Käufer kommen von weit her: Wesel, Köln, Frankfurt und Holland. Über den Cranger Pferdemarkt hinaus bieten die Adelshäuser ihre Emscherbrücher, wie Zeitungsanzeigen zeigen, auch im freien Verkauf an.

Verwendung: Wenn auch die Dressur der Emscherbrücher viel Geduld und Zeit erfordert, sind sie dann leistungsfähige, ausdauernde und langlebige, zu jedem Zweck einsetzbare Pferde. Die bürgerlichen Schichten wie Ärzte, Anwälte oder Kaufleute und die Geistlichkeit nutzen sie als Reit- und Arbeitspferde. Besonders bewährt haben sich die Emscherbrücher in den napoleonischen Kriegen: Sowohl der Herzog von Arenberg als auch der Schwager Napoleons und damalige Großherzog von Berg, Murat, statten ihre Truppen mit Emscherbrüchern aus, als sie nach Spanien ziehen. Die Pferde der Wildbahn, die in den Feldzügen ihre Zähigkeit und Ausdauer unter Beweis stellen, bilden in diesen langen Kriegszeiten mit ihrem hohen Bedarf an Pferden eine wichtige Reserve.[44]

Auflösung des wilden Gestüts: Hat man 1785 noch geglaubt, den Verfall des wilden Gestüts verhindern zu können, so spricht aus dem Bericht 1808 tiefe Enttäuschung. Alle „wahren Liebhaber" wie der Graf von Westerholt und von Nesselrode oder Öllershagen, damaliger Vorsteher des Augustinerklosters, hätten schöne Hengste angeschafft, auch aus anderen Gestüten, Aufseher angestellt, mäßige Anstalten für den Winterunterhalt getroffen – ein Übergang zum halbwilden Gestüt ist eingeleitet. Schon bald stimmen alle Beteiligten darin überein, dass der Nutzen, den das Land aus den wilden Pferden zieht, eher geschmälert sei, und Graf von Nesselrode lässt seine ausgedehnte Stuterei völlig eingehen. Man ist sich einig „daß es nützlicher seyn dürfte, die wilden Pferde, da sie der weit nützlicheren Rindviehzucht Abbruch thun, und der Holzkultur äußerst nachtheilig seyn, gänzlich zu verbannen, gleichwie man hie ohnehin schon genöthiget seyn würde, weil man in den angrenzenden Landen den Grundsatz aufzustellen anfängt, daß kein Vieh ohne Hirten in den Wäldern gehen dürfe, und weil mit diesem Grundsatz die Beibehaltung der wilden Pferde ganz unvereinbarlich ist."[45] Diese Befürchtung bewahrheitet sich mit dem französischen Forstorganisationsdekret für das Großherzogtum Berg vom 22. Juni 1811. Artikel 157 setzt die wilden Pferde erstmals dem

Ao. 1813.   **Nro. 48.**

Allgemeine Politische Nachrichten.

Essen Donnerstag den 17. Juni.

Kriegsschauplatz.   Nachrichten bis zum 3. Juni.
                                     Die Waffenruhe besteht noch immer. Die beiderseiti...

Verkaufs-Anzeige.

Am künftigen Freitag den 18ten d. M., Vormittags gegen 8 Uhr, wird auf dem Hause Horst im Bruch eine ansehnliche Parthie Roggen, Gerste, Malz, Waitzen und Buchwaitzen den Meistbietenden öffentlich verkauft; sodann werden daselbst an dem nemlichen Tage Nachmittags gegen 4 Uhr sechs wilde Pferde von verschiedenem Alter und verschiedener Farbe zum Verkauf ausgesetzt.
Horst, am 12ten Juny 1813.   F. Devens.

übrigen Vieh gleich und verpflichtet die Gemeinden, auch die Pferde von einem Hirten beaufsichtigen zu lassen.[46] Selbst als diese Regelung 1814 wieder aufgehoben wird, erholt sich das Gestüt nicht. Denn im gleichen Zuge werden die Anrainer der Wildbahn von ihrer Pflicht zur Einfriedung befreit, und die Pferde verursachen nun große Schäden in den Feldern. Mit der Teilung der Gemeindemarken beginnt der Ausverkauf der Emscherbrücher, der die Nachfrage noch einmal ankurbelt. Der Herzog von Arenberg versorgt sich für seine belgischen Gestüte mit den tapferen Kriegsgefährten, und auch manch anderer besinnt sich auf die Qualitäten der robusten Wilden. Am 24. Oktober 1834 findet auf Grund der Markenteilung der letzte öffentliche Verkauf auf dem Gestüt des Landrats Devens in Welheim statt, der bis zuletzt durchgehalten hat. Der letzte Zuchthengst aus seiner Wildbahn, ein Schimmel, durchstreift noch lange die Wälder, bis er auf seinen Befehl hin erschossen wird.

Einige der letzten Emscherbrücher sollen in die Wildbahn des Merfelder Bruchs verkauft worden sein. Sie haben dort mit den wilden Pferden des Herzogs überdauert und sich vermischt.

„Das Duisburger halbwilde Gestüt gehört jedenfalls ...

... zu den ältesten Gestüten Deutschlands, denn es stand während Hunderten von Jahren dem Senner Gestüte (...) in jeder Hinsicht würdig zur Seite."[47]

Überlieferung: Über die dem Emscherbruch benachbarte Wildbahn sind wir dank des Archivs der Familie von Spee, die seit 1654 die Wildförsterstelle des Gestüts bekleidete, gut unterrichtet. Wie bei den übrigen Gestüten liegen für das Mittelalter jedoch nur sporadische Erwähnungen vor: Eine Duisburger Stadtrechnung von 1365 zeigt, dass die wilden Pferde in die Felder einbrechen und schließlich Hü-

ter eingestellt werden, um die Flurbeschädigungen zu verhindern.[48] Im 19. Jahrhundert, nach dem Untergang des Gestüts, wertet Heinrich Ferber die Quellen des Speeschen Archivs weitgehend aus, während Heinrich Averdunk diese in seiner Geschichte Duisburgs um die Quellen des Duisburger Archivs ergänzt.

Wildbahn: 1696 gehen Peter Weitz, Kellnereiverweser, und Friedrich Wolff, Wildfänger des Gestüts, drei Tage lang die Grenzen der Wildbahn ab und beschreiben ihren genauen Verlauf.[49] Wenn die Waldfläche seit dem Mittelalter auch sehr verkleinert war, umfasst sie 1736 immer noch 14 bis 15 deutsche Meilen und zwölf Gemarken. Sie ist von einem 23 Wegstunden langen „Waldfrieden" umgeben, einem Zaun oder einer lebendigen Dornenhecke ergänzt von einem Graben. Für die Instandhaltung ist herkömmlich der Grenznachbar zuständig.[50]

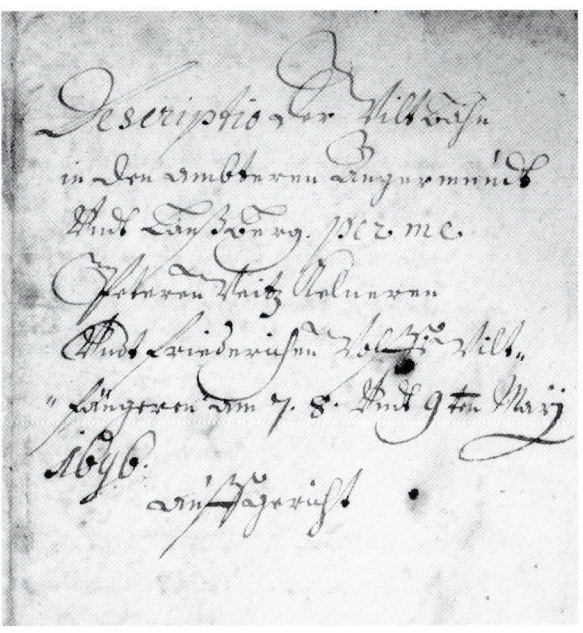

Wildbahnberechtigte: Im Gegensatz zum Emscherbruch mit seiner großen Zahl an Gleichberechtigten, war die Oberleitung dieses Gestüts relativ einheitlich. Gegenüber dem Landesherrn, ursprünglich den Herzögen von Berg, sind die „Stroetberechtigten", die geistlichen Stifte und Rittergüter, nur nebengeordnet. Sie sind berechtigt, eine seit 1717 festgelegte Zahl von Pferden zu halten.[51] Natürlich gibt es immer wieder Versuche der Wildbahnberechtigten, ihre Rechte auszuweiten und Pflichten abzustreifen: Die Anzahl der Pferde, die jedes Haus halten darf, das Recht, Pferde zu fangen und die Pflichten wie den Bau von vier Heuschuppen, die Heufuhren im Winter, die Instandhaltung des Waldfriedens oder die Stellung von Treibern für die Generaljagden sorgen regelmäßig für Konfliktstoff. Die schärfsten Auseinandersetzungen gibt es mit den Herren

◄ *Anzeige für den Verkauf von Emscherbrüchern durch Landrat F. Devens, der am längsten an der Zucht der wilden Pferde festhält, in den „Allgemeinen Politischen Nachrichten" Essen*

◄ *Bericht über die Begehung der Grenzen der Duisburger Wildbahn im Jahr 1696*

21

von Broich, die für sich das Recht der Pferdejagd in Anspruch nehmen. Die Folgen trägt ihr Wildfänger, der 1644 27 Wochen im Angermunder Turm gefangen gehalten wird.[52] Die Aufsicht und Leitung des Gestüts verleiht der Landesherr dem Wildförster.[53] Seit 1654 gelingt es der Familie von Spee, das Amt in ihrer Familie weiterzugeben.[54] Später werden auch Stall- und Reitknechte zum Gestüt gerechnet, deren Aufgabe die Zähmung und Dressur der Wildlinge ist und deren Uniformen Ferber beschreibt.[55]

Exterieur: Im Gegensatz zu den Emscherbrüchern verleiht ihr Aussehen den Duisburgern keinen Spitznamen. Aber auch ihre Größe beträgt meistens 14 bis 15 Hand. Das Pferdeverzeichnis der Zuchtstuten von 1812 lässt eine Dominanz der Brauntöne von Kastanienbraun bis Lichtbraun erkennen. Schimmel, Rappen, Füchse und Falbe sind ebenso vertreten. Abzeichen sind die Regel.[56] Zwar steht der

▲ *Brandeisen des Duisburger Waldes, (WS steht für Wildförster Spee, HS für Spee Schloss Heltorf)*

Wald mit seinen Wildpferden auf dem Besuchsprogramm fast aller Reisenden, die seit der frühen Neuzeit nach Duisburg kommen, aber sie loben selten ihre Schönheit. Sie seien hässlich und schmutzig, aber gewandt und für jede Jagd geeignet; die fahlrote Farbe sei bei ihnen am häufigsten vertreten, und sie kämen so häufig vor, dass die Besitzer der benachbarten Ländereien bei Nacht gezwungen seien, jene mit Kesseln und Pauken zu vertreiben. Ein Abenteurer aus der Umgebung Friedrich des Großen beschreibt die Bewohner des Duisburger Waldes als klein, aber unermüdlich und außerordentlich brauchbar. Die Attraktivität von Gestüt und Pferden beruht auf der Haltung „dieser Pferde, die sich aus dem Dickicht hin und wieder herauswagen," die als einzige in Deutschland noch vorhandenen Pferde aus germanischer Urzeit den Besuchern vorgeführt werden. Käufer und Halter überzeugen sie durch lange Lebensdauer, Ausdauer, Leistungsfähigkeit und hohe Zugkraft.[57]

Nahrung und Lebensweise: „Das Erdreich des Gestüts oder Wildbahn ist verschiedener Qualität, daßelbe bringet hervor Eichen-, Büchen-, Erlen-Holz, und Wachholderstauten, gut und schlechtes Gras." Als sich der Wildfänger Johann Peter Wüst 1779 gegen die Kritik der Bereiter verteidigt, man gebe das Alter der dem Düsseldorfer Marstall gelieferten Pferde nicht richtig an, stellt er einen direkten Zusammenhang zwischen dem Zustand der Pferde bezie-

hungsweise ihrer Zähne und der Vegetation des Wildbahnabschnitts ihres Herdenverbandes her. Diejenigen, deren Rudel auf Heide und Eichenstrichen gingen, seien die Elendsten; die Stuten aus den Erlenholzbrüchen mit ihrem Bruchgras seien bei guten Kräften. Am besten gehe es den Zuchtstuten im Buchenholz, die dort die fingerdicken Buchenschösslinge abfräßen: Sie seien stark und feist wie im Stall mit gutem Futter aufbehaltene Pferde. Allerdings leiden die Saugfohlen, da diese Nahrung nicht in viel Milch umgesetzt werde.[58] Dennoch wird im Winter zugefüttert: In den Waldstücken befinden sich acht Heuschuppen, in die das Heu von vier Wiesen eingefahren wird.[59] Devens fällt auf, dass in diesem Gestüt vergleichsweise viele Pferde umkommen. Einerseits wird, wie auch für das Senner Gestüt, über äußerst verlustreiche Winter berichtet. Die Spitze bildet der Winter 1784/85, in dem das Gestüt 62 Pferde verliert. Andererseits führt auch das Pferdeverzeichnis 1812/13 hohe Verluste auf. Auffallend ist, wie viele Tiere im Morast oder Gräben versinken oder stecken bleiben.[60]

Zucht: Schon früh wird das Gestüt nach Zuchtgrundsätzen geleitet. 1628 und erneut 1696 erteilen Herzog Wolfgang Wilhelm beziehungsweise Kurfürst Johann Wilhelm die Anweisung, kostbare und schöne fremde Beschäler zu kaufen und alle untauglichen Hengste totzuschießen, zu schneiden oder abzufangen. 1742 besitzt das Gestüt elf Beschäler in allen Farben: drei Türken, drei Spanier, drei Engländer, einen Preußen und einen Rodenfelder. Die Zahl der Beschäler scheint sich zwischen sechs und elf zu bewegen. 1813 besitzt das Gestüt zehn namentlich bekannte Beschäler, die beim Herannahen der Verbündeten in Frankreich in Sicherheit gebracht werden. Es sind Araber oder Engländer, vorwiegend aus dem Gestüt zu Neustadt an der Dosse, dem heutigen Brandenburgischen Staatsgestüt. Der berühmteste Zuchthengst des Gestüts ist Herseck, ein lichtbrauner Araber aus Neustadt mit einem Stockmaß von 1,55 Meter. Selbst Napoleon bittet über seinen Stallmeister, man möge ihm Herseck überlassen. Die Hengste werden im Mai für zwei Monate in die Wildbahn gelassen. 1735 teilt Wildfänger Wolff mit, auch wenn es zum „Verderb der Stuterey" sei, könne man die Hengstfohlen nicht vor dem dritten oder vierten Jahr ausfangen. Mitte September ist der normale Termin für die Aufstallung der Dreijährigen, die dann geduldig gezähmt werden.[61] Der Pferdebestand lässt sich auf Grund der Anzahl der Beschäler und der Berechtigungen der adeligen Häuser auf eine wechselnde Zahl zwischen 150 und 400 Stuten schätzen.[62]

Pferdefang: Das Einfangen der Pferde erfolgt wie im Emscherbruch durch Einzel- oder Massenausfang. Die „westfälischen Cowboys" sind in diesem Gestüt die dem Wildförster unterstellten Wildfänger, von denen aber keine so ausgeprägten Persönlichkeiten wie Bernhard von Großfeld bekannt sind. Der Fang einzelner Pferde darf nur mit

dem Reifen ausgeübt werden, dessen Gebrauch streng kontrolliert wird. Leider ist nur bekannt, dass der Reifen auf Schloss Angermund verwahrt wird, jedoch ist es nicht einmal Devens gelungen, eine Beschreibung dieses Besitzzeichens zu bekommen. Vermutlich handelt es sich um einen Strick, an dessen Ende ein schweres Holzstück befestigt ist, durch dessen Gewicht die Schlinge zugezogen wird.[63] Neben diesen Fängen und kleineren Strickjagden finden in unregelmäßigen Abständen insgesamt 21 überlieferte Generaljagden zwischen 1601 und 1815 statt. Ihre lange Dauer, die große Zahl an Beteiligten und die enorme Ausdehnung des Jagdgebiets verleihen ihnen einen für die Region und das Gestüt epochalen Charakter, zum Teil mit dem Anstrich eines unfreiwilligen Volksfestes. Weil bei der letzten wilden Pferdejagd „verspüret wurde, daß während der Treiben viele Wirte und andere Leute Branntwein und Bier längs den Flugeln der Treiber fuhren und verzapften, und die angestellthen Unterthanen sich dergestalt berauschten, daß sie oft niederlagen und zum Jagen der Pferde nicht capable waren", wird 1729 der Ausschank bei Strafe verboten.[64] Tausende von Treibern der einzelnen Herrschaften, versehen mit Proviant für mehrere Tage und Tüchern, Netzen und Lappen, treiben die Pferde „ohne Gewehr doch mit Kausen [Rasseln] und jeglichem Horn und einer guten Trommel" in eines der drei „Syle", mehrere Morgen große hölzerne Gatter, die im Vorfeld ebenfalls durch Frondienste

und -leistungen errichtet werden.[65] An einigen Jagden nimmt der Herzog teil. Ihr Erfolg schwankt sehr und kann trotz der hohen Zahl an Treibern resultatlos bleiben: 1607 werden wegen Hochwassers nur 40 Pferde gefangen. Zur Auflösung des Gestüts sind 1814 drei Jagden erforderlich. Am 11. November glückt 900 Treibern nur der Fang von vier Pferden. Bei der zweiten Jagd, zu der 2.700 Treiber aufgeboten werden, entkommen alle Pferde, weil es zu früh dunkel wird. Am 9. Dezember erscheinen wieder 2.600 Menschen und treiben die Pferde des Gestüts ausnahmslos zusammen.[66] Immer wieder kommt es in Kriegszeiten zu Beraubungen des Gestüts. Noch schlimmer als im Emscher-

◄ ▲ *Während es von den Pferden des Duisburger Waldes nicht einmal mehr Abbildungen gibt, lebt die Dülmener Herde bis heute in ihrer Wildbahn im Merfelder Bruch*

bruch hausen die französischen Revolutionäre und kaiserlichen Truppen in der Duisburger Wildbahn. „Das schlimmste aber sind die Pferde-Requisitionen", klagt der Wildförster Graf von Spee 1795. Entweder fangen die Franzosen, aber auch die nachrückenden preußischen, sächsischen und russischen Truppen die Pferde selbst aus oder bestehen auf Lieferungen. Diesen kommt man auch durch Geschenke zuvor, um eine günstige Stimmung für das Land zu bewirken.[67]

Auflösung des Gestüts: Mit dem Verkauf im Anschluss an die letzte Jagd wird das Gestüt am 13. Februar 1815 aufgehoben. 260 Pferde werden für eine Summe von 64.832 Francs verkauft. Allgemeiner Hintergrund dieser Entscheidung sind wieder die Aufhebung der Leibeigenschaft, durch die die Dienste entfallen, die die Unterhaltung des wilden Gestüts ermöglichten, und die Markenteilung. Ausschlaggebend für die Auflösung des Duisburger wilden Gestüts ist das zunehmende Interesse an der waldwirtschaftlichen Nutzung des Waldes, das sich mit der Wildbahn nicht vereinbaren lässt. Graf von Spee, 1808 zu einer gutachterlichen Stellungnahme aufgefordert, schlägt eine Einschränkung auf einen kleinen Distrikt von 2000 bis 3000 Morgen vor.[68] Nach Napoleons Sturz zieht der Leiter des Gestüts in einem erneuten Bericht das Fazit, dass „das Institut ein nicht rentables sei, welches lediglich dem Fürsten, den Pferdeliebhabern und den Wünschen derjenigen diene, die ein solch seltenes Institut besitzen wollten. Der Durchschnittsertrag betrüge nur 20 Pferde, die bisher theils an die bergische Kavallerie abgegeben, theils verkauft worden seien."[69] Damit ist das Schicksal des Gestüts besiegelt.

„Der Herzog von Croy hat mit der Wildbahn im Merfelderbruch …

… ein Naturdenkmal seltener Art erhalten, das hoffentlich auch die kommenden Generationen weiter erhalten und schützen werden."[70]
Überlieferung: Im Unterschied zu den übrigen Wildbahnen besteht das Wildbahngestüt des Merfelder Bruchs noch heute und wird von westfälischen Pferdekennern als „zeitlose Botschaft, eine Gegenwelt zu ihren hochgezüchteten Artgenossen auf der Rennbahn, im Dressurviereck und Springparcours" verstanden.[71] Für die große Zeit der westfälischen Wildbahnen bleibt die Überlieferung zu diesen wilden Pferden auf einige urkundliche Erwähnungen beschränkt. Sie setzt erst kontinuierlich ein, als mit den Herzögen von Croy 1850 eine Adelsfamilie die Leitung und Fürsorge übernimmt.[72] Das heißt, sie verdichtet sich, als die Gestüte des Duisburger Waldes und des Emscherbruches aufgelöst werden. Bis heute sind die letzten, von Anbeginn an wild gehaltenen Pferde ein Untersuchungsgegenstand

der Verhaltensforscher. Sie beobachten die Dülmener Wildbahnponys, um aus dem Verhalten freier Pferde Rückschlüsse auf die Urinstinkte der Equiden zu ziehen und daraus Regeln für die artgerechte Pferdehaltung abzuleiten.[73]

Wildbahn: Das Merfelder Bruch, Teil der Merfelder Niederung, dehnt sich über 8000 Morgen aus und gehört zur Herrschaft Merfeld-Merfeld.[74] Bis Ende des 19. Jahrhunderts ist es eine wegelose Wildnis, gekennzeichnet durch Ebenheit und Wasserüberschuss.[75] 1316 wird ein Streit zwischen Johannes von Lette und seinem Verwandten Hermann von Mervelde durch Vergleich beigelegt. Auslöser ist das über die nicht eingefriedete Markengrenze streichende Vieh, das beide Seiten geschüttet, das heißt einbehalten

haben. In diesem Zusammenhang bekundet Johannes von Lette, „daß die Fischerei in der ganzen Mark dem vorgenannten Hermann gehört, ebenso die wilden Pferde und die Jagd genannt Wiltforst."[76] Die wilden Pferde werden bis zur frühen Neuzeit nur erwähnt, wenn es zu Teilungen der Merfelder Güter in der Familie kommt[77] oder als 1463 ein Kloster die Pferde des Hermann de Linteloe kauft.[78] 1501 einigen sich die Vettern Hinrick und Johan von Merfeld darauf, die Wildbahn gleichmäßig zu nutzen: Jeder hält acht bis neun Stuten und stellt einen Knecht zur Aufsicht. Jede verstorbene Stute wird ersetzt, beide erhalten die gleiche Zahl an Fohlen.[79] Während der folgenden Jahrhunderte wird die aus Heide, Gras, Holz, Torf und Schaddengrund bestehende Gemeinheit von rund 90 Bauern und Köttern für Hude und Weide für all ihr Vieh und die wilden Pferde genutzt. Lediglich die Halbbauern sind von der Haltung wilder Pferde ausgeschlossen.[80] Erst durch die Aufteilung der weiten Allmendegründe, die, vom Herzog von Croy[81] 1840 beantragt, schließlich 1856 erfolgt, ändert sich die Situation für die Wildlinge: Die Bauern sind fortan nicht mehr berechtigt, wilde Pferde zu halten. Die Wildbahn wird in Einzelbesitzungen aufgegliedert. Der Herzog von Croy erhält 1910 preußische Morgen, das sind rund 500 Hektar. Von den 1845 noch gezählten 158 wilden Pferden haben bei

► *Im Vertrag von 1501 einigen sich Hinrick und Johann von Merfeld auf die gleichen Rechte an den wilden Pferden.*

Abschluss der Markenteilung offenbar nur 20 Ponys überlebt. Diese lässt Herzog Alfred von Croy einfangen. In einem eingezäunten Wildgehege von 132 Morgen, etwa 33 Hektar, sichert er ihr Überleben. Sonst wäre auch diese Wildbahn mit der Markenteilung untergegangen.[82] Erst unter dem Croyschen Domänenrat August Kreuz, der den mangelhaften Kulturzustand der Wildbahn und den Zusammenhang zu Krankheitserscheinungen der Pferde erkennt, verändert sich die Wildbahn wesentlich. Da die Pferde vor allem unter der ständigen Staunässe leiden, lässt der Herzog von Croy das Gelände durch offene Gräben entwässern. Die Dauerweiden werden durch Kalkung, Düngung und Neuansaat entscheidend verbessert. Eine Anzahl Kieferndickungen wird bewahrt, um den Dülmenern bei schlechter Witterung Schutz zu bieten. Zudem hat Domänenrat Kreuz beobachtet, dass die Pferde vor allem im Winter nach Heideflächen suchen und achtet auf ihre Erhaltung und Einbeziehung. Denn da der Pferdebestand auf Grund der Meliorationen sprunghaft steigt, wird auch der Lebensraum erweitert. Die Wildbahn wird zunächst auf 110 Hektar ausgedehnt, heute umfasst sie eine Fläche von rund 350 Hektar.[83]

Exterieur: Die wilden Pferde des Merfelder Bruches sind ursprünglich 1,40 bis 1,50 Meter groß und kurzgedrungen. Sie sind wie die übrigen Wildlinge bekannt für Zähigkeit, Ausdauer und lange Lebensdauer bei hoher Fruchtbarkeit. Devens, der mit Rocholl und Benno Achenbach 1898 die Wildbahn besucht, ist überrascht, dass die Tiere so klein sind. Er ordnet sie nicht dem Münsterländer Bauernschlag zu, sondern seiner Meinung nach nähert sich ihr Aussehen den Emscherbrüchern und Davertnickeln. Allerdings seien sie erheblich kleiner als die Urrasse, weil nur Ponyhengste zugelassen würden.[84] Im Laufe der Zeit variiert ihre Größe immer zwischen 1,25 und 1,30 Meter Stockmaß, heute erreicht sie bis 1,40 Meter. Da man davon ausgeht, dass ihre Größe mit ihrer Widerstandsfähigkeit und Anspruchslosigkeit in Beziehung steht, vermeidet man es, große Hengste einzusetzen.[85] Kennzeichnend für eine Wildbahnrasse sind das dichte Winterfell und die langen weichen Hufe, die dem morastigen Boden angepasst sind.[86]

Zucht: Dem bereits zitierten Domänenrat Kreuz verdanken die Dülmener eine neue Chance. Seit seiner Zeit wird intensiver und zielgerichteter als im 19. Jahrhundert in Lebensraum und Zucht der Wilden eingegriffen. Schon im 19. Jahrhundert werden fremde Hengste eingesetzt, aber erst ab 1910 kann eine, wenn auch anfangs noch unvollständige Liste der Deckhengste erstellt werden.[87] Vor und nach dem Ersten Weltkrieg bevorzugt man englische Deckhengste, vor allem Welsh-Hengste der Sektionen A und B. Als Einfuhrverbote während des Zweiten Weltkriegs die Neubeschaffung eines Welsh-Hengstes verhindern, deckt ein Pyrenäenhengst. Allerdings lehnt man das Angebot der damaligen Züchterin der Senner, Julie Marie Immink, ab, ei-

nen dreijährigen Hengst der lippischen Zucht einzusetzen, die ebenfalls auf eine Wildbahn zurückgeht. Durch die starke Einkreuzung von Arabern seien sie für den Merfelder Bruch zu empfindlich.[88] 1944 gelingt es, einen Tarpan aus dem Zoo von Prof. Heck zu erwerben. Da der Einsatz dieser Hengste zum Verlust der notwendigen Härte und Genügsamkeit der wilden Pferde führt und mit für „Wildpferde" untypischen Veränderungen wie einer erheblichen Zunahme von Abzeichen einhergeht, entscheidet man sich nach 1945, Hengste aus den ursprünglichen Rassen wie Huzulen, Mongolen und Exmoor-Ponys einzusetzen, die „wildbahngerecht" sind.[89] Mit dem mausfalbenen Nougat XII. beginnt 1957 eine bis heute andauernde Einkreuzung von Konikhengsten. Nougat und einige weitere Konikhengste stammen aus dem Gestüt in Popielno, in dem versucht wurde, die ausgestorbenen Tarpane zurückzuzüchten.[90] Dem Stutenstamm und der Jahrhunderte währenden Verbundenheit mit Klima und Boden verdanken die Dülmener, dass sie sich trotz der Eingriffe des Menschen eine gewisse Einheitlichkeit bewahren konnten.

Nahrung und Lebensweise: Wie in allen Wildbahnen ist und war auch im Merfelder Bruch eine Zufütterung im Winter üblich. Bis 1908 gibt es zwei offene Unterstände, mit den Kreuzschen Reformen werden diese in feste Ställe umgewandelt, die nur zu einer Seite geöffnet sind. Im gleichen Zuge legt man Wiesen zur Heugewinnung an, um die Kosten für den Zukauf zu vermeiden und die Qualität des Heus zu heben.[91] Lange Jahre überlässt man die Pferde völlig sich selbst. Erst gegen Ende des 19. Jahrhunderts führt der in der Nähe wohnende Förster eine gewisse Aufsicht. Nach dem Ersten Weltkrieg erhält er die Anweisung, jeden Verlust eines Wildponys zu melden.[92] Die Auslese der Natur steigt im Winter an: 10 bis 15 Prozent der Pferde würden durchschnittlich jeden Winter sterben, teilt Kreuz 1918 mit, vorwiegend allerdings auf Grund ihres hohen Alters.[93] Trotz der Widerstandsfähigkeit dieser Wildbahnpferde gibt es Perioden wie die 1880er Jahre, in denen eine nicht näher beschriebene Seuche ihre Herde auf acht dezimiert. 1923 sterben 43 Stuten an seuchenhaftem Verfohlen.[94] Immer wieder taucht angesichts der Verwurmung dieser auf dem immer gleichen kleinen Areal lebenden Tiere die Frage der Parasitenbekämpfung auf. In Freiheit lebende Pferde würden auf neue futterreiche Flächen ausweichen.[95]

Pferdefang: Bis Anfang des 20. Jahrhunderts werden die Pferde mit Schlingen ausgefangen, die auf dem Boden ausgelegt sind. In der Croyschen Wildbahn hat man als Fangstätte eine besonders eingefriedete, morastige Stelle gewählt. Hat sich das Pferd in der Schlinge verfangen, wird es geknebelt und durch drei Männer abgeführt.[96] Um die Jahrhundertwende und endgültig mit dem Bau der großen, von Tribünen umgebenen Schaubahn 1930/31 verwandelt sich der Pferdefang in ein Volksfest. Anders als in Crange be-

▲ *Carl Herzog von Croy in einer von Dülmenern gezogenen Kutsche mit Tochter und Enkeltochter*

▼ ► *Brandzeichen und Brandeisen der Dülmener Pferde*

steht ein Zusammenhang zum Pferd bis heute: Traditionell am letzten Samstag im Mai wird die Herde in einem imponierenden Schauspiel in die Arena getrieben. Bis zu 30.000 Zuschauer verfolgen, wie alle Jährlingshengste aus der Herde gefangen werden. In den 1930er Jahren gehörte die Einfahrt Herzog Carl von Croys in einer russischen Troikaanspannung zum Ablauf.[97] Bis heute sind immer Mitglieder der herzoglichen Familie, der Bewahrer dieser wilden Herde, anwesend. In Anlehnung an die Geschichte der Wildbahnen werden die in blauweiß gestreifte Kittel mit rotem Halstuch gekleideten Freiwilligen Pferdestricker genannt.[98] Nach dem Fang brennt man die Hengstfohlen an der Feldschmiede mit dem von Croyschen Brandzeichen, bevor sie versteigert werden.

Verwendung: „Früher wurden die Pferde am Tage vor dem Markt zu Klie bei Gescher eingefangen, dort hingebracht und pro Stück für 5 bis 6 Thaler an Holländer verkauft, welche dieselben hauptsächlich zum Ziehen von Milchkarren verwendeten. Jetzt werden dieselben vor Ponywagen 2-, 3- und 4-spännig als Luxuspferde verwendet", soweit 1891 der damalige Domänenrat. Aber auch als Grubenpferde für den unterirdischen Gebrauch werden die Ponys gesucht und für sie ein hoher Preis bezahlt. Für Kleinbauern, Milch-, Gemüse- und Eisfruchthändler sind die Dülmener eine finanzierbare Hilfe. Die Firma Sack geht sogar dazu über, landwirtschaftliche Geräte für Kleinpferde zu fertigen.[99] Eine starke Nachfrage verzeichnet das Wildgestüt während und nach dem Zweiten Weltkrieg, als das Pferd den Benzinmangel ausgleichen muss.[100] Heute wird der Dülmener überwiegend als Reitpony für Kinder oder, je nach Größe, als Robustreitpferd für die ganze Familie verwendet. Er ist aber auch als Kutsch-, Gelände und Distanzpferd gut geeignet und wird zur Reittherapie eingesetzt.[101]

Ausblick: Seit 1994 ist die Rasse Dülmener in die von der EG-Kommission in Auftrag gegebene „Rote Liste der bedrohten Haustierrassen" aufgenommen. Die Gesellschaft zur Erhaltung alter und gefährdeter Haustierassen stuft die Dülmener in die Kategorie „extrem gefährdet" ein. Kritiker halten die Kopfzahl der Herde in Bezug auf die ihr zur Verfügung stehende Fläche für zu hoch. Die scheinbar völlig natürliche, freie Haltung auf den mageren, sumpfigen, überweideten und verkoteten Weideflächen sei auf Dauer nicht optimal.[102] Angesichts des Jahrhunderte langen Fortbestehens der Art in ihrem Lebensraum und der Bewahrung von ursprünglichem Erbgut, die nirgendwo sonst geglückt ist, sollten diese Probleme lösbar sein.

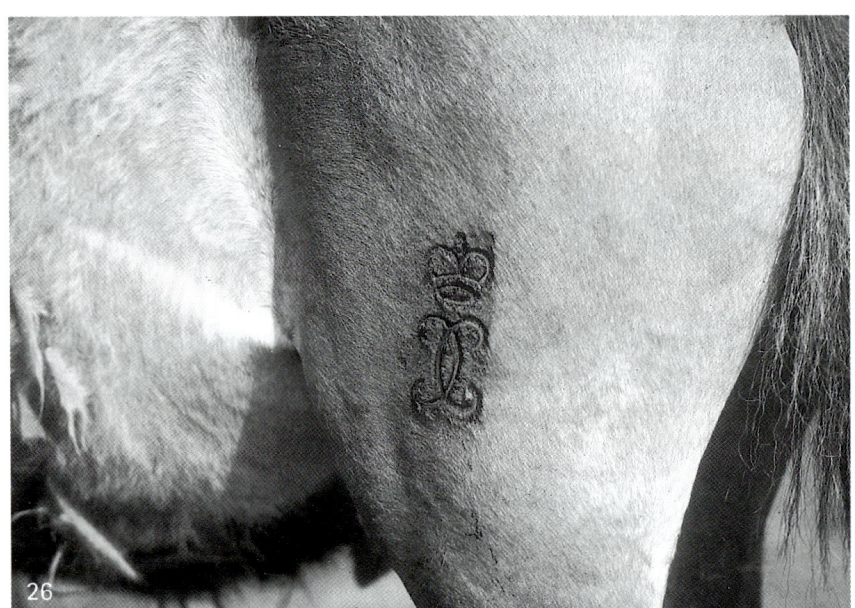

26

„Die Stuten von der Wildbahn Arenberg-Nordkirchen ...

... bereiteten der westfälischen Reitponyzucht den Weg an die Spitze aller Zuchtgebiete."[103] 1929 erweckt Herzog Engelbert-Karl von Arenberg den Wildpark seines Schlosses Nordkirchen zu neuem Leben: Da die Herzöge von Croy als Eigentümer der Dülmener Wildbahn keine Stuten abgeben, kann er seinem Vorbild nur nachstreben, indem er eine andere Richtung einschlägt: Statt der Dülmener Stuten kauft er für seine „Wildbahn des 20. Jahrhunderts" Stammstuten in Ostpreußen, nahe Eydtkuhnen und Wirballen, und in Polen bei Fürst Zamoyski, der soeben die Herde Waldwildpferde auflöst, die in seinem Tiergarten seit Anfang des 19. Jahrhunderts gelebt hat. Die Neugründung profitiert von der Auflösung, gegenläufige Entwicklungen stoßen aufeinander. Auf der Basis des Konikstutenstammes setzt der Herzog von Arenberg Dülmener Beschäler ein.[104] Es ensteht ein etwas edleres und leichteres Pferd als der Dülmener: das Arenberg-Nordkirchener Sport- und Reitpony.[105] Die Anknüpfung an die westfälische Tradition der Wildbahngestüte zeigt sich an der Pferdehaltung, die in das Leben der Pferde nur im Winter durch Heuzufütterung und im Sommer durch den gezielten Einsatz eines Hengstes von Juni bis August eingreift.

Auch der volksfestartige Pferdefang orientiert sich an Früherem, vor allem am Dülmener Beispiel. Die an der Vergangenheit ausgerichtete Arenberg-Nordkirchener Zucht entspricht mit ihren auf Grund der robusten Aufzucht zähen, genügsamen und gesunden Ponys den Ansprüchen der damaligen Zeit: In den zwanziger und dreißiger Jahren erleben Ponys in Deutschland eine Blütezeit und werden nicht nur als Wirtschaftspferde, sondern bereits als Sport- und Freizeitpferde genutzt. 1968 wird die Herde aufgelöst. Einen großen Teil des Bestands der dezimierten Herde des Herzogs von Arenberg übernimmt Manfred Ortmann, der die Zucht auf den Nordkirchener Weiden weiterbetreibt. In den sechziger Jahren bilden sie eine wertvolle, aber schmale Zuchtgrundlage für die bis dahin bedeutungslose deutsche Pony- und Kleinpferdezucht. Als die Ponyzüchter 1965 erstmals auf einer Westfalenschau auftreten, gehen alle vorgestellten Pferde auf die Nordkirchener Zucht zurück. Wildbahnblut findet noch einmal weite Verbreitung, allerdings erweist sich die Basis der Nordkirchener und auch Dülmener Ponys als zu begrenzt, um den Bedarf des großen Ansturms der Jugendlichen zu decken. Nachdem die Rasse zeitweise schon als nicht mehr existent galt, bemüht man sich seit 1995, die Restbestände zu erfassen.[106]

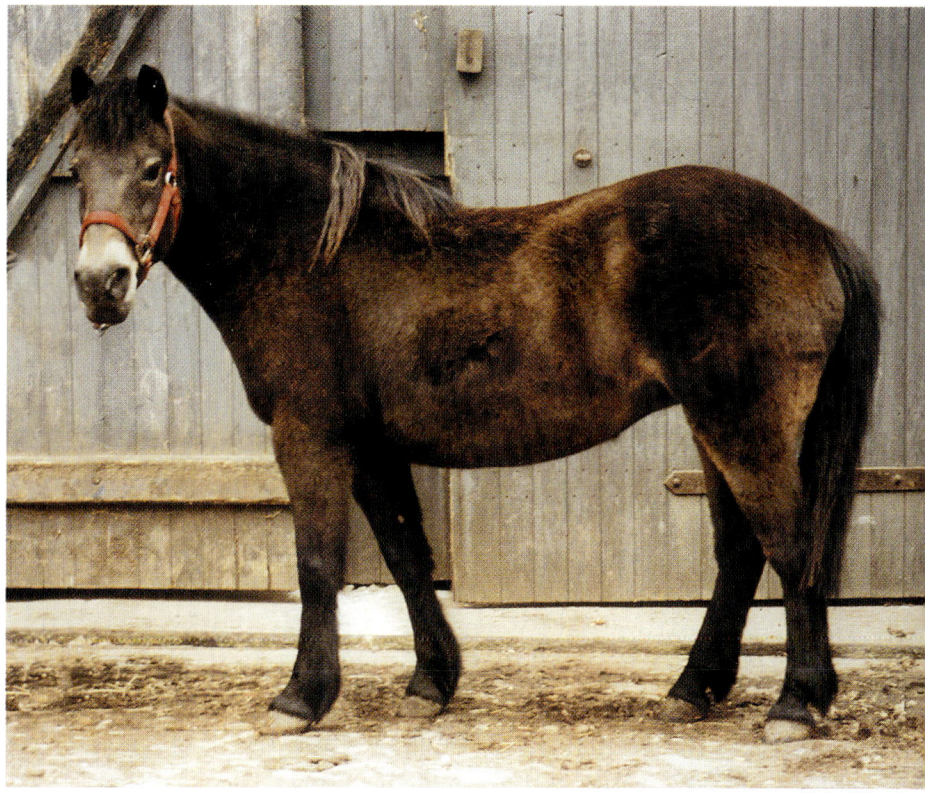

„[Ein] weitere[s] Wildgestüt gab es im Davertwalde ...

... in den angrenzenden Teilen der jetzigen Kreise Lüdinghausen und Landkreis Münster, deren Abkömmlinge noch heutzutage als die sogenannten ‚Davertnickels' im Volksmunde weiterleben (...)."[107] Der Sprachschatz des Jahres 2001 charakterisiert mit den Begriffen „nickelig" oder „Nickel" ein eigensinniges Kind oder energische und hartnäckige, aber in gewissem Maß auch kleinliche und bösartige Menschen. Im Grimmschen Wörterbuch findet sich Nickel jedoch nicht nur als Schimpfwort für Personen beiderlei Geschlechts, sondern auch als Pferdename, besonders für solche, die klein und unansehnlich sind. In Bezug auf die wilden Pferde der Davert drückt die im Volksmund überlieferte Bezeichnung neben der Beschreibung ihres Aussehens und ihrer Größe auch Anerkennung für die Eigenschaften aus, die sie mit den übrigen Wildbahnpferden teilen: Genügsamkeit, Zähigkeit, Ausdauer und hohe Lebensdauer. Zum Ausdruck kommt gleichzeitig eine Verbundenheit mit diesem bodenständigen Gebrauchspferd, das sich die Bauern noch 1912 wegen seiner Güte und Brauchbarkeit zurückwünschen.[108]

Überlieferung: Über diese Wildbahn haben wir nur äußerst rudimentäre Informationen. Schon Freiherr Roth von Schreckenstein ist es nicht gelungen, urkundliche Nachrichten über die wilden Pferde der Davert zu erhalten. Der erste Nachweis, der Devens bekannt ist, stammt aus dem Jahr 1339: Der kirchliche Send[109] verpflichtet jeden Hof, der den Zehnten zahlen musste, diesen auch für die Wald-, Wild- und ungezähmten Pferde zu entrichten.[110]

▲ Eine reinrassige Arenberg-Nordkirchener Stute aus dem Raum Coesfeld, die zum Zeitpunkt der Aufnahme 29 Jahre alt ist

Wildbahn: Die Davert ist ein Waldgebiet im Kernmünsterland, das erst spät besiedelt wurde, weil es schwer zugänglich und teilweise morastig war. Durch intensive Holznutzung und Hudewirtschaft entstehen im Mittelalter ausgedehnte Heideflächen.[111] Das Gebiet umfasst eine Fläche von 13.828 Morgen und wird vom Emmerbach durchteilt. Innerhalb der eigentlichen Wildbahn liegen die Gemeinden Rinkerode, Amelsbüren, Davensberg, Ascheberg, Ottmarsbocholt und Venne.

Wildbahnberechtigte: 1769 melden 238 Parteien Jagd- und Weiderechte an der Davert an. Devens berichtet von zehn Eigentümern und 400 Markenberechtigten an der Gesamtfläche, die sich von Alters her im Privatbesitz bestimmter Güter und Bauernhöfe befindet. Aber nur sechs Häuser sind zur Wildbahn berechtigt: das Haus Davensberg (Herren von Büren, später Morrien), das Haus Romberg

► *Pferdefang.*
Federzeichnung nach
Steindruck von Theodor
Rocholl, um 1898

(Grafen von Galen), das Haus Byink (Freiherr von Elverfeld), Haus Kakesbeck (Graf von Droste-Vischering-Darfeld), Haus Borg (Freiherr von Kerkering-Borg). Die letztgenannte Familie erstreitet sich das Recht auf „Stuterei und Wildbahn" und darf einen Hengst halten. Das Haus Davensberg, das in einem Prozess im Jahr 1600 als die „Erb-Wildbahn-Herren" bezeichnet wird, führt die Aufsicht über die Wildbahn. Zwei Wildbahnmeister sind beispielsweise für die Instandhaltung der Umzäunungen zuständig.[112]

Pferdefang: Wie im Emscherbruch fängt man die Wildlinge an ihren Wechseln vom Baum aus. In Kopfhöhe der Pferde werden starke Stricke, so genannte Regen, aufgestellt. Wenn sie sich verfangen haben, müssen die kräftigen Pferde von den auf den Bäumen wartenden Männern gebändigt werden. Eine zweite Möglichkeit ist der Fang in den auch hier vorhandenen Futterscheunen: Entweder wird das „Lasso" vom Dachboden aus geworfen, oder die Schlinge erwartet das getriebene Pferd im Eingang des Schuppens. Nach Lampe werden sie anschließend auf dem Pferdemarkt in Coesfeld verkauft. Sie sind begehrt, auch wenn die Käufer eine längere Anlernzeit in Kauf nehmen müssen.[113]

Exterieur und Verwendung: Wir können uns nur ein ungefähres Bild von den Davertnickeln machen: Wir wissen, dass sie von gedrungener Gestalt sind und höchstens eine Größe von 4 Fuß 10 Zoll, das heißt 1,52 Meter Stockmaß erreichen. Berühmt sind ihre eisenharten Hufe, die keinen Beschlag erfordern. Auf Grund dieser mangelnden Beschreibungen rücken die Autoren die Davertpferde in die Nähe der Emscherbrücher und der Münsterländer Kleipferde. Ebenso geht man davon aus, dass die wilden Pferde des angrenzenden Stever-, Letter- und Merfelderbruchs ihnen ähnlich sind. Das Kleipferd wird in den mittleren und südöstlichen Teilen des Münsterlandes auf dem Klei genannten zähen Tonboden als so genannte alte Gebrauchsrasse oder Landschlag gehalten. Obwohl es selten veredelt wird, handelt es sich nicht um eine konstante, sondern um eine Mischrasse. Ob in der Wildbahn fremde Hengste eingesetzt werden, entzieht sich unserer Kenntnis, ab 1767 vermutet man den Einsatz von Holsteinern und Dänen. Während die Davertnickel das ganze Jahr in der freien Wildbahn leben, verbleiben die Kleipferde nur von Frühjahr bis Spätherbst auf der Weide. Der Münsterländer wird als „wohlgenährter kräftiger Schlag von mittlerer Größe, mit guten Augen und Hufen, von langen Rücken, kurzem Kreuze, etwas langsamen gedehnten Bewegungen, aber doch feurig" beschrieben. Schwerz, der 1836 eine Bestandsaufnahme der westfälischen Landwirtschaft macht, hält die kleinen Pferde, für „gedrungen, ausdauernd und von fester, fast unverwüstlicher Gesundheit", so dass „es Schade seyn würde, ihn mit fremden sogenannten schönen Pferden, die gewöhnlich zu dem wenig ästhetischen Zweck der Landwirthschaft nichts taugen, zu verhalbedeln." Die besten Pferde seien überdies zum Kriegsdienst ausgehoben oder wegen ihres hohen Erlöses verkauft worden. Freiherr Roth von Schreckenstein unterscheidet einen schwereren und einen leichteren Schlag der Münsterländer. Der schwerere, den er für das eigentliche Kleipferd hält, ist um 1851 schon selten geworden.[114] Anspruchslosigkeit und Zähigkeit machen Davertnickel und Kleipferd zu gesuchten Pferden, die als Zugpferde in der Landwirtschaft, bei der Post, für Artillerie

und im Train[115] verwendet werden. Auf Grund ihres Ausse-hens und ihrer Verwendung unterscheiden die Autoren häufig zwischen den Emscherbrüchern, Sennern und Duis-burgern als den edleren Wildbahnpferden, die die Grundla-ge der westfälischen Warmblutzucht bildeten, und den Pferden der Davert, des Münsterlandes und des Merfelder-bruchs als den kaltblütigen Pferden. Diese Unterscheidung resultiert auch aus dem Bemühen, die Wurzeln der westfä-lischen Pferdezucht auf bodenständige Rassen zurückzu-führen.[116]

Ende der Wildbahn: Die letzten Davertnickel werden wohl 1812 aus der Wildbahn genommen. In diesem Jahr versteigert Freiherr von Elverfeld, genannt von Beverförde-Werries, öffentlich 18 in der Wildbahn gezogene Pferde. Zwar wird auch später noch von Wildpferden erzählt, aber es handelt sich dann um die so genannten Winterpferde: Ackerpferde, die man im Spätherbst, wenn die Arbeit in der Landwirtschaft beendet war, auf weite Flächen treibt. Das endgültige Ende der Wildbahn kommt 1841 mit der Teilung

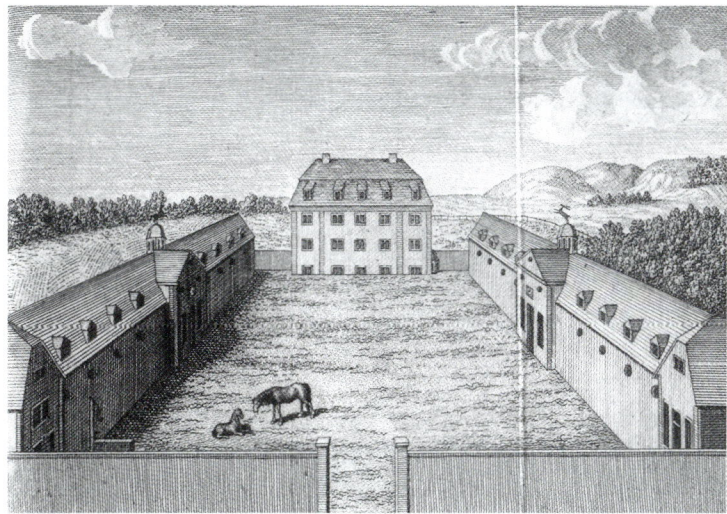

der Davert, die immer noch ein unwirtliches Gebiet ist, das nach wie vor größtenteils unter Wasser steht. Ungefähr um 1820 beginnen Aufforstungsmaßnahmen, und die verblie-benen Offenlandflächen werden nach und nach einer gere-gelten landwirtschaftlichen Nutzung zugeführt.[117] Damit engt sich der Lebensraum der Wildlinge ein. Aber schon vorher sind die Davertnickel, von den Zeitgenossen unbe-merkt, verschwunden. Nur in den Sagen leben sie fort: Der berüchtigte Rentmeister Schenkewald von Schloss Nord-kirchen treibt vielleicht noch heute sein Unwesen mit einer Kutsche, die mit vier schwarzen, feuerschnaubenden Da-vertpferden bespannt ist ...[118]

„Die freien Sennerpferde waren es, wohl dreißig ... [119]

..., die da, ledig vom Zaum und Eisen nackt und ungeschirrt, über die Trift zogen, die Nasen im Wind, wie Wild."

Überlieferung: Im Vergleich zu allen anderen westfäli-schen Wildbahnen ist die Überlieferung zum Sennergestüt mit Abstand die kontinuierlichste und vollständigste. Im Nordrhein-Westfälischen Staatsarchiv Detmold befinden sich allein 178 Kartons zu Marstall- und Gestütsgeschichte sowie der unverzeichnete Bestand des Verbands Lippischer Pferdezüchter. Ergänzt werden diese Unterlagen durch jene des fürstlichen Archivs im Schloss Detmold.[120] Außerdem liegen aus verschiedenen Epochen Gutachten und Beurtei-lungen renommierter Hippologen vor, die entweder in der Funktion des Stallmeisters den Blick von innen auf das Ge-stüt werfen oder als Beobachter von außen Qualität und

◄ *Das Sennergestüt Lopshorn.*
Kupferstich von Elias van Lennep, um 1663/65

▲ *Ansicht des Senner-gestüts von 1794.*
Nach: Franz Max Freiherr von Bouwinghausen von Wallmerode

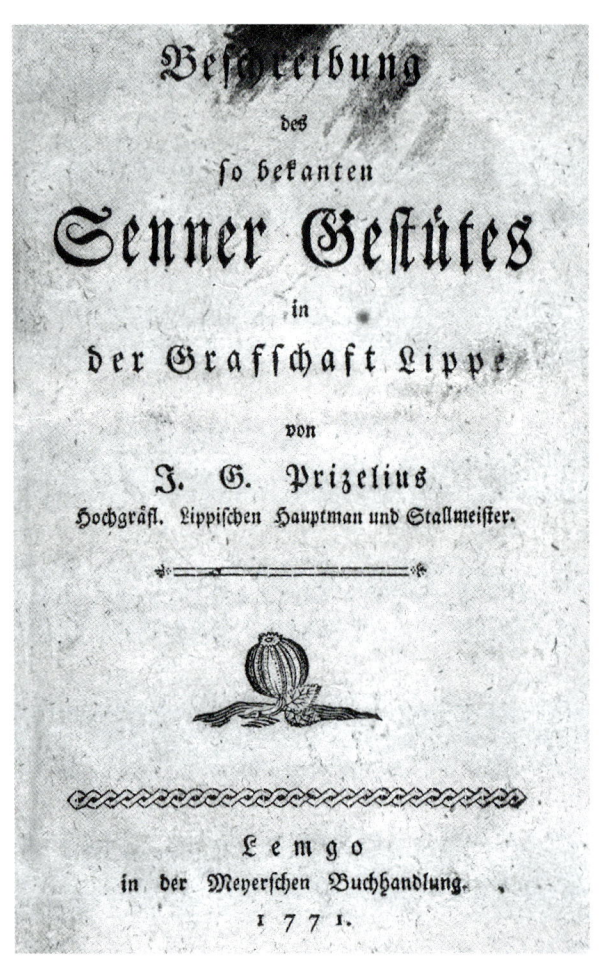

► *Titelseite und erste Seite des 1. Kapitels aus dem Werk des Stallmeisters des Sennergestüts von 1769 bis 1774*

Methoden des Gestüts thematisieren. Zu diesen Berichten gehört die früheste und grundlegende „Beschreibung des so bekannten Sennergestüts in der Grafschaft Lippe" des berühmten Hippologen und Stallmeisters Johann Gottfried Prizelius, die 1771 erschien, ebenso wie der Bericht des Stallmeisters Adolf von Anderten.[121] Mit der scheinbar definitiven Auflösung des Sennergestüts nach dem Zweiten Weltkrieg setzt die intensive Aufarbeitung in der universitären Forschung ein: Neben den Arbeiten von Hannagrete Wittenstein und Friederike Schönlau, die noch in direktem Bezug zur letzten Züchterin Julie Marie Immink stehen, gibt die Dissertation von Heinrich Ernst an der Tierärztlichen Hochschule Hannover einen fundierten Überblick über die Entwicklung des Gestüts. Dominierten bis in die 1960er Jahre züchterisch-hippologische Gesichtspunkte, so betont Gerd Stolz in mehreren Aufsätzen die politischen und wirtschaftlich-finanziellen Aspekte dieses herrschaftlichen Privatgestüts. In letzter Zeit geht die Aufarbeitung der Geschichte der bedrohten Rasse der Senner in erster Linie von ihren Bewahrern aus: von Karl-Ludwig Lackner als heutigem Züchter, dem Westfälischen Freilichtmuseum Detmold, das an die Kontinuität der Senner-Pferde auf dem

ehemaligen Tiergarten- und heutigen Freilichtmuseumsgelände anknüpft[122] und der Biologischen Station Senne, die die Pferde in ihrer ehemaligen Heimat, der Senne, wieder auswildert.

Wildbahn: „Das Senner Gestüte hat seinen Namen von der zwischen Lippspringe, Paderborn, Stukenbrok und Lopshorn gelegenen großen Heide, welche unter dem Namen der Senne bekant ist."[123] Die Autoren sind sich einig, dass „Klima und Bodenbeschaffenheit der Senne sich zur Aufzucht wie keine andere Scholle eignen" und sich auf diesen natürlichen und geologischen Grundlagen eine ganz eigentümliche Pferderasse entwickeln konnte.[124] Das unbesiedelte Weidegebiet der Senner erstreckt sich über 38.000 Morgen mit Wald, Heideflächen und Wiesen. Mit seinen Höhenunterschieden – 454 Meter über dem Meeresspiegel beim Barnacken und 163 Meter am Donoper Teich – entspricht das Gelände der Empfehlung Wolsteins' von 1786 für ein wildes Gestüt. Er zieht die bergigen Gegenden den flachen und planen vor, da sie kurzes und trockenes Gras, gerade die Pflanzen erzeugen, die die Pferde suchen, die ihnen am angenehmsten, am liebsten, am gesündesten sind.[125] Die ersten baulichen Anlagen befinden sich 1538

25ten beym Donoperteiche getränkt werden. Am 28ten wurde aber erst der Versuch gemacht; die Stuten kehrten aber in der Gegend der Mordkuhle wieder um, und weil zu tief Schnee lag, konnten die Leute nicht vorbeugen. Nachher sind sie noch ein paar Mal hingewesen; aber es hat schwer gefallen sie hinzubringen."[128]

Im Teutoburger Wald und in der ebenen Senne haben die Pferde wie das Wild ihre regelmäßigen Wechsel und teilen sich in verschiedene Rudel. Diese werden von einer Leitstute angeführt, die sich durch Alter und Stärke auszeichnet. Die einzelnen Herdenverbände trennen sich

◄ Der Donoperteich. Ausschnitt aus „Bilder aus dem Teutoburger Walde" nach der Natur gez. v. F. Lindner

▼ Handzeichnung der „Befriedigung auf dem Falkenberge gegen die Sennerpferde" und Vorschläge für Wartung und Neuanlage vom 23.5.1855 in Absprache mit Hofstallmeister von Unger

auf dem Winfeld, 1550 am Donoper Teich – soweit sie beim Charakter des Gestüts überhaupt notwendig sind: Eine Hütte für den Pferdehüter und ein eingezäunter Kamp für die Musterung der eingetriebenen Herde reichen aus. Nach den Zerstörungen des Dreißigjährigen Krieges entstehen unter Graf Hermann Adolf die auf dem Kupferstich 1663/ 66 von Elias van Lennep dargestellten Gebäude. Graf Simon Heinrich lässt sich 1685 in Lopshorn ein „ansehnliches Lust- und Jagdhaus" bauen. 1717/18 werden zwei massive Pferdeställe errichtet, da sich die Stutenherde vergrößert hat. Die früheste Darstellung dieser Anlage findet sich bei Bouwinghausen. Zunächst muss jedoch der erhebliche Standortnachteil von Lopshorn, der Wassermangel, ausgeglichen werden. 1657 graben Gothaer und Zellerfelder Brunnenmeister einen 60 Fuß tiefen Brunnen in den Felsen. Dieser bereits auf dem Kupferstich von Lennep dargestellte Brunnen erlaubt es, die Verlegung des Gestüts nach Lopshorn vor 1680 anzusetzen. Der Brunnen wird 1684 auf das Doppelte vertieft, da er im Sommer versiegte. Das mit einem Tretrad heraufgezogene Wasser muss jedoch laut Prizelius 48 Stunden stehen, um es zu temperieren. Später werden eine Zisterne und ein Brunnenhaus gebaut. Vor 1900 wird der Brunnen noch einmal auf 86 Meter vertieft und mit einem Petroleummotor als Antrieb versehen.[126] Darüber hinaus werden an verschiedenen Stellen in der Wildbahn natürliche oder künstlich angelegte Sohlen mit Ton gedichtet und regelmäßig gewartet. Dennoch erliegt manches Pferd dem sommerlichen Wassermangel. Die Wasserbeschaffung bleibt immer ein vorrangiges Problem in Lopshorn. Jeden Winter werden Dienste in Anspruch genommen, um Wasser zu treten oder anzufahren.[127] Im Januar 1829 wird aus Lopshorn berichtet, dass „seit drei Wochen etwa schon Wasser aus dem Donoper Teich angefahren und aus dem großen Brunnen getreten wird. (6 Minuten dauert es bis darin der Eimer herauskommt.) Die Sohlen waren beinah ausgefroren; und sollten nun die Stuten gegen den

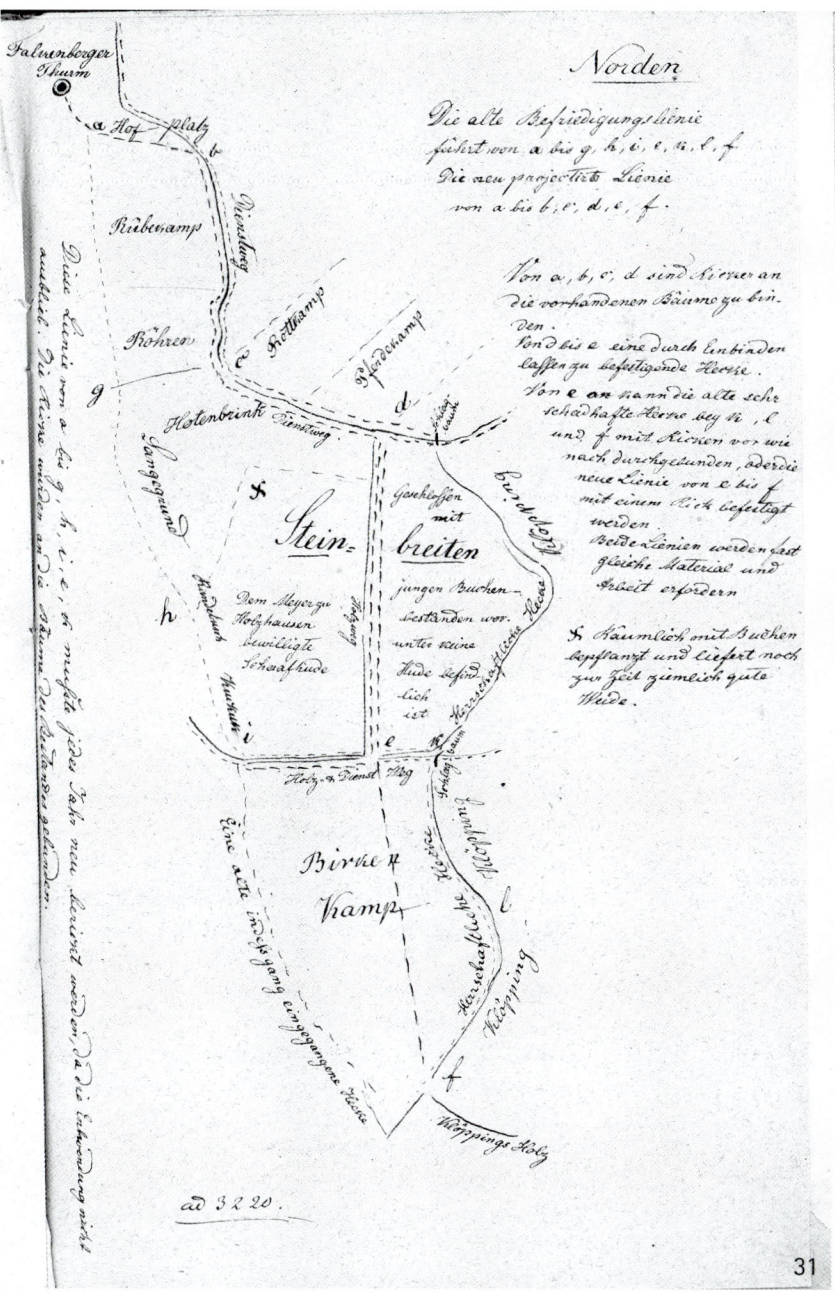

► *Die starke Sprungkraft
der Wildbahnstuten.
Federzeichnung von
Theodor Rocholl,
um 1898*

► *Hofstallmeister
von Unger,
im Sennergestüt von 1851
bis 1868, anschließend
in Celle tätig*

Horn wieder ein. Aber vor allem die Grenze nach Paderborn, zur offenen Senne, ist auf Grund der zu hohen Kosten ungeschützt.[131] Doch auch die Doppelgräben mit Wall, auf dem Flechthecken stehen, können die Pferde nicht von ihren Ausbrüchen abhalten. Große Verwunderung ruft eine Stute mit ihrem Fohlen hervor: Sie weiden in einem Haferfeld in Heidenoldendorf, ohne dass ein Loch in der Hecke oder ein anderer Zugang zu finden ist. Prizelius selbst erlebt, wie die zwei fast aus dem Stand einen sechs Fuß breiten Graben und die sich anschließende vier Fuß hohe Hecke auf dem anderen Ufer überspringen.[132] Regelmäßig wird von den Stallmeistern über das Austreten der Pferde be-

nicht. Nach Prizelius kann das Gestütspersonal auch mit Gewalt oder Tricks keine Stute einem anderen Haufen zuführen. Kammerrat Führer, der Anfang des 19. Jahrhunderts eine Abhandlung über das Sennergestüt schreibt, hält es jedoch für „eine sonderbare Erscheinung (...), daß sobald eine Stute trächtig geworden ist, sie sich nicht mehr zu den Stutfohlen, sondern zu dem Rudel der Stuten gesellt."[129] Der Stutenwärter „soll sich befleißigen so oft wie möglich das ganze Gestüt zu sehen, welches wenigstens alle acht Tage geschehen kan, und wann er findet, daß eine Stute oder Füllen beschädiget oder krank sei, solche nach Lobshorn zu treiben" hat. Die Suche nach den Pferden wird ihm durch die Glocken erleichtert, die die Leitstuten tragen. Major Düring berichtet Anfang des 19. Jahrhunderts, dass man die Pferde tagsüber oft auf den Gebirgsköpfen findet, während sie abends gewöhnlich an den westlichen Abhängen nach dem Gestüt zu lagern. Andere Rudel scheinen feste „Reviere" zu haben. In ihren monatlichen Beobachtungen über das Sennergestüt berichten die Stallmeister häufig von den „Hornischen" oder auch den „Bruchstuten".[130]

Einfriedung: An erster Stelle steht der Schutz der an den Wald grenzenden Felder durch Hecken und Gräben. Straßen und Wege sind mit Schlagbäumen versehen. 1661 und 1663 erhalten der Amtmann in Horn, der Oberforst- und Jägermeister Krecken, der Konduktor von Oesterholz und der Vogt zu Schlangen die Anweisung, ihre Felder so zu verwahren, dass die wilden Pferde nicht ins Korn gehen. Die Einfriedungen, die teils auf Kosten der angrenzenden Bauernschaften, teils auf herrschaftliche Kosten unterhalten werden, sind aber nicht durchgehend: Sie umfassen Hiddesen und Heidenoldendorf, setzen dann auf der Seite von

richtet beziehungsweise von den Anliegern über Schäden geklagt. 1770 wird eine Stute bei Arolsen aufgegriffen, sie hat eine der weitesten Touren unternommen. Am 14. August 1784 kommt Nachricht aus Brackwede im Preußischen. Der Gestütsknecht muss eine dreijährige und eine zweijährige Stute abholen und für den Schaden am Korn aufkommen. 1811 gehen elf Fohlen bis nach Stukenbrock. Andere Ausbrüche gehen ins Hessische in die „Jegend von Sternberg" – dieser Ausbrecher wiederholt seinen Ausflug kurz nach der Heimkehr – in die Gegend von Paderborn, Lippspringe, Altenbecken, Schmedissen, Hörste und immer wieder in die Heidenoldendorfer Felder und Gärten. Aber auch die Stadt Horn führt Klage über die Zerstörung der Wintersaat. Zum Teil werden die Gestütsleute gerufen, um die Pferde zu identifizieren, und meist handelt es sich wirklich um entlaufene Senner. Die ausgetretenen Pferde werden zunächst einige Tage im Gestüt behalten. Dasselbe gilt auch für Leitstuten, die die jungen Stuten in die falsche Ge-

◄ Die Sennerstute Perle. Ölgemälde von Wilhelm Westerop, 1920

▼ Auszug aus dem Mutterstutenregister

Signalement der Mutterstute nebst ihrer Nachkommenschaft.

Laufende №	Namen der Stute	Haar und Abzeichen	Eltern Vater	Eltern Mutter	Race	Geburts-Jahr	Größe Fuß	Größe Zoll	Bemerkungen	Crepirt	Einkaufs-Preis	Verkaufs-Preis
180	Perle	braun mit Stern	Zend	Diamant (Seite 179)		1. Jahr 1909			1913 ... geboren — 1929 ...			

Bedeckungs-Jahr	Datum der Bedeckung	Mit welchem Hengste	Datum des Abschlagens	Güst geblieben	Verworfen	Jahreszahl und Datum der Geburt eines Füllen	Geschlecht	Haar und Abzeichen	Bemerkungen	Im Marstall aufgestellt	Zu Gestüt verblieben	Crepirt	Verkauft	Verkaufs-Preis
1913	13. Mai			Güst		1915								
1914	13. Febr					13. Januar 1916	Stute	hellbraun				19.11.15		
1915	18. April					21. April	Stute	hellbraun				10.6.1916		
1916	3. Mai					13.4.1917	Stute	braun		Agnes			6.9.19	6800 M
1917	21. April					2.4.1918	Hengst	braun		Brano			6.9.19	2900 M
1918	27. Mai					18.4.1919	Stute	hellbraun mit Stern	1922 als Mutterstute					
1919	10. Mai					23.4.1920	Hengst	braun	Todgeburt			23.4.20		
1920	24. Mai	Tirion				21.4.1921	Hengst	braun Stern		Perlenglanz			3.6.25	3500 M
1921						8.4.1922	Stute	braun Stern Schnuppe		Perlaube				
1922						25.3.1923	Stute			Perlenkette				
1923		Tirion				15.3.1924	Hengst	braun, Stern		Perlfischer				
1924		Tirion				25.3.1925	Hengst	braun		Palmström				
1925		Tirion				18.3.1926	Stute	braun		Pfälzerin				
1926		Tirion				21.6.27	Hengst	braun		Pfalzgraf				
1927		Tirion				1.7.28	Hengst							
1928		Tirion					Güst							

gend „verführen". 1786 werden drei hartnäckige Wiederholungstäter – die Stuten Diderique, Canzler und Manzell, die immer wieder in die Felder in Heidenoldendorf und Braunenbruch gehen – erfolgreich auf andere Herden verteilt. 1817 werden zwei Pferde verkauft, weil sie zu oft ins Paderbornische ausbrechen.[133] Immer wieder werden Vorschläge gemacht, die Einfriedungen, zum Beispiel zwischen Augustdorf und Haustenbeck, zu erweitern, um die Kosten und die Schäden an den Pferden zu vermeiden, die ein Austreten in angrenzende Territorien verursacht. Noch 1855 müssen insgesamt 78 Reichstaler aufgebracht werden, um die Kosten zu begleichen, die die Ausbrüche der Pferde nach sich ziehen. In der Regel treten die Pferde vor allem im Herbst aus, wenn ihnen das Gras im Wald zu hart und trocken wird.[134] Erst als der Freiheit der Pferde mit Drahteinfriedungen ein Ende gemacht ist, enden Klagen und Ausbrüche.

Exterieur: 1771 gibt Prizelius die erste ausführliche Beschreibung des Sennerpferdes. Es sei meistens höher als ein Mittelpferd, etliche seien höher als 17 Faust. Ihre Köpfe seien fein, wenn auch einige Schafsköpfe darunter wären. Der Hals sei bei allen lang und schön und fehlerlos. Die Leiber seien vortrefflich geschlossen, die Kruppen und Brüste tadellos, die Schultern leicht und beweglich, der Rücken gerade und von großer Stärke. Besonders hervorragend sei die Ausbildung der starken, trockenen Schenkel mit ihren Sehnen, die so vom Knochen abgesondert seien, dass man nichts Schöneres sehen könne. Mähne und Schweif seien von starkem Wuchs. „Kurz, den größten Haufen kan man als schön, die wenigsten mittelmäßig, alle aber gut nennen."[135]

Betont er noch die Nähe zum „Engländer", so tritt entsprechend der Zuchtgeschichte in den Rassebeschreibungen der ersten Hälfte des 19. Jahrhunderts der Verweis auf die arabischen Einflüsse in den Vordergrund, vor allem auf den schönen, leicht gebogenen Hals.[136] Nach einer Phase der Inzucht auf einen Araberhengst findet Stallmeister von Unger 1852 Pferde mit hübschen Köpfen, aber vorgeneigten Hälsen, steilen Schultern, langen Rücken, mangelhafter Brusttiefe und kurzen Kruppen vor. Die vier guten Beine als Typus des Sennerpferdes seien erhalten, aber bei einer großen Zahl seien die Hinterschenkel mangelhaft gebildet. „Aber wieder einmal erweist sich, daß die Senne eine starke Kraft darstellt, um den eingeführten edlen Typus zu verwischen."[137] Ende 1893 fertigt der Direktor der Tierärztlichen Hochschule Hannover, Dr. Dammann, ein Gutachten für Stallmeister von Liliencron an, in dem er das Stutenmaterial als edles und gutes bezeichnet. Mit dem fein geschnittenen Kopf, dem edlen Hals, dem sehr guten Aufsatz, hohen und kräftigen Widerrist, den vortrefflichen Schultern, den korrekt gestellten und für die Größe hinreichend starken Schenkeln, den trockenen Sehnen und dem sicheren Gang

lobt er die typischen Sennermerkmale, fordert aber mehr Größe und Masse entsprechend den zeitgemäßen Zuchtanforderungen.[138] Um dieselbe Zeit geben andere Hippologen die Sennerrasse verloren: Übrig geblieben seien nur hochbeinige Engländer.[139] Aber schon 1914 urteilt der mit Sennern vom Beberbecker Gestüt her vertraute Hippologe Mieckley: „Alle zugeführten fremden Elemente haben nicht vermocht den Charakter, die ursprüngliche Form, das Feuer, die Kraft und die Ausdauer den Senner Pferden zu rauben." Bei den Sennern finden sich alle Fellfarben, nur Füchse sind selten. Seit Mitte des 17. Jahrhunderts bis weit ins 18. hinein züchtet man die buntesten Fellfarben, zum Beispiel Rotschimmel mit roten Mähnen, Braun- und Gelbgescheckte und die berühmten Isabellen. Ende des 19., Anfang des 20. Jahrhunderts dominiere hingegen die fast dunkelrotbraune Fellfarbe, die heute die Stute des Westfälischen Freilichtmuseums Dorinah trägt.[140] Ein weiteres Merkmal der Senner ist ihre Spätreife: Laut Prizelius sind sie bis zu ihrem fünften Lebensjahr matt und kraftlos. Dann bleiben sie aber lange brauchbar und bringen auch noch im 30. Lebensjahr Fohlen. Die Stuten werden aus diesem Grund nicht vor dem fünften Lebensjahr bedeckt.[141] Daneben sind bis heute durchgängige Rassemerkmale Härte, Ausdauer, hohe Fruchtbarkeit, Langlebigkeit und Widerstandsfähigkeit gegen Witterungseinflüsse. Zusammen mit den auffallend gesunden Hufen haben damit bei den Sennern die wesentlichen Merkmale wild lebender Pferde überlebt.[142]

Charakter: Nicht einfach ist jedoch die Behandlung der in Freiheit aufgewachsenen Pferde, die auch in den Ställen frei umher gehen und sich nicht berühren lassen. Selbst dort stehen sie „troupweise wie sie miteinander gehen."[143] Der bayerische Gestütsmeister Ammon glaubt, die Senner seien beim Anreiten etwas tückisch und böse. Aber Prizelius weist die Bereiter darauf hin, dass die Boshaftigkeit aus ihrer großen Furchtsamkeit und Menschenscheu erwachse. „Ihre Wuth gehet so weit, daß der Reitknecht, welcher sie zu warten hat, Lebensgefahr dabey aussteht." Ungerechte Strafen vergessen sie nicht, und diese können ein Pferd auf immer verderben. Pferde, die sich zu sehr widersetzen, werden durch Hunger, Durst und Störungen beim Schlaf gefügig gemacht. Die für die Dressur der Pferde benötigten Ruten müssen die Pivitsheider Bauern schneiden, neben dem Wasserholen, dem Instandhalten der Einfriedungen und

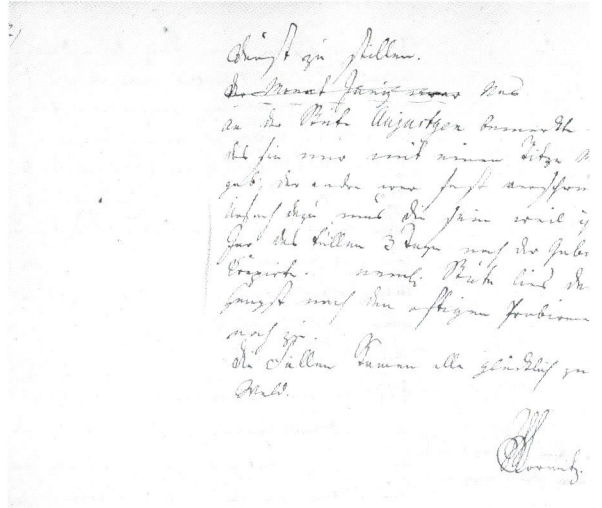

dem Einfangen ausgebrochener Pferde ein weiterer ihrer Dienste für das Gestüt. Einzelne Pferde, wie die Stute Prinz Heinrich, werden aber auch vom Marstall an das Gestüt zurückgegeben und in der nächsten Auktion verkauft, „weil sie gar zu böse ist". Die Bereiter werden angewiesen, die ihnen zur Dressur zugewiesenen Pferde mit Geduld zuzureiten und streng darauf zu achten, dass die Stallleute die Pferde jederzeit angemessen und ohne Rohheit behandeln, weil dies namentlich bei den Senner-Pferden erforderlich ist, um sie brauchbar zu machen. Wenn man den Sennern jedoch mit Behutsamkeit, Geduld und möglichst wenig Zwang begegnet, „erkennen sie den Menschen als ihren Gutthäter, legen diese Laster sogleich ab und werden ihm getreu". Einmal gezähmt und sorgsam eingeritten, ist der Senner treu und folgsam.[144]

Lebensweise: Den besten Eindruck über die Abläufe im Lopshorner Gestüt geben die Beobachtungen der Stallmeister vom Ende des 18. und Anfang des 19. Jahrhunderts. Exemplarisch ist der Bericht von Vize-Oberstallmeister Lorentz, der das Gestüt von 1782 bis 1800 führt:

„Beitrag und Anmerkungen zum Sennergestüt. Register von Johanni 1785 bis Johanni 1786.[145]

Den 18ten July wurde mit dem Bedecken im Gestüt aufgehört. Die Stuten waren durch das öftere Probieren etwas vom Fleisch gekommen. Bei den Bedeckten ist noch zu bemerken, daß die Stute Besser 6mal abschlug und wie sie zum 7ten Mal probiert wurde lies sie den Hengst wider zu. Die 5 jungen Stuten blieben alle beim ersten Sprung, nur die Stute Gräfin schlug 2mal ab und lies den Hengst wider zu und so magte sie es bis zum 3mal.

Ohnerachtet der schlechten Witterung wurden für das Gestüt 80 Fuder Heu aufgefahren, welches alles gut einkam.

D. 20ten Octbr. meldete Amtsschreiber Rippentrup von Varenholz die Weser hätte alle Weiden überschwemmt, und die Füllen müßten abgeholt werden. D. 27. wurde hinge-

schickt, um sie abholen zu lassen, dieses konte aber weil die Weser zu sehr ausgetreten war, vor den 29ten nicht geschehen. Alles Vieh ging nahe an der Weser, bei der Überfahrt nach Veltheim. Die Dreyjärigen[146] wurden vorerst im Marstall aufgestallt; und die übrigen nach Lopshorn getrieben. Die ersten 8 Tage wurde ihnen Morgens und Abends ein wenig Heu gegeben. Hirnächst bekamen sie ein Futter. Von der Meyerey[147] wurden 48 Hauf Raufutter[148] geliefert, welches recht gut einkam. Das übrige wurde durch die anhaltende Näße auf dem Felde und sollten noch von den eingefahrenen Raufutter von der Meyerey 32 Hauf geliefert werden. [Am Rand vermerkt: Ende Oct. Wurden die 32 Hauf Raufutter von

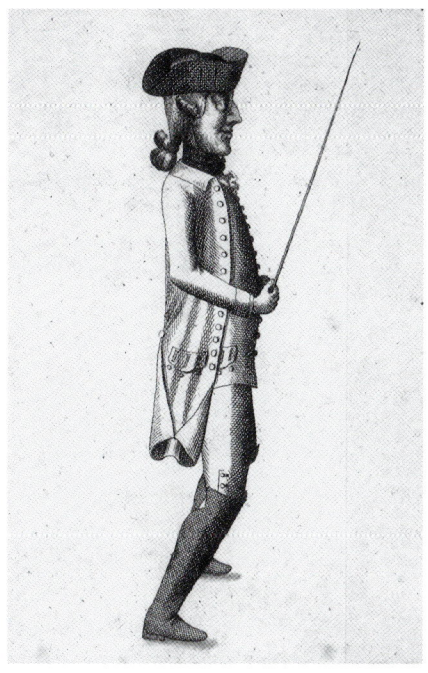

der Meyerey geliefert.] 180 Hauf Haber wurden auch v. der Meyerey geliefert. Großentheils kam er gut zu Hause; nur verschiedener, weil er lange gestanden hatte, und oft naßgeworden war, fil stark aus, war aber dabei trocken.

25ten Octbr. werden die Füllen abgesetzt.[149]

26ten fiel der erste Schnee, blieb bis den anderen Mittag liegen. Die Stuten kamen alle den Abend zu Hause, wurden aber nicht eingelassen. Ursach, daß sie alle kamen, war, weil die Füllen abgesetzt waren.

Nach dem Schnee kam, heller Himmel u. Frost. Die Stuten blieben alle noch draußen, wie die Järigen auch.

Novembr. Zweyjärigen kamen jegen den 8ten Novembr. Diesen wurde ein Futter[150] und wenig Heu gegeben. D. 18ten kamen die Stute Oberförster, Friesenhausen, Simonine, Rodewald, Fürstin, letztere war etwas heruntergekommen. Die 3 und 4Järigen kamen auch, es wurde ihnen nur ein wenig Heu gegeben.

▲ *Aus Johann Gottfried Prizelius, Der Bereiter. Leipzig 1787*

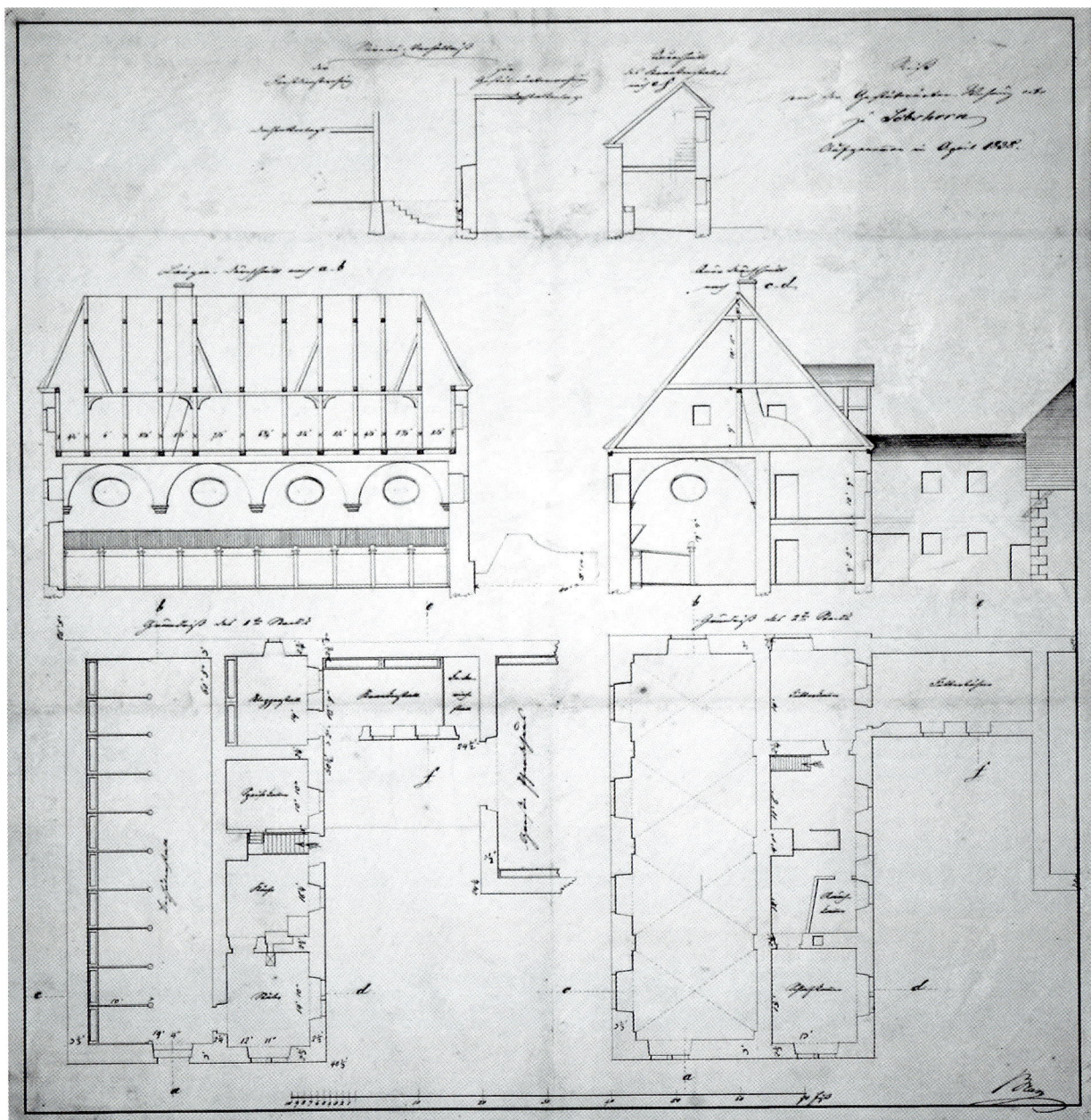

Die Witterung blieb den ganzen Monat abwechselnd doch meist Regenwetter, welches auch verursachte, daß die Stuten nicht alle Abend zu Hause kamen.

Decembr. Anfangs dieses Monats viel etwas Frostwetter ein bis den 14t. D. 10t. kamen die Stuten aus der Jegend von Österholz als Donop, Forstverwalter, Gräfin, Stivarius, Lorenz, Äbtissin. Auch war zuvor die Stute Canzler Diderique gekommen. Es wurde allen ein Futter gegeben. Der Frost ging wider weg, und kam gelinde Wetter.

D. 18 war die Nacht etwas Schnee gefallen. Die Stuten auch 2. 3. u. 4järigen Füllen kamen abwechselnd zu Hause. Einige blieben im Walde kamen des Morgens 9–10 Uhr, andere gar nicht.

D. 19. viel Frostwetter ein und der Schnee war 2 Zoll tief.

Die Stuten aus dem Hornischen als Valentin, Lindinger, Besser, Kammerherr, Casemire, Meisterjäger, Wilhelmine,

Augustgen wurden, weil die Kälte zu sehr zunam, d. 23ten geholt. Alle waren im guten Stande, nur die Stute Wilhelmine war heruntergekommen. Es wurde nun allen, das gewöhnl. Futter gegeben. Ende dieses Monaths blieben die Stuten bei den 6.3.4. noch immer ein, auch zwei Nächte im Walde. Die Kälte war Ende dieses Monats stark.

Die Einteilung in den Ställen war:
1) in den großen Stutenstalle alle bedeckten Stuten bis auf die 5 Stuten die zum 1t. Mal bedeckt waren und die Stute Fürstin.
2) in den 2ten Stall die 5 Stuten die zum 1. Mal bedeckt und die Fürstin. Diese war etwas heruntergekommen. Die jungen Stuten wurden von den alten zu sehr geschlagen. Die 4Jährigen 5 Stück die 3Jährigen 3 Stück
3) in den 3ten die 12 Saugfüllen
4) neben der Küche die 2Jährigen 3 Stück

*Lebensstadien
eines Pferdes.
von Gustav Quentell, 1891*
◄ *Fohlen*
▲ *Jährling*

◄ *Anlage der Lopshorner
Weiden und Heuschuppen*

5) in dem Querstalle die Jährigen 4 Stück
6) in dem Stall daneben: das 3Jährige von Simonine u. 2Jährige v. Deganissin
7) im alten Beschelerstall rechter Hand die 2Jährigen Hengstfüllen 3 Stück. Diese Abkleidung wurde im Herbst gemacht.
8) linker Hand die Järigen Hengstfüllen 9 Stück

1786 Jann. Den 11ten ging das Wetter auf u. behilten ganz gelinde Witterung bis den 18ten fing es an zu frieren, zuvor fiel etwas Schnee. Der Stute Wilhelmine fing der Kopf an zu schwellen, auch bemerkte man ein stark Kollern im Leibe;

worauf gewöhnlich eine Diaroeh folgte. Zum Fressen hatte sie kein Verlangen, es wurde ihr mit der Stute Meisterjaeger alle Morgen ein besonder Futter gegeben. Das 3Jährige Stutfüllen von der Wilhelmine bezeigte ebenfalls kein groß Verlangen zum Futter zu haben, es war auch nicht so gut wie die übrigen von Fleisch. Es wurde ihm mit den andern einige Morgen Asche auf das Futter gegeben.

In den Tränkstein der Zisterne wurde von Zeit zu Zeit ein Stück Glasgalle geworfen, wovon die sämtlichen jungen Füllen saufen mußten.

Bei der ersten Strohlieferung v. 100 Bunden waren verschiedene Bunde die nur 20, 22, 27 und die aller schwersten 30 Pfund wogen. Dieses wurde aber durch Hauptmann Stivarus[151] auf der Meyerey abgeändert; und zwar so, dass keine unter 30 Pfund geliefert werden durften.

Die 2 1/2 Jährigen Hengstfüllen waren den 16ten aus dem Gestütkampe gebrochen, und kamen mit den jährigen Stutfüllen, welche hinter dem Kampe gingen, gleich wider nach dem Hofe gelaufen. Sie werden nun nicht mer auf dem Kamp, sondern auf dem Hoff gelassen.

Dem Gestütknecht Stedtkenbröcker [?] war bei Einlaßung der Järigen Stutfüllen ein Füllen wider die Hand gesprungen; es wurde also weil er kein Futter schneiden konte, 2 Tage ein Taglöhner und nach diesem Dienste von der Meyerey zum Futterschneiden genommen. [In allen wurden 17 Dienste von der Meyerey genommen bis er wieder gesund war].

Die jährigen Stutfüllen waren sehr rau und langharig. Ursach daran war, weil sie spät im Decembr. zu Hause kamen, sind nächst diesem noch bis jez einige Nächte im Walde blieben.

D 22ten bekamen wir wider Dauwetter und sehr angeneme warme Tage, gelinder Regen, und Nebel.

Die alten Stuten waren alle gut von Fleisch. Nur die Stute Kammerherr und die Stute Erbherr [nicht]. Ursach beide waren tragbahr und kamen spät im Decembr. aus dem Hornischen. Die Stute Wilhelmine hatte sich bis hirhin noch nichts gebessert.

Die 2jährigen Hengstfüllen waren im guten Stande. Die Järigen waren von Fleisch ziemlich, aber lang von Haren. Dem von der Stute Lorentz knackte es in Gelenken, wen es sich bewegte.

Im ganzen war das Gestüt diesen Winter nicht so gut im Stande wie im vorigen Winter. Ursach daran war, weil der Haber wegen der schlechten Witterung zu lang im Felde stand, und zu viel Körner ausgefallen waren.

D. 28ten wurde das jährige Stutfüllen von Valentin und Parfait krank. Zeichen der Krankheit waren: es trat bald auf den einen bald auf den anderen Hinterfuß; sein Futter fras es wie gewöhnlich, wen es ausgefressen hatte, so legte es sich nider, trieb aber weiter keine Ungeduld. Ich gab ihm niederschlagende Pulver mit dem Deiact.[?] von flor. Chamom. tägl. 2 bis 3 Mal, lis ihm auch 3 Klistire tägl. setzen. Ende dieses Monats hatte es sich noch nichts gebeßert.

Die Witterung war Regen, Sturm und Nebel.

Febr. Das Füllen von Valentin hatte sich auch nichts gebessert.

D. 5ten fiel etwas Schnee blieb aber nur bis d. 6. liegen. D. 8ten fiel ein Fuß tiefer Schnee. D. 10ten frohr es den ganzen Tag, abends regnete es und vieler Sturm. D. 8ten krepierte die Stute Wilhelmine. Bei der Öffnung war ich nicht gegenwärtig. Das Stutfüllen von Valentin hatte sich noch nichts gebessert, es tribbelte immer noch mit den Hinterschenkeln. Medizin wurde nicht mer gegeben, weil

es sein Futter wie gewöhnlich fraß und sonst keine Zeichen der Krankheit zeigte.

D. 12ten war der Schnee in der Fläche von Lopshorn und der Senne weg. An den Bergen lag er noch tief. Die Witterung war sehr gut so das hin und wider grüne Keime zum Vorschein kamen.[152]

Jegen den 18ten besserte sich das Stutfüllen von Valentin. Zugleich bemerkte man unter dem Leibe einen starken kalten Geschwulst. Der Stute Valentin eyterte das rechte Auge stark und war ganz zu.

Den 21ten fing es an stark zu friren und zugl. vieler Sturm bis hirhin. Die Kälte hielt den ganzen Monat an.

Merz D. 2ten und 3ten schneite es stark. Der Sturm hörte auf, die Kälte blieb aber. Die Jährigen, 2 und 3Jährigen Stutfüllen blieben zwey Nächte hintereinander im Walde. Bis d. 11ten blieb die Kälte. Jegen Abend fing es stark an zu schneien, so das zu Lopshorn über 1 1/2 Fuß tief Schnee lag. D. 15ten fing es an zu dauen. D. 17. war der Schnee aus der Senne und den Ebenen weg. Der Stute Simonine war das linke Auge etwas geschwollen und hilt es halb zu. D. 20ten fiel wider Schnee und d. 21ten, d. 23ten war er aus der Senne und den Ebenen weg und folgten sehr angeneme Tage. Die Stute Simonine hilt das Auge noch immer etwas zu. Die Stute Vormund war aller Vermutung nach auf das rechte Auge gebissen, man bemerkte am untern Augenliede eine Verwundung. Das Saugfüllen von Oberförster und Duc ging mit dem linken Vorderfuß lahm. Vermutlich mußte es sich den Fuß verstaucht haben. D. 26ten fiel wider Schnee. D. 27, 28ten ebenfalls lag aber nur zu Lopshorn fristhoch. Des Nachts Frost, das die Sohle mußte aufgehauen werden.

D. 30. war der Schnee weg und sehr warm. D. 30ten bemerkte man an dem jährigen Stutfüllen von Friesenhausen und Brillant auf dem linken Augapfel eine starke Verwundung. Der Monat endigte sich mit sehr schönen Wetter.

April fing damit an, blieb sehr schön bis d. 8ten regnete es und nach diesen kamen Nachtfröste. Das Stutfüllen von Valentin und Parfait wurde sehr krank, so daß es beim Tränken in die Sohle fiel, es blieb allein im Stalle, und wurde mit Ausris gefüttert, worauf es sich wider etwas anfing zu erholen. Es scheint als wen die ganze Rein [? im Sinne von Nachzucht] von der Stute Valentin winterweich wäre. Das 2jährige Hengstfüllen ist ebenfalls den ganzen Winter immer träger wie alle übrigen gewesen.

Der Stute Meisterjäger tränte das rechte Auge etwas. Vielleicht hat sie sich drin gestossen, man hat bis hirhin noch nichts an ihr bemerkt. Gegen den 12ten ließen die Nachtfröste nach und kamen sehr angeneme Tage.

D. 18ten wurden zum 1. Mal 4 Dienste zum Füllenhüten[153] bestellt. Die Stuten blieben nun großenteils im Walde. Einige kamen noch. Es wurde ihnen aber nichts mer gegeben. Das Stutfüllen von Valentin u. Parfait war noch im-

sen. Sie wurden zum öftern probirt, aber widersetzten sich immer. Ohnerachtet der außerordentlich starken Dürre waren die Stuten im guten Stande. Die Sohle auf dem Gestütskampe in der Glase Grunde waren ganz ausgetrocknet. Jegen Ende dieses Monats bekamen wir erst Regen. Die Stuten hielten sich daher gar nicht zusammen. Sie liefen bald hir, bald da, um ihren Durst zu stillen. (...) Die Füllen kamen alle glücklich zur Weld.

Gez. Lorentz."

Entwicklung des Sennergestüts und Zuchtgeschichte: Die Senner sind die deutsche Pferderasse, von der die früheste Nachricht vorliegt. Sie wird daher als die „älteste Pferderasse" schlechthin bezeichnet. 1160 schenkt Bischof Bernhard I. (1127–1160) dem Abt von Herwidehusen (Hardehausen) den dritten Teil seiner ungezähmten Stuten (indomitae equae). In der Urkunde wird auch schon der Ausdruck „quod leges equitium" (Gestüt) verwandt. 1541 hat sich die Bezeichnung Senner für die Pferde der gräflichen Zucht be-

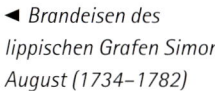

◀ *Nicolao Schaten, Annalium paderbornensium, Pars 1, Paderborn 1663*

mer kränklich, wurde mit den Füllen täglich gehütet. Es fielen noch sehr kalte Nächte am Ende dieses Monats ein, so daß das ausgebrochene Eichenlaub alle verfroren war. Diesen Winter sind Handdienste von der Meyerey zum Futterschneiden verbraucht.

<u>May</u> Den 1ten wurde der Anfang mit dem Bedecken gemacht.[154] D. 8ten wurden die Füllen gebrent.[155] Es kamen noch immer ser kalte Nächte. Die Stuten fingen aber an sich ser zu erholen. Nur ist besonders zu bemerken, daß dieses Jahr die Füllenstuten sich alle vereinzelt haben; welches für die Gestütknechte ser beschwerlich war, um die Stuten zum Bedecken herbei zu schaffen. Die Ursach hirzu konnte die sein, weil das Wasser ferner war.[156]

Es wurde bei hofgräflich-vormundschaftlicher Kammer auch der untertänige Vorschlag getan, einige zwey- und järige Hengstfüllen legen zu lassen und diese mit den Stuten im Walde laufen zu lassen, welches auch approbirt wurde. Diese Füllen waren von den beiden Jargängen die Kleinsten von der Art das die järigen Füllen die nemliche Größe hatten. Nachdem sie gelegt waren, wurden sie mit den Stutfüllen geweidet, damit sie die Jegend und die Solen kennen lernten. (...)

D. 20ten wurden die Hengstfüllen nach Varenholz[157] auf die Weide getrieben. Nach der gehabten kalten Witterung war die Weide noch ziemlich gut. (...)

D. 22ten Juni war das Füllen von der Stute Kerssenbruch gekommen; die Stute wurde nach dem Gestüt gebracht. D. 24ten fand man das Füllen bei der Stute Coadjuterin, welche es auch mit ihrem Füllen gesäugt hatte. Sie lies es nur alsden zu, wenn daß ihrige sog. Der Stute Kerssenbruch war das Euter ser angeschwollen, sie nam aber das Füllen demohngeachtet wider an. Die Stute Rodewald und die Stute Augustgen wollten den Hengst gar nicht zulas-

reits eingebürgert. Dankesbriefe und Kaufersuchen von Adrian von Zerssen aus Cassel und Hermann von Mengerssen verwenden nun diesen Begriff.[158]

Es existieren verschiedene Ursprungslegenden zu den Sennern, die alle nicht nachprüfbar sind. Der Sage nach gehen sie auf die erbeuteten oder geflohenen Pferde der Varusschlacht zurück. In den 1930er Jahren, als allem „Fremden" das germanische Erbe entgegengesetzt wird, gewinnt die Theorie eines germanischen Heiligtums an Bedeutung. Andere Autoren gehen von der Auswilderung der Senner aus: Anfangs werden edle, bedeckte Stuten gehütet, die man der Freiheit und Natur überlässt, wenn sie Futterplätze und Gelände kennen. Das Dunkel der Vorzeit und den Unterschied zu den übrigen halbwilden Gestüten will auch die These erhellen, dass die Herrn zur Lippe sich aus den Kreuzzügen besonders schöne Zuchtpferde mitgebracht haben.[159]

▲ *Gestütsregister*
von 1717

Erst am Ende des Mittelalters wird das Gestüt wieder erwähnt und seine Entwicklung damit belegbar. 1493 werden die „wilden perde" nach Jahrgängen und Haarfarben beschrieben. Der Bestand umfasst 64 Pferde, davon 23 Mutterstuten. Die unterschiedlichen Fellfarben lassen darauf schließen, dass bereits gezielt Deckhengste ausgesucht und eingekreuzt werden. Da in diesem Jahr 18 Fohlen gefallen sind, muss man von einer Fruchtbarkeitsquote ausgehen, die angesichts der halbwilden Lebensbedingungen der Stuten enorm hoch ist.[160]

Die Entwicklung des Sennergestütes ist eng mit den einzelnen lippischen Herrschern verknüpft beziehungsweise

mit dem Format der Stallmeister, die sie einstellen, auswählen und fördern.[161]

Unter Simon VI. (1554, 1563–1613) erlebt das Gestüt eine Blütezeit. Die Pferdezucht wird besonders gefördert, weil die Pferde als diplomatische Geschenke zu Instrumenten der lippischen Außenpolitik werden. Zur Auffrischung und Veredelung wird in erster Linie friesisches Blut verwendet.[162] Im Dreißigjährigen Krieg werden Senner rekrutiert und von durchziehenden Truppen geraubt, so dass nur wenige Stuten von den wohl 300 vor Kriegsausbruch übrig bleiben.[163] Ständige Herrscherwechsel verschärfen die Rückschläge. Erst Hermann Adolf (1616, 1652–1666) bemüht sich wieder intensiv um die Sennerzucht: Der Bestand nimmt zu, so dass 1666 schon 21 Pferde verkauft werden können. Die Gebäude werden ausgebessert. Ein Bereiter aus Nassau-Dillenburg wird eingestellt, der später als Stallmeister geadelt den Namen „von Heiderstedt" trägt und mit Sicherheit großen Anteil am Wiederaufschwung hat.[164]

Seit 1713 werden Gestütsregister geführt. Die Zucht wird nachvollziehbarer und auch gezielter. Allerdings werden dieselben Namen für unterschiedliche Pferde verwandt. Vollständigkeit und Verlässlichkeit sollten also nicht überschätzt werden. Es gibt zum Beispiel drei Pferde, die unter dem Namen „Vainqueur" geführt werden: einen schwarzbraunen Dänen vom Herzog von Württemberg, der 1726 deckt, einen hellbraunen, der in Berlin gekauft wurde und von 1743 bis 1746 deckt, und einen Rotschimmel, einen Senner, der 1747 deckt.[165] Von 1713 bis 1748 decken 142 Hengste, davon 27 Sennerhengste. Die Anzahl der Beschäler schwankt zwischen sechs (1738) und 13 (1725). Der Erfolg der Bedeckung lässt zu wünschen übrig, und die Abfohlraten sind oft niedrig. Der Mode entsprechend züchtet man Pferde mit den nuanciertesten Fellfarben: Sand- und Eisenschimmel, Perlfarbene, Isabellen, Blau- und Schwarzschecken. Den Anfang findet diese Leidenschaft für ausgefallene Raritäten in der Vorliebe Simon Heinrichs (1649, 1666–1697) für Schecken. Der Ankauf der Hengste ist vermutlich nur dem Kriterium unterworfen, farbliche Raritäten zu erzeugen, was sich negativ auf die Qualität der Pferde auswirkt. Unter Vorbehalt kann man aus den Benennungen der Beschäler folgern, dass Rassen aus allen Teilen Europas eingesetzt werden, darunter Engländer, Türken, Andalusier und Araber.[166]

Die größere Sorgfalt, die man den Pferden entgegenbringt, wird an folgenden Maßnahmen deutlich: 1690 Beginn des Kornanbaus für zusätzliches Winterfutter, 1717/18 Bau von zwei Pferdeställen, 1713 Kontrolle der Zucht durch die Gestütsregister, 1718 findet sich wieder ein Hinweis auf die fetten Weserweiden bei Varenholz, auf denen die Fohlen den Sommer verbringen, unter Stallmeister von Buseck werden die Stutfohlen den ersten Winter im Stall

◀ *Simon August. Regierender Graf und Edler Herr zu Lippe. Ölgemälde von S. Wahl, 1766*

gefüttert. Dennoch gehen in den Wintern viele Stuten und Fohlen ein, und der Bestand schwankt zwischen 64 und 91, nachdem er 1719 auf 110 Mutterstuten gestiegen war. Besonders hohe Verluste verursachen die strengen Winter, 1711/12 sterben 38 Stuten, 1718/19 sind es 26 Stuten von 110, während von den Fohlen nur zwölf die Kälte überleben. 1740 werden 19 Stuten im Wald tot gefunden.[167] Das Gestüt ist zwar weltberühmt, wie der renommierte Pferdekenner und spätere preußische Stallmeister Zehenter schreibt, der 1747 Detmold und die Senne besichtigt: „Allein ich habe dasselbe gesehen, da es in schlechter Verfas-

sung war." Aber er findet noch „schöne und prächtige Überbleibsel von ihrem ehemaligen durch ganz Europa bekannt gewesenen grossen Ruf" und kauft drei Stuten, die er selbst ausfängt.[168] Kurz nach seinem Besuch übernimmt mit Graf Simon August (1727–1782) ein Herrscher die Regierung, der sowohl den verschuldeten Staat als auch die Pferdezucht entscheidend reformiert. Unterstützt von seinem Bruder Wilhelm Albrecht Ernst entfernt er alle minderwertigen Stuten, die mit erblichen Fehlern behaftet sind, und stellt neue Beschäler auf. Zehenter hat zuvor sowohl die Zahl als auch Alter und Qualität der zwölf Beschä-

▲ *Stallmeister des Sennergestüts von 1769–1774: Johann Gottfried Prizelius*

▲ *Stallmeister des Sennergestüts von 1800 bis 1825: Nicolaus Wülcker*

▶ *Schloss Oesterholz. Kupferstich von Elias und Heinrich van Lennep, um 1663/65. Im Vordergrund eine sechsspännige Kutsche mit Kutscher, die beiden Vorderpferde werden aus dem Sattel gefahren*

ler des Gestüts stark moniert. 1765 und 1769 legt Simon August genaue Richtlinien für den Bestand von Lopshorn, Varenholz und den Marstall fest sowie für die Beurteilung der Beschäler und Stuten.[169] Diese Regulative stehen schon in Verbindung mit der Einstellung des wohl bekanntesten Stallmeisters des Sennergestüts, Johann Gottfried Prizelius, mit dem Simon August einen vorzüglichen Hippologen in seinen Dienst nimmt. 1736 als Sohn eines Pferdeverleihers in Göttingen geboren, schafft es Prizelius, in der Göttinger Universitätsreitschule des ebenso bekannten und befähigten Stallmeisters Johann Heinrich Ayrers aufgenommen zu werden und dort bis zum Oberbereiter aufzusteigen.[170] Prizelius übt nachhaltigen und langanhaltenden persönlichen Einfluss auf die E„twicklung und Zucht des Gestüts aus, obwohl er die Leitung nur fünf Jahre innehat. 1774 nimmt er seinen Abschied, weil das Vertrauensverhältnis zwischen Graf und Stallmeister durch Neider zerstört ist. Aber noch die strukturellen und finanziellen Erfolge zu Beginn des 19. Jahrhunderts sind auf sein Wirken zurückzuführen. Er fördert systematisch die Verbindung zum Landgestüt und zur Landespferdezucht, auf die im Rahmen dieses Aufsatzes nicht weiter eingegangen wird, da das Landgestüt bis zu seiner Auflösung 1863 den Bedürfnissen des Marstalls untergeordnet ist.[171] Durch wenige gezielte Ankäufe wertet Prizelius den Sennertyp entscheidend auf und leitet 1772 mit dem Eintausch des Arabers Petit Maitre den Wandel vom barocken Prunkpferd zum Typ des Angloarabers ein. 1794 folgt mit Lothario der erste englische Vollblüter.[172]

Die Zeit unter Fürstin Pauline (1769, 1802–1820) und Stallmeister Wülcker, dem ersten studierten Tierarzt in dieser Position, gilt als Glanzzeit des Gestüts. Es erlebt keine Rückschläge auf Grund der Kriege, sondern im Gegenteil: Mit dem Silberschimmel Araber, der in Neustadt an der Dosse den Namen Nessus getragen hat, erwirbt das Sennergestüt in dieser Phase einen seiner bedeutendsten Hengste in Bezug auf die Zahl und Qualität seiner Nachkommen.[173] Langfristig führt diese Phase der Inzucht, die durch die Verwendung seiner Söhne, insbesondere durch den Hengst Malwend verstärkt wird, zur Ausbildung von erblichen Fehlern, zum Beispiel schwachen Sprunggelenken.[174] Zu dieser Zeit hat auch ein anderer lippischer Züchter, Peter Ambrosius Hausmann (1786–1871) große Erfolge in der Sennerzucht. Auf der Domäne Breda gezogen, werden seine Pferde durch die Beziehungen seines Bruders, der Direktor der „Königlichen Tierarzney-Schule" in Hannover ist, im Königlichen Marstall in Hannover zugeritten. Eines seiner Pferde gelangt an die Herzogin von Cambridge, ein weiteres über General Lützow an Prinz Wilhelm von Preußen, den späteren Kaiser Wilhelm I.[175]

In diese Phase der Erfolge fällt eine einschneidende Veränderung des Charakters des halbwilden Gestüts: Nach einer Verfügung der Rentkammer von 1803, die damit auf Klagen der Forstwirtschaft reagiert, „gehen die Sennerpferde in den Winter-Monaten nicht mehr frey im Walde umher."[176] Stallmeister Wülckers Einschätzung dieses enormen Eingriffs lässt sich schon daraus ablesen, dass er sich weigert, die „Beschreibung des so bekannten Sennergestüts in der Grafschaft Lippe" von Prizelius fortzusetzen oder zu ergänzen. Die Sennerpferde würden leider sieben Monate eingesperrt, was ihnen nicht zum Vorteil und guten Verkauf gereiche. Dies also sollte im Ausland nicht bekannt werden.[177] 1823 berichtet Kammerrat Führer, dass „zur Abwendung des Schadens in den Forsten zur Frühlingszeit in neuerer Zeit eine geräumige Blöße im Forste, welche an die Senne grenzt, zum Gestütkamp eingerichtet und mittelst eines Riegelwerks eingefriedigt worden ist, worin die Pferde so lange bleiben müssen, bis die Gräser erst herangewachsen und die Lohden der Bäume mehr hervorgetreten sind."[178] Wülckers entschiedener Widerstand verhindert jedoch, dass den Sennern, wie geplant, in den folgenden Jahren die Waldweide ganz genommen beziehungsweise das Gestüt nach Oesterholz verlegt wird. Aus den wilden, kraftvollen Tieren werde ansonsten ein gewöhnlicher Schlag

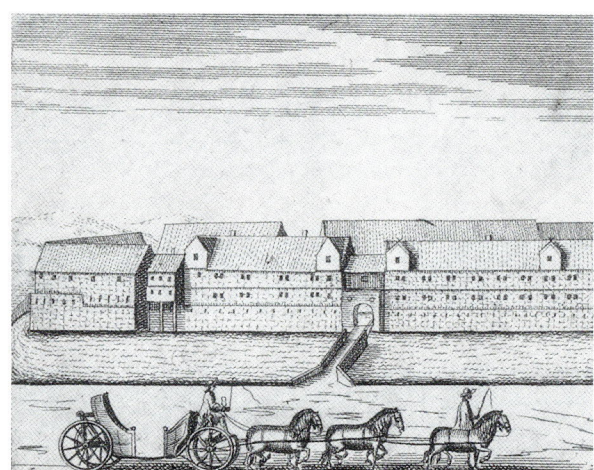

Pferde.[179] Ammon urteilt deswegen 1829 kurz und bündig: „Es war früher ein halbwildes Gestüte, gegenwärtig aber verdien es diesen Namen nicht mehr ganz (...):"[180]

Fürst Leopold II. (1796, 1802/1820–1851) kann diese Entwicklung nicht mehr verhindern, obwohl er sie nicht gutheißt. Er wird von Kammerrat Rohdewald und Forstmeister Wagener gemeinsam unter Druck gesetzt, indem sie ihn nachdrücklich auf den Willen seiner verstorbenen Mutter hinweisen. Er beugt sich, aber schätzt den Schaden, den die „armen Tiere" verursachen, viel geringer ein: Nur „Herren, die keine Pferdekenntnis haben, können solche Urteile fällen".[181] Mit ihm folgt wieder ein Herrscher, der ein starkes Interesse am Gestüt, aber auch an den einzelnen Pferden hat. Die Akten lassen ein vertrautes Verhältnis und einen intensiven Austausch mit Stallmeister Knoch erkennen. Im Alltagsgeschäft greifen die Herrscher sowohl in die Namensgebung ein[182] wie in die Bestimmung des Auktionstermins, die Wahl und Taxation der Auktionspferde, die Zusammenstellung der Züge, die Auswahl der Uniformen des Personals und der zu benutzenden Pferde, Geschirre und Kutschen. Einzelheiten beschäftigen Leopold und auch seine Mutter ebenso wie die wichtige Frage der Auswahl der Beschäler. Ein paar seiner zahlreichen Kommentierungen der Berichte Knochs zeigen, dass er Anteil an der Entwicklung jedes einzelnen Pferdes nimmt: „Es tut mir leid, den alten Araber verlieren zu müssen, da ihm aber das Leben nur eine Last ist, so mag es geschehen. Hätten wir nur erst einen Beschäler für unsere Senner, damit wir doch immer gewiß sind, etwas Edles zu erhalten. Hätte man nur eine sichere Quelle gewiß etwas Gutes zu erhalten, die Senner, die ein solcher Hengst auch kostet, ist bei diesem Gestüt sicher nicht weggeworfen." An anderer Stelle teilt Knoch mit, der Hengst Osiris sei zu matt, um im Marstall Dienste leisten zu können. Darauf erwidert Leopold: „Ich habe ihn neulich aus Spaß geritten, so ein faules Pferd ist mir noch nicht vorgekommen, und hübsch ist er, deshalb eigentlich schade, aber

wenn er so bleibt, ist er hier nicht zu brauchen."[183] Knoch und Leopold II. leiten eine von Englischem Vollblut dominierte Epoche des Gestüts ein, die bis 1875 dauert: Mit dem Hengst Mozart investieren sie hoch in das damals schnellste Pferd des europäischen Kontinents. Langfristig lassen Mozarts Nachkommen zu wünschen übrig beziehungsweise er kann auf die Sennerstuten keinen durchschlagenden Einfluss ausüben. Mit dem Ankauf der Stuten Veil, Freia und Morella durchbrechen sie erst- und einmalig die Regel der einseitigen Konstanz des Stutenstammes. Die drei Vollblutstuten, vor allem Morella, machen sich jedoch durch ihre Nachkommen bezahlt.[184]

Bis in diese Zeit hat das Sennergestüt entgegen der Praxis in nahezu allen anderen Gestüten daran festgehalten, den Pferden allein Raufutter zu geben. Nur die Fohlen erhalten gehäckselten, unausgedroschenen Hafer. 1839 bekommen sie erstmals reinen Hafer. Die Auswirkung auf ihre Gesundheit und ihr Aussehen ist so offensichtlich, dass Knoch die aus Kostengründen bis 1849 verschleppte Fütterung mit reinem Hafer für alle Pferde durchsetzt.[185]

Unter Stallmeister von Unger wird noch weiter von der traditionellen Aufzucht abgewichen und größere Sorgfalt

▲ Stallmeister des Sennergestüts von 1825 bis 1850: Major Knoch

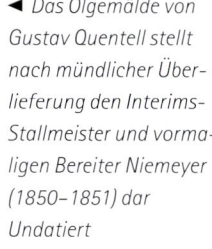

◄ Das Ölgemälde von Gustav Quentell stellt nach mündlicher Überlieferung den Interims-Stallmeister und vormaligen Bereiter Niemeyer (1850–1851) dar Undatiert

Diese Sennerhengste werden alle zur Zucht eingesetzt. Ihre Nachkommen sind auf den Auktionen begehrte Jagd-, Renn- und Gebrauchspferde. Ölgemälde von Friedrich Kilp

a) Florival geb. 1838, Mecklenburg, v. Don Cossack xx a. d. Flora von Nassir ox

b) George IV., xx, geb. 1844 in Pommern v. Cadet a. einer Whalebone-Stute

c) Delawar, geb. 1852 in Lopshorn v. Brother to Rostrum xx a. d. Aline

d) Garrick, geb. 1854 in Lopshorn v. Westow a. d. Morella v. Fortunatus, läuft mehrere Rennen

c

d

45

▲ *Das Sennergestüt bei Lopshorn 1862. Holzstich*

und Goliath, die Rasse auf ihre Ursprünge zurückzuführen und den Pferden mehr Masse und Größe zu geben. Diese Zuchtrichtung wird bald wieder aufgegeben, da die Nachkommen als Reitpferde im Äußeren und in der Leistung nicht an die mit englischem Vollblut gekreuzten heranreichen.[187] Danach kauft von Unger interessante Warmbluthengste wie die Hengste Florival, Garrick und Vortex. Ihre Nachkommen erweisen sich als großartige Gebrauchspferde. Der Reitschlag des Sennergestüts wird durch sie erheblich verbessert, so dass das Gestüt Mitte des 19. Jahrhunderts wieder im Aufstieg begriffen ist und sich sein Ruf erneut verbreitet.[188]

Neben diesen scheinbaren Erfolgen vollzieht sich ein Niedergang, der einerseits darauf beruht, dass von den Eigentümlichkeiten der halbwilden Aufzucht immer weiter abgerückt wird. Andererseits verlieren die lippischen Fürsten das Interesse am Sennergestüt. Ihre Jagdleidenschaft gewinnt die Oberhand, und die kontinuierliche Förderung der lippischen Pferderasse durch das Herrscherhaus bricht ab: 1864 wird ein mit Drahtzaun umgebener fürstlicher Wildpark geschaffen, der noch die Größe von vier Quadratmeilen hat. Aufforstungen mindern das Nahrungsangebot für die Pferde weiter. Die „Pferdeschäden" am Wald nehmen folglich zu. 1873 opfert der leidenschaftliche Jäger Leopold III. die Pferde als Schädiger des Waldes und ordnet die Einfriedung des Winnefeldes an, auf dem von nun an 20 Mutterstuten stehen sollen.[189] Der Pferdebestand nimmt, wie eine Auswertung des Rapportbuchs zeigt, kontinuierlich ab. Von 1873 auf 1874 ist ein deutlicher Einbruch im Gestütsbestand erkennbar.[190] Ein weiterer Schlag für das

auf die Behandlung der Tiere verwandt: Zum reinen Hafer wird Esparsette eingeführt, es wird versucht, die Weiden, aber auch die Wasserversorgung zu verbessern. Die Pferde finden die Ställe auch im Sommer offen und mit Zufutter versehen. Diese werden mit mehr Luft und Licht versorgt, die Hufentwicklung sorgsam kontrolliert. Auch wird ein weiterer Bereiter eingestellt, um die Pferde durch eine bessere Dressur für den Verkauf attraktiver zu machen. Dieses Mehr an Pflege und Einreiten geht mit der Reduzierung der Kopfzahl um ein Drittel einher.[186] Unter dem starken Druck der Gegner der Vollblutzucht in Lippe versucht von Unger durch den Einsatz von Sennerhengsten wie Banquo, Lion

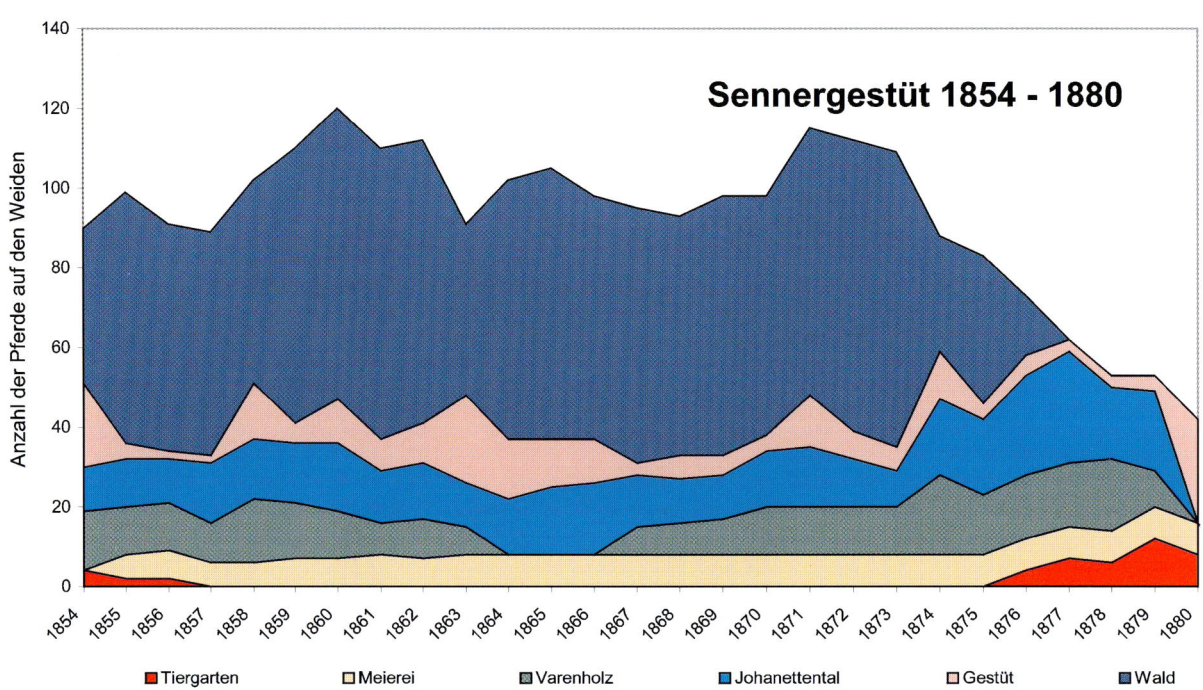

Gestüt erfolgt, als sich Fürst Woldemar 1875 der Halbblut-zucht zuwendet. Er scheitert total, da sich die Mecklenbur-ger und schweren Clevelandstuten in der Senne nicht ein-gewöhnen, vom Herdenverband nicht aufgenommen wer-den und nicht fruchtbar sind.[191] Bei seinem Tod 1895 ist die Zahl der Mutterstuten auf 14 zusammengeschrumpft, und es wird diskutiert, in welcher Form, ja ob das Sennergestüt überhaupt fortbestehen solle. In den Kreisen der Hippolo-gen sind die Meinungen geteilt: Die einen bedauern das Verschwinden des „alten Senner", die anderen bejahen den Wandel zum englischen statt orientalischen Blut, zu den isolierten Paddocks statt zur frischen Naturwüchsigkeit. Die Gestütsleitung erbittet schon 1893 ein Gutachten zum Stand der Sennerzucht vom Direktor der Tierärztlichen Hochschule Hannover, der sich anerkennend darüber äu-ßert, dass „die Lopshorner Zucht trotz der Einmischung sehr verschiedenartigen Blutes (...) ihre ursprüngliche Kraft und Verve und eine Reife weiterer, seit Jahrhunderten ihr eigener Vorzüge unverändert conserviert hat."[192] 1901 ver-neint Stallmeister von Malachkowski nach Beratungen mit Landstallmeister Grabensee aus Celle ganz entschieden die Frage, ob man das Gestüt nicht besser eingehen lasse: Würde und Ansehen des fürstlichen Hauses verlangten Pferde, die den fürstlichen Anforderungen genügen und deren Kauf von außerhalb zu teuer käme. Historische Grün-de sprächen ebenso dagegen wie die Pietät und Achtung des Erreichten.[193]

Auch als 1919 das fürstliche Hofgestüt aufgelöst wird, scheuen sich lippischer Staat und Züchter davor, dass lippi-sche Gestüt untergehen zu lassen. Zwar wird der größere Teil der Pferde verkauft, aber die fünf besten Mutterstuten werden dem Verband Lippischer Pferdezüchter mit der Auf-lage verpachtet, einen Mindestbestand von zehn Sennern zu wahren.[194] Stallmeister ist zunächst der energische, or-ganisatorisch begabte und dynamische Pferdekenner Willi-am von Simpson, der den meisten eher als Autor des Er-folgsromans „Die Barrings" bekannt sein dürfte. Wegen sei-ner Ansprüche auf Gewinnbeteiligung trennt sich der Ver-band schon 1921 im Streit von ihm, und die Leitung geht an Oberleutnant a.D. Hans Albert über.[195] Der Verband möchte zur rauesten Aufzucht zurückkehren und unter dem Motto „Masse im Verein mit Rasse" das Senner Reitpferd verstär-ken. Man kehrt mit dem Hengst Tizian von Amurath zum orientalischen Blut zurück und will zielbewusst den Senner als starkes, gängiges Reitpferd im Typ des Schwergewichts-hunters ausbauen.[196] Mit den Hengsten Punkt, Lüderbach, Chamisso und Onkel Ludwig gewinnt bis 1934 das engli-sche Vollblut wieder die Oberhand. Als der Reitsport von den Nationalsozialisten neu bewertet und organisiert wird, muss der Verband 1933/34 „ziemlich plötzlich" seine seit 1920 betriebene Reit- und Fahrschule an die SA abgeben. Dann werden auch noch die Zuschüsse für die Sennerzucht nicht mehr gewährt, mit denen der lippische Staat den Ver-band bislang unterstützt hat. Eine Eingabe an Landwirt-schaftsminister Darré, das „hochwertige Zuchtmaterial" in die Preußische Gestütsverwaltung zu übernehmen, wird trotz der Untermauerung durch ein Gutachten des be-rühmten Hippologen Gustav Rau abgelehnt. Das Gestüt wird 1935 aufgelöst. Der Bestand von 13 Stuten, zwischen einem und 14 Jahre alt, und drei Wallachen wird ver-

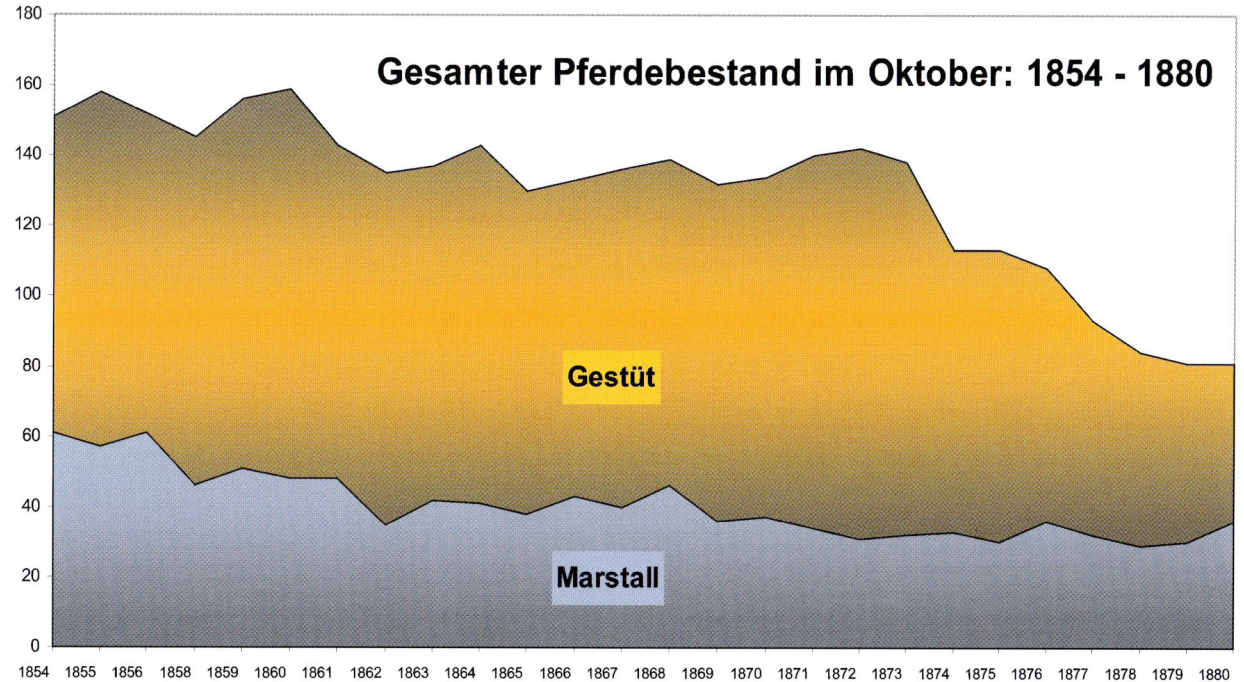

▲ *Die Züchterin Frau Julie Marie Immink interessiert sich schon in den 1920er Jahren für die Sennerzucht*

▲ *Sennergestüt Borgholzhausen: Karl-Ludwig Lackner mit der Sennerstute Kessy und ihrem Fohlen Griseldis*

kauft.[197] Gerettet werden die Senner durch die niederländische Privatzüchterin Julie Marie Immink, die schon 1935 beginnt, Stuten zurückzukaufen. Da sie in ihren Bemühungen vom Fürsten zur Lippe unterstützt wird, kann sie den Gestütsbetrieb in Lopshorn wieder aufnehmen. Als Deckhengst benutzt sie den Vollblutaraber Mandub, den sie 1942 aus dem Landgestüt erwirbt. Die Lippische Landesregierung stellt 1943 Mittel zum Ankauf der in Sachsen-Anhalt wiederentdeckten Stute Vedette II. zur Verfügung. In Gustav Rau und Landstallmeister Bresges in Warendorf stehen ihr kompetente Pferdekenner mit Rat, aber im Zweiten Weltkrieg auch mit Tat bei Futterbeschaffung und dem Abwenden der Beschlagnahmung der Pferde für den Kriegsdienst zur Seite. Trotz aller Opferbereitschaft Imminks ist die Situation des Gestüts permanent kritisch.[198] Nach dem Zusammenbruch muss Julie Marie Immink Lopshorn fluchtartig verlassen.[199] Ein Neuanfang auf dem Schapeler in der Stapelager Senne scheitert. Nachdem ihr 1945/

46 drei Stuten und ein Fohlen verhungern, löst sie das Gestüt auf, um wenigstens die übrigen zwölf Pferde zu retten.[200]

Aber wieder bedeutet dies kein endgültiges Aus: Nach einer Übergangszeit bei Familie Lüpke in Lemgo, die schon zeitgleich mit Julie Marie Immink Senner zog, arbeitet Karl-Ludwig Lackner seit 1971 intensiv am Wiederaufbau der Sennerzucht. Ausgehend von den Stuten Norma und Indra hat er bis 2001 einen Bestand von 36 Pferden, davon derzeit neun Mutterstuten aufgebaut. Als Beschäler werden getreu den Lopshorner Zuchtprinzipien arabisches, englisches und anglo-arabisches Vollblut eingesetzt. Inzwischen sind die Senner als bedrohte Rasse anerkannt und in die World Watch List der Food and Agricultural Organisation (FAO) der Vereinten Nationen aufgenommen. Beim westfälischen Pferdestammbuch wird seit 1996 wieder ein eigenständiges Stutbuch geführt. Seit 1999 weiden die Senner auch wieder in ihrer Ursprungslandschaft, betreut von der Biologischen Station Senne. Mit der Rückkehr von zwei Stuten ins Westfälische Freilichtmuseum Detmold hat sich auch hier im November 2001 der Kreis geschlossen.[201] Nach neunhundertjähriger Geschichte hat die Sennerzucht durch diese drei Säulen, auf denen sie ruht, hoffentlich eine stabile Basis für die Zukunft.

(Verkauf und Verwendung der Senner-Pferde werden im Folgenden entsprechend der bereits behandelten Wildbahnen für zurückliegende Jahrhunderte dargestellt.)

Pferdeverkauf: Die Pferdeauktionen auf dem Gestütshof in Lopshorn sind eine wichtige pferdesportliche Veranstaltung, die aber auch Volksfestcharakter hat. An Auktionstagen ziehen Schaulustige und Käufer gemeinsam nach Lopshorn. Das lippische Herrscherhaus sorgt für Musik und „Frühstück": Die fürstliche Hofkapelle schmettert flotte Militärmärsche. Im Jagdschloss findet der Tag mit einer Hoftafel einen krönenden Abschluss. M. Brüggemeyer aus Detmold sorgt in ihrem Zelt für gute Speisen und Getränke für das übrige Volk. Jedes Jahr werden aus dem Bestand zwischen fünf und 28 Pferde für den Verkauf bestimmt, die für die Zucht entbehrlich sind, fehlerhaft erscheinen oder nicht in die Züge passen, die die Wagen des Fürstenhauses ziehen. Die Auktion findet im Juli statt, da die nach dem Winter zu dünnen Pferde erst grasen müssen, damit sie wohl genährt einen besseren Ertrag abwerfen. In einigen Jahren wird die Auktion ausgesetzt. Zur Zeit Fürstin Paulines weist Stallmeister Wülcker darauf hin, dass oft die besten Pferde, die zur Zucht hätten behalten werden müssen, bereits als Fohlen verkauft werden. Bis 1830 beherrschen noch die regionalen lippischen und westfälischen Käufer den Markt. Aber auch Einkäufer anderer Fürsten beziehungsweise Gestüte finden sich ein, zum Beispiel Obertierarzt Lieser für das Gestüt Nassau-Weilburg, der Stallmeister von Sachsen-Meiningen oder der Fürst von Bückeburg.

◄ *Die Schimmelstute
Geibel , geb. 1831 in
Lopshorn v. Halebi a. d.
Prinz Friedrich IV. v.
Malwend. Geibel hat
in 17 Jahren 13 Fohlen.
Kreidezeichnung von
Gustav Quentell, 1852*

◄ *Uraka. Fuchs-Stute,
1,65 m, geb. 1887 in
Beberbeck; Vater: Cha-
mant, Mutter: Undine.
Aussteller: Kgl. Preuss.
Hauptgestüt in Beber-
beck. Berlin 1890. Cata-
log No 8. Nach dem Le-
ben aufgenommen von
Ottomar Anschütz.
Lichtdruck u. Verlag von
Dr. E. Mertens & Cie,
Berlin*

Leopold II. ist sehr an der Außenwirkung des Gestüts gelegen: „Es ist mir lieb, daß die jungen Hengste dort [in Weilburg] gefallen haben, denn dies kann doch immer dem guten Ruf der Senner Vortheil bringen."[202] Anfangs werden die Pferde, wie in Dülmen, unberührt, also direkt aus der Senne ausgefangen verkauft. Mittels eines Lassos werden sie auf Gefahr des Käufers gefangen. Aber 1842 überlegt Knoch, dass die „alte Stute zum Belegen in Harzburg gewesen ist und wird sich auch an den Halfter nehmen lassen. Die beiden jungen könnte man einige Tage vorher daran gewöhnen. Die Käufer werden so lieber darauf bieten."[203] Dennoch kommt es noch 1867 vor, dass ein Käufer das ersteigerte Pferd zurückgeben will, da „dieses Pferd für mich ohne

▲ *Die Sennerhengste Vortex und Numa auf der Landwirtschaftlichen Ausstellung zu Hamburg-Horn 1863. Fotoreproduktion nach einem Aquarell von Emil Volkers von 1863*

Lebensgefahr weder zu reiten, noch zu fahren ist" und es größte Schwierigkeiten macht, es überhaupt zu transportieren. Berühmtestes Beispiel ist allerdings die 22-jährige Schimmelstute Geibel, die, 1853 nach Elberfeld verkauft, bei Paderborn kehrt macht und sich nach zwei Tagen wieder in Lopshorn einfindet. Beim zweiten Versuch büchst sie bei Brilon aus, richtet sich dort ein und muss erschossen werden. Ein anderer Senner kehrt aus Frankreich zurück.[204] Seit den 1850er Jahren – nun finden die Auktionen in der fürstlichen Reitbahn statt –[205] mehren sich die Vertreter des Adels und des Militärs auf den Auktionslisten, gut erkennbar auch anhand der Adressaten, denen regelmäßig die Auktionslisten zugehen: Graf von Fürstenberg-Herdringen und Freiherr von Ketteler, Münster, Hofstallmeister von Apell, Bückeburg, Landstallmeister Wettich, Berlin, Prinz Alexander von Croy, Stallmeister Hollenser, Hannover, Baron von Breidbach, Wiesbaden, Graf Joseph von Westphalen, Graf Lehndorf, Freiherr von Romberg-Buldern sind nur einige der prominenten Namen, die sich unter den Käufern finden und die auch ihre Pferde zum Bedecken ins Gestüt

schicken. Auffallend ist, dass mit der Industrialisierung, als Kutschefahren, Reiten und Jagen vom aufsteigenden Unternehmertum übernommen werden, auch Fabrikant Haniel, Ruhrort, und Fabrikbesitzer Kosack, Soest, in Lopshorn Pferde kaufen.[206] Häufiger Abnehmer ist das Nassauische Gestüt in Weilburg. Unter Obertierarzt Lieser werden 1823 bis 1829 16 Pferde erworben. 1855 bis 1880 gehen 22 Pferde an den Herzog von Nassau, der insbesondere Jagdpferde kauft. 32 weitere Senner werden von anderen Gestütsverwaltungen wie Celle oder Graditz gekauft. Zeitgleich zum großen Ausverkauf des Sennergestüts unter Woldemar wird in Beberbeck ein neues Preußisches Hauptgestüt errichtet. Unter ähnlichen Lebensbedingungen wie in der Senne begründen hier 16 Sennerstuten zum Teil legendäre Familien: Die Stute Pamela hat in 15 Jahren 14 Fohlen, von denen drei als Mutterstuten verwendet werden und fünf in den königlichen Obermarstall kommen. Einer der bekanntesten Beschäler Beberbecks, Jubelgreis, dessen Tod die Zeitschrift für Gestütkunde 1914 betrauert, hat viel Sennerblut in seinen Adern.[207] Bis 1919 gehen die Senner in alle Welt und an alle gesellschaftlichen Schichten: 1909 schenkt die Königin der Niederlande ihrem Mann Prinz Heinrich den Fuchswallach Kammerherr. Vor dem Krieg häufen sich die Anfragen der Militärs. 1912 wird der Rapphengst Negus zu Zuchtzwecken nach Windhuk, Deutsch-Südwestafrika, eingeschifft.[208] Diese Verkäufe verbreiten den ungebrochenen Ruf des altehrwürdigen Sennergestüts, ohne indes seinen Niedergang aufhalten zu können.

Verwendung: Die wichtigsten Bereiche, in denen die Senner zum Einsatz kamen, werden anhand einzelner Pferde beleuchtet.

Marstall: Im Marstall stehen die Reit- und Wagenpferde der fürstlichen Familie, die Beschäler und Remonten. Stallmeister Knoch beglückwünscht Fürst Leopold 1831, dass er in dem Hengst Sanspareil ein passendes Pferd gefunden habe, dessen Schritt sehr angenehm und sicher sei und den der Stallmeister sich besonders vornehmen will. 1850 ist das Leibpferd des Fürsten der siebenjährige Schimmel Sarastro, den Gustav Quentell meisterhaft gemalt hat. Im selben Zeitraum verfügt der Fürst über drei Züge für seine Reisen, die aus sieben Schimmeln, sieben Füchsen und sechs Braunen bestehen. Nicht immer erwählen sich die lippischen Herrscher einen Senner als ihr Reitpferd: 1914 tadelt der Beberbecker Gestütsinspektor und Hippologe den Fürsten, dass er statt eines Senners aus eigener Zucht „die kolossale Rotschimmel-Stute Waterloo" reitet.[209] Das Fürstliche Archiv bewahrt einige „Pferdezettel" des leidenschaftlichen Jägers Fürst Woldemar auf, mit denen er täglich seine Anweisungen an den Marstall gab: „Montag reite ich Ethelbert, 2 Uhr Lionel; Dienstag 10 Uhr im neuen Jagdwagen; 4er Zug Markmann. Der alte Jagdschlitten; 4er Zug, Kringel fährt nach dem Hirschsprunge voraus." „Dienstag

zur Jagd nach Lemgo – 9 Uhr der 8sitzige gelbe Jagdschlitten; Schellen ohne Roßschweife und Büsche. Warlock, Kysikon, Topsy, Griseldis. Ich fahre selber."[210]

Nach dem Bau der Eisenbahn werden die fürstlichen Herrschaften mit Kutschen bis Altenbeken gefahren und auch wieder abgeholt. Es gibt dort feste Stallungen, in denen die Pferde Zwischenstation machen, gefüttert und getränkt werden.[211] Die Abläufe im Marstall sind durch eine genaue Stallordnung geregelt, die in der Überarbeitung von Stallmeister von Unger aus dem Jahr 1854 erhalten ist: Der Morgen-Stalldienst beginnt um 5 Uhr. Das Putzen muss um 7 Uhr beendet sein. „Reit- und Fahrdienst: Um 3/4 8 Uhr sind sämtliche Stallleute zum Dienst im Marstall wieder versammelt. Alles ist dann ordentlich gewaschen und angezogen und darf niemand, ohne Ausnahme, mehr im Stall- oder Putzanzuge sich blicken lassen. Es beginnt dann der Fahr- und Reitdienst zur Übung der Pferde, welcher in der Regel um 11 Uhr beendet sein muß." Der Tag endet um 7 Uhr, wenn sämtliche Leute, angezogen mit Rock oder Reitfrack, versammelt sind, und der Dienst für den folgenden Tag durch den diensttuenden Beamten verlesen wird.[212]

Beschäler: Bereits das erste Hengstregister 1713 enthält 27 selbst gezogene Hengste. Allerdings werden die meisten angekauft, um Inzucht zu vermeiden. Von 1748 bis 1875 sind von 135 Beschälern 84 in der Senne selbst gezogen. Eine große Nachkommenschaft haben zum Beispiel die Sennerhengste Malwend (47), der Fleissige (44), Mavor

(48) oder Lykurg (54).[213] Das Sennergestüt liefert auch die Zuchthengste für das Landgestüt, durch das der Landesherr Einfluss auf die private Pferdezucht nimmt. Allerdings gelingt es während der gesamten Zeit seines Bestehens von 1699/1768 bis 1862 nicht, ein eigenes Zuchtziel für das Landgestüt zu definieren und es aus seiner Verklammerung mit dem Sennergestüt zu lösen, das allein auf den fürstlichen Bedarf ausgerichtet ist. Profitieren die Bauern und übrigen Privatleute einerseits von der Qualität der zur Verfügung gestellten Hengste,[214] so kritisieren sie andererseits, dass diese keine Pferde hervorbringen, die für den landwirtschaftlichen Gebrauch geeignet sind. „Nicht nur der schwächere Körperbau des jetzigen Senners allein macht ihn zum Wagen- und Ackerpferd unbrauchbar, sondern (...) auch sein Temperament, indem derselbe von Natur höchst eigensinnig, angespannt häufig entweder durchaus nicht zieht (...) oder sich überarbeitet (...)."[215] Preise erringen hingegen drei der sechs Sennergestütspferde, die 1863 auf die Internationale Landwirtschaftliche Ausstellung nach Hamburg gesendet und dort in Anwesenheit des lippischen Fürstenpaares Leopold III. und Fürstin Elisabeth dem Publikum einmal am Tag vorgeführt werden.[216] Auf dem Provinzial-Schaufest in Dortmund 1864 sind Sennerstuten aus privater Hand und das englische Halbblut Diamant aus dem Sennergestüt vertreten. Von Diamant ist bekannt, dass er eine Silberne Medaille erhält. Aber auch 1913 auf der Pferdeschau, die wiederum in Dortmund stattfindet, fallen die

▲ *Pokale der Sennerstute Olga und des Sennerhengstes Vortex, mit denen die Gestütspferde anlässlich der Landwirtschaftlichen Ausstellung ausgezeichnet werden*

▲ *Diamant, braunes Halbblut, geb. 1851 im Hannöverschen v. Malcolm a.d. Herodot. Er deckte im Sennergestüt in den Jahren 1855, 1857 und 1858 zehn Stuten*

► *Erkundungsritt des Majors Ernst von Unger auf der Sennerstute Loreley am 2.7.1866 vor Königgrätz. Ölgemälde von Emil Hünten, 1867*

Sennerstuten Olga und Palastdame durch ihre Schönheit derart auf, dass der Preisrichter, der gleichzeitig Landstallmeister der Provinz Westfalen ist, ihnen Ehrendiplome verleiht.[217] Von der unspektakulären Arbeit der Senner auf den lippischen Höfen und Meiereien oder den Pferden, die für Holzfuhren zur Verfügung gestellt werden,[218] wird naturgemäß weniger berichtet.

Militärpferd: Schon im 16. Jahrhundert ist der Senner als bewährtes Kriegspferd bekannt. In den napoleonischen Kriegen werden mehrere hundert Pferde von fremden Pferdehändlern für den Krieg aufgekauft und sehr gut bezahlt. Danach ist es laut Stallmeister Wülcker noch möglich gewesen, 250 Pferde für Preußen und 50 für Schweden auszuheben. Trotzdem reicht der Pferdebestand des Landes aus, um den eigenen Bedarf abzudecken. In der mündlichen Überlieferung wird berichtet, Kaiser Napoleon I. selbst habe von Fürstin Pauline einen Sennerhengst geschenkt bekommen, den er auf dem russischen Feldzug geritten sei. Tatsächlich rettet der hessische General Loßberg auf dem Rückzug der napoleonischen Armee beim verlustreichen Übergang über die Beresina sein Leben nur dank eines Senners.[219] 1864 und 1866 bestreitet der damalige Hauptmann von Unger zwei Feldzüge mit seiner 1863 gekauften Sennerstute Loreley. Am Vortag der entscheidenden Schlacht von Königgrätz beauftragt ihn Prinz Friedrich Karl von Preußen mit einem Erkundungsritt, um Klarheit über die Stellung der österreichischen Armee zu erhalten. Dabei gerät er mit seiner Stute, die bereits den ganzen Tag gegangen war, in einen Hinterhalt, aus dem er sich nur wegen der Schnelligkeit, Sicherheit und Ausdauer seines Senners retten kann. Da seine Beobachtungen für den Entschluss und die Planung der Schlacht wichtig sind, erlangt dieser Ritt Berühmtheit und wird von Emil Hünten, der für seine Schlachtenbilder bekannt ist, in Öl festgehalten.[220] Die

krieg kommen Anfragen nach „truppensicheren Pferden" und der Gestütsinspektor von Beberbeck empfiehlt 1914, „wenn die moderne Kavallerie Remonten sucht, die den heutigen Anforderungen nach Strich und Faden gewachsen sein sollen, hier in Lopshorn sind sie zu finden, die Kriegsrosse, die zähen, widerstandsfrohen Gesellen, die Wind und Wetter trotzen, denen keine Strapaze zu viel ist."[221]

Jagd- und Sportpferd: Ein Gemälde von Johann Adam Klein zeigt Johann von Leyden, ein berühmtes Jagd- und Rennpferd aus dem Sennergestüt. Am 5. November 1861 findet in Lippspringe die Hubertus-Steeple-chase der westfälischen Parforce-Jagd-Gesellschaft statt, zu welcher – wie alljährlich – Ihre Hoheit, die Herzogin von Nassau, einen Ehrenpreis gestiftet hat. Dieses Mal ist unter dem Reiter Herzog von Nassau ein Pferd des Herrn Baron Breid-

Auktionsverzeichnisse des Sennergestüts gehen regelmäßig an das 8. Husarenregiment in Lippstadt, das 4. Kürassierregiment in Münster, das 11. Husarenregiment in Düsseldorf und einzelne Leutnants. Auch vor dem Ersten Welt-

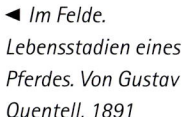

▼ *Im Sennegestüt wird*
Johann von Leyden unter
dem Namen Iason geführt

VIII. Remonten.

№	NAMEN	HAAR	Geboren	Maass Fuss	Maass Zoll	Abstammung von dem Hengste	Abstammung von der Stute	Bemerkungen.
6	Indra	Schimmel	1856 Mai 3.			Belfast (x)	Betsy xx	Am 17. Juli 1861 an Herrn Baron von Breidbach (Herzogl. Nassauschen Marstall) für 450 # Gold verkauft.
7.	Jason	Schimmel mit Haren und Schweiss	1856 Juni 17.			Florival x	Bertha x	Am 17. Juli 1861 an Herrn Baron von Breidbach (Herzogl. Nassauschen Marstall) für 425 # Gold verkauft.
8.	Ibrahim	Blitkalbschimmel mit Schweiss	1856			Tatar ††	Elinors R. x	Am 16. Novbr. 1861 instruirt
9.	Kalypso	braun mit Baren u. Schweiss	1857 Febr. 3.			Arthur xx	Thea x	Am 17. Juli 1861 an Herrn Grafen Metternich zu Zuril Geschft für 400 # Gold verkauft.
10.	Kamerad	Fuchs	1857 Febr. 18			Red Rover xx	Claudia (†)	Am 17. Juli 1861 an Herrn Gutsbes. zur Zaun bei Köln für 305 # Gold verkauft.

53

▲ *Die Lippspringer
Jagdgesellschaft.
Ölgemälde von Emil
und Benno Adam, 1871.
Die Personen sind alle
namentlich bekannt: im
Zentrum Herzog Adoflf
von Nassau und sein
Oberstallmeister Friedrich
Freiher von Breidbach-
Bürresheim*

bach, Johann von Leyden, am Start. Er geht als Dritter durch das Ziel, hinter den Pferden des Grafen Fritz von Westphalen, Lovely, und des Prinzen Alexander von Croy, Gnome. Der Sieger läuft die Distanz von 2 1/8 deutschen Meilen, was zirka 15, 8 Kilometern entspricht, in 29 Minuten. Gnome, Johann von Leyden und Wait a while folgen mit Distanzen von fünf bis zehn Längen, die anderen liegen etwas weiter zurück.[222] Die Jagdgesellschaft von Lippspringe, die 1852 per Vertrag gegründet wird, steht unter besonderem Protektorat des Herzogs von Nassau, des späteren Großherzogs von Luxemburg. In den 1850er Jahren hat sie rund 25 Hauptaktionäre, unter ihnen von Anfang an der Fürst zu Lippe. Die Herzogin von Nassau und die Fürstin Elisabeth zur Lippe sind eng befreundet. Im November 1852 erscheint der Herzog von Nassau erstmals in Detmold und bietet der Fürstin das „Du" an. 1853 ist die gesamte Jagd-

gesellschaft in Lopshorn.[223] Beim Besitzer des Schimmels Johann von Leyden, Baron von Breidbach-Bürresbach, handelt es sich um den Hauptorganisator und -initiator der Jagdgesellschaft. Gleichzeitig übt er die Funktion des Herzoglich Nassauischen Oberstallmeisters aus.[224] Ihre Bedeutung für die Sennerzucht verdankt die Lippspringer Jagdgesellschaft der Tatsache, dass die Jagdgesellschaft, die anfangs pro Saison 100 bis 120 meist englische Vollblüter hält, immer häufiger die bodenständigen Senner nutzt. Besonders der Herzog von Nassau kauft oder lässt durch seinen Oberstallmeister Pferde in Lopshorn kaufen, da sie auf dem ihnen vertrauten unebenen Boden der Senne besonders sicher gehen.[225]

In Lopshorn selbst findet bereits 1856 ein zweitägiges Wettrennen statt. Herr von Both erringt mit dem „berühmten Sennerhengst" Arthur, gekleidet in die Farben des Fürs-

dere Rennen wie das „Fürst Leopold Jagdrennen" absolvieren. 1908 gehen Adda, Firlefanz, Hasso, Hertha, Inca und Iwan über die Distanz von 1500 Metern an den Start. Leider ist nicht überliefert, wer das Rennen macht. Gestütswärter Menze erinnert sich zumindest, dass die kleine, zierliche Sennerstute Elfe erstaunlicherweise ein Rennen lang geführt hat.[228]

„Vielfach werden in Urkunden (...)
wilde Pferde in Westfalen erwähnt."[229]

Auf Grund der Überlieferung konnte die Entwicklung des Sennergestüts detailliert dargestellt werden. Bis zu einem gewissen Maß steht es damit auch für die anderen Gestüte des Pferdelands Westfalen, von denen uns nur spärliche Nachrichten vorliegen wie die Gestüte im Arnsberger und Mindener Wald, im Lohner Liesner oder wie die Wildbahn der Edelherren von Elnere im Ellerforst bei Düsseldorf.[230] Zumeist werden diese Gestüte in einzelnen Urkunden erwähnt, aber sowohl über die Pferde als auch über die Pferdehaltung ist wenig bekannt oder deckt sich mit dem zu den anderen Gestüten Gesagten. Doch untermauern diese Erwähnungen „wilder Pferde" die Annahme, dass es in Westfalen, vor allem in den unwegsamen Gebieten, eine Vielzahl von Wildbahnen gab: Auch in den Brüchen des Niederrheins bei Krefeld und Till, im Mersch bei Quakenbrück und im Solling sollen einmal wilde Pferde gelebt haben.[231]

Der wirtschaftliche Aspekt, der bisher ausgespart blieb, soll das Bild der halbwilden Pferdehaltung am Beispiel des Lopshorner Gestüts abrunden.

▼ *Fürstin Elisabeth zur Lippe (1833–1896) auf Castor, 1857 geborener Schimmelwallach v. Florival a. d. Benedicta*

tenhauses, das Rennen gegen Graf Schmettow, den bekannten späteren Reiterführer von Mars la Tour in den Farben der Fürstin Elisabeth.[226] Garrick, Freya, Eta und Eckehard und auch Delawar sind weitere Pferde aus dem Sennergestüt, die für überregionale Reitsportveranstaltungen in Berlin, Baden-Baden und Celle trainiert werden. 1914 erringt der von Hofstallmeister von Schönfeldt gefahrene Zweispänner mit zwei Rappen aus dem Fürstlichen Marstall die Dauerfahrt auf dem Turnier deutscher Pferde.[227] Aber auch in Detmold werden seit 1877 auf dem Rennplatz bei Braunenbruch Wettrennen veranstaltet. Da diese Rennen unerwarteten finanziellen Erfolg haben und die Besucher von weither strömen, bildet sich als Träger der „Verein zur Beförderung der Viehzucht insbesondere der Pferdezucht im Fürstentum Lippe". Ein gesondertes Rennen ist für die Sennerpferde reserviert, die darüber hinaus an-

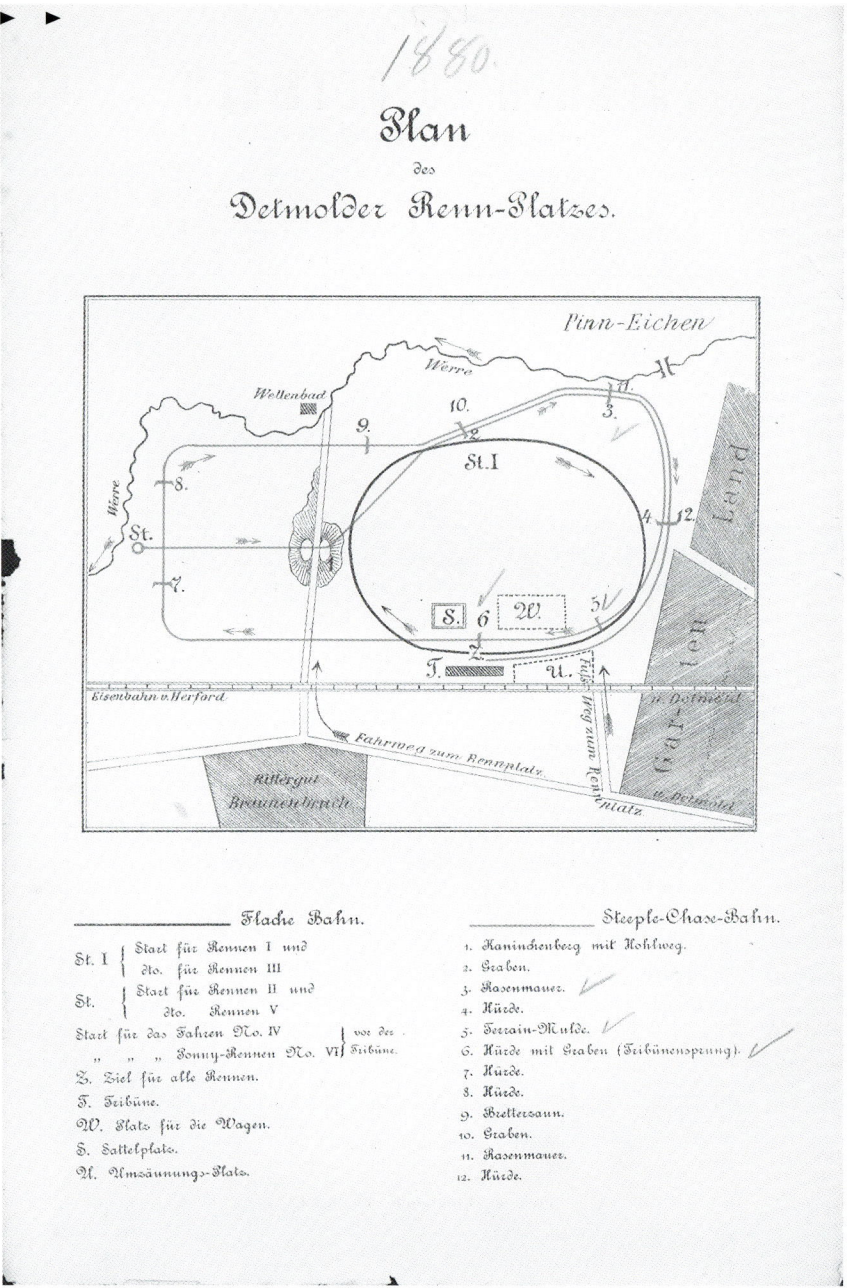

Plan
des
Detmolder Renn-Platzes.

——— Flache Bahn.

St. I { Start für Rennen I und
        No. für Rennen III
St.   { Start für Rennen II und
        No. für Rennen V
Start für das Fahren No. IV | vor der
  „   „   „ Ponny-Rennen No. VI | Tribüne.
Z. Ziel für alle Rennen.
T. Tribüne.
W. Plats für die Wagen.
S. Sattelplats.
U. Umsäunungs-Plats.

Steeple-Chase-Bahn.

1. Haninchenberg mit Hohlweg.
2. Graben.
3. Rasenmauer.
4. Hürde.
5. Terrain-Mulde.
6. Hürde mit Graben (Tribünensprung).
7. Hürde.
8. Hürde.
9. Bretterzaun.
10. Graben.
11. Rasenmauer.
12. Hürde.

▲ *Detmolder Rennplatz bei Braunenbruch 1880*

„Wenn alle Gestüte in Deutschland so wenig kostspielig wären ...

..., so würden die Kameralisten weniger Anlaß finden, auf die Abschaffung oder Verminderung der so nützlichen Pferdezucht zu dringen.[232] Ein enormer Vorteil der Pferdehaltung in den Wildbahnen ist, dass für die Eigentümer keine großen Kosten entstehen: Man benötigt kaum Personal, wenig Futter, Tierarztkosten fallen nur selten an, Einfriedungen werden von den Anliegern instand gehalten, Gebäude sind nur begrenzt notwendig. Zehnter überzeugen gerade die finanziellen Aspekte, die der lippische Graf mit Belegen der Kammer untermauert, von den Vorzügen wilder Gestüte.[233] Erst der Einsatz von ausgesucht edlen Beschälern und die Einschränkung der Freiheit der Pferde

beenden die problemlose und kostengünstige Zucht. Im Sennergestüt ist ein ständiges Anwachsen der erforderlichen Mittel insbesondere nach dem Ende der Waldweide von 1800 bis 1854 zu beobachten. 1859 errechnet Stallmeister von Unger, dass durch eine vier Wochen frühere Aufstallung Mehrkosten von 3339,11 Reichstalern in den Sennergestüts-Etat aufzunehmen sind.[234] Zunächst werden die steigenden Ausgaben jedoch durch beachtliche Einnahmen bei den Auktionen gedeckt. Ab Ende der 1870er Jahre sind allerdings jährlich erhebliche Zuschüsse erforderlich, die auch eine Verringerung des Pferdebestandes nicht ausgleichen kann. 1919 bis 1935 ist das Gestüt dann von staatlichen Zuschüssen abhängig.[235]

„Hippologisch hängt das Herz natürlich an den Überresten ...

... einer einst so nutzbringenden Zucht und man will diese Überreste, die eine glänzende Epoche von Adel und Leistung wieder wachrufen, nicht gerne preisgeben."[236] Ganz massiv wird in den Anfängen der Arbeit des Verbands Lippischer Pferdezüchter das Interesse an einer Fortsetzung der Sennerzucht in Frage gestellt beziehungsweise nach einem zukunftsorientierten Zuchtzweck gesucht. Die immer noch hart aufgezogenen Pferde, deren Vorteile nach wie vor in ihrer ausgezeichneten Gesundheit, Ausdauer und langjährigen Verwendbarkeit liegen, werden für das Militär, für die Hofhaltung oder Landwirtschaft nicht mehr gebraucht. Seit dem Ersten Weltkrieg werden sie im Reit- und Fahrschulbetrieb eingesetzt. Auch heute behaupten sich die Senner und die Dülmener, die sich in privater Hand befinden, im Turnier- und Freizeitsport. Neben dieser züchterischen Perspektive bleibt, wie schon Prof. Helmut Otto Antonius in seinem Gutachten über die „Rückzüchtung" des Sennerpferdes aus dem Jahr 1943 sagt, ein kulturhistorisch wie heimatkundliches und ein naturschützerisches Interesse bestehen, das die an der Sennerzucht beteiligten Institutionen bis heute ebenso verfolgen wie die Herzöge von Croy.[237] Durch die Beobachtung der Dülmener in der Wildbahn nähern wir uns wieder der Urnatur der Pferde an. Die Senner leisten inzwischen wieder einen kleinen Beitrag zur Erhaltung von Offenland-Lebensräumen in der Landschaft, deren Ausprägung auch mit auf sie zurückgeht.[238]

Alle Institutionen und Privatleute, die sich für die Erhaltung dieser bedrohten Rassen einsetzen, bemühen sich nach wie vor um eine der heutigen Gesellschaft und Zivilisation gemäße Bewahrung ihrer ursprünglichen Haltungsbedingungen, damit Senner und Dülmener auch weiterhin möglichst *frei* und *wild* gehalten werden, und *starke* Pferde als lebendige Glieder von Landschaft- und Naturschutz bleiben.

	Davert	Emscherbruch	Duisburger Wald	Senne	Merfelder Bruch
Größe	3400 ha 13.800 Morgen	10.000 ha 40.000 Morgen 25 km lang 6 km breit	1736 12 Gemarken mit Umfang von 14–15 dt. Meilen	6.600 ha 38.000 Morgen	4000 ha bis 1912 200 ha dann 300 ha
Einfriedung	Umzäunungen	teilweise Gruben, Wälle, Frechtungen	Waldfrieden: Zaun oder Dornenhecke mit Graben	ab 1864 Drahteinfriedigung	
1. Erwähnung	1339	1296	1431	1160	1316
Auflösung, letzter Verkauf	1812 Freiherr von Elverfeld 1821/1841 Teilung der Davert	ab 1814 24.10.1834	ab 1808 13.2.1815	1919 1935 Neubeginn	1840/1856 Gemeinheitsteilung, danach durch die Herzöge von Croy (nur Hengste)
Aufsicht	2 Wildbahnmeister unter Aufsicht der Gutsherrschaft zu Davensberg	Pferdestricker oder Scharner unter landesherrlicher Aufsicht	Wildförster (Grafen von Spee), Wildfänger	Stutenwärter	Wildhüter/Förster
Beschäler		ab 1785	ab 1628 bekannt	ab 1713	ab 1910 nachvollziehbar
Zufütterung im Winter	Heuschuppen	unregelmäßig	regelmäßig 8 Heuschuppen	regelmäßig	regelmäßig Heuschuppen
Fang	1) Einzelfang an Wechseln mit „Regen" 2) Einzelfang vom Dach der Futterschuppen 3) Einzelfang durch Treiben in Futterschuppen	Einzel- oder Treibjagd	1) Einzeljagd mit Reifen 2) 21 Generaljagden	Einzelfang	heute: Treiben in die Arena
Bestand			1781 ca. 1.150 Stuten	2001 36 Tiere	1954 170 Tiere
Berechtigte	10 Eigentümer und etwa 238 Markenberechtigte	Marken, 26 Rittergüter	zuletzt Landesherr, Haus Heltorf, Winkelhausen, zum Haus, Linnep	die lippischen Herrscher	Herren von Merfeld ab 1840 Herzöge von Croy
Verwendung	Acker- und Wagenpferd	Reit- und Arbeitspferd Militärpferd	Acker-, Arbeits-Jagd-, Kutsch-, Last-, Reit-, Kriegspferd Springpferd, Rennpferd	Reit-, Wagen-, Jagd-, Sport-, Arbeits-, Kriegspferd	Zugpferd z.B. vor Milchkarren, in Gärtnereien Ponywagen Grubenpferd Reitpferd v.a. für Kinder

Anhang
Die namentlich bekannten Stallmeister des Sennergestüts

1597-	Stallmeister Kapelle
1605	Stallmeister Witten
1661, 1713	Bereiter, Stallmeister, Oberstallmeister von Heyderstadt
1718	Stallmeister Rauch
1747	Oberstallmeister von Buseck
1751	Schloßhauptmann von Blomberg
1769–1774	Stallmeister Johann Gottfried Prizelius
1774–1791	Hauptmann Stivarius
1782–1800	Vize-Oberstallmeister Lorenz
1800–1824	Stallmeister NicolausWülcker
1825–1850	Major Knoch
1850	Interim: Bereiter Hauptmann Niemeier
1851–1866	Hofstallmeister von Unger
1866–1881	Hofstallmeister von Anderten
1882–1886	Major von Rodewald
1886–1900	Hofstallmeister von Liliencron
1900–1907	Oberst von Malachkowski
1907–1915	Hofstallmeister von Schönfeldt
1916–1919	Kammerherr von Gustedt
1919–1921	Will von Simpson
1921–1928	Oberstleutenant Hans Albert
1938–1946	Julie Marie Immink
seit 1965	Karl-Ludwig Lackner

Mutterstutenregister StA Dt. L 99 B Fach Nr. 15
F. K. Devens, 1898, S. 60
A. von Anderten, s. S. 98

Jens Lorenz Franzen

Die Evolution der Pferde

Mancher denkt bei dem Wort Urpferd an Dülmener Pferde, Przewalski-Pferde, Exmoor Ponys oder an die wunderbaren Pferdedarstellungen in den eiszeitlichen Gemäldehöhlen Südfrankreichs oder Nordspaniens. Natürlich handelt es sich bei all diesen Pferden aus der Sicht des heutigen Menschen um recht urtümlich wirkende Tiere. Einige von ihnen sind auch ziemlich alt, die Pferde aus der erst vor wenigen Jahren entdeckten Grotte Chauvet nicht weniger als 31.000 Jahre, ein unvorstellbar langer Zeitraum! Alle diese Pferde gehören jedoch zur Art *Equus caballus*, dem heutigen Pferd.

Die eigentlichen Urpferde, das heißt die Pferde, die in erdgeschichtlichen Zeiten lebten, sind viel, viel älter. Man hat ihre fossilen Überreste auf allen Kontinenten mit Ausnahme von Australien und der Antarktis gefunden. Die ältesten Funde sind 55 Millionen Jahre alt! Man benötigt Maßstäbe, um solche Zeiträume überhaupt einigermaßen einschätzen zu können.

Einen solchen Maßstab stellt beispielsweise die Entstehung der Alpen dar. Fast jeder weiß, dass sich solche Gebirge nur um Bruchteile von Millimetern Jahr für Jahr in die Höhe schieben. Vielleicht vermittelt es eine Vorstellung vom Alter des Pferdestammbaums, wenn man erfährt, dass es die Alpen noch nicht als Gebirge gab, als die frühesten Urpferde lebten.

Einen anderen Maßstab bietet unsere eigene Stammesgeschichte. Nach allem, was wir zu wissen glauben, befanden sich unsere Vorfahren vor 55 Millionen Jahren, also zur Zeit der ersten Urpferde, noch auf dem Entwicklungsstand von Halbaffen, wie wir sie heute beispielsweise in Gestalt der Lemuren von Madagaskar kennen.

Allerdings kämen auch Pferdekenner kaum auf den Gedanken, dass es sich bei den ältesten Urpferdfunden tatsächlich um Urahnen unserer heutigen Pferde handeln

▼ *13.000 bis 14.000 Jahre alte Darstellung eines Urpferdes aus der Höhle von Niaux im Vorland der Pyrenäen (Südfrankreich)*

59

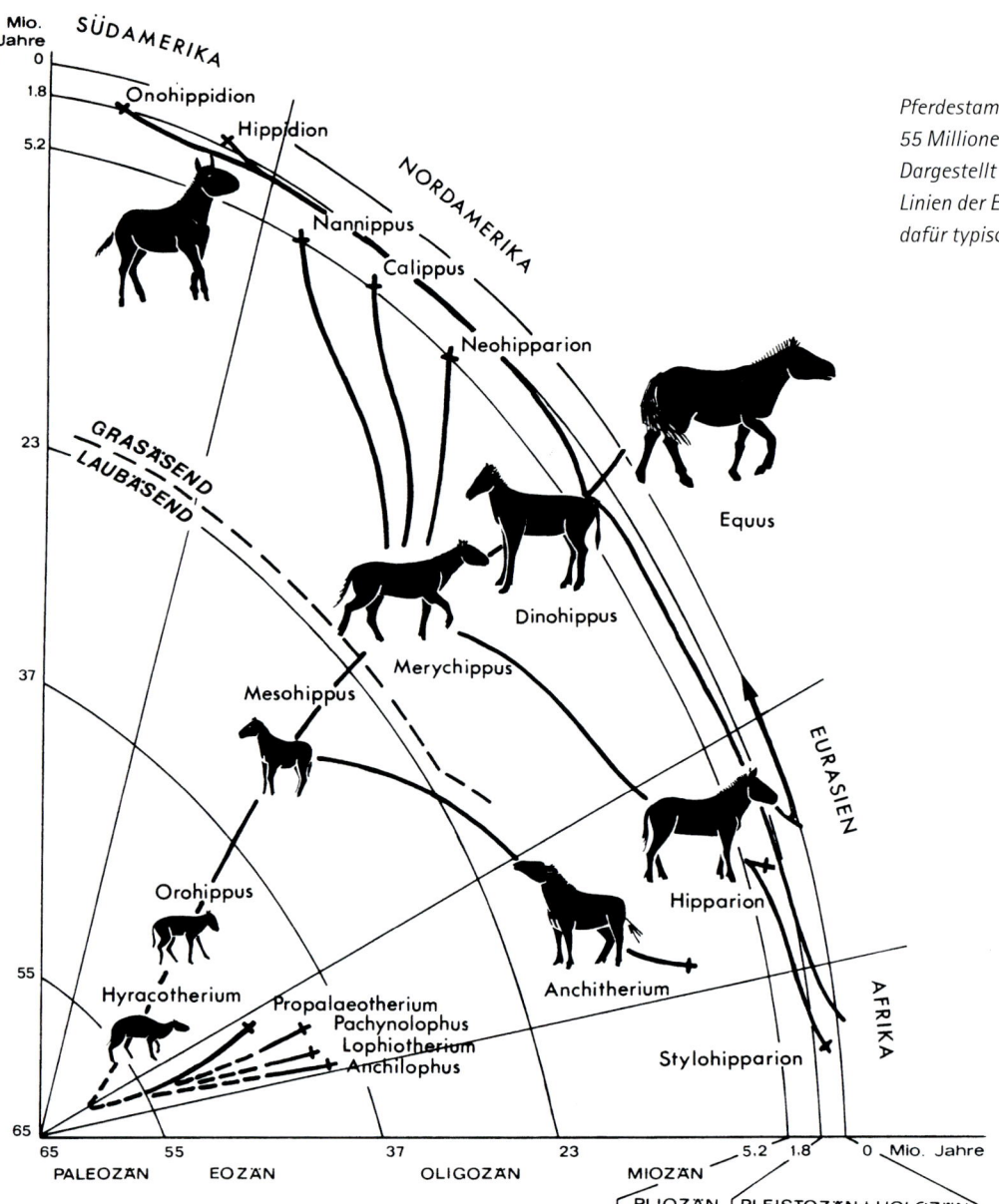

Mio. Jahre

0
1.8
5.2

Onohippidion

Hippidion

Nannippus

Calippus

Neohipparion

Equus

GRASÄSEND
LAUBÄSEND

23

Dinohippus

Merychippus

37

Mesohippus

Orohippus

Hipparion

Anchitherium

55

Hyracotherium

Propalaeotherium
Pachynolophus
Lophiotherium
Anchilophus

Stylohipparion

65

65   55   37   23   5.2 1.8   0 Mio. Jahre
PALEOZÄN   EOZÄN   OLIGOZÄN   MIOZÄN
                                  PLIOZÄN PLEISTOZÄN + HOLOZÄN

*Pferdestammbaum der letzten
55 Millionen Jahre.
Dargestellt sind nur die wichtigsten
Linien der Entwicklung in Gestalt
dafür typischer Gattungen*

könnte. Zumeist wurden und werden davon nur einzelne Zähne oder Skelettbruchstücke entdeckt, wie sie nur von Spezialisten erkannt und systematisch eingeordnet werden können.

Entscheidende Funde aus Deutschland

Nur in sehr seltenen Fällen findet man ganze Skelette oder zumindest Teile davon. Deutschland ist in dieser Hinsicht in einer glücklichen Lage. Hier gibt es die einzigen Fundstellen auf der Welt, an denen man zusammenhängende Skelette aus der Frühzeit der Pferde gefunden hat, und zwar gleich an drei Stellen, im ehemaligen Braunkohlentagebau des Geiseltales bei Halle in Sachsen-Anhalt, in Eckfeld, dem ältesten Maar der Eifel, und in der früheren Ölschiefergrube Messel bei Darmstadt, dem einzigen Weltnaturerbe unse-

res Landes. Diese Funde stammen aus dem mittleren Eozän. Sie sind zwischen 50 und 44 Millionen Jahre alt. Allein aus Messel liegen inzwischen mehr als 60 Skelette vor, eine regelrechte Herde!

Aber es ist nicht nur die Anzahl, wichtiger ist die Qualität der Überlieferung. Zwar sind die Skelette ziemlich flachgedrückt. Dafür sind sie in Messel nicht selten von einem dunklen, silhouettenhaften Umriss umgeben, der den Weichkörper teilweise buchstäblich bis zu den Haarspitzen nachzeichnet. Manchmal sind sogar die äußeren Ohren zu erkennen. Aus Eckfeld hingegen liegen unverdrückte Schädel, aus dem Geiseltal zahlreiche undeformierte Knochen des Körperskeletts vor. So sind wir recht gut über das Aussehen dieser frühen Urpferde informiert.

Kaum jemand würde auf den ersten Blick in den foxterrier- bis schäferhundgroßen, duckerantilopenähnlichen Tieren mit insgesamt vierzehn Hufen (je vier an jeder Vorder- und drei an jeder Hinterextremität) und einer buschigen Schwanzquaste Vorfahren oder, besser gesagt, frühe Verwandte der heutigen Pferde vermuten.

Zur Geschichte der Urpferdforschung

In der Tat wurden die ersten Schädelfunde aus England von Richard Owen (1840) mit Klippschliefern der Gattung *Hyrax* verglichen. Deshalb gab er ihnen den Namen *Hyracotherium* (griechisch therion = Tier, Säugetier). Wie aber kam man darauf, dass es sich dabei in Wahrheit um frühe Pferdeverwandte handeln könnte?

Immer wieder ist zu lesen, eine zeitlich und morphologisch nahezu ununterbrochene Serie von Fossilfunden habe, rückwärts verfolgt, zu dieser Erkenntnis geführt. Das war jedoch nachweislich nicht der Fall.[1] Vielmehr hat Thomas Henry Huxley, der sich 1870 als Erster mit der Frage der Entstehung der Pferde beschäftigte, zunächst eine Theorie der Rekonstruktion der Stammesgeschichte mit Hilfe von Fossilien formuliert, die er dann auf die Frage der Herkunft der Gattung *Equus* angewendet hat. Demnach ging die so genannte Pferdereihe unter Reduktion der Seitenzehen von den noch plump gebauten europäischen „Tapirpferden" der Gattungen *Palaeotherium* beziehungsweise *Plagiolophus* aus und führte über *Anchitherium* und *Hipparion* schließlich zu *Equus*. Wladimir Kowalevsky hat 1873 diese Ansicht vor allem mit funktionellen Argumenten hinsichtlich der Reduktion der Zehenzahl von ursprünglich fünf hin zu den klassischen Einhufern heutiger Tage untermauert. Dabei erklärte er 1876 den Gang der Entwicklung mit einem Wechsel von Lebensraum und Lebensweise, von ursprünglich alles fressenden Urwaldbewohnern hin zu den typischerweise grasfressenden Steppen-Savannen-Tieren heutiger Tage. Befreundete Paläobotaniker hatten ihn auf eine entsprechende Veränderung der Umweltverhältnisse aufmerksam gemacht.

Fünfzig Jahre später, im Jahre 1926, erfuhr die Kowalevskysche Hypothese eine wesentliche Veränderung. Auf Grund von Vergleichen mit dem Gebiss des urpferdähnlichen Pudu, einem Buschschlüpfer, der zu den südamerikanischen Mazama- oder Spießhirschen zählt, sowie von Tragulinen (Zwerghirschen) gelangte William Diller Matthew zu dem Schluss, die frühesten Pferde seien weniger Allesfresser als vielmehr laubäsend gewesen.[2] In dieser von Matthew geprägten Form hat die Kowalevskysche Hypothese von der Evolution der Pferde Eingang in viele Lehrbücher gefunden.

Dass sich die Evolution der Pferde nicht einfach an den Fossilien ablesen lässt, macht die wissenschaftshistorische Entwicklung des Pferdestammbaums deutlich: Als Thomas Henry Huxley 1876 in die Vereinigten Staaten reiste, um dort seine europäische Pferdereihe *Palaeotherium/Plagiolophus – Anchitherium – Hipparion – Equus* vorzustellen, musste er einsehen, dass die von Othniel Marsh 1874 aufgestellte nordamerikanische Sequenz *Orohippus – Miohippus – Hipparion – Equus* dem theoretisch postulierten Evolutionsverlauf viel besser entsprach. Das heißt, die Theorie blieb bestehen, die fossilen Belege aber wurden weitgehend ausgetauscht!

Darüber hinaus erkannte Edwin Drinker Cope 1882, dass die Gattung *Eohippus*, die Marsh 1879 an den Anfang seiner nordamerikanischen Pferdereihe gestellt hatte, dem europäischen *Hyracotherium* entspricht, die Pferdeentwicklung also auf beiden Kontinenten von der gleichen Gattung ausgeht. Seitdem ist die Pferdereihe in ihren wesentlichen Zügen unverändert geblieben, wenn auch eine ganze Reihe von Arten und Gattungen hinzugekommen ist.

Weit gefehlt jedoch, würde man annehmen, die Pferdeentwicklung wäre damit inzwischen so gut wie lückenlos belegt! Zwar kann man die Entwicklung einzelner Organe, vor allem diejenige des Gebisses, in einigen Gebieten über mehrere Millionen Jahre anhand zahlreicher Fossilfunde, die in kilometerdicken Schichtpaketen in zeitlicher Folge gefunden wurden, gut nachvollziehen, dennoch wird die Pferdereihe nach wie vor aus theoretischen Gründen, nicht aber auf Grund lückenloser Belege zusammengehalten.

Neuere Forschungen

Es war die berühmte Fossilfundstelle Messel, die es erstmals erlaubte, die Hypothesen von Kowalevsky und Matthew hinsichtlich der Ernährung der frühen Urpferde direkt zu überprüfen. Im Laufe der Untersuchung unseres ersten Urpferdfundes aus dem Jahr 1975 entpuppte sich eine dunkle, filzige Masse im Bereich des Hinterleibs als Inhalt des Verdauungstrakts.[3] Eindeutig war unter dem Rasterelektronenmikroskop zu erkennen, dass es sich dabei um Laubblätter, vor allem Lorbeerblätter handelte. Spätere Funde wiesen gelegentlich auch Samenkörner auf, die offenbar von Früchten, insbesondere Weintrauben, stammten.[4] Matthew hatte also recht: Die frühen Urpferde waren tatsächlich blätter- und dazu früchteäsend!

Dennoch ist die Kowalevsky/Matthew-Hypothese nicht ohne Unklarheiten und Widersprüche. Beispielsweise ist nicht zu verstehen, wieso gerade die Entwicklung hochkroniger Backenzähne mit kompliziertem Kauflächenmuster den Übergang zu harter Grasnahrung ermöglicht haben soll, besteht doch das eigentliche Problem nicht in der mechanischen Aufbereitung, sondern im Aufschließen dieser zellulosereichen Nahrung, ohne das die Entwicklung hochkroniger Backenzähne völlig nutzlos bliebe. Das Aufschließen von Grasnahrung aber geschieht beim heutigen Pferd

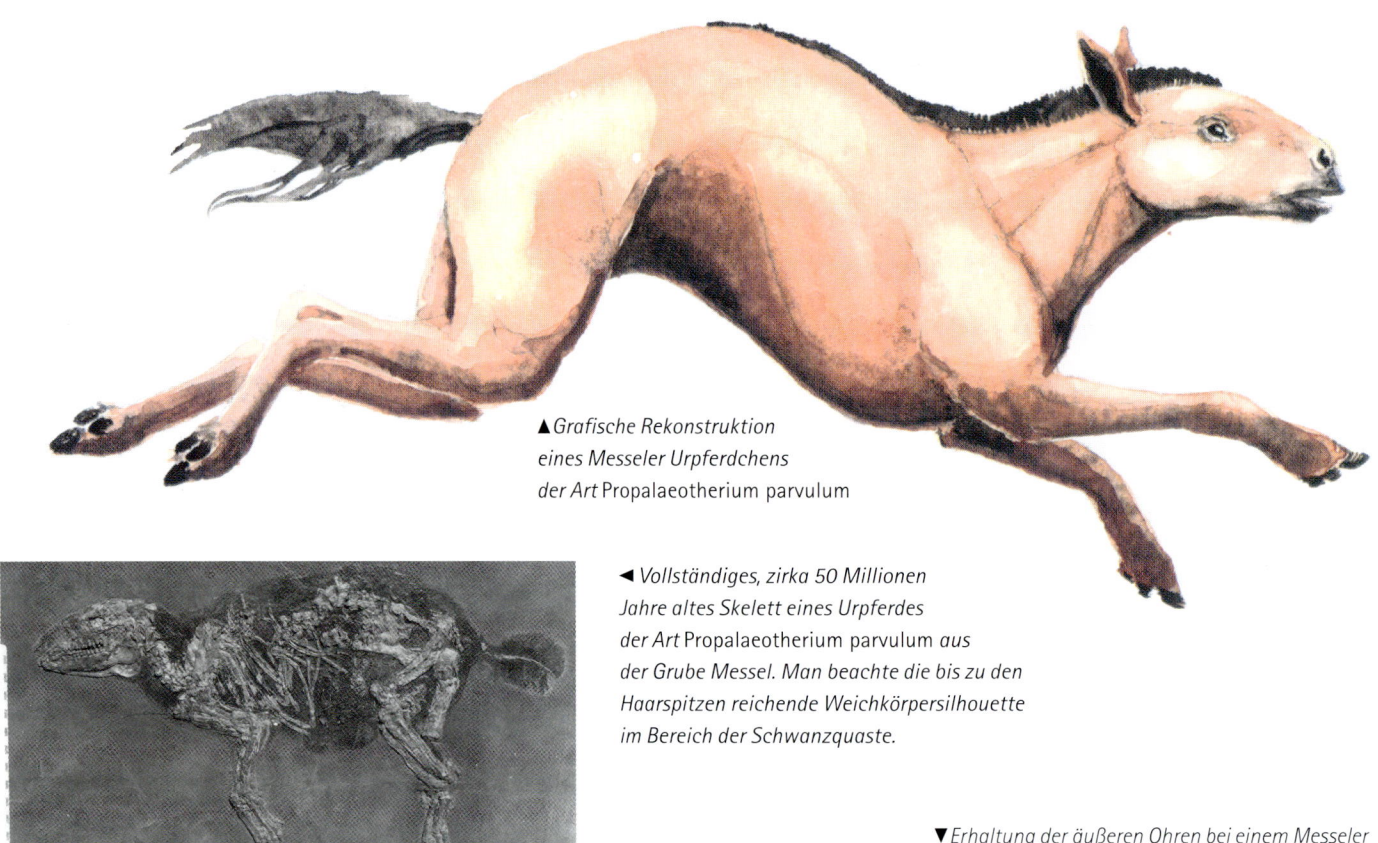

▲ Grafische Rekonstruktion
eines Messeler Urpferdchens
der Art Propalaeotherium parvulum

◄ Vollständiges, zirka 50 Millionen
Jahre altes Skelett eines Urpferdes
der Art Propalaeotherium parvulum aus
der Grube Messel. Man beachte die bis zu den
Haarspitzen reichende Weichkörpersilhouette
im Bereich der Schwanzquaste.

▼ Erhaltung der äußeren Ohren bei einem Messeler
Urpferdchen der Art Propalaeotherium parvulum

und seinen lebenden Verwandten mit Hilfe von Bakterien, die im entsprechend groß entwickelten Blinddarm angesiedelt sind.

Ein weiterer Fossilfund aus der Grube Messel gab auch in dieser Hinsicht Aufschluss.[5] Erstmalig war bei einem frühen Unpaarhufer nicht nur der äußere Körperumriss überliefert, sondern es waren auch die Konturen der Darmanatomie erkennbar. Sie ließen einen ausgedehnten Blinddarm erkennen, wie er für Zellulose verdauende Tiere typisch ist. Damit war offenbar schon sehr früh die nötige Voraussetzung für den erst viel später erfolgenden Übergang zu Grasnahrung gegeben, der seinerseits zu entsprechenden Umkonstruktionen des Kauapparates führte.

In anderer Hinsicht erscheint die Kowalevsky/Matthew-Hypothese widersprüchlich. So erklärt sie sowohl die fortschreitende Rückbildung der Zehen von ursprünglich fünf auf eine als auch die zunehmende Hochkronigkeit der Backenzähne mit ein und derselben Ursache, nämlich einem Wechsel der Umweltverhältnisse vom ursprünglichen Regenwald zu den offenen Grasländern heutiger Tage. Folglich wäre anzunehmen, dass beide Prozesse gleichzeitig verlaufen wären. Das aber ist nicht der Fall! Während sich die Entwicklung hochkroniger Backenzähne geradezu explosiv innerhalb weniger Millionen Jahre im mittleren Miozän abspielt, zeitgleich mit der zunehmenden Ausbreitung offener Grasländer,[6] vollzieht sich die Reduktion der Seitenzehen seit mindestens 60 Millionen Jahren! Und, wie noch vorhandene Relikte in Gestalt der Griffelbeine zeigen, ist diese Entwicklung bis heute nicht abgeschlossen.

Das heißt also, entweder stimmt die Hypothese nicht oder nur zum Teil, oder es sind nicht die richtigen Belege. Insbesondere lässt sich durch einen Wechsel der Umweltverhältnisse nicht erklären, warum scheinbar funktionslos gewordene Seitenzehen, noch bis in das Pliozän hinein, über rund 15 Millionen Jahre „mitgeschleppt" werden, ohne reduziert zu werden.

Das heutige Bild der Evolution der Pferde

Der Ursprung: In großen Zügen sieht das heutige Bild der Pferdeentwicklung wie folgt aus: Zu Beginn des Eozäns, vor rund 55 Millionen Jahren, treten auf den Nordkontinenten erstmals Urpferde auf, und zwar zuerst in China, dann in Nordamerika und bald darauf auch in Europa.[7] Woher diese

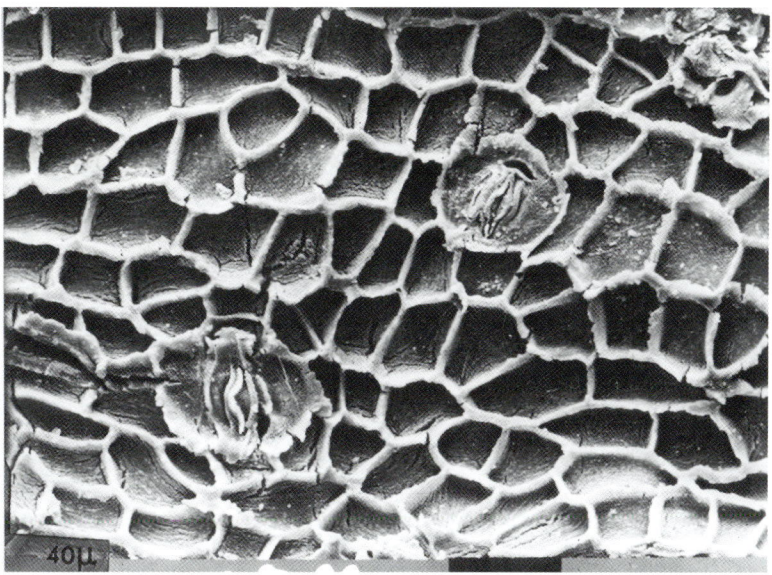

▲ *Aus dem Inhalt des Verdauungstraktes eines Messeler Urpferdchens der Art* Propalaeotherium parvulum: *Zellmosaik von der Unterseite eines Lorbeerblattes mit charakteristischen Spaltöffnungen (Stomata) für den Gasaustausch.*

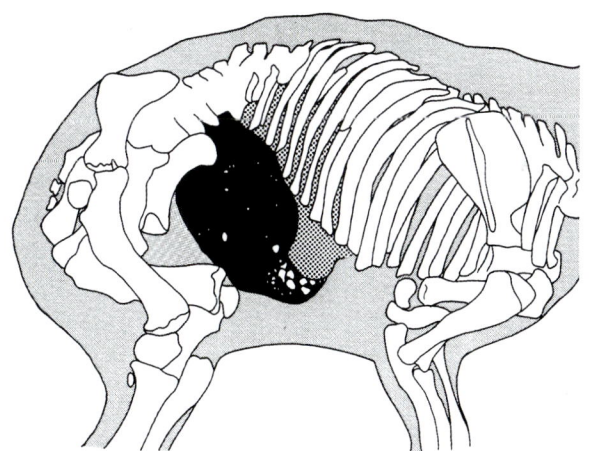

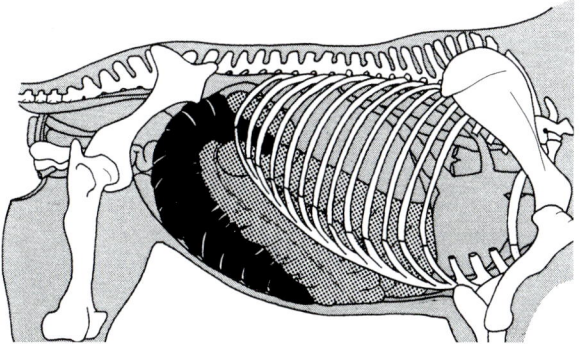

▶ *Früher Unpaarhufer der Art* Hallensia matthesi *aus der Grube Messel mit umrisshaft erkennbarer Darmanatomie, insbesondere des Blinddarms (schwarz) im Vergleich zum heutigen Pferd (unten)*

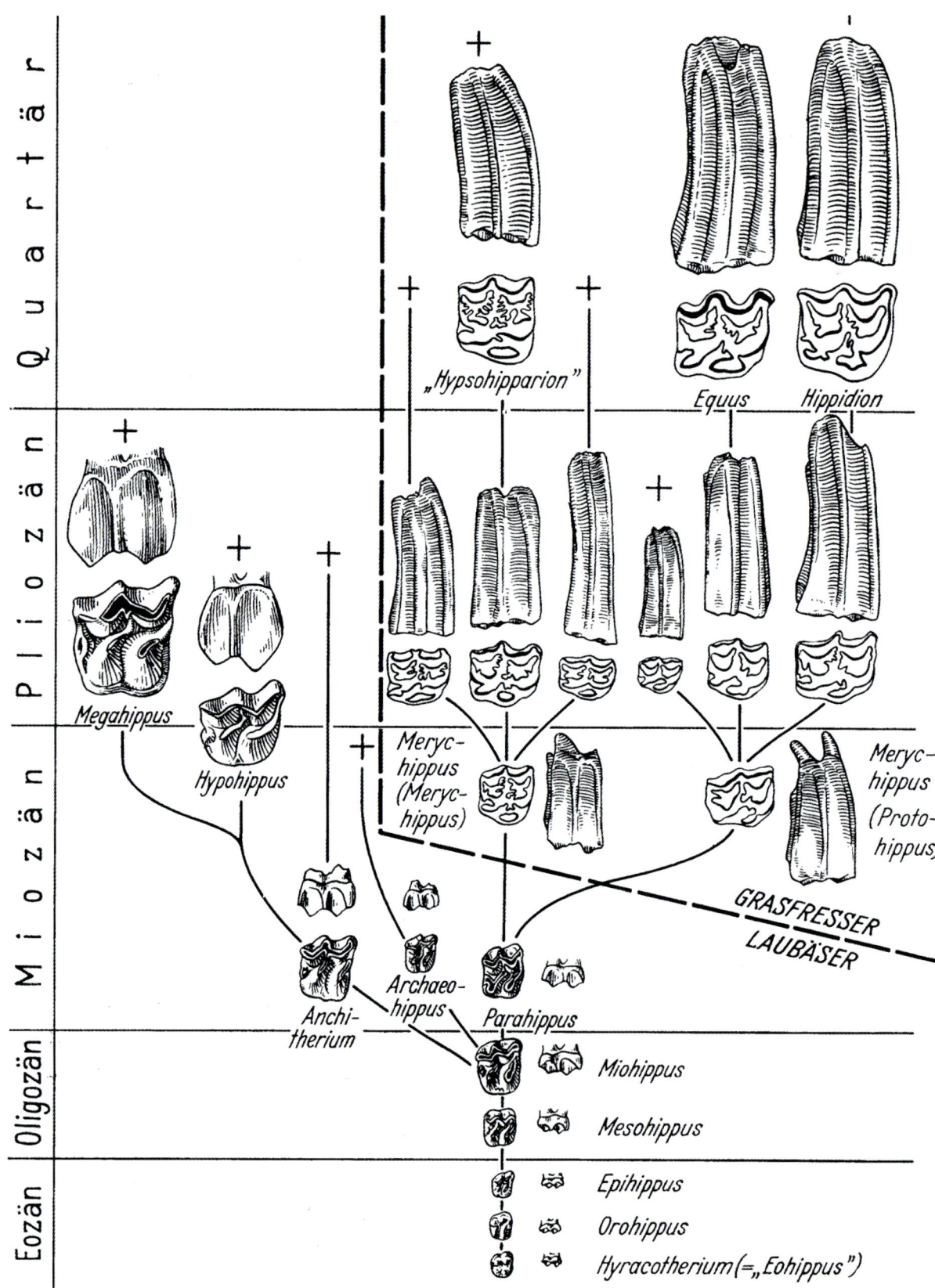

▶ *Geradezu explosive Entfaltung hochkroniger Backenzähne mit kompliziert verfälteltem Kauflächenmuster im mittleren Miozän, vor etwa 20 bis 15 Millionen Jahren*

Q u a r t ä r

P l i o z ä n

M i o z ä n

Oligozän

Eozän

"Hypsohipparion"

Equus

Hippidion

Megahippus

Hypohippus

Merych-
hippus
(Merych-
hippus)

Merych-
hippus
(Proto-
hippus)

GRASFRESSER
LAUBÄSER

Anchi-
therium

Archaeo-
hippus

Parahippus

Miohippus

Mesohippus

Epihippus

Orohippus

Hyracotherium (=„Eohippus")

Urpferde stammen, ist bis heute rätselhaft. Infrage kommen vor allem Afrika und der Subkontinent Indien.

Die kleinsten dieser Arten sind kaum größer als heutige Hauskatzen. Der Bau ihres Rumpfes weicht von dem gerade gestreckten Rücken heutiger Pferde durch eine starke Krümmung ab, ähnlich wie bei heutigen Duckerantilopen. Die Backenzähne sind noch niederkronig und aus einzelnen

Höckern aufgebaut. Der Bau der Extremitäten zeigt, dass diesen ältesten bekannten Urpferden der Gattungen *Hyracotherium* und *Pliolophus*[8] bereits eine mehrere Millionen Jahre lange Entwicklung vorausgegangen sein muss, denn die Zahl ihrer Zehen und Hufe ist von ursprünglich fünf pro Extremität bereits auf vier an den Vorderbeinen und drei an den Hinterbeinen zurückgegangen. Außerdem setzen die

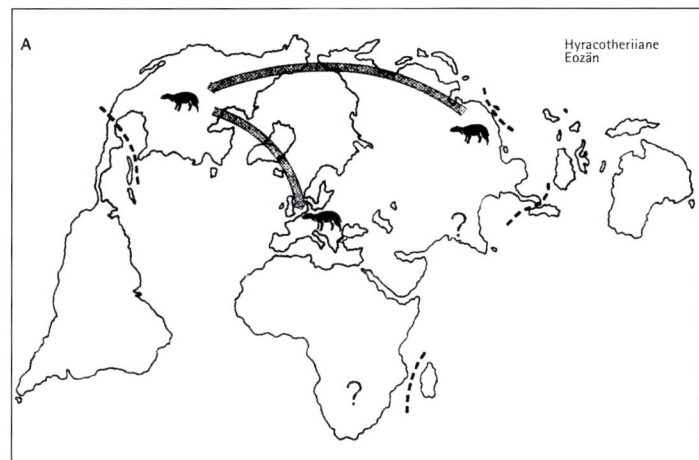

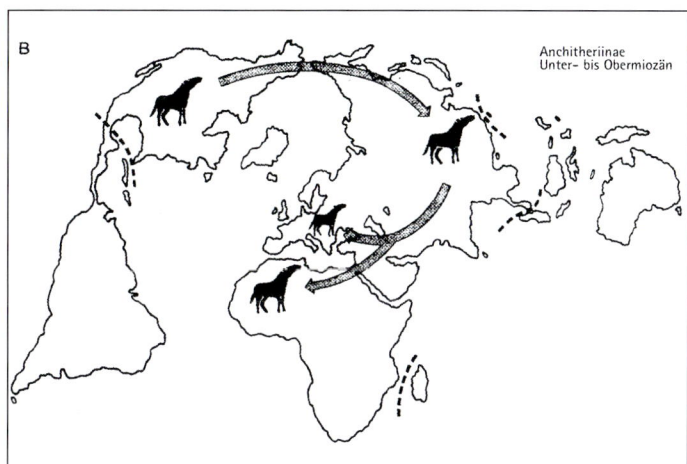

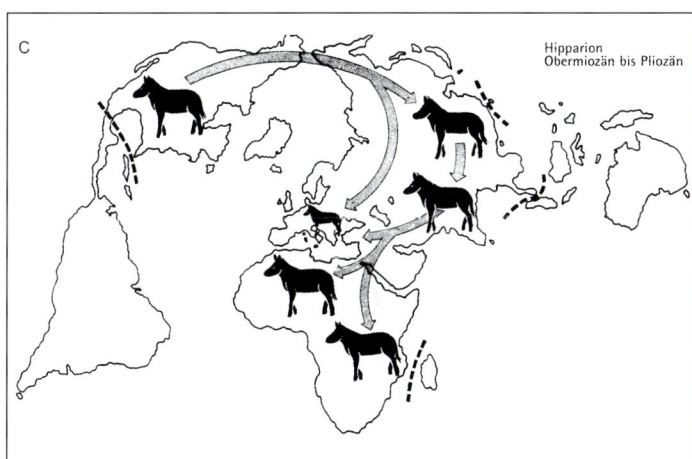

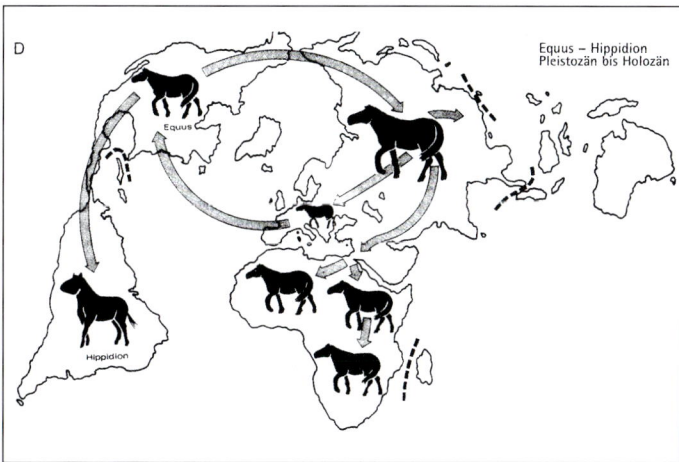

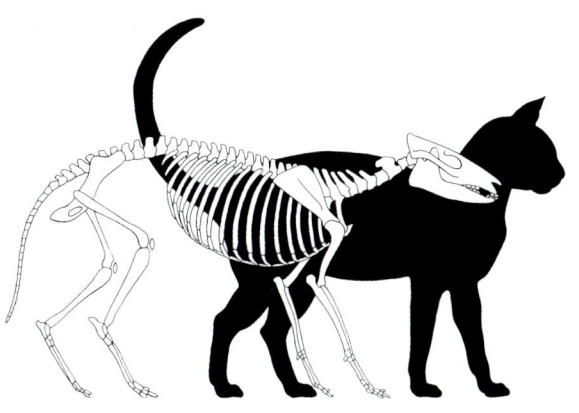

▲ Herkunft und Ausbreitung der Pferde im Laufe der Erdgeschichte.
A: Zur Zeit des Eozäns (vor 55 bis 34 Millionen Jahren),
B: Unter- bis Obermiozän (vor 23 bis 5,5 Millionen Jahren),
C: Obermiozän bis Pliozän (vor 11 bis 5,5 Millionen Jahren,
D: Im Plio-Pleistozän (vor 3,7 bis 0,01 Millionen Jahren)

◄ Vergleich von Körpergröße und Proportionen bei einer Hauskatze (schwarz) und einem der frühesten Urpferde (Hyracotherium sandrae (weiß)

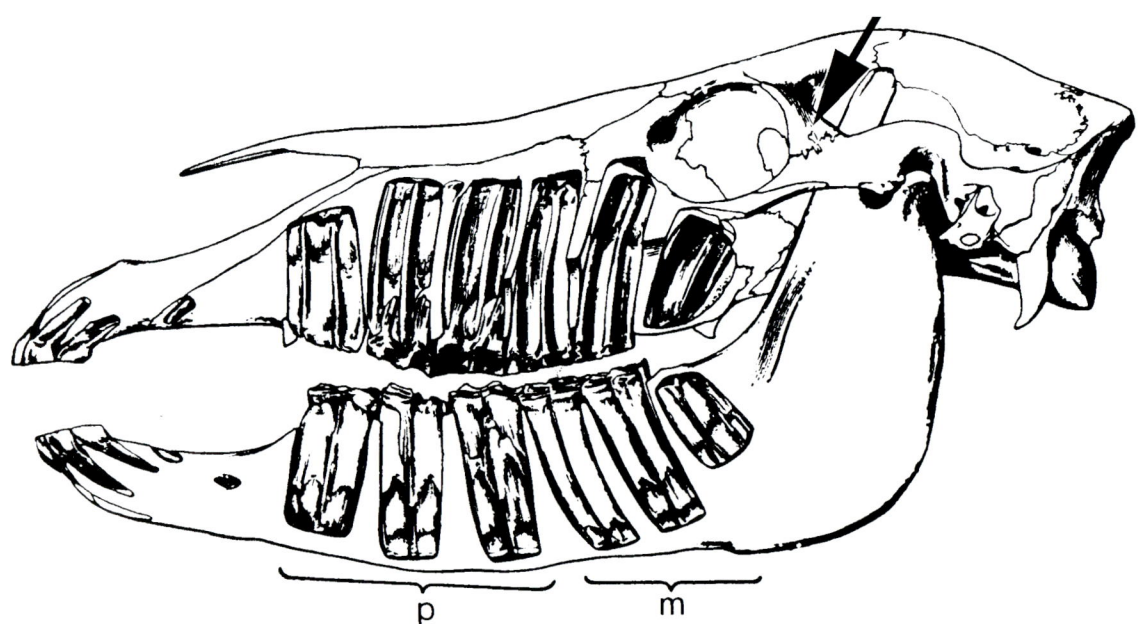

▲ Zeichnerische Darstellung des seitlich geöffneten
Schädels eines heutigen Pferdes, um den Raumbedarf
der hochkronigen Backenzähne und die rückwärtige
Schließung der Augenhöhlen (Pfeil) zu zeigen.
p = Vorbackenzähne (Prämolaren),
m = Backenzähne (Molaren)

Füße nicht mehr mit der ganzen Sohle auf, sondern haben sich schon auf die Zehenspitzen erhoben.

Dieser Grundtyp von Urpferden bleibt während des gesamten Eozäns, über rund 20 Millionen Jahre, weitgehend konstant. Lediglich das Kaumuster der Backenzähne verändert sich, indem die Höcker zu Jochen verschmelzen. Beim Übergang zu den Pferden des Oligozäns, vor rund 34 Millionen Jahren, geht der vierte Strahl an den Vorderextremitäten verloren. Die Pferde stehen jetzt auf jeweils drei Hufen pro Hand beziehungsweise Fuß. Die Rumpfkonstruktion mit ihrem hoch gekrümmten Rücken bleibt jedoch. Die Größe entspricht etwa derjenigen heutiger Schafe. In Europa und in Asien sterben die Pferde am Ende des Eozäns aus. Nur in Nordamerika geht die Entwicklung weiter.

Die Entwicklung im Miozän: Geradezu dramatisch verläuft die Evolution der Pferde zu Beginn des Miozäns, vor etwa 23 bis 20 Millionen Jahren. Sie spaltet sich auf in zahlreiche, mehr oder minder parallel verlaufende Linien. Zumindest eine davon gelangt offenbar über die damals trocken gefallene Beringstraße von Nordamerika nach Asien und dann weiter nach Europa. Dabei handelt es sich um die Gattung *Anchitherium.* Während diese im Bau ihres Gebisses weitgehend konservativ bleibt, kommt es in Nordamerika zu Beginn des Miozäns zur Entwicklung eines neuartigen Kauapparates. Dieser zeichnet sich aus durch eine sich rasch steigernde Kronenhöhe der Backenzähne, verbunden mit einer zunehmenden Verfältelung der Schmelzschlingen des Kauflächenmusters. Erklärt wird diese Veränderung,

wie gesagt, mit einem Wechsel der Nahrung von ursprünglich weichen Blättern und Früchten zu den harten Gräsern der sich um diese Zeit ausbreitenden Prärien.[6]

Kauapparat und Schädelkonstruktion: Die Entwicklung des Kauapparates geht Hand in Hand mit tief greifenden Veränderungen der Schädelkonstruktion. Einerseits erfordern die zunehmend hochkronigen Backenzähne ausreichend Raum im vorderen Schädelbereich. Dieser dehnt sich entsprechend nach vorne und oben hin aus, während die Augenhöhlen nach hinten ausweichen. Außerdem nimmt die Höhe der Unterkieferäste zu. Zum anderen wächst der Kaudruck. Entsprechend kommt es selektiv zu einer mechanischen Stabilisierung der Schädelkonstruktion, bei der sich die Jochbögen verstärken und die Augenhöhlen nach hinten durch einen Knochenring schließen. So entwickelt sich der Schädel- und Gebisstyp der heutigen Pferde.

Daneben erhält sich aber der Schädel- und Gebisstyp der niederkronigen, Laub und Früchte äsenden Pferde noch rund 15 Millionen Jahre lang bis in das Obermiozän hinein. Während sich dieser Pferdetyp in Europa nur wenig verändert,[9] kommt es in China zur Entwicklung ausgesprochener Riesenformen, wie *Hypohippus* und *Megahippus,* mit denen dieser Ast des Pferdestammbaums vor etwa 8 Millionen Jahren ausstirbt.

Einwanderungswellen: Vor rund 11 und rund 9 Millionen Jahren ergießen sich im Obermiozän zwei weitere Einwanderungswellen in den asiatischen bis hin zum europäischen Kontinent. Dies ist die Gattung *Hippotherium,* gefolgt von der *Hipparion*-Gruppe. In beiden Fällen handelt es sich um Pferde mit ausgesprochen hochkronigen, kompliziert gebauten Backenzähnen. Ihr Fortbewegungsapparat bleibt mit seinen drei Hufen pro Bein jedoch konservativ.

Die erste Welle ist aus zwei Gründen besonders interessant. Zum einen trifft die Gattung *Hippotherium* in Westeuropa

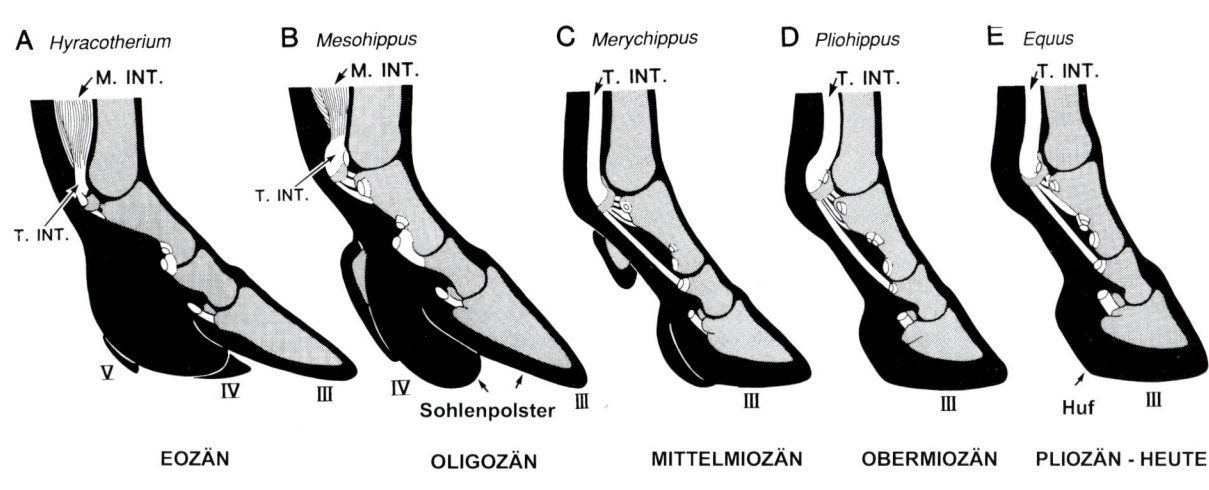

A *Hyracotherium* — M. INT. — T. INT. — V — IV — III — EOZÄN

B *Mesohippus* — M. INT. — T. INT. — IV — Sohlenpolster — III — OLIGOZÄN

C *Merychippus* — T. INT. — III — MITTELMIOZÄN

D *Pliohippus* — T. INT. — III — OBERMIOZÄN

E *Equus* — T. INT. — Huf — III — PLIOZÄN - HEUTE

Verstärkung eines elastischen Bänder- und Sehnenapparates

▲ *Evolution des Pferdefußes im Laufe von 55 Millionen Jahren von Hyracotherium bis Equus. In dem Maße, wie sich der Bänder- und Sehnenapparat verstärkt, kann das ursprünglich stützende Sohlenpolster rückgebildet werden. Infolge der Elastizität der Bänder und Sehnen wird bei jedem Aufsetzen der Hufe Energie zurückgewonnen, ohne dass dafür zusätzliche Muskelkraft benötigt würde. M. INT. = Musculus interosseus, T. INT. = Tendo interosseus; III, IV und V = mittlere Zehe (III), innere seitliche Zehe (IV) und äußere seitliche Zehe (V)*

noch auf letzte Überlebende des rund 15 Millionen Jahre zuvor eingewanderten *Anchitherium*. Das belegen Funde aus Spanien[8] sowie den Dinotheriensanden Rheinhessens, den ältesten Ablagerungen des Urrheins. Zum anderen wird *Hippotherium* sekundär wieder zu einem blätter- und früchteäsenden Pferd. Dafür sprechen sowohl rasterelektronenmikroskopische Untersuchungen der Abkauungsspuren als auch das sekundär entwickelte Abkauungsrelief der Backenzähne[10] sowie der rekonstruierte Waldbiotop. Sowohl *Hippotherium* als auch *Hipparion* enden in Sackgassen der Evolution, obgleich *Hipparion* noch im Obermiozän als erstes Urpferd nach Afrika einwandert, wo es noch weit in das Pleistozän oder Eiszeitalter hinein überlebt.

Effektivität, Ökonomisierung, Energiebilanz: Die eigentliche Entwicklung zu den heutigen Pferden vollzieht sich weniger im Bereich des Kau-, als vielmehr des Fortbewegungsapparates. Wie Kowalevsky bereits 1876 festgestellt hat, sind diejenigen Zehen selektiv bevorzugt, die der Bewegungsebene der hin und her schwingenden Beine am nächsten liegen. Ausschlaggebend dafür sind die Hebelgesetze, da bei den seitlichen Zehen zusätzliche Lastarme wirksam sind. Insofern besteht vom Körperbau und von der Bewegungsweise her eine Tendenz zur selektiven Reduktion der Seitenzehen bei gleichzeitiger Verstärkung des mittleren Strahls, welche die Pferdeevolution von Beginn an diktiert.

Vom Sohlenpolster zum Zehenspitzengang: Zunächst einmal müssen sich aber die Füße auf die Zehenspitzen erheben. Auch diese Entwicklung muss im Sinne der Darwinschen Evolutionstheorie selektiv begünstigt sein. Dabei ist das Aufstellen auf die Zehenspitzen konstruktiv nur denk-

bar, wenn sich ursprünglich zwecks Abfederung des Körpergewichtes auf der Unterseite der Füße Sohlenpolster entwickeln, ähnlich wie beim heutigen Tapir. Je stärker diese Sohlenpolster werden, um so besser wird nicht nur die Abfederung, sondern um so steiler wird damit auch die Stellung der Mittelhand- und Mittelfußknochen. Dadurch verlängern sich die Extremitäten, womit die Fortbewegung entsprechend den Pendelgesetzen energetisch effektiver wird. Andererseits ist es auf Grund des Trägheitsgesetzes energetisch günstig, wenn sich die bewegten Massen möglichst verringern. Insofern besteht zugleich eine Tendenz zum Abbau des Sohlenpolsters und zur Verlagerung der antreibenden Muskelmassen in eine möglichst wenig bewegte, körpernahe Position.

Bänderbandagen und Sehnenzüge: Die Lösung beider Probleme, Wiederabbau des Sohlenpolsters bei gleichzeitiger Verlagerung der Antriebsmuskulatur von den Extremitäten auf den Rumpf, besteht in einer Verstärkung des Sehnen- und Bänderapparates.[11] Durch Bänderbandagen geführte Sehnenzüge sind in der Lage, die von den im Schulter- und im Beckenbereich angesiedelten Muskeln entwickelten

67

Zugkräfte an die Stellen zu transportieren, an denen sie benötigt werden. Das geht bis in die Zehenspitzen. Als Folge kann die Extremitätenmuskulatur entsprechend reduziert werden.

Andererseits sind Sehnen und Bänder auch geeignet, um das durch seine Masse hinderliche Sohlenpolster zu ersetzen, so dass es im weiteren Verlauf der Evolution der Pferde wieder abgebaut werden kann. Dieser Ersatz ist allerdings nur in dem Maße möglich, in dem sich der Bänderapparat verstärkt, was sich an seinen Ansatzstellen ablesen lässt.

Der vollständige Abbau des Sohlenpolsters erfolgt erst mit Auftreten von *Merychippus* im mittleren Miozän, vor etwa 18 bis 14 Millionen Jahren. Lange Zeit danach werden jedoch die Seitenstrahlen in extremen Belastungssituationen noch als Stützen benötigt.[12] Deshalb bleiben die Pferde bis ins Pliozän, vor etwa 5 Millionen Jahren, dreizehig. Erst mit den Gattungen *Pliohippus* und *Dinohippus* wird der Bänder- und Sehnenapparat so stark, dass nun auch die Seitenzehen abgebaut werden können. Es entsteht die heutige Gattung *Equus*, die erstmalig im Pliozän, vor 3,7 Millionen Jahren, in Nordamerika erscheint, um sich dann rasch nach Asien, Europa und Afrika einerseits sowie Südamerika andererseits auszubreiten.[13]

Energierückgewinnung: Die Verstärkung des Bänder- und Sehnenapparates ermöglicht jedoch nicht nur den Abbau von Sohlenpolster und seitlichen Zehen. Sie hat selber direkt einen positiven Einfluss auf die Fortbewegungsleistung, indem die Elastizität der Bänder und vor allem der Sehnen bei jedem Aufsetzen der Extremitäten Energie zu speichern vermag, welche sonst völlig nutzlos im Substrat verpuffen würde. Diese Energie wird beim Abdrücken der Extremitäten wieder freigegeben. Auf diese Weise trägt sie unmittelbar zur Schnellkraft der Extremitäten und damit zur Geschwindigkeit und vor allem zur Beschleunigung der Fortbewegung bei. Auch die Ausdauer verbessert sich infolge der Energierückgewinnung.

Das Pferd – ein hoch spezialisiertes Lauftier: Sind also die Pferde im Laufe ihrer Evolution immer schneller geworden? Das ist sehr wahrscheinlich nicht der Fall! George Gaylord Simpson hat 1951 einen interessanten Vergleich angestellt, indem er feststellte, dass Größe und Gliedmaßenproportionen der frühesten Urpferde recht gut mit denjenigen heutiger Windhunde übereinstimmen. Diese aber erreichen etwa gleiche Höchstgeschwindigkeiten wie die heutigen Pferde!

Demnach hätte die gesamte Entwicklung der Pferde zu hoch spezialisierten Lauftieren nur dazu gedient, trotz erheblich zunehmender Körpergröße die notwendige Fluchtgeschwindigkeit zu erhalten und zugleich die Ausdauer zu

steigern. Dies wäre biologisch gut verständlich, denn mit der Zunahme der Körpergröße ist eine erhebliche Ökonomisierung des Stoffwechsels verbunden, was wiederum einen selektiven Vorteil gegenüber der jeweiligen Vorläuferkonstruktion bedeutet.

Kurios ist, dass die Pferde in ihrer Urheimat Nordamerika nach rund 55 Millionen Jahren erfolgreicher Entwicklung zusammen mit einer ganzen Reihe weiterer Großsäuger am Ende des Eiszeitalters vor etwa 10.000 Jahren aussterben, während sie in Eurasien, wohin sie während des Pliozäns eingewandert sind, überleben. Man hat in diesem Zusammenhang einen „overkill" prähistorischer Jäger vermutet.[14] Diese Annahme ist jedoch wenig wahrscheinlich. Zum einen dürften für eine derartige Massenvernichtung die damaligen Jagdgeräte kaum ausgereicht haben. Zum anderen war die Bevölkerungs- und damit die Bejagungsdichte noch viel zu dünn. Schließlich widerspricht alles, was wir über die Jagdgepflogenheiten der Indianer wissen, einer solchen Overkill-Mentalität. Eher dürften die gewaltigen Klima- und Vegetationsveränderungen am Ende der jüngsten Vereisung oder eine Epidemie zum Verschwinden der Pferde wie zahlreicher anderer Großsäuger aus Nordamerika am Ende des Eiszeitalters geführt haben. Jedenfalls waren es die Spanier, die erst im 17. Jahrhundert die Pferde von Europa nach Nordamerika zurückbrachten.

Warum aber die Pferde in Eurasien im Gegensatz zu anderen Großsäugern, wie den Mammuten, den Nashörnern oder den Höhlenlöwen, überlebten, ist noch eine offene Frage.

Rückblende

Zusammenfassend ist festzustellen, dass trotz aller nach wie vor bestehenden Lücken die stammesgeschichtliche Entwicklung der Pferde eines der am besten belegten Beispiele für die Evolution der Organismen darstellt. Ihre Entwicklung wird in erster Linie bestimmt von einer Verbesserung der Leistungsfähigkeit von Kau- und Fortbewegungsapparat. Während sich jedoch der Kauapparat im mittleren Miozän in Zusammenhang mit dem Übergang zu harter Grasnahrung geradezu sprunghaft verändert, wird die Evolution der Pferde rund 60 Millionen Jahre lang bestimmt durch eine konstruktive Optimierung des Fortbewegungsapparates vom ursprünglichen Fünfzeher zum klassischen Einhufer unserer Tage. Diese führt jedoch nicht zu erhöhter Schnelligkeit, sondern ermöglicht nur, die nötige Fluchtgeschwindigkeit vor Raubtieren trotz zunehmender Körpergröße zu sichern.

Thomas Held

Der Landschaftswandel im Emscherbruch

Von der Wildbahn zur Industrielandschaft

„Der Fluß der Mitte [des Ruhrgebiets]*, die Emscher, die ehemals in sumpfigem Bruchland hin und her pendelte, ist verschwunden, der Mensch hat sie in ein glattwandiges Abwasserbett umgeformt und den Rhein-Herne-Kanal hinzugefügt."*[1]

Die Entwicklung des Ruhrgebiets

Naturräumlich wird das Ruhrgebiet in fünf sich in west-östlicher Richtung erstreckende Zonen gegliedert. Von Süd nach Nord sind es die Ruhr-, die Hellweg-, die Emscher-, die Vestische- und die Lippe-Zone.[2] Die Emscherzone ist bis auf den Flussverlauf im Süden Dortmunds gleichbedeutend mit dem Emschertal. Ihre Höhe über dem Meeresspiegel beträgt wenig mehr als 40 Meter. Im Norden und Süden wird sie von den Höhenzügen des Hellwegs und des Vests flankiert. Ihr sehr geringes Gefälle zum Rhein und der oberflächennah anstehende wasserstauende Emschermergel sind ideale Voraussetzungen für die Entstehung einer vom Grund- und Stauwasser beeinflussten Bruchlandschaft. Angelegt wurde diese Geländeform durch Schmelzwässer der Riß- oder Saaleeiszeit.[3] Durch sie entstand ein bis zu 8 Kilometer breites Tal, das möglicherweise die Fortsetzung des östlich liegenden Hellwegtals, eines Urstromtals, ist.[4]

Dem heutigen Betrachter erscheint das Ruhrgebiet als weitgehend homogener Kulturraum mit dichter Bebauung, hoher Bevölkerungsdichte, vielfältiger Infrastruktur und starker gewerblicher und industrieller Nutzung. Dieses Erscheinungsbild ist das Resultat einer über 2.000 Jahre andauernden Überformung der Naturlandschaft durch den Menschen. Die anfänglich räumlich und zeitlich begrenzten Eingriffe wurden dabei mit dem Anwachsen der technischen Möglichkeiten des Menschen immer umfassender und haben in den letzten 150 Jahren einen polyzentrischen Ballungsraum entstehen lassen. Die Beziehungen zwischen der natur- und kulturräumlichen Ausstattung sind im Emscherland durch die intensive anthropogene Beeinflussung nur schwer zu erkennen.[5]

Nach Spethmann[6] war im 1. Jahrhundert v. Chr. das Ruhrgebiet bis auf die Rheinebene im Westen ein mit urwüchsigem Urwald bedecktes Waldland. Allein das Emschertal wird als weithin versumpfte Niederung beschrieben. Veränderungen in dieser einzig von temporären Siedelplätzen unterbrochenen Waldlandschaft traten unter der Herrschaft Karls des Großen ein. Sie brachte mit der Anlage von Heerstraßen und dauerhaften Siedlungen besonders im Lößband des Hellwegs den Übergang in ein Rodungsland. In dem heute als eine geschlossene Stadtlandschaft erscheinenden Emscherland sind noch die Strukturen der Heerstraßen und Wanderwege des seit ältesten Zeiten besiedelten Raumes erkennbar.[7] Im ausgehenden Mittelalter markierten die ersten Städte wie Essen oder Dortmund die zukünftigen Siedlungsschwerpunkte und den Beginn des Stadt-Umland-Konflikts. Am Ende der Rodungsphase hatte das zukünftige Ruhrgebiet den Charakter einer Waldlandschaft verloren, wenngleich der ganze Emscherbruch noch mit Wald bestockt war.[8]

Keimzellen der späteren Industrielandschaft waren die seit der Regierungszeit Karls des Großen arbeitenden Sälzereien im Osten des Ruhrgebiets sowie die Eisenerzlagerstätten und die mit ihnen verbundenen Handwerke im Bergischen Land.[9] Im Ruhrgebiet entstanden erste Schmieden, später auch Waffenschmieden, in Dortmund und Essen. Die gewerbliche Steinkohlengewinnung, das überregional bekannte Markenzeichen des Ruhrgebiets, ist für das Dortmundische urkundlich seit dem 13. Jahrhundert belegt. Zur privaten Nutzung soll aber der zunächst nur obertägige Abbau der Steinkohle, das Kohlenbrechen, in der Region bereits um das Jahr 1000 n. Chr. bekannt gewesen sein.[10] Über Jahrhunderte hinweg war jedoch die Holzkohle bedeutsamer als die Kohle, wodurch die lokalen Waldbestände stark dezimiert wurden.

Ausgehend von ersten industriellen Tätigkeiten im Umfeld des Dreißigjährigen Kriegs entwickelte die Region ihren Reviercharakter am Ende des 18. Jahrhunderts auf der Basis einer entstehenden Kleineisenindustrie und des nun in immer größerem Umfang fördernden Bergbaus. Aufgrund technischer Fortschritte wie der Wasserhaltung mit Dampfmaschinen oder dem Auskleiden der abgeteuften, das heißt nach unten gebauten Schächte mit vorfabrizierten Stahlringen, den Tübbings, wanderte der Bergbau vom Südrand des Ruhrgebiets mit seinen oberflächennah auskeilenden Flözen des produktiven Oberkarbons in die Hellweg- und Emscherzone. 1832 bis 1834 gelang es Franz Haniel erstmals, in der Emscherniederung bei Essen-Borbeck die Mergeldecke zu durchteufen.[11] Die Möglichkeit zur Einrichtung der so genannten Mergelzechen war die Voraussetzung zur industriellen Nutzung der Emscherzone. Zuvor war diese Landschaft durch mittel- und kleinbäuerliche Landwirtschaft geprägt.

Frühe Nutzungen des Emscherbruchs

Eine Bruchlandschaft ist definiert als ein meist mit Vegetation bestandenes Sumpfgelände oder sumpfiges Niederungsgebiet, das ganzjährig unter Grund- oder Stauwassereinfluss steht. Länger als die anderen Räume im Ruhrgebiet erhielt sich das Kernstück der Emscherzone, der ausgesprochen verkehrs- und siedlungsfeindliche Emscherbruch,[12] seinen ursprünglichen Charakter. Der Emscherbruch erstreckte sich über eine Länge von 35 Kilometer[13] beziehungsweise 25 Kilometer[14] und eine Breite von 6 Kilometer über eine Fläche von 10.000 Hektar im mittleren Ruhrgebiet. Er umfasste die Suderwicher, Recklinghauser, Hochlarer, Hertener, Resser, Berger, Horster und Welheimer Mark. Trotz der Namensgebung war der naturnahe Emscherbruch keine durchgängig versumpfte Fläche. Der größte Teil des Emscherbruchs war mit einer Mischung aus Mittel- und Hochwald mit eingestreutem Niederwald bedeckt, der Bau- und Brennholz für die wenigen Siedlungen lieferte.[15] In tieferen Lagen waren die Decksande des Emschertals auch vermoort. Auf den trockeneren Höhen erstreckten sich Heideflächen. Hier wurden auch kleinere Rodungsinseln für die Landwirtschaft angelegt. Die dominierende menschliche Nutzung waren jedoch die Viehhuden. Auf Grund der überwiegend ungünstigen, durch Nässe geprägten Bodenverhältnisse war die Weidewirtschaft die vorherrschende Bewirtschaftungsform.

Die Potenziell Natürliche Vegetation (PNV) ist ein gedankliches Konstrukt zur Erkundung der Leistungsfähigkeit einer Landschaft. Sie wird definiert als die sich unter regulären Klimabedingungen an einem Standort nach Durchlaufen der entsprechenden Sukzessionsstadien einstellende Vegetation ohne den Einfluss des Menschen. Als PNV des Emscherbruchs werden bodenfeuchte Eichen-Buchen-Wälder, stellenweise auch Erlenbruchwald und Eichen-Hainbuchenwälder ausgewiesen.[16]

Urkundliche Belege für befestigte Rittersitze und Siedlungen im Bereich der heutigen Stadt Herne liegen seit dem frühen 15. Jahrhundert, also vergleichsweise spät, vor. Im Vergleich zur spärlichen Bevölkerungsdichte bemerkt Dorider[17] die große Zahl der Burgen und Schlösser an der Emscher. Der Droste Diederich von Eickel soll einigen Quellen zufolge 1440 den ersten Adelssitz in der Emscher errichtet haben. Das bedeutet, dass das Gebäude zum Schutz vor Angriffen mit an die Emscher angebundenen Wassergräben, den Gräften, umgeben wurde. Mit der Anlage des Rittersitzes gingen so erste, wehrbedingte Eingriffe in das Abflussregime einher,[18] dem bald weitere wie das Anlegen von Mühlenstauwehren folgten. Bedeutender dürften aber bis zur Industrialisierung die saisonalen Gerinneverlagerungen des Flusses durch Überschwemmungen gewesen sein. Andere Urkunden weisen auf ein bereits bestehendes

▲ links: Viele Adelsfamilien im Emscherbruch und Umgebung führten Pferdepramen im Wappen, um auf ihre Berechtigung wilde Pferde zu halten zu verweisen

▲ rechts: Wappen der Stadt Wanne-Eickel seit der Stadtgründung 1926

festes Haus in den Jahren 1433 und 1437 hin. Weitere Quellen belegen ein festes Haus bereits um 1420. Am jüngeren „Neuen Haus" lag die Freiheit zum Crang mit etwa 20 Häusern.[19] Der Name Crang oder Crange leitete sich ab vom lateinisierten Begriff des Krings, Krengs, Krengels oder Krangels für eine Flussschlinge.[20]

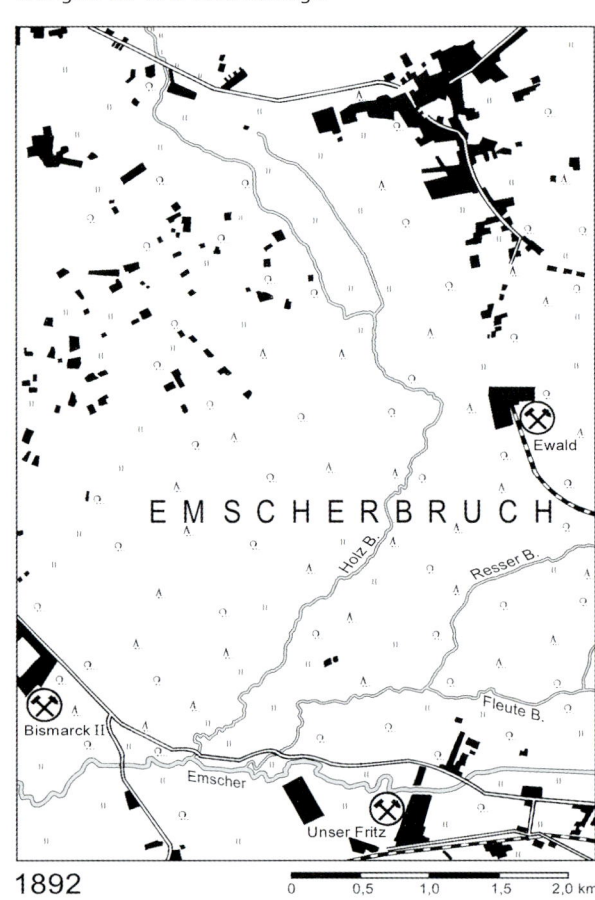

1892

Die Wildbahn Emscherbruch: Der Ortsteil Crange war bereits seit 1410 Mittelpunkt der Wildpferdezucht im Emscherbruch, der größten deutschen Wildbahn.[21] Das Recht, Wildpferde im Emscherbruch zu halten, hatten nahezu alle Grundherren. Die Wildpferde des Emscherbruchs wurden daher zunächst in die Brandzeichen, Siegel und Wappen der Rittersitze, dann auch in die Wappen der entstehenden Städte aufgenommen.[22] Neben dem Motiv des steigenden Wildpferds ist die Pferdeprame, ein Werkzeug zum Zähmen der Wildpferde, häufiges Symbol einer gemeinsamen Vergangenheit in den Wappen.

Einen Überblick über die Zahl der gefangenen Pferde, die so genannte Markeneintrifft, und ihre breiten Einsatzmöglichkeiten gibt Spürk.[23] Ausführlichere Beschreibungen über Leben, Eigenschaften und Fang der Emscherbrücher sind bei Devens zu finden.[24]

Die Kirche in Crange ist dem Hl. Laurentius gewidmet. Schilderungen des Laurentius-Jahrmarkts mit der Auktion der Emscherbrücher nimmt von Steinen vor.[25] Aus diesem ursprünglichen Pferdemarkt auf einer Halbinsel nördlich des Dorfes entwickelte sich die Cranger Kirmes, das seit Jahrhunderten größte Volksfest des Ruhrgebiets.

Das Ende der Jahrhunderte lang extensiv betriebenen Bewirtschaftung des Emscherbruchs wurde durch größere Gemeinheitsteilungen am Ende des 18. Jahrhunderts eingeleitet. Ein Dekret der französischen Regionalverwaltung 1811 und weitere Teilungen der Gemeindemarken zugunsten der Landwirtschaft im Jahr 1825 brachten den Niedergang des Pferdemarktes. Der letzte Verkauf von Emscherbrüchern fand am 24. Oktober 1834 statt.[26]

Kohle und Stahl prägen die Bruchlandschaft

Der tief greifende Landschaftswandel im Emscherbruch ist trotz der frühneuzeitlichen Siedlungtätigkeit erst mit den technischen Möglichkeiten des 19. Jahrhunderts verbunden. Um 1820 existierten noch große Waldkomplexe im Emscherbruch. Sogar bis 1850 war die Nutzung des Emscherraumes noch der gewachsenen Naturlandschaft angepasst.[27]

Verbreitet war eine markgenossenschaftliche Waldweidewirtschaft. An günstigen, trockenen Stellen entstanden Hofstellen. Die umliegenden Städte wie Bochum und Recklinghausen waren Ackerbürgerstädtchen mit ländlichem Charakter. Für viele Städter war die Landwirtschaft ein wichtiger Nebenerwerbszweig.[28] Die extrem schnelle und völlig ungeplant verlaufende Verdichtung der Siedlungs-

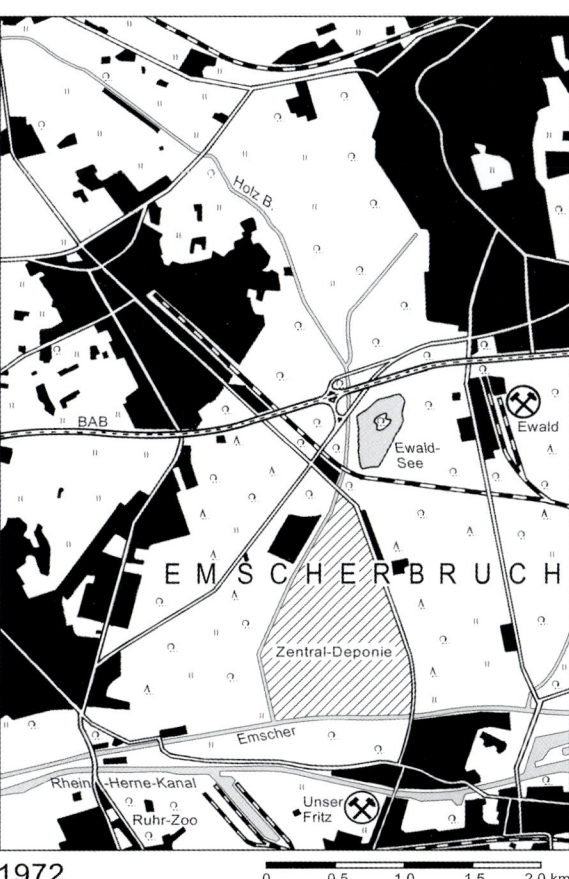

◄ *Entwicklung der industriellen Überprägung des Emscherbruchs*

1927

1972

Tab. 1: Kennzahlen des Landschaftswandels im Emscherbruch 1892 bis 1972

Jahr	1892	1927	1972
Wege, Straße lfdm/km²	440	1.300	1.100
lWasserstraße lfdm/km²		154	154
Bahn lfdm/km²	120	860	230
Freifläche/unbebaute Fläche	1:5	1:2,5	1:1,7

Quelle: SVR 1975, Anlage 7

Tab. 2: Bevölkerungsentwicklung

	1816/1818	1961	1987	1998
Bochum	11.787	440.584	386.721	393.236
Herne	3.301	220.404	174.238	176.709
Herten	3.303	k.A.	67.806	k.A.
Gelsenkirchen	5.910	382.842	287.508	284.085
Recklinghausen	4.866	k.A.	119.991	k.A.

k.A.: keine Angaben   Quelle: Köllmann u.a. 1990, S. 133; KVR 2000, S. 28

räume sowie der fortschreitende Bergbau mit seinen Raumbeanspruchungen veränderten das Gebiet zwischen etwa 1850 und 1920 grundlegend. Durch die Ausbreitung der Industrie mit der dazugehörigen Siedlungs- und Infrastrukturfläche verminderte sich die Waldfläche bereits bis 1890 erheblich. Beispielsweise wurden im Emscherbruch in schneller Folge die Großzechen „Graf Bismarck" (1868), „Ewald" (1871–1876) und „Unser Fritz" (1871–1873) abgeteuft und in Betrieb genommen. Auch bis 1890 wieder aufgeforstete Ackerflächen wurden im Zuge der fortschreitenden Industrialisierung bis 1930 größtenteils wieder abgetrieben.

„Die früher sehr feuchte, z.T. stark versumpfte Emscherniederung wurde durch Meliorationen, Flußregulierung und Kanalisation der Emscher sowie starken Grundwasserentzug durch den Verbrauch der Industrien und Städte zum großen Teil trockengelegt, so daß sie heute mit Ausnahme einiger durch Bergsenkungen verursachten Vernässungsgebiete kaum mehr vom Grundwasser beeinflußte Böden (...) enthält."[29]

Spätestens mit dem Bau des Rhein-Herne-Kanals 1914 und der ab 1906 erfolgenden Emscherregulierung wurde die natürliche Vorflut so gestört, dass von einem natürlichen Überschwemmungsbereich, einer Flussaue, nicht mehr gesprochen werden kann. Naturnahe Gewässerverläufe sind in Karten der Region aus dem Jahr 1927 nicht mehr zu finden.

Auf Grund der Auswertung vorliegender Karten kann der Wandel von der kaum berührten Landschaft im Emscherbruch noch weiter eingeschränkt werden, und zwar auf einen Zeitraum von 1892 bis 1927. Die Kartenfolge gibt in drei Zeitschnitten die Entwicklung der anthropogenen Beeinflussung generalisiert wieder. In diesem Zeitraum fanden umfangreiche Flächenversiegelungen und Landschaftszerschneidung durch Straßen, Wege und Zechenbahnen statt. Mit der Industrialisierung verbunden war eine explosionsartige Bevölkerungsentwicklung.

Neue Nutzungen einer alten Landschaft

Die Kartenausschnitte und Tabellen verdeutlichen den Ausbau der Infrastruktur und die Bevölkerungszunahme im Rahmen der stürmischen Industrialisierung des Emscherbruchs innerhalb der kurzen Periode zwischen 1892 und 1927. Sie zeigen aber auch ab den 1960er Jahren eine Phase der Stagnation beziehungsweise des Rückgangs sowohl im Hinblick auf die Infrastruktur als auch auf die Bevölkerung bei weiterhin anhaltendem Freiflächenverbrauch an. 1966 erfolgte die Stilllegung der Zeche „Graf Bismarck", und nach der Auflassung des Verbundbergwerks „Ewald-Hugo-Consolidation" im Jahr 2000 ist der Emscherbruch bergfrei, also ohne aktiven Bergbau. Nach der Phase der Nutzung des Emscherbruchs durch die Montaninstustrie

▲ *Ein 1,5 Megawatt-Windenergiekonverter auf einem Gipfel*
des Landschaftsbauwerks Hoppenbruch im Emscherbruch.
Im Hintergrund Übertageanlagen der im Jahr 2000
aufgelassenen Zeche Ewald

ermöglicht die Deindustrialisierung im Gefolge der Kohle-krisen Um- und Folgenutzungen des Geländes.

Aus der ehemaligen Wildbahn ist eine Sanierungsregion mit Landschaftsbelastungen und Schäden durch Immissio-nen, Müll, gestörte Vorflut und Bergsenkungen entstanden, in der mit den Abfall- und Bergehalden[30] völlig neue Land-schaftselemente durch den Menschen geschaffen wurden. Hinzu kommen die Kriegsfolgen. Die verbliebenen Waldbe-stände haben durch den Bombenkrieg, vor allem aber Artil-leriebeschuss im Rahmen der Bodenkämpfe im Jahr 1945, stark gelitten. „Es gibt keinen älteren Stamm, der nicht vol-ler Splitter ist."[31]

Eine wesentliche Rolle für die Folgenutzung der stark mitgenommenen Landschaft spielt der Siedlungsverband Ruhrkohlenbezirk (SVR). Er wurde 1920 als Ergebnis einer in Deutschland bereits 1808 einsetzenden Diskussion um den besseren und wirkungsvolleren Schutz der Landschaft, die Naturschutz und Lebenswürdigkeit des Raumes verein-te, gegründet. Seine Ziele waren:

- aus der Region gesehene erhaltende Pflege des land-schaftlichen Raumes
- Sanierung gestörter Räume, Erhaltung der unberührten Natur
- bessere Sicherung der natürlichen Lebensvoraussetzun-gen.

Zur Verwirklichung dieser Ziele wurden seit 1966 im Ge-bietsentwicklungsplan des SVR sieben regional bedeutsa-me Grünzüge, bezeichnet mit A bis G, dargestellt. Im regio-nalen Grünzug D zwischen Wattenscheid, Gelsenkirchen und Bochum liegt der Emscherbruch. Bis 1940 war er im Besitz des Grafen von Nesselrode und wurde dann an die Zeche „Graf Bismarck" verkauft. Nach deren Stilllegung er-warb der SVR Teile der Fläche für den Ausbau einer regional bedeutsamen Mülldeponie. Hier startete er 1975 den Mo-

73

dellversuch einer Landschaftsveränderung im industriellen Verdichtungsraum mit dem Ziel der Pflege des noch erhaltungswürdigen Rests des vorhandenen oder im Wiederaufbau befindlichen Bruchwaldes. Gleichzeitig sollte der Westteil für die Kurzzeiterholung erschlossen, die berggeschädigten Flächen der ehemaligen Schachtanlage „Graf Bismarck" saniert, die teilweise noch vorhandene Bergehalde abgetragen und auf dem abgesunkenen Geländeteil durch Aufhöhung in Form einer geordneten Deponie Müll gelagert werden. Die Baumaßnahmen begannen 1970 und dauern im Bereich der Mülldeponie bis in die Gegenwart an.

Die Standortvoraussetzungen wurden für dieses Vorhaben als insgesamt gut angesehen. Die Talsedimente aus lehmigem Sand bis lehmigem Ton sind gut geeignet für forstliche Nutzungen, und die Restwaldflächen waren günstig verteilt, wenngleich die Holzartenverteilung im Bestand mit 60 Prozent Birke, 20 Prozent Stieleiche, 20 Prozent Pappel sowie eingestreuten Roteichen, Schwarzerlen, Bergahorn und Kiefern als aus forstlicher Sicht nicht optimal beurteilt wurde.

Der zu Beginn des 20. Jahrhunderts begonnene Ausbau der Verkehrswege hat in der zuvor unwegsamen Region eine für die Naherholung, aber auch für die gewerbliche Nutzung günstige Situation geschaffen. Im Einzugsbereich der Städte Gelsenkirchen, Herten, Bochum-Wattenscheid und Herne können etwa 600.000 Menschen den Emscherbruch nach kurzer Anfahrt mit dem PKW oder öffentlichen Nahverkehrsmitteln zur Kurzzeiterholung nutzen. Im Nahbereich liegen ebenfalls Freizeitschwerpunkte wie der Ruhr-Zoo, der Westerholtsche Wald oder der Bergsenkungssee „Ewaldsee".[32]

Der Charakter des Emscherbruchs ist durch den Menschen in sehr kurzer Zeit grundlegend verändert worden. Er wird nie wieder eine bodenfeuchte, mit Büschen und Wald bestandene, landwirtschaftlich extensiv genutzte Wildbahn werden. Neben der neu aufgebauten und zunehmend besser angenommenen Naherholungsfunktion wird die gewerbliche Nutzung erhalten bleiben. Neben der Zentraldeponie ist auf Hertener Gebiet eine sehr diversifizierte Entsorgungslandschaft für Haus- und Industriemüll, aber auch für das Auto- und Elektrogeräte-Recycling entstanden.[33] Zusätzlich zu diesen klassischen Funktionen entstehen neue Nutzungen. So hat der Kommunalverband Ruhrgebiet als Rechtsnachfolger des SVR zusammen mit den Hertener Stadtwerken und Privatinvestoren auf einem Gipfel der begrünten Bergehalde Hoppenbruch einen 1,5-Megawatt-Windenergiekonverter als Demonstrationsanlage für weitere sinnvolle Nutzungen der Altindustrielandschaft erbaut.

Heike Brenken

Das Pferd als Landschaftsgestalter

Ein essayistischer Ritt durch die Senne und einige freche Behauptungen

Das Pferd als Landschaftsgestalter in der Senne, so der zunächst relativ klar erscheinende Auftrag, einen Beitrag für diesen Ausstellungsband zu verfassen. Doch im Zuge der Recherchen wachsen die Zweifel. Das Pferd als Landschaftsgestalter in der Senne? Was zeichnet überhaupt ein Pferd aus, dass man von ihm als Landschaftsgestalter reden kann, und überhaupt, ist es wirklich das Pferd, das die Landschaft gestaltet? Und was prägt die Landschaft der Senne eigentlich? Fragen über Fragen, denen nachgegangen werden soll. Machen wir uns also auf zu einem imaginären Ritt durch die unterschiedlichen geschichtlichen Epochen der Landschaftsentwicklung in der Senne. Doch bevor wir im Geiste unseren Senner satteln, einige grundsätzliche Überlegungen zum Pferd vorab.

Wie wirken die Pferde und ihre tierischen Kollegen auf die Umwelt?

Betrachtet man die Wirkung der Pferde auf ihre Umwelt, so muss man dies im Vergleich mit anderen Tieren tun, mit denen sie in Natur- und Kulturlandschaft vergesellschaftet sind. Für Nordwestdeutschland, seit der letzten Eiszeit, kann man neben den Pferden als die wichtigsten umweltverändernden Tiere in freier Wildbahn Auerochsen und Wisente, Rothirsche und Rehe, Wildschweine, Biber, Wölfe und Luchse ansehen. In den von Menschen dominierten Kulturlandschaften existiert das Pferd dagegen unter dem Schutz von Herr und Hund gemeinsam mit Hausrind, Schafen und Ziegen sowie Schweinen.

Physiologie und Verhaltensweisen der Großsäuger im Vergleich

Vergleicht man Gebiss und Verdauungstrakt von Pferden, Rindern, Schafen und Ziegen, so unterscheidet sich das Pferd zunächst vom Rind durch seine beweglichen Lippen und die breiten Schneidezähne in Ober- und Unterkiefer. Damit ist das Pferd in der Lage, Pflanzen tiefer und selektiver zu verbeißen als ein Rind, das sich bei der Nahrungsaufnahme vor allem seiner kräftigen, langen Rupfzunge bedienen muss. Bei der Suche nach Blättern von Gehölzen ist das

▼ *Die Senne. Ölgemälde von Ludwig Menke, 1865*

75

Pferd im Vergleich zu Schaf, Ziege und Hirsch dagegen durch sein breites Maul benachteiligt. Dorniges Gebüsch lässt sich mit einem Pferdemaul kaum erfolgreich beziehungsweise schmerzfrei verbeißen, so dass sich das Pferd hier nur an den Blättern unbewehrter Gehölze schadlos halten kann. Bedient man sich metaphorischer Vergleiche, so sind in einer Landschaft die Rinder die Rasenmäher fürs Grobe, während Pferde und Schafe mit unterschiedlichen „Arbeitsbreiten" die Feinarbeiten übernehmen. Die Ziegen fungieren dagegen eher als Heckenscherer.

Ein weiterer gravierender Unterschied zwischen den Herbivoren (Pflanzenfressern) ergibt sich aus den Verdauungsorganen. Während Rinder, Schafe, Ziegen und Hirsche zu den Wiederkäuern gehören, zählt das Pferd mit einem nur einkammerigen Magen zu den „Monogastriern" und auf Grund seiner enormen Darmlänge auch zu den so genannten Enddarmverdauern. Daraus folgt, dass das Pferd auf rohfaserreiches und proteinarmes Futter angewiesen ist, das möglichst gleichmäßig und in Bewegung über den Tag verteilt aufgenommen werden muss. Die Darmlänge bewirkt außerdem, dass das Pferd zwar nährstoffarmes Futter gut verwerten kann, aber sehr hohe Ansprüche an dessen hygienische Qualität stellt. Der bekannte Pferdemagen steht demnach nur für die Fähigkeit, „armes", das heißt zellulosereiches Futter verwerten zu können. Das optimale Pferdefutter besteht in erster Linie aus Gras und Kräutern.

Im Zusammenhang mit den Robustpferderassen Skandinaviens schreibt Sambraus zwar über die Gerüchte, dass Pferde unter Umständen auch Seetang und Fisch fressen würden.[1] Und speziell für die Senne wird behauptet, dass sich die halbwilden Stuten des Sennergestütes im Winter (!) in früheren Zeiten von Heidekraut ernährt hätten.[2] Beide Verhaltensweisen sind jedoch meines Erachtens eher der Neugier beziehungsweise der Verzweifelung der Pferde zuzuschreiben. Ein Pferd kann weder Heringe noch (altes) Heidekraut verdauen, um daraus nutzbare Energie und Leistung zu schöpfen! Allenfalls könnte man noch unterstellen, dass die Tiere in Bast und Rinde von Gehölzen Mineralstoffe oder Ähnliches finden, die sie instinktiv aufnehmen.

Daher meine erste These: Die landschaftsgestalterische Wirkung von Pferden in Bezug auf Gehölze in der Senne und anderswo[3] möchte ich zur Diskussion stellen und kritisch hinterfragen. Für mich ist das Pferd ein typischer „Graser", das Gehölze in nennenswertem Ausmaß nur aus Langeweile oder in einer solchen Notsituation schädigt, die heutzutage den Tierschutzbeauftragen auf den Plan rufen müsste.

Wiederkäuer können durch ihr mehrkammeriges Magensystem und mit Hilfe von Mikroorganismen sowohl proteinreiches als auch sehr armes, strukturreiches Futter verwerten und in Energie und Leistung umsetzen. Ihr Wiederkäusystem zwingt sie allerdings dazu, einen sehr strikten Rhythmus zwischen Fress- und Wiederkäuphasen einzu-

halten. Einen beträchtlichen Anteil des Tages müssen die Wiederkäuer deshalb in Ruhestellung mit Wiederkäuen und Verdauen verbringen.

Starke Schwankungen im Futterangebot werden im Allgemeinen außerdem von Wiederkäuern schlechter beziehungsweise langsamer vertragen, da die Anpassung der Magenflora mit Zeitverzögerung erfolgt. Gerbstoffreiches Futter wie beispielsweise die Rinde mancher Gehölze oder Heidekraut wird von allen Herbivoren, insbesondere von Rindern, relativ schlecht verwertet. Eine Ausnahme bilden hier der Rothirsch und manche Landschafrassen, deren Verdauungsorgane Gerbstoffe (vor allem Tannine) vergleichsweise gut abbauen können. In Großbritannien, insbesondere in Schottland, besiedeln auch heute noch extrem starke Rothirschpopulationen die Heidelandschaften der „Highlands and Islands". Um das begehrte Wild mit großen Strecken und starken Trophäen zu erzielen, wird daher bis in die Gegenwart hinein das Heidemanagement auf den Jagdgütern gezielt auf die Rothirsche abgestimmt.

Daher meine Behauptung Nummer zwei: Im Zusammenhang mit der Entstehung und Erhaltung von Heidelandschaften sollte man gerade für die Senne nicht nur die Pferde, sondern auch die Rolle der Hirsche (beziehungsweise die Wechselwirkungen zwischen beiden) einmal intensiver erforschen. Leider steht der Rothirsch bei vielen Naturschützern nach wie vor als „Waldvernichter" in keinem guten Ruf[4] und erfreut sich in den diversen Naturschutz-Modellprojekten weit geringerer Zuwendung als etwa „Auerochse" und Pferd.

Neben den genannten Grasfressern gehört auch der Biber zu den Umweltgestaltern. Durch seine Dammbauten ist er in der Lage, Fließgewässer aufzustauen und seine Umwelt zu verändern. An den Rändern der Biberstaue sterben die Gehölze langsam ab, und der Biber verstärkt die Auflichtung durch seinen großen Appetit auf grüne Zweige von Weichhölzern noch zusätzlich. Der Biber ist außerdem das einzige der betrachteten Tiere, das aus eigener Kraft ausgewachsene Buchen oder Kiefern fällen und damit Großbäume direkt beseitigen kann, was andere Tiere über das Rindenschälen nur sehr allmählich erreichen können. Von daher ist der Biber in der Zunft der tierischen Landschaftsgestalter die Axt. Von der Arbeit der Biber profitieren die Pflanzenfresser sehr stark. Sie erhalten auf den aufgelichteten, feuchten Biberwiesen Zugang zu den Gräsern und Kräutern, die sie für ihre Ernährung vorrangig benötigen. Und auch das Laub dürfte in der Nähe von Biberstauen üppiger ausfallen, da die Biber ein regelmäßiges „Auf-den-Stock-Setzen" beziehungsweise Kurzhalten der Weichhölzer besorgen.

Und dann ist da noch das Wildschwein, ebenfalls ein Landschaftsgestalter, dessen Bedeutung häufig übersehen wird, weil es nachtaktiv, sehr lauffreudig und (zum Ärger der Jäger) sehr gerissen ist. Auch Schweine fressen in erheblichem Umfang Gras, ihre gestalterischen Kräfte resultieren jedoch aus ihrem Allesfesser-Dasein mit Vorliebe für alles, was sich auf oder dicht unter der Bodenoberfläche befindet. Ihre Suche nach Würmern und Engerlingen sowie nahrhaften jungen Wurzeln macht sie zum Pflug und Kultivator unter den tierischen Landschaftsgestaltern. Mancher Gärtner bearbeitet ja noch heute seinen Gartenboden mit dem „Sauzahn".

Die Schweine sorgen dafür, dass Offenböden entstehen, auf denen sowohl Gehölze als auch Gräser und Kräuter optimale Keimbedingungen finden und sich verjüngen können. Das wiederum schafft gute Nahrungsbedingungen für all die, die sich über den Jungwuchs der Bäume und die junge Gräser- und Krautschicht gierig hermachen.

Kontrolliert wird die ganze Schar der vorgestellten tierischen Gesellschaft vom Wolf, der hier einmal stellvertretend für alle anderen Prädatoren beziehungsweise Raubtiere genannt sein soll. Er sorgt dafür, dass sich keiner der Pflanzenfresser auf die faule Haut legen kann. Die Anwesenheit der Raubtiere bedingte in früheren Zeiten, dass die Beutetiere ein viel unsteteres und heimlicheres Leben führen mussten, als man es von den heutigen Wild- und Haustieren gewöhnt ist.

Aus diesen Überlegungen heraus die Behauptung Nummer drei, dass bei der Entwicklung der Landschaft durch Großsäuger auch die Wölfe nicht außer Acht zu lassen sind. Insbesondere für die Senne erscheint mir die Frage nach dem Stellenwert des Wolfes lohnenswert, wenn man davon ausgeht, dass die Senne über lange Zeit eine von Pferden und Schafen und damit von optimaler Wolfsnahrung besiedelte Hudeweide war.

Von Bedeutung für die Fähigkeiten als Landschaftsgestalter ist jedoch nicht nur die artspezifische Nahrungsaufnahme der Tiere, sondern auch die sehr unterschiedliche Ausscheidung der Exkremente und manch andere Verhaltensweise wie das artspezifische Bewegungs- und Fluchtverhalten. Dies interessiert uns im Hinblick auf einen (imaginären) Ausritt durch die Senne natürlich besonders. Hier lassen sich deutliche Unterschiede zwischen dem „Fluchttier" Pferd und dem „Angriffstier" Rind feststellen. Behauptung Nummer vier: Nicht ohne Grund betreibt man auch heute noch Stierkampf mit Rindern und Galopprennen mit Pferden!

Das Pferd verfügt über keine nennenswerten Möglichkeiten, sich gegenüber den natürlich vorkommenden Feinden wie zum Beispiel den Wölfen zu verteidigen. Weder Zähne noch Hufe, mit denen es sich bei innerartlichen Auseinandersetzungen oder gegenüber einem ungeliebten Reiter zur Wehr setzt, sind hier taugliche Waffen. Ein Pferd ist deshalb ein äußerst wachsames Tier, das auf kleinste Veränderungen mit „Erschrecken" und sehr schnell mit Flucht reagiert, wie so mancher Reiter schon erlebt hat, der sich flugs am Boden wiederfand. Pferde sind um so wachsamer, je unübersichtlicher das Gelände ist. Dichter Wald ist deshalb für eine Pferdeherde ein „Angstraum", in dem sie nur ungern länger verweilt.

Der Körperbau der Pferde, die Bemuskelung und das Lungenvolumen ermöglichen ihnen gute Überlebenschancen durch Flucht. Die Notwendigkeit, sich durch Sprintstärke und Ausdauer dem Feind entziehen zu müssen, ist auch einer der Gründe dafür, dass Pferde vom jüngsten Fohlenalter an sehr „verspielt" und laufaktiv sind. Sie haben es schlichtweg nötig, ihre Schnelligkeit und Trittsicherheit ständig zu trainieren.

Die Auswirkungen des natürlichen Bewegungsdranges von Pferden auf Boden und Vegetation werden durch den Aufbau des Pferdehufes und die Bewegung der Beine noch verstärkt. Pferde haben im Vergleich zu ihren Kollegen sehr große und scharfe Hufkanten, die gerade im Galopp in einem sehr spitzen Winkel und mit großer Wucht auf den Boden auftreffen. Sie lassen daher auf weichem Untergrund (am Strand, in der Senne oder auf der Rennbahn) im wahrsten Sinne des Wortes „die Fetzen fliegen". Diese gestalterischen Kräfte, die sie zu den „Vertikutierern" in der Zunft der tierischen Landschaftsgestalter machen, können sie aber nur im Offenland ausleben, ein geschlossener Wald bietet viel zu viel Raumwiderstand für eine galoppierende Pferdeherde und zu viele Versteckmöglichkeiten für den Feind und wird deshalb (und auf Grund des Nahrungsmangels dort) von Pferden gemieden.

Sowohl Pferde als auch Rinder können ihr Körpergewicht in weiten Grenzen, sowohl nach oben als auch nach unten regulieren, ohne dass Vitalität und Fruchtbarkeit leiden. Diese Eigenschaft hat schon den Wildformen das Durchhungern des Winters auf der Nordhalbkugel ermöglicht. Sie ist auch die Erklärung dafür, dass die späteren Haustiere Haltungsformen wie die Aufstallung und die erbärmliche Ernährung mit Laubheu in den Heidekaten oder die schlechten Winterweiden wie etwa in der Senne überhaupt überlebt haben. Beide Tierarten können bei besserer Nahrungsgrundlage im Frühjahr und Sommer enorme Futtermengen aufnehmen und schnell in Fettreserven anlegen.

Nachdem wir nun geklärt haben, was wir von unserem scheuen Fluchttier an landschaftsgestalterischer Wirkung zu erwarten haben, satteln wir den Senner und machen uns auf zu einem Ritt durch die Geschichte.

Wildpferd und Co. in der Naturlandschaft

Begeben wir uns in die so genannte Naturlandschaft. Da heißt es gleich vom imaginären Reitpferd wieder abzusteigen, denn dieses war zu Zeiten der Naturlandschaft ja noch

Zusammenfassung der landschaftsgestalterischen Wirkung von Großsäugern

Art	Lippen, Schnauze	Zähne	Verdauungssystem	Bevorzugte Nahrung	Räuber-Beute Verhalten	„Werkzeugtyp"
Pferd	breit, beweglich	ausgeprägte Backenzähne	Monogastrier, langer Blinddarm	Gras, Kräuter	Beute, Fluchttier	Rasenmäher (fein, breit)
Rind	breit, unbeweglich	Schneidezähne nur im Unterkiefer, dafür lange, bewegliche Zunge	Wiederkäuer	Gras, Kräuter	Beute, Angriffstier	Rasenmäher (grob)
Schafe	schmal, beweglich	Schneidezähne nur im Unterkiefer	Wiederkäuer	Gras, Kräuter, Blätter, z.T. Heide	Beute, Fluchttier	Rasenmäher (fein, schmal)
Ziege	schmal, beweglich	Schneidezähne nur Unterkiefer	Wiederkäuer	Gras, Kräuter, Blätter, Knospen, Rinde	Beute, Fluchttier	Heckenschere
Hirsch	mittel, beweglich	verkümmerte Eckzähne	Wiederkäuer	Gras, Kräuter, Blätter, Heide, Rinde, Knospen	Beute, Fluchttier	Schredder (durch Fegen)
Schwein	Rüssel zum Graben	spitz	Wiederkäuer	Allesfresser	Beute, Angriffstier	Kultivator, „Sauzahn"
Biber		kräftige Nagezähne	Monogastrier	Rinde, Blätter, Früchte	Beute, Flucht durch Abtauchen	Axt
Wolf		kräftige, spitze Reißzähne	Monogastrier	Pferde, Schafe, Großmütter	Jäger, im Rudel Angriff, einzeln Flucht	Peitsche
Mensch	breit, beweglich	gemischt	Monogastrier	Allesfresser	Jäger	Oberingenieur

gar nicht „erfunden". Machen wir uns also epochengemäß als Steinzeitjäger zu Fuß auf den Weg in die Senne.

Vor etwa 15.000 Jahren, am Ende der letzten Eiszeit, deren Gletscher das Gebiet der Senne allerdings nicht bedeckt hatten, könnte die Senne so ausgesehen haben wie heutzutage die Tundra im nördlichen Europa, Amerika und Asien. Die baumlose Landschaft mag für Pferde, Rinder und Hirschartige gute Bedingungen geboten haben: Gräser und Kräuter als Nahrungsgrundlage und optimale Sichtverhältnisse als Schutz gegen Feinde. Der Mensch hat zu der Zeit auf der zugigen, baumlosen Tundra vermutlich erbärmlich gefroren, während seinen Beutetieren die Kälte nichts angehabt hat. Wildschwein und Biber müssen sich zu dieser Zeit woanders aufgehalten haben, für sie hatte die Landschaft zunächst nichts zu bieten.

Die Einwanderung der Gehölze wird für die Senne um zirka 9000 v. Chr. datiert.[5] Abhängig von verschiedenen Klimaschwankungen rückten zunächst Birken und Kiefern, dann Eichen und Haseln, später Ulmen, Linden und Eschen und zuletzt die Buchen vor. Je nach Standortverhältnissen haben die Gehölze in der Senne unterschiedliche Waldgesellschaften entwickelt. Blendet man den Einfluss von Mensch und Tier zunächst aus, so ergibt sich eine Zonierung, die – grob vereinfacht – von Buchenwäldern auf den Höhen des Teutoburger Waldes über Birken-Eichen und Kiefernwälder auf den armen Sandböden der oberen Senne und Bruchwälder in den unteren Tälern der Sennebäche reicht. Ohne den Einfluss von Mensch und Tier wäre die Buche als Beimischung in den Eichenwäldern wahrscheinlich auch in weiten Bereichen der Senne und nicht nur in den Berglagen des Osnigs vorgekommen.[6]

Da davon auszugehen ist, dass Menschen und Tiere bereits vor der Wiedereinwanderung von Bäumen in der Senne gelebt haben, müssen bei der Rekonstruktion der Vegetationsverhältnisse entsprechende Wechselwirkungen mitberücksichtigt werden. Das Aufkommen der Bäume dürfte sowohl Menschen als auch Tieren zunächst sehr willkommen gewesen sein: Brenn- und Nutzholz für den frierenden Steinzeitjäger, Haselnüsse, Eicheln und andere Samen für Mensch und Schwein und endlich auch Baumaterial, Scheuerpfähle und Futter für Hirsch und Biber.

Wie auch immer die frühen Wälder in der Senne ausgesehen haben mögen, sicher ist, dass eine Herde hungriger und frierender Menschen und Tiere lange auf sie gewartet und mit Äxten, Feuer, Zähnen, Klauen und Geweihen auf sie eingewirkt hat! Die Urwälder des alten Germaniens und insbesondere im Gebiet der Senne waren deshalb mit Sicherheit nicht so dicht, wie wir sie uns heute bei unseren Vorstellungen über die „Varusschlacht" mit einem wohligen Schauern im Geiste vorstellen mögen.

Beweise dafür, dass die Senne bereits seit der Bronzezeit eine sehr lichte Landschaft gewesen sein muss, finden sich zahlreich und umfangreich dokumentiert bei Harteisen.[7]

Pollendiagramme und Radiocarbonmessungen belegen landwirtschaftliche Nutzpflanzen bereits für die Zeit um 4640 v. Chr.[8] Die frühen Landwirte sollen sich dabei gezielt die leichten Senneböden für ihre ersten Ansiedlungs- und Kultivierungsversuche ausgesucht haben, da diese mit den einfachen Werkzeugen und Techniken der Jungsteinzeit und später der frühen Bronzezeit am besten zu bewirtschaften waren. Die frühe Kultivierung hat dazu geführt, dass bereits zu dieser Zeit die Böden verarmten („podsolierten"), wie Bodenuntersuchungen unter den Hügelgräbern belegen.[9]

Pferde als Reit- und Zugtiere konnten den frühen Landwirten der Senne bei ihrer mühevollen Tätigkeit noch nicht helfen, Hauspferde erreichten Südeuropa erst ab zirka 1700 v. Chr., um von dort sehr langsam nach Norden verbreitet zu werden. Die frühen, nordwest-deutschen Viehzüchter mussten sich mit Rindern, Schweinen, Schafen und Ziegen begnügen, die sie vermutlich ganzjährig im Freien hielten, da sich für Ställe keine archäologischen Beweise finden lassen.[10]

Die Landschaftsentwicklung der Senne ist dann im weiteren Verlauf von der Bronzezeit bis in die frühe Neuzeit vom Gang der Geschichte und des Klimas geprägt: Die Einführung von Bronze- und später Eisenwerkzeugen, die ständig ärmer werdenden Böden, vielleicht der Durchmarsch der Römer, mit Sicherheit die Völkerwanderung und der Dreißigjährige Krieg, die anschließenden Kolonisierungsbemühungen und diverse Klimaschwankungen haben zu einem stetigen Prozess von Einwanderung und Rückzug des Menschen in und aus der Senne geführt. Über lange Perioden fehlen Nachweise darüber, dass Menschen direkt in der zentralen Senne gesiedelt haben, es wird vermutet, dass wegen der schlechten Bodenverhältnisse häufig nur eine periodische Weidenutzung von Siedlungen am Rande der Senne aus erfolgte.

Die Landschaft, die Mensch und Tier seit der Bronzezeit in der Senne geschaffen haben, kann man sich als eine parkartige Halboffenlandschaft mit leichten Anklängen an die Lüneburger Heide vorstellen (vgl. auch das Ölgemälde „Die Senne" von Ludwig Menke auf Seite 75): Je nach vorausgegangener Nutzungsintensität mal mehr mal weniger mit Wald bestanden, aber mit Sicherheit nicht „dschungelartig" zugewachsen. Die frühe landwirtschaftliche Nutzung hat in der Senne zu einer Aushagerung und irreversiblen Veränderung der Böden (Podsolierung) geführt. Nährstoffarmut und Erosionsanfälligkeit bewirkten, dass Pflanzen auf den Sennestandorten immer zu kämpfen hatten und durch Mensch und Tier auch in grauer Vorzeit leicht wieder beseitigt werden konnten, wenn die wirtschaftliche Entwicklung dies erforderte.

Das Senner-Pferd taucht aus dem Nebel der Geschichte auf

Nachdem wir nun einige grundlegende Vorstellungen von der Sennelandschaft im Lauf der Geschichte gewonnen haben, kann das Senner-Pferd auftreten, und wir können die weiteren Epochen vom Pferderücken aus betrachten.

Aus den Nebeln des Mittelalters tauchen 1160 die ersten Quellen über das Senner-Pferd auf: Wildpferde ungeklärter Herkunft. Einer Theorie von Unger zufolge,[11] soll es sich dabei um Nachfahren von Tarpanen *(Equus caballus gmelini)* handeln. Der Tarpan gilt jedoch seit dem 9. Jahrhundert in Deutschland als ausgestorben,[12] so dass es in dieser Theorie eine zeitliche Lücke zwischen dem Aussterben des Tarpans und der ersten Erwähnung der Senner-Pferde von 200 bis 300 Jahren gibt.

Gegen die Tarpan-Theorie spricht meines Erachtens auch, dass die Senne zwar zu allen Zeiten dünn besiedelt, aber keineswegs menschen- und haustierleer gewesen ist. Gerade in den klimatisch günstigeren Abschnitten scheinen in der Senne Handel und Wandel, Landwirtschaft und Jagd in einem Ausmaß betrieben worden zu sein, dass zwischen Mensch, Rind und Co. sowie Hund auf der einen Seite und Hirsch und Wolf auf der anderen Seite schwerlich noch eine Nische übrig blieb, die groß genug war, eine lebensfähige Population eines so scheuen Tieres über lange Zeit zu erhalten. So ergeben sich also viele Fragen an zukünftige Forscher.

War wieder einmal Hermann schuld?

Im Zusammenhang mit der Herkunft des Senner-Pferdes möchte ich die schon oft strapazierte Varusschlacht und Hermann den Cherusker auch einmal für das Senner-Pferd einspannen. Ohne jeglichen wissenschaftlichen Beweis wage ich Behauptung Nummer fünf, dass die Vorfahren der Senner nicht in den Tarpanen, sondern besser bei verwilderten Hauspferden zu suchen sind. Dafür spricht meiner Meinung nach – neben dem bereits geschilderten Zweifel an der Überlebensfähigkeit des Tarpans in der Senne –, dass dem Sennerpferd von Anfang an eine überragende Qualität bescheinigt wurde.

Bereits sehr frühe Quellen belegen, dass die Tiere von Aussehen und Rittigkeit hervorragend waren. So fällt es schwer zu glauben, dass ein spätmittelalterlicher Mensch mit den (seit römischen Zeiten wieder weitgehend ins Vergessen geratenen) beschränkten Möglichkeiten der Tierzucht, ohne arabische Veredler und mit den Haltungsbedingungen eines Wildbahngestütes in wenigen Jahrhunderten aus einem Tarpan ein Pferd zu züchten vermochte, das schon im 15. Jahrhundert unter Fürsten und Bischöfen sehr gesucht war.[13] Mir erscheint es deshalb wesentlich plausibler, die Vorfahren der Senner unter den (verwilderten) qualitativ sehr guten Hauspferden römischer und/oder germanischer Abstammung zu suchen. Eine andere Frage ist, ob sich jemals mutige Ritter aus dem Paderborner und Lipper Land auf Kreuzzüge begeben und gute Pferde aus dem gelobten Land mit nach Hause gebracht haben, die für einen frühen Aufschwung der Sennerzucht gesorgt haben.

Vormoderne Haltungsbedingungen

Wie wurden Hauspferde und ihre anderen Haustierkollegen früher gehalten? Während des Mittelalters und in abgelegeneren Gebieten bis in die Neuzeit hinein war das Hüten auf „Allmenden", das heißt Gemeinschaftsweiden und

► *Die wüste Senne,*
ehemals Sinedi.
Kupferstich von
R. de Hooghe nach
einer Zeichnung von
J. G. Rudolphi, 1713

Brachäckern üblich. Zu den Allmenden zählten all die Flächen, die für den Ackerbau nicht nutzbar oder zu weit von den Siedlungen entfernt waren: neben lichten Hudewäldern auch Heiden, Magerrasen und sumpfige Niederungen.

Auf die ortsnäheren Allmenden wurden all die Nutztiere eines Dorfes getrieben, die entweder täglich zur Hand sein mussten (wie Milchkühe, Arbeitsrinder und -pferde), oder die auf Grund ihrer „Schutzlosigkeit" einer besonderen Aufsicht bedurften (Gänse, Ziegen, Schafe). Die Tiere haben sich auf den Allmenden über lange Zeit ihre eigenen Lebensräume geschaffen und im Verbund mit den Fähigkeiten der verschiedenen Arten und den Vorstellungen des Hirten zu einer systematischen Auflichtung der Wälder bis zur Entstehung von Heiden und Halbtrockenrasen, im Extremfall bis zur Schaffung von offenen Bodenstellen geführt.[14]

Die Senne stellt eine klassische Allmende dar. Abgelegen und am Rande unterschiedlicher Herrschaftsgebiete, von Natur aus mit eher schlechten Standortverhältnissen versehen und durch eine Jahrtausende alte Landwirtschaft und Jagd irreversibel übernutzt, taugte sie über Jahrhunderte zu kaum mehr als zur dürftigen Schaf- und Pferde-

weide. Während des Mittelalters bis zur Zeit nach dem Dreißigjährigen Krieg war die zentrale Senne wohl nicht besiedelt. Die Wirtschaftstätigkeiten beschränkten sich auf die Randgebiete, aus denen Hirten vor allem mit Schafherden zu den Hudeweiden zogen sowie die Haltung von Pferden in der freien Landschaft.

Bis zur frühen Neuzeit war die Winterhaltung von Nutztieren ein sehr schwieriges Unterfangen, so dass im Herbst das traditionelle große Schlachten einsetzte. Nur das Zuchtvieh für das kommende Jahr wurde aufgestallt und unter anderem mit Laubheu notdürftig über den Winter gebracht. Wo immer möglich, wurden Tiere auch, wie bei den Senner-Pferden üblich, während der Wintermonate im Freien weitgehend sich selbst überlassen. Auch die Schweine wurden im Herbst in die „Wälder" getrieben, um sich an den Eicheln und Bucheckern der letzten verbliebenen Solitärbäume auf den Hudeweiden zu mästen.

Bei den Zuchtstuten war die Winter-Freilandhaltung ebenfalls relativ einfach durchführbar. Die Tiere mussten nicht als Nahrungsmittellieferanten oder Arbeitstiere ständig in der Nähe der Siedlungen gehalten werden und waren durch natürliche Feinde und hartes Klima auch weniger gefährdet als Schafe und Ziegen, wenngleich sich auch hier wieder die Frage nach dem Wolf stellt. Überall in Europa haben sich bereits auf mittelalterliche Strukturen zurückgehende halbwild gehaltene Pferdeherden etabliert und bis heute erhalten. Noch heute existieren die Herden der Exmoor- und Dartmoorponys in England, die großen Gestüte Islands und Connemaras (Irland), die Camargue-Pferde im Süden Frankreichs oder die Dülmener Ponys im Merfelder Bruch.

Der Senner trifft auf die Neuzeit

Ein neues Zeitalter der Landschaftsentwicklung begann in der Senne nach dem Ende des Dreißigjährigen Krieges und dem Beginn der systematischen Kolonisierung. Harteisen bezeichnet die Zeit von 1659 bis 1769 als „Gründungsphase", in der eine aktive Ansiedlungspolitik durch den Landesherren erfolgte. Landlose Landarbeiter wurden mit der Aussicht auf Eigentum angelockt und zur Urbarmachung der Heidelandschaften animiert. Speziell für die Senner-Pferde stellen die Jahre 1655 (Wiederaufbau des Gestütes nach dem Dreißigjährigen Krieg), 1685 (Bau des Jagdschlosses Lopshorn) und 1715 (Bau von Pferdeställen und Reithalle in Lopshorn) wichtige Daten dar. Ab 1690 ist auch der Anbau von Futtergetreide zur Verwendung im Gestüt auf den Feldern um Lopshorn herum belegt.[15]

Ein Kupferstich von Elias van Lennep von 1663/66 zeigt die Lopshorner Anlagen und zwei edle Reiter auf ebenso edlen (Senner-)Pferden.[16] Die Pferde entsprechen dabei dem barocken Zeitgeschmack und ähneln in Aussehen und Haltung sehr stark den heute noch gezüchteten „barocken" Pferderassen der Lippizaner, Friesen, Andalusier und Lusitanos.

Große Veränderungen in der Landwirtschaft europaweit, speziell in der Viehzucht, gab es ab 1750 im Zuge der Aufklärung in England und Schottland. Sie haben zu einer Revolution in der Haustierzucht, aber auch in der Landschaftsgestaltung geführt und sollen deshalb hier kurz angesprochen werden, da die zugrunde liegenden Mechanismen für alle nordwest-europäischen Landschaften gelten.

Als Beginn der systematischen modernen Pferdezucht gilt die Entstehung des Englischen Vollbluts. Es wurde durch eine intensive Inzucht aus drei arabischen Vollbluthengsten sowie Berbern und englischen „Warmblut"-Stuten gezogen. Parallel zum Englischen Vollblut war das Englische Longhorn das erste echte Zuchtrind, in dessen Gefolge in England und Schottland zahlreiche neue Rinderrassen gezüchtet wurden.

Ermöglicht wurde die systematische Viehzucht nur durch die Einführung einer ebenfalls systematischen Grünlandnutzung. Auch diese ist im Wesentlichen eine engli-

sche Erfindung und reicht kaum länger als 250 Jahre zurück. Erst mit gravierenden landwirtschaftlichen Verbesserungen wie der Einführung des Kleeanbaus und anderer Futterpflanzen sowie der Abschaffung des Brachejahres durch den Hackfruchtanbau auf dem Acker gelang es, die Nahrungsgrundlagen für Mensch und Vieh in weiten Landstrichen so zu verbessern, dass ein regelmäßiges Überwintern eines größeren Viehbestandes im Stall und damit eine viel planvollere Selektion von Tieren möglich wurde. Durch die Einführung der regelmäßigen Schnittnutzung auf Grünland, der Düngung auch von Grünland und zum Teil auch der Bewässerung, konnten ausreichende Futtervorräte geschaffen werden, die ein „Durchhungern" im Stall oder auf einer schlechten Winterweide überflüssig machten. Auch für das Senner-Pferd ist belegt, dass es ab 1803 in den Wintermonaten aufgestallt und gefüttert wurde.[17]

Die Adelshäuser Europas waren seit dem 18. Jahrhundert, ausgehend von England und Schottland, die Zentren der systematischen Pferde- und Rinderzucht wie auch der Entwicklung der „modernen" Landwirtschaft im Allgemeinen. Die Verbesserung der Landwirtschaft, die Einführung der systematischen Tierzucht und der Siegeszug des englischen Landschaftsgartens als der Idealvorstellung einer „nützlich und schönen" Landschaft sind auf die Aktivitäten aufgeklärter Adeliger, Philosophen und Künstler zurückzuführen. Die Beschäftigung mit dieser Trias galt lange Zeit als angemessen für die obersten Kreise. Aus ganz Europa gingen junge Adelige, Wissenschaftler, Baumeister und Künstler auf „Grand Tour". Während diese Bildungsreisen ursprünglich nur in die Länder der Antike führten, sind ab Ende des 18. Jahrhunderts auch Reisen nach Großbritannien sehr en vogue gewesen. Jeder deutsche Landesherr, der etwas auf sich hielt, reiste entweder selbst zu den englischen Musterwirtschaften oder schickte zumindest Abgesandte, um den revolutionären Erfolg der englischen Erfindungen zu studieren und wenn möglich Saatgut, Maschinen und Zuchttiere einzukaufen.

Behauptung Nummer sechs: Auch die lippischen Landesherren und Damen (besonders hervorgetan bei der Förderung der Landwirtschaft hat sich hier Gräfin Kasimire zu Lippe)[18] haben sich Neuerungen hinsichtlich Viehzucht, Landwirtschaft, Architektur und Landschaftsgestaltung in Großbritannien abgeguckt. Und sie haben im Lauf der Zeit reichlich Gebrauch, insbesondere von englischen Vollblütern in ihrer eigenen Pferdezucht in der Senne gemacht.

In den Adelshäusern und in deren Gefolge auch bei den wohlhabenden Händlern und Frühindustriellen stand das Pferd als Luxusobjekt, als Sportpartner für Turnier und Jagd sowie als „Waffe" für den Krieg im Vordergrund der Zucht. Neben dem Vollblut galt das Interesse dabei von Anfang an auch der Entwicklung der Warmblutzucht. Bis heute können einige der edelsten Warmblutrassen direkt mit ihren

▲ Olga, braun, 2 Jahre
2 ½ Monate v. Garrick
a. d. Rovenna vom Mozart
a. d. Gundlack (Senner-
gestüt) ausgestellt und
preisgekrönt auf der
Landwirtschaftlichen
Ausstellung 1863 in
Hamburg-Horn

► Die Lippspringer
Jagdgesellschaft.
Ölgemälde von Emil
und Benno Adam, 1871

ebenso edlen Züchtern in Verbindung gebracht werden. Man denke hier an die Dressurtalente des Hauses Habsburg aus Lipica, die (ausgestorbenen) zugstarken „Weißgeborenen" des hannoverschen Welfenmarstalls in Herrenhausen, die russischen Traber der Orlows, die böhmischen Galopper der Kinskys oder auch das schnelle und ausdauernde Senner-Pferd des Hauses Lippe.

Mit der verbesserten Acker- und Grünlandnutzung sowie dem Übergang zur Stallhaltung des Viehs wurden die Allmenden und Winterweiden ab dem späten 18. Jahrhundert zunehmend überflüssig. Es kam zu den so genannten Gemeinheitsteilungen und Verkoppelungen im Zuge derer die großen Gemeinschaftsweiden eingemessen, aufgeteilt und in Privateigentum von Landesherren oder Bauern überführt wurden. Die Idee der Aufteilung der Allmenden erfolgte, ausgehend von England, zunächst im Raum Osnabrück, dann in Preußen (1765), und 1777 erging in Lippe ebenfalls eine „Verordnung wegen Teilung der Gemeinheiten".[19]

Gemeinschaftsweiden sind seit Mitte des 19. Jahrhunderts weitgehend aus der Landschaft verschwunden. Die bäuerlich genutzten Allmenden haben in Deutschland nur in den „Ungunstlagen" überlebt. Lebendige Beispiele finden sich heute zum Beispiel noch im Hochschwarzwald, in den Alpen oder im Vorland der Elbe. Sie werden heute sämtlich durch Rinder genutzt.

Neben den wenigen bäuerlichen Allmenden haben sich in Nordwest-Europa nach 1850 an einigen Stellen auch Hudelandschaften erhalten, die sich im Besitz von (überwiegend adeligen) Großgrundbesitzern befinden. Das bekannteste Beispiel hierfür ist in Deutschland der Merfelder Bruch im Münsterland, in dem eine Herde „Dülmener Ponys" aus dem Besitz des Herzogs von Croy lebt. In Großbritannien findet man auch heute noch einige große Hudelandschaften beziehungsweise ehemalige Jagdgatter, die von den „White Park"-Rindern beweidet werden. Die meisten sind hier inzwischen aus Privatbesitz an Stiftungen übergegangen.

In der Senne wurden die Allmenden zwar relativ schleppend aufgegeben, waren aber auch hier schon Mitte des 19. Jahrhunderts verschwunden. Das Bild der Senne hatte

◄ *Vierjähriger brauner Hengst vom fürstl. Lipp'schen Sennergestüt zu Lopshorn. Ölgemälde von Ludwig Beckmann, um 1850/ 1860 entstanden*

sich zu diesem Zeitpunkt bereits verändert. Während früher weitgehend siedlungsleere Heidelandschaften die zentrale Senne prägten, sind nun neue Dorfgründungen und Höfe schon sehr weit in die Senne vorgedrungen. Die Heidevegetation wurde stellenweise bereits beseitigt und Ackerland geschaffen. Das „Abplaggen" der Heide diente dabei zur Düngung der Äcker, in dem die abgestochenen Soden entweder direkt oder über den Umweg als Einstreu für den Stall auf die Äcker gebracht wurden.

Der Senner als Luxusgeschöpf und die Senne als „Vergnügungspark" im späten 19. Jahrhundert

Seit 1864 lebten die Senner-Pferde in den Sommermonaten auf einer 9.500 Hektar großen eingezäunten Wildbahn im Lippischen Wald. Die Senner-Pferde dieser Epoche ähneln auf zeitgenössischen Abbildungen sehr stark arabischen und englischen Vollblütern. Ein Ölgemälde von Ludwig Beckmann um 1850/1860[20] zeigt einen rassigen Sennerhengst, der einem reinen Araber sehr nahe kommt. Auf einer anderen Abbildung[21] ist die hochbeinige, junge Sennerstute Olga dargestellt, die man ohne weiteres für eine englische Vollblüterin halten könnte. Die Verwendung dieser hoch im Blut stehenden Tiere lag mit Sicherheit überwiegend im Bereich von Renn- und Jagdsport. Einen guten Eindruck von den Jagdvergnügungen in der Senne gibt das Gemälde „Lippspringer Jagdgesellschaft" von Benno und Emil Adam wieder.[22] Eine stattliche Zahl Rotröcke zu Pferd und eine Hunde-Meute warten auf den Beginn der Senne-Jagd.

Für das späte 19. Jahrhundert sind deshalb meines Erachtens das Senner-Pferd, der Jagdhund und der Hirsch die Trias der „Megafauna", die den Charakter der Landschaft in der zentralen Senne bestimmt hat. Das Jagdschloss und Gestüt Lopshorn und die eingefriedete Wildbahn sowie die angrenzenden, nicht eingezäunten Bereiche der Senne boten für die Jagd optimale Bedingungen. Rassige Pferde, ein hoher Hirsch- und Wildschweinbestand und ein übersichtliches Gelände mit weichem Boden für die stundenlange Jagd.

Die eigentliche Arbeit und die Gestaltung der „Nutzlandschaft Senne" vor allem in der unteren Senne und den Randbereichen haben zu dieser Zeit andere Menschen und Pferde verrichtet. So wurden für die Ackerarbeiten Pferde aus anderen deutschen Provinzen importiert[23] oder noch bis in das 20. Jahrhundert hinein auf Zugrinder zurückgegriffen.

Die Einrichtung des Truppenübungsplatzes Senne ab 1892 hatte schon zu einer großflächigen Änderung der Landnutzungsverhältnisse in der zentralen Senne geführt und die landwirtschaftliche Nutzung dort weitgehend zum Erliegen gebracht. Mit Beginn der Weimarer Republik wurde dann auch das Gestüt Lopshorn ganz aufgelöst. Die näheren Umstände und die weitere Geschichte der Sennerzucht bis in die Gegenwart sind ausführlich in den Beiträgen von Cordula Marx und Agnes Sternschulte dargestellt.

Der Senner als Sympathieträger für die Senne im dritten Jahrtausend

Mit der Wiederansiedlung des Senners in der Senne seit 1999 sind viele Hoffnungen verbunden: Erhaltung oder Neuentwicklung der Sennelandschaft, Erhaltung eines alten Kulturgutes („lebendes Dokument"), Erhaltung einer lebendigen Genreserve („alte Haustierrasse"), Werbeträger für die Erholungslandschaft, Zucht eines schönen, treuen und erfolgreichen Sportpferdes für viele Pferdeliebhaber. Das Senner-Pferd vermag auf seinem Rücken viele Menschen mit auf die Reise in das nächste Jahrtausend zu nehmen, die sonst wenig miteinander zu tun hätten: Naturschützer, Züchter, Militärs, Tourismusmanager und Pferdemädchen, die sich gleichermaßen für den geschichtsträchtigen und edlen Senner begeistern können.

Daher meine Abschlussthese: Die wichtigste landschaftsgestaltende Funktion des Senners ist in seinem Sympathiewert („Panda-Effekt") zu suchen. Als echter Landschaftsgestalter und Arbeiter „fürs Grobe" steht der Senner ohne die Mithilfe von Rind, Schaf, Ziege, Hirsch, Biber, Schwein und Wolf und die steuernde Hand des Menschen in der Senne auf verlorenem Posten. Wie kein anderes Tier kann der Senner jedoch für die Senne werben und unterschiedlichste Menschen für ihren Schutz und ihre Entwicklung begeistern.

Heike Schmidt

Repräsentation mit edlen Pferden

Beispiele aus Lippe

Simon VI. (1563–1613), Graf zur Lippe, war ein großzügiger Mann: Während des Reichstags zu Regensburg 1594 verschenkte er freigebig das, was im 16. Jahrhundert als besonders wertvoll galt – Pferde.[1] Viele einflussreiche Persönlichkeiten bekamen von dem Grafen Tiere aus seinem Gestüt in der Senne, womit er sich nicht nur persönlich, sondern auch politisch ein hohes Ansehen erwarb. Er konnte damit rechnen, dass seine generösen Geschenke auch die diplomatischen Beziehungen förderten.

Ein solches Verhalten war keineswegs neu: Seit dem Mittelalter waren Rossgeschenke üblich. Da der Besitz eines kräftigen, stattlichen Zelters Prestige versprach und Macht demonstrierte,[2] war es leicht, die Freundschaft eines hochrangigen Fürsten zu erlangen, wenn man ihm ein kostbares Ross zur Verfügung stellte.[3] Dass das Pferd einen solchen diplomatischen Wert erlangen konnte, lag dabei keineswegs nur an dem praktischen Nutzen, den ein solches Pferd für einen jeden Ritter hatte – nämlich erfolgreich kämpfen zu können –, sondern auch an seiner symbolisch-mythologischen Bedeutung.

Am einprägsamsten zeigt sich diese Verehrung des Pferdes wohl in der Gestalt des Pegasus, des geflügelten Pferdes aus der griechischen Mythologie, das schneller als der Wind Raum und Zeit überwinden konnte.[4] Auch in nordischen Ländern wurden Götter in Rossgestalten verehrt. Das Pferd wurde zum Ausdruck des Göttlichen und Herrschenden, und der archaische Anspruch, jedem Herrscher sollte „Göttliches" zu eigen sein, wurde mit Hilfe von Pferden bis weit über das Mittelalter hinaus kultiviert. Natürlich wurden die Pferde, die diesen Anspruch unterstützen sollten, nicht nur besonders aufwändig geschmückt und herausgeputzt, sondern mussten sich auch von der breiten Masse der bäuerlichen Arbeitspferde unterscheiden. Die ständische Rangordnung galt also nicht nur für die Menschen, sondern auch für die von ihnen genutzten Pferde. Ein Zitat aus dem Jahr 1584 veranschaulicht dies: „Als zu einem Exempel: gleich wie es sich nit würde leiden, wan ein Bawr wolt ein Fürst sein, oder ein Fürst wolt ein Bawr sein, so würde man des einen un des andern billich lache, als wan

sie beide nit bey vernunfft were, also were es auch eine große thorheit, wan ein Fürst wollte verschaffen, daß Man seine Spanische oder Arabische Pferd (die ethlich vil tausend Dukaten kosten) in den Pflug sollte spannen umb das Feld damit zu bawen. (…) Wan aber ein Bawer ein Bawer bleibt, und nimpt ein Bawern Roß, spannt dasselbige in Pflug, unnd arbeytet das Feld darmit, hergegen der fürst bleibent unnd ist ein Fürst, und setzt sich auf ein Spanisch, Arabisch oder dergleichen Roß, zeucht darmit in Krieg, beschützt und beschrimet Land und Leut, so hat ein jedwedes sein proporz (…)."[5]

Im Zusammenhang mit den Senner Pferden ist nun zu fragen: Wie konnte sich Graf Simon VI. Ansehen und Respekt unter hochrangigen Reichstagsmitgliedern verschaffen, obwohl die Pferde aus seinem Gestüt weder – wie die Araber – aus dem fernen Orient importiert waren (was sie allein deswegen sehr wertvoll machte) noch zu den „edlen Spaniern" gehörten? Worin lag die Besonderheit der Senner und womit hoben sie sich von den bäuerlichen Pferden ab?

Hilfreich ist hier, zunächst kurz auf die Aufzucht und die Lebensbedingungen der Senner einzugehen. 1160 wurde erstmals eine halbwilde Zucht dokumentiert. Sie fand ur-

▲ *Holzschnittillustration aus Marx Fugger, Von der Gestüterey. Frankfurt a. M. 1584, S. 18*

85

► *Sennerhengst Sarastro, 1843 in Lopshorn geboren, v. Mozart xx a.d. Amazilly v. Mirza ox. Ölgemälde von Gustav Quentell, 1859. Dieses Pferd verkörpert den anglo-arabisch geprägten Sennertyp*

kundliche Erwähnung, als Bischof Bernhard von Paderborn dem damaligen Abt des Klosters Hardehausen bei Warburg neben Liegenschaften ein Drittel seiner „ungezähmten Stuten" schenkte.[6] Die Stutenherde war das ganze Jahr hindurch draußen, im Frühjahr wurden einzelne Hengste zu Zuchtzwecken zu den weiblichen Tieren gelassen. Es handelte sich also um eine unkontrollierte und der Natur überlassene Zucht. Der Weidegang hatte einen doppelten Vorteil: Einerseits entstanden auf diese Weise kaum Kosten, andererseits wurden die Pferde abgehärtet und erlangten eine „sonst unerreichte Gesundheit, Festigkeit und Ausdauer".[7] Dazu trug auch die Beschaffenheit des Bodens bei: Auf dem – zwar sehr wasserdurchlässigen – Kalkboden gediehen Pflanzen, die für den Knochenaufbau hervorragend geeignet waren.[8] Die „freie Aufzucht machte jahrhundertelang den Wert der Rasseeigentümlichkeit aus, förderte den elitären Typus eines Pferdes von starker Festigkeit, großer Ausdauer und kräftiger Gesundheit."[9]

Diese Tatsache allein konnte es jedoch nicht sein, was die herausragende Stellung der Senner begründete. Schließlich gab es auch andere Wildgestüte, beispielsweise im Arnsberger Wald, im Mülheim-Duisburger Wald, im Em-

scherbruch, im Merfelder Bruch und in der Quakenbrücker Mersch[10] – doch waren diese Pferde keineswegs exklusiv; sie dienten ausschließlich als Arbeits- und Zugtiere.

Gemeinsam war diesen Pferden, dass sie auf Grund ihrer Haltung gesundheitlich sehr robust waren und sehr alt wurden – was sie zu optimalen Arbeitspferden machte. Dies gilt für die Pferde des Mülheim-Duisburger Waldes, die als Reitpferde im Postdienst oder als Zugpferde eingesetzt wurden,[11] wie auch für die des Emscherbruchs, die „gute Fresser und wetterfest, ja unverwüstlich [und] trotz großer Arbeitsleistungen (...) ein hohes Alter ohne Alterserscheinungen" erreichten.[12] Aus diesem Grund wurden die Pferde des Emscherbruchs vor allen Dingen von Reitern bevorzugt, die große Wegstrecken zurückzulegen hatten. Die in der Davert lebenden Pferde, die so genannten Davertnickels, wurden ebenfalls gerne gekauft, versprachen doch auch sie die für Wildpferde typischen Merkmale Zähigkeit und Ausdauer zu besitzen, außerdem genügsam zu sein, über eine gute Gesundheit zu verfügen und alt zu werden.[13] Doch noch ein Merkmal verband die meisten Pferde der Wildgestüte: Ihr äußeres Erscheinungsbild, ihr Exterieur, war häufig nicht besonders repräsentativ. Die meisten der

Wildpferde waren klein und gedrungen. Ein großer „Staat" ließ sich mit ihnen jedenfalls nicht machen.

Die Senner fielen hier indes wohl etwas aus dem Rahmen: Sie waren nicht nur zäh und gesund, sondern scheinen zudem auch größer und etwas eleganter gewesen zu sein als ihre Artgenossen: „(...) das Sennerpferd [zeichnete sich] in der Regel durch seinen festen Körperbau, durch lange Ausdauer, durch seinen langen und schönen Hals, insgleichen durch Feinheit seines Kopfes vor allen Gestütspferden aus."[14]

Dennoch war nicht jeder von den Senner Pferden begeistert. Hatte der bayerische Herzog Albrecht VI. 1627 noch an den lippischen Grafen Simon VII. voller Begeisterung geschrieben, dass ihm ein Fohlen aus dem Sennergestüt besonders positiv aufgefallen sei und deshalb selbst um zwei Pferde aus dem Gestüt nachgesucht, war er umso enttäuschter, als er sie erhalten hatte. Sie müssen ganz und gar nicht seinen Vorstellungen entsprochen haben, denn er schickte einen zweiten Brief an das Haus der Lipper, in dem er seinem Wunsch nochmals Ausdruck verlieh. Die bislang gelieferten Pferde seien „lang von Hals und Schafft, Scharpff von Ohren, woll braith von Prust und Kreuz, stark von Schenkeln aber noch hoch gefisselt, Scheif und Mähne dickh. (...) zum Summa ich wolt halt gern das sie mit einem worth hipsch wern."[15]

In diesem Fall scheint eine Eigentümlichkeit zum Tragen gekommen zu sein, die der Stallmeister dem Erbgrafen 1787 so schildert: Es ist bekannt, dass „nicht immer aus jedem 3järigen Füllen in der Folge das Pferd [wird] wozu es in diesen Jaren Hoffnung gab. Sehr oft verändern sie sich zu ihrem Nachteil, auch oft zu ihrem größten Vorteil erst im 6ten Jahre, welches auch das schärfste Kenner Auge nicht bei jedem vorher sehen kann."[16] Und weiter heißt es: „Es ist bekannt, daß unsere Pferde nicht gleich nachdem sie auf-

▼ *Glas-Coupé aus dem Besitz der Fürsten zu Lippe*

87

gestalt sind, wie sonst jede andere Race Pferde in hiesigen Gegenden, zu dem bestimmten Gebrauch können genutzt werden, und das es oft ein Jar oder auch wol zwey Jahre Zeit erfordert werden, bis sie brauchbar sind. Einerseits ist Wildheit Schuld, und andererseits ist es allen Gestüt Pferden eigen, daß sie mit der Ausbildung ihres Körpers später wie dem Gemeine Schlag vom Pferden fertig werden, welches aber wieder den Nutzen hat, daß ein Gestüt Pferd bis auf 20 Jar und noch darüber ein brauchbares Pferd bleibt, dahingegen das gemeine Land Pferd schon mit dem 12ten 15ten jare sehr abgängig und unbrauchbar wird."[17]

Dieses Zitat zeigt sehr deutlich auf, was die Senner so einzigartig, ja zur Rarität machte: Im Vergleich zu „normalen" Pferden, die bereits mit drei bis vier Jahren als voll entwickelt galten, brauchten die Senner länger, bis sie körperlich voll ausgebildet waren und als Reit- oder Kutschpferd genutzt werden konnten. Man musste also weitaus mehr Zeit in die Tiere investieren, was wiederum zunächst mehr Geld kostete.

Zwar hatte die Zucht schon unter Graf Simon VI. einen hohen Stand erreicht und Fehler, die sich bei seinen Vorgängern durch zu starke Inzucht eingeschlichen hatten, waren ausgeglichen worden, indem der Graf zur Blutauffrischung mehrere friesische Hengste gekauft und eingekreuzt hatte.[18] Aber noch war die Zucht eine wilde, die Paarungen blieben unkontrolliert. Erst mit der Aufstellung stehender Heere im 18. Jahrhundert war die Absicht verbunden, dass die Landespferdezucht der besseren Versorgung von Militär und Landwirtschaft dienen sollte.[19] Die Zuchtverbesserungen unter Simon VI. waren ausschließlich auf die Ausstattung des adeligen Hofes mit Reit- und Wagenpferden ausgerichtet. Es schien auch von Beginn der Zucht an nicht etwa darauf anzukommen, zähe Arbeitstiere zu züchten.[20] Im Gegenteil: Wer die Geschichte der Senner durch die Jahrhunderte hindurch verfolgt, gewinnt den Eindruck, diese Pferde sollten so gezüchtet werden, dass mit ihnen auch ein herrschaftlicher Anspruch dokumentiert werden konnte. Die Simon VI. nachfolgenden Besitzer des Sennergestüts entwickelten jedenfalls einen mehr oder minder großen Ehrgeiz, ihre Zucht dahingehend zu beeinflussen, dass das Exterieur des Sennerpferdes verfeinert wurde. Ein „trockenerer" Körperbau ähnlich dem des Englischen Vollblutpferds wurde angestrebt, und im Gegensatz beispielsweise zu dem Münsterländer Kleipferd, das von einer Veredelung ferngehalten wurde,[21] versuchte man durch Einkreuzungen verschiedener Rassen, den Typus des Pferdes ohne Einbuße seiner Zähigkeit zu verändern. Dieses Unterfangen geriet den Sennern allerdings nicht immer zum Vorteil. Graf Simon VI. jedenfalls erlangte durch seine Senner-Geschenke höchstes Ansehen. Sein Renommee war so groß, dass sogar ein solch hochrangiger Herrscher wie der spätere Habsburger Kaiser Karl VI. einige Sennerhengs-

te besichtigte, als er 1703 durch Lippe reiste.[22]

Die Nachfolger Simons VI. versuchten zwar an diese Erfolge anzuknüpfen, sahen sich aber immer mehr mit zwei scheinbar nicht zu vereinbarenden Zielsetzungen konfrontiert: Einerseits wollten sie das Merkmal der wild aufwachsenden und für ihre Zähigkeit bekannten Pferderasse erhalten, andererseits aber auch Pferde züchten, die den Ansprüchen der höfischen Repräsentation genügten – und dies war nur mit einer konsequenten züchterischen Auswahl zu erreichen. Warum sie diesen beiden Ansprüchen einen so hohen Wert beimaßen, ist verständlich, wenn man die Bedeutung des Pferdes im Barock als „opulent geschmückten Statisten der Macht"[23] betrachtet.

Im Barock, der Epoche des Prunks, war der symbolische Wert des Pferdes enorm gewachsen. Im Zeitalter der Allegorien, Anspielungen und Metaphern war das Pferd, das von jeher von der „symbolischen Inbesitznahme der Welt durch den Menschen [zeugte] und von seinem Anspruch auf [die] Ähnlichkeit mit den Göttern"[24] erzählte, zu dem Objekt geworden, mit dem der Herrscher ihre Macht sinnbildlich unterstreichen wollten, erschien es doch „naheliegend, dass sich der Mensch dieser privilegierten Geschöpfe bedient, um sich selber damit zu schmücken und festliche Ereignisse mit Hilfe schöner Pferde zu gestalten. Exemplarisch sei für die Vergangenheit das Phänomen der Roßballette herausgegriffen, die in der Spätrenaissance und im Barock wichtiger Bestandteil höfischer Selbstdarstellung waren."[25] Die üppig inszenierten Auftritte waren im Barock also nicht Ausdruck eines persönlichen Hangs zum Luxus oder Hinweis auf einen verschwenderischen Lebenswandel, vielmehr symbolisierten sie Machtansprüche innerhalb einer komplexen hierarchischen Rangordnung. Das Pferd wurde somit Teil des herrschaftlichen Systems. Diese herausgehobene Stellung konnte es allerdings nur so lange einnehmen, wie es eine gewisse Exklusivität versprach.

So kam es zu einer eigentümlichen Entwicklung: Ein Fürst, der unter „Seinesgleichen" seinen Rang behaupten wollte, musste auch dafür sorgen, dass die Ergebnisse seiner Pferdezucht – so er denn mit ihnen seinen Anspruch auf Macht und Ansehen repräsentieren wollte – dementsprechend ausfielen. Wie ein Spitzenfächer oder ein Halstuch zum modischen Accessoire werden konnte, unterlagen auch Pferde gewissen Modeerscheinungen. Beispielsweise wurden bestimmte Farben als besonders erstrebenswert angesehen.

Bei den Sennern beruhte indes die Exklusivität auf zwei Grundlagen: zum einen auf der ungewöhnlichen Art der Aufzucht und der damit verbundenen Zähigkeit der Pferde, zum anderen auf dem zwar nicht wirklich exklusiven, aber auch nicht als nachteilig empfundenen Exterieur. Und so sahen sich auch die Lipper immer mehr in einem Dilemma, wollten sie ihren herrschaftlichen Anspruch nicht verlie-

ren: Sie mussten einerseits „Modepferde" züchten, andererseits wollten sie das Wildgestüt nicht aufgeben – zumal
dies ja auch die kostengünstigste Zuchtlösung war. Bis Anfang des 18. Jahrhunderts scheint sich beides die Waage
gehalten zu haben. Doch dann versuchte man auch bei den
Sennern unter anderem „Modefarben" zu erreichen, und
dies war der erste Schritt, mit dem die einstigen Wildpferde
ihre spezifische Exklusivität einbüßten.

Bereits am 15. September 1769 legte Graf Simon August in einem „Regulativ" eine erste Art Zuchtordnung fest.
Darin war beispielsweise festgehalten, welche Hengste von
der Zucht ausgenommen sein sollten (nämlich die, die erbliche Krankheiten wie „Spat, Gallen, Rotz oder Koller übertragen"), wie sie zu füttern waren und dass Krankheiten sofort angezeigt werden müssten.[26] Da das Regulativ dazu
dienen sollte, „daß eine gute und in jeder Absicht tüchtige
Art Pferde in hinlänglicher Anzahl und mit möglicher Spar-
samkeit erhalten werden möge,"[27] kann man es zum einen
als ersten Versuch einer Zuchtregulierung werten, zum anderen gibt es einen Hinweis darauf, dass keineswegs die
Verbesserung der Senner als Leistungsträger, sondern als
Repräsentationsobjekte im Vordergrund stand, zumal Simon August weiter schreibt: „was das Haar betreffend, so
kömt es auf den Geschmack des Herrn an, doch ist die General Regel dabey fest zu setzen, daß außer einem Schimmel an einem Bescheler nicht viel Weißes seyn darf."[28]

Zunächst büßten die Senner keineswegs an Klasse ein.
Im Gegenteil: Sie gewannen an Qualität, nachdem unter
anderem Englisches Vollblut und Neapolitaner eingekreuzt
worden waren.[29] Bereits 1713 waren arabisches und Englisches Vollblut eingekreuzt worden.[30] Im Einzelnen waren
dies im Jahr 1717 Andalusier, 1719 Araber, 1721 Friesen
und in späteren Zeiten Moldauer, Hannoveraner, Mecklen-
burger und Iren.[31] Doch dies scheint keineswegs zum Zweck
der Blutauffrischung geschehen zu sein, sondern vielmehr
um Modefarben zu erzielen.[32] Dass dies bei einem halbwilden Gestüt nicht immer einfach war, verdeutlich ein Zitat
aus dem Jahr 1787: „(...) besonders schwer ist es aus einem
Gestüt [Pferde in einer bestimmten Farbe zu züchten], worin manch eine besondere Stute zu Wagen Pferde hat einen
Zug zu leisten Ursach: weil das eine Jar die Stute ein Fuchs,
das andere Jar ein braun das dritte Jar ein schwarz Füllen
bringt und sie nie wie der Gestüt Aufseher Rechnung machen kann, die und die Stute bringt dies Jar ein braun, ein
schwarz oder Fuchs Füllen, wie man dies in Gestüten vorher
bestimmen kann, wo man besondere Racen dazu hat."[33]

Immer mehr Modefarben wurden durch die Einkreuzung
verschiedener Pferderassen erzielt, und diese ließen sich
gut verkaufen. Prizelius, Stallmeister im Senner Gestüt
Mitte des 18. Jahrhunderts, schreibt, die Senner seien etwas über mittelgroß und hätten einen feinen Kopf mit
Ramsnase. Der Hals sei wohlgeformt und lang, Kruppe und

Brust ohne Tadel, der Rücken gerade und kräftig, Mähnen
und Schweife lang, Beine stark und trocken: „Kurz, den
größten Haufen kann man schön, die wenigsten mittelmäßig, alle aber gut nennen."[34] Und wenn man den Sennern
den Schweif kupiere, könnten viele von ihnen wie Englische
Vollblüter wirken,[35] eine sehr beliebte Rasse zu jener Zeit.

Daher verwundert es kaum, dass, wurden Senner verkauft, Interessenten „von allen Enden und Örtern dahin
[zum Sennergestüt] kamen, weil die Güte und Schönheit,
wie auch die raren Farben des Pferde das Gestüte weit und
breit berühmt gemacht hatten", schrieb 1747 der Stallmeister Zehenter.[36] Doch nicht nur die „raren Farben" waren es, die die Käufer anzogen: Etwa 140 Stuten hatten nur
zwölf Fohlen gehabt, so dass die Exklusivität der Pferde ge-

worben habe, welche ich jezo denen Liebhabern der Pferdezucht getreulich mitzutheilen entschlossen bin. Der Herr Zehentner, den ich bereits verschiedentlich angeführt, hat nicht unrecht, wenn er dieses Gestüte unter die vorzüglichsten in Teutschland zählet, welches die daraus fallende Pferde, nicht nur wegen ihrer unglaublichen Dauer, sondern auch wegen ihrer vortrefflichen Leibesgestalt bezeugen. Ich will sie. 5o:

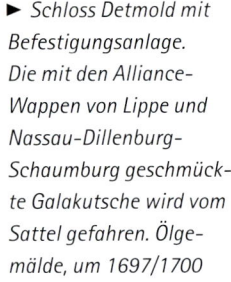

währleistet zu sein schien. „Der Weg nach Detmold und Bückeburg war vormals Niemandem zu weit; die Käufer kamen aus dem ganzen Reiche, ja gar aus Wien selbst dahin, um allda Pferde zu holen."[37] Doch schon zu diesem Zeitpunkt scheint sich ein neuer Trend abzuzeichnen: Zwar finden sich auf den Auktionslisten noch Käufer adeliger Herkunft, doch ist es nicht mehr der Hochadel, der sich für die Senner interessiert.[38] Als 1793 dem Prinzen August zur Lippe drei Pferde aus dem Marstall übergeben werden, wird notiert: „Im Herbst 1790 schenkte der Fürst dem Prinzen eine 5-jährige Rotschimmel Stute namens die Rose, welche aber als Reit Pferd für den Prinzen nicht brauchbar war, diese wurde am 5. April 1791 in einer auction (...) für 90 Rtlr. verkauft und dafür die Stute Relani genommen (...)."[39]

Endgültig verloren die Senner ihren „Exklusivitätsbonus", als 1809 das Wildgestüt in seiner ursprünglichen Form aufhörte zu existieren, und die Pferde nicht mehr ganzjährig auf der Weide standen[40] und an Zähigkeit immer mehr einbüßten.[41] Bereits im Jahr 1786 hatten Hauptmann Stivarius und Leutnant Lorentz Vorschläge gemacht, wie man die jungen Senner Hengste zu ausdauernden,

◄ Auktionsprotokoll über die am 12. Dezember 1747 verkauften Pferde unter der Regierung von Simon August

◄ Jagdschloss Lopshorn, nach der Natur gezeichnet von Ludwig Menke. Lithografie von A. Lüttmann, 1875

stärkeren und leichteren Reitpferden machen könnte,[42] jedoch wollten sie dies keineswegs über eine rein züchterische Auswahl erreichen, sondern damit, dass die Fohlen „mit den Stuten im Walde laufen"[43] sollten. 1809 änderte sich dies. Die Pferde wurden ganzjährig aufgestallt. Positiv daran war, dass dadurch immer mehr Fohlen überlebten. Der negative Nebenaspekt: Diese waren gesundheitlich weniger zäh.[44] Ihren einstigen Exklusivitätsbonus auf Grund ihrer ungewöhnlichen Aufzucht hatten sie verloren. „Es ist kein Zweifel, daß das Aufhören der Winterwaldweide der Stuten und Füllen ein schwerer Schlag für ein Gestüt war, dessen Grundlage die Aufzucht in der Freiheit bildete, ein Schlag, der etwa dem gleichkommen würde, wenn man im Rennbetrieb die Stuten zeitweise von der Trainierbahn und ganz von den bedeutenderen Rennen ausschließen wollte."[45]

Aber auch die Zeit, in der Pferde als diplomatische Geschenke genutzt wurden, näherte sich allmählich ihrem Ende. Dank zahlreicher Landgestüte wurde das Pferd immer mehr allgemein verfügbar. Eine Ausnahme bildete die am hannoverschen Hof gezüchtete Rasse der „Weißgeborenen". Pferde kommen nur weiß zur Welt, wenn sie das rezessiv vererbte Merkmal für Albinismus in sich tragen. Daher waren die „Weißgeborenen" auch im 19. Jahrhundert noch besonders wertvoll. 1836 äußerte der König von Württemberg den Wunsch, hannoversche „Weißgeborene" zu besitzen. Der König lehnte zwar ab, Hengste zu übersenden, weil er eine „Konkurrenzzucht" befürchtete, die ihm seinen Rang streitig machen könnte. Er sandte aber zwei weißgeborene Stuten nach Württemberg, da er genau wusste, dass man mit diesen keine Weißgeborenen züchten konnte. Für die Zucht hätten beide Elternteile das Merkmal „Albino" tragen müssen: „(...) so beharren seine Majestät nach wie vor darauf, daß eine Überlassung von Hengsten von der weißgeborenen Race nie stattgegeben werden solle. Dagegen erklärte seine Majestät aus besonderer Zuneigung für Seine Majestät den König von Württemberg (...) zwei Stuten von der weißgeborenen Race zu überlassen."[46] Einen politischen Affront wollte der König also verhindern.

Der lippische Hof kaufte im 19. Jahrhundert repräsentative Wagen und Pferde an.[47] Auf den Auktionen wurden Senner nach wie vor viel gehandelt, weil sie häufig Merkmale des beliebten Englischen Vollbluts trugen, das dem Zeitgeschmack entsprach. Ihre Zeit als Repräsentationsobjekte war vorbei.

A. von Anderten,
Fürstlich Lippischer Hofstallmeister

Das Sennergestüt
im Fürstentum Lippe

◄ *Titelseite*

Das Sennergestüt
im Fürstenthum Lippe-Detmold
von
A. von Anderten,
Fürstlich Lippischer Hofstallmeister.

Detmold, April 1873.

Handschrift; Nordrhein-Westfälisches Staatsarchiv Detmold, H 101, übernommen aus der Fürstlichen Schlossbibliothek zu Detmold in das Lippische Landesarchiv; bearbeitet und mit Abbildungen versehen von Cordula Marx

Dieses Gestüt,[1] welches sowohl wegen seines Alters, als vielmehr noch wegen seiner sehr ausdauernden und zähen Pferde berühmt ist, hat seinen Namen von der zwischen Lippspringe, Paderborn, Stukenbrok und Lopshorn gelegenen großen Haidefläche – die Senne genannt, erhalten, indem die Pferde als Senner[2] bezeichnet sind, weil sie früher als sie noch während des ganzen Jahres im Walde waren, im Winter wenn der Schnee gelegen nur auf dieser Haidefläche ihre Nahrung fanden, aus dem Walde tretend, dann in der Senne sich aufhielten. Die eigentliche Zeit des Ursprunges dieses Gestüts ist leider nicht genau zu ermitteln, weil die Nachrichten darüber im 30jährigen Kriege verloren gegangen sind. Aus Briefen Fürstlicher Personen[3] geht aber hervor, daß das Gestüt schon im 15ten Jahrhundert bestanden, damals schon einen sehr guten Ruf gehabt hat und die Nachfrage zu jener Zeit nach Sennerpferden schon groß gewesen ist.

(Nach einer alten Angabe soll dieses Gestüt schon im Jahre 1160 bestanden haben.)[4]

Auch ergeben einzeln noch vorgefundene Notizen, daß das Gestüt auf folgende Art entstanden ist. Man hat nämlich zahme und zur Zucht taugliche Stuten durch vorzüglich gute Hengste bedecken lassen und solche während des Winters und Sommers durch Hirten in den lippischen Waldungen (Teutoburger Wald) und in der Senne hüten und weiden lassen, um ihnen die Plätze zu zeigen, wo sie im Sommer die nahrhaftesten Bergkräuter und im Winter, wenn der Schnee nicht zu hoch gelegen, Haide fanden. Nach und nach hat man sie ihren Gängen überlassen und auf solche Art sind aus zahmen – halbwilde Pferde geworden.

Die Vermehrung war damals trotz der großen Anzahl circa 100 Stück tragbarer Stuten verhältnismäßig gering, durchschnittlich nur 38 Prozent, da wegen der dortigen rauhen klimatischen Verhältnisse im Winter manche Stute verfohlt hat und auch manches mitunter im Schnee geborenes Fohlen im Walde umgekommen ist. Am 9ten Mai 1773 kamen im Schnee 3 Stuten und 2 Füllen um. Im 30jährigen Kriege wurde das Gestüt bis nur auf wenige Stuten zu Grunde gerichtet. Im Jahre 1655 fing der damals regierende Graf Hermann Adolph zur Lippe[5] an, das Gestüt wieder in Stand zu setzen, ließ die zum Gestüt erforderlichen Gebäude (damals beim Donoper Teich gelegen) wieder ausbessern und brachte es dahin, daß im Jahre 1666 eine ziemliche Anzahl Sennerstuten wieder vorhanden war. Im Jahre 1680 wurde unter der Regierung des Grafen Simon Hinrich zur Lippe[6] mit der Erweiterung und Verbesserung des Gestüts fortgefahren und verlegte man die Gebäude aus unbekannten Gründen vom Donoper-Teich näher an die Senne nach Lopshorn, woselbst zugleich ein recht ansehnliches Jagdschloß erbaut wurde. Lopshorn, 1 1/4 Mei-

◄ *Lopshorn.
Ausschnitt aus „Bilder aus dem Teutoburger Walde" nach der Natur gez. von F. Lindner. Farbiger Holzstich*

le[7] in steigender Höhe von Detmold hoch im Walde gelegen, wohin ein chaussierter u. sehr hübscher Weg durch den Wald beim Hermannsdenkmal vorbeiführt,[8] besteht aus dem Jagdschlosse, den Gestütsinspector- und Gestütsaufseher-Wohnungen, den Pferdestallungen nebst Zubehör und den in der Nähe liegenden Meiereigebäuden. Da der Untergrund zu Lopshorn aus colossalen Kalksteinschichten, worunter sich Flammenmergel in großer Masse befindet, besteht, so ist daselbst kein Quellwasser vorhanden, welches der berühmte Quellensucher Abbé Richard bei seiner Anwesenheit vor einigen Jahren daselbst auch bestätigt hat und geht dessen Aussage dahin, daß nur in der Nähe von Lopshorn und zwar in einer Tiefe von 150 bis 400 Fuß Quellen anzutreffen sein würden. Dieserhalb wurde im Jahre 1684 ein 230 Fuß tiefer Brunnen in Lopshorn mit großer Mühe und großen Kosten durch einen Felsen gehauen, aus welchem das Wasser vermittelst eines Tretrades heraufgewunden wird.[9]

Da dieses aber kein Quell-, sondern nur Sammelwasser ist, so genügt der Vorrath nicht lange und hat man später mit Cement ausgemauerte große Cisternen erbauen lassen, in welchen das sämtliche Regen- und Schneewasser von den Dächern vermittelst Rinne und Röhrenleitung gesammelt, von hier aus durch Pumpen in die Pferdeställe geleitet und dort in Wasserkrippen mit Kalk vermischt den Pferden

gereicht wird. Das Trinkwasser wird 1/2 Stunde Weges vom Donoper Teich geholt. Im Jahre 1872, als im Winter vorher weder in den Brunnen noch in den Cisternen wegen der anhaltenden Dürre Wasser vorhanden war, ist eine Röhrenleitung von einer in der Nähe von Lopshorn sich befindenden sehr großen und an Wasser reichhaltigen Sohle nach dem Gestüt in die dortigen Cisternen geleitet, wodurch ein entstehender Wassermangel, zumal das Wasser sehr gut zu benutzen, abgeholfen ist. Im Walde finden die Pferde Wasser theils in den dortigen Bächen theils in den behuf dessen angelegten 12 Wassersohlen, die durch Thon gedichtet sind.

Im Jahre 1690 wurde die mit zur Unterhaltung des Gestütes gehörende Meierei errichtet. Da vormals durch die vielfache Inzucht im Gestüt eine Degeneration entstanden war, sind seit dem Jahre 1713[10] fremde Beschäler, als da sind türkische, arabische, mecklenburgische, hannoversche und andere ausländische Hengste zum Decken daselbst verwandt, um die Zucht im Gestüt wieder zu verbessern. Seit 100 Jahren sind aber vorzugsweise englische Vollblut-Beschäler daselbst verwandt, deren Nachkommen in weitere Generationen hierin als wertvolles sich bewährendes Zuchtmaterial auftreten und es sich erfahrungsgemäß herausgestellt hat, daß Beschäler von unedlem Blute im Sennergestüt sich zur Weiterzucht nicht eignen. Es ist nachgewiesen worden, daß seit der Entstehung des Gestüts keine fremde Stute in dasselbe hineingekommen ist, also die jetzigen Sennerpferde mütterlicherseits noch von den damaligen Stuten in ununterbrochener Reihenfolge abstammen.

Zwischen den Sennerpferden im Walde hält sich auch nur das Sennerpferd, welches als Saugfüllen mit der Mutter im Walde gewesen ist, da eine fremde Stute oder ein nicht als Saugfüllen mit der Sennerstute im Walde gewesenes Sennerpferd von den anderen dortigen Pferden gebissen und abgeschlagen wird und in Folge dessen einsam im Walde umherirrt und verkümmert. In früheren Zeiten sind die Sennerstuten nebst Stutfüllen während des ganzen Jahre im Walde geblieben (die Hengste sind stets auf Weiden für sich gekommen) und sind dann nur des Winters wenn der Schnee zu hoch gelegen, so daß sie keine Nahrung mehr fanden, an einzelnen Stellen im Walde oder im Gestüt mit Heu gefüttert worden.

Seit dem Jahre 1804 werden die Pferde aus dem Walde wenn der Schnee so hoch liegt, daß sie nicht gehörige Nahrung mehr finden bis zum Beginn des Frühlings (in der Regel Mitte Mai) nach Lopshorn getrieben und dort kategorienweise[11] in größeren Ställen untergebracht, woselbst sie Hafer, Heu, sowie Stroh- und stellenweise Esparsett-Häcksel[12] als Futter bekommen. In Lopshorn befinden sich die Pferde bei jedem Wetter von des Morgens früh bis des Abends zum Dunkelwerden mit Ausnahme einer Stunde des Mittags, wo sie zum Füttern in die Ställe getrieben werden, kategorienweise im Freien auf großen Kämpen und Laufplätzen, die mit Drahtzäunen eingeschlossen sind. Zwischen den einzelnen Kämpen befinden sich dichte Tannenhecken, damit sich die verschiedenen Abtheilungen nicht sehen und sich nicht beunruhigen können. Behuf der Abhärtung der Pferde, um die Haut nicht empfindlich zu machen, werden in Lopshorn die Gestütspferde nicht mit Striegel und Kardätsche geputzt, höchstens werden dieselben wenn sie beim Eintreiben in die Ställe zu sehr vollgeschmiert sind, etwas abgerieben, auch ist die Temperatur in den Ställen um die Pferde nicht zu verwöhnen, stets sehr mäßig. Durch das dort überall nur stattfindende Streuen mit Haidekraut in den Ställen statt mit Stroh, ist die Luft daselbst sehr rein und von den Ammoniakgerüchen Nichts zu verspüren.

In früheren Jahren ist das ganze Weideterrain im Walde und in der Senne nicht eingefriedigt gewesen, seit dem Jahre 1864 ist ein Complex Wald, Berge, Thäler und Haideflächen im Ganzen 38'000 Morgen mit einer starken und sicheren 6 1/2 Fuß[13] hohen 13-drähtigen Einfriedigung umgeben, weil das Hochwild sowohl, als auch die Pferde mehrfach aus dem Walde auf die benachbarten cultivierten Ländereien austraten, dort viel Schaden anrichteten und das Einfangen der oft meilenweit fortgelaufenen Pferde

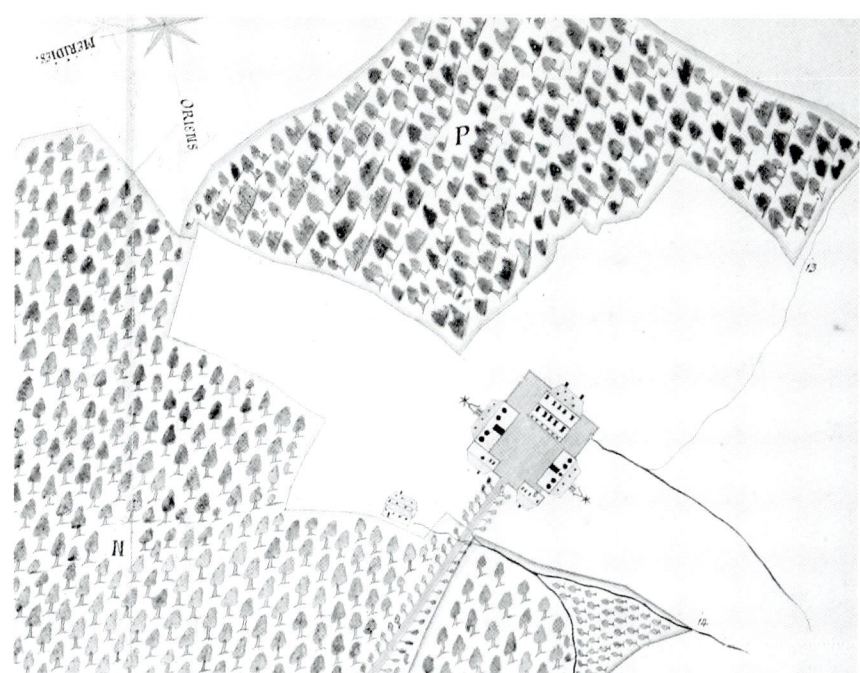

▲ Lopshorn.
Karte von Oberförster Feige, 1756

viel Mühe verursachte. Seitdem der Wald usw. eingefriedigt ist, kommt es sehr selten vor, daß Pferde heraustreten und zwar vorzugsweise dann nur durch die bei der Benutzung der öffentlichen Fahrwege durch den Wald aus Nachlässigkeit nicht wieder geschlossenen Thore. Innerhalb dieser großen Einfriedung liegt das Gestüt und die Meierei Lopshorn mit den dazu-gehörenden Ländereien und ist dieses Terrain wieder für sich besonders mit einer gleichen Drahtbefriedigung umgeben, damit die Feldfrüchte daselbst von den Pferden und vom Wilde nicht beschädigt werden.

Innerhalb der oben benannten großen Einfriedigung befinden sich außer den Stuten und den Saugfüllen des Gestüts noch circa 1.000 bis 1.200 Stück Rothwild, welche sich sehr gut miteinander vertragen, so daß man häufig ein Rudel Hochwild mit Pferden zusammen ganz vertraulich ähsen und weiden sieht. Die Beschäler des Gestüts verbleiben entweder in Lopshorn oder sind außer der Deckzeit, welche vom 1t Februar bis 1t Juli dauert, im Fürstlichen Marstalle zu Detmold. Die übrigen Hengste und Wallachen des Gestüts kommen während der Weidezeit auf große eingefriedigte Weiden, entweder bei Varenholz a. d. Weser oder in die Nähe von Detmold auf den Kuhkamp von Johanettental.

In den letzten beiden Jahren sind Versuche gemacht, junge Sommerwallachen, die als Saugfüllen mit der Mutter im Wald gewesen waren, mit den Stuten zusammen in den Wald zu treiben, welche befriedigend ausgefallen sind, da erstere sich gut gewöhnten und in sehr guter Condition sich befanden.

Gleich im Frühjahr beim Auslassen der Pferde von Lopshorn in den Wald, welches ein imposanter Anblick ist, zerstreuen sich dieselben sogleich in vollsten Laufe nach verschiedenen Richtungen in einzelne Kategorien, in denen sie meistens während der ganzen Weidezeit zusammen verbleiben.

95

▶ *Das Winnefeld.*
Nach der Natur gezeich-
net von L. Menke.
Lith. von A. Lüttmann, o.J.

Die Controle der Pferde im Walde geschieht durch einen berittenen Gestütsaufseher und einige Gestütswärter zu Fuß, die täglich den eingefriedeten Wald nach verschiedenen Richtungen durchkreuzen und sich an vorher bestimmten Punkten gegenseitig über den Befund der Pferde rapportieren. Pferde, die krank oder lahm oder Stuten, die zur Deckung bestimmt, während der Bedeckzeit rossig angetroffen werden, bringen die Gestütsleute sogleich nach Lopshorn zum Gestüt. Damit es diesen Leuten leichter wird die Pferde in den Dickichten des Waldes zu finden, hat man einzelnen Pferden, vorzugsweise den sogenannten Leitpferden, Glocken um den Hals geschnallt, die weithin schallen.

Im Uebrigen wissen diese Gestütsleute, die seit Jahren diesen Dienst verrichten und den Wald gründlich kennen, so gut wie der Jäger vom Stande des Wildes Bescheid weiß, ziemlich genau anzugeben wo die und die Pferde im Walde sich aufhalten und wo diese ihre Wechsel haben.

Der beträchtliche Umfang der sehr guten und nahrhaften Waldweide verschafft den Pferden die gesundeste Nahrung und kommen dieselben selbst im Spätherbst in sehr wohlgenährtem Zustande aus dem Walde zurück.

Das Sennerpferd, welches sehr correct gebaut ist, vom edelsten Blute abstammt und zu jeglichem Dienst zu benutzen ist, zeichnet sich besonders durch seine Ausdauer und Zähigkeit aus, indem es von der zartesten Jugend an, an jede Luft- und Witterungs-Veränderung gewöhnt und in der Folge dessen abgehärtet ist und nicht zu Druse- oder dergleichen Krankheiten[14] disponirt, und würde außerdem ein schwächliches edeles Füllen bei einer solch halbwilden Aufzucht verkümmern und frühzeitig zu Grunde gehen.

Bei der Dressur zeigen sich die Sennerpferde Anfangs meistens ängstlich, menschenscheu und können durchaus keinen Zwang, noch viel weniger harte Strafen vertragen, weswegen man sehr behutsam Anfangs mit denselben umgehen muß, um sie zutraulich zu machen. Ist dieses Letztere dann erreicht, so kann man Alles von ihnen verlangen und verbleiben sie dann treu, dreist und sicher im Dienst.

Durch die halbwilde Aufzucht kommt das Sennerpferd erst im 5ᵗ bis 6ᵗ Jahr zur vollendeten Entwicklung und Kraft, ist aber im späten Alter (20 bis 24 Jahren) meistens noch <u>sehr</u> sicher, diensttüchtig und brauchbar.

Vor dem vollendeten 4ᵗ Jahre kommen im Gestüt keine Sennerstuten zur Bedeckung und werden auch diese erst stets vorher im Fürstlichen Marstalle zu Detmold an der Longe und unter dem Reiter dressirt um behuf ihrer Ausdauer und Gesundheit stets vorher gehörig ausprobirt zu werden.

Alljährlich im Frühjahr wird eine Anzahl Sennerpferde (vorzugsweise eingerittene Vierjährige) in Detmold öffentlich zur Auction gestellt und besteht der Fürstliche Marstall in Detmold nur aus selbstgezogenen Sennerpferden, meistens Hengste und Wallachen. In früheren Jahren wurden diese Auktionen in Lopshorn abgehalten und wurde dabei das zu verkaufende Pferd, welches bis dahin keine menschliche Hand berührt hatte, auf den geschlossenen Gestütshof frei umherlaufen gelassen und bei Trompetenschall versteigert. Nach dem dann ertheilten Zuschlage wurde auf Gefahr des Käufers das verkaufte Pferd vermittelst eines Lasso's eingefangen, wobei es öfters vorgekommen ist, daß das Pferd sich überschlagen und auf der Stelle todt liegen geblieben ist, welcher Schaden der Käufer zu tragen hatte. Heut zu Tage würde man wenig Käufer zu solch undressirten Pferden finden.

Das Eintreiben der Pferde während der Weidezeit aus dem Walde nach dem Gestüt, theils zur genauen Besichtigung, theils zum Nachprobiren der bedeckten Stuten, welches ab und an geschieht, ist oft mit sehr großen Schwierigkeiten verknüpft, indem sich oftmals einzelne Pferde, namentlich bei Sturm und Regen oder bei großer Hitze in Tannendickichten aufhalten, wo sie schwer zu finden sind,

oder es ereignet sich auch, daß Abtheilungen von Pferden, die durch die Gestütsleute längere Strecken weit bis in die Nähe von Lopshorn mit Mühe getrieben sind, plötzlich wieder entwischen und dann Stunden weit wieder zurücklaufen. Es ist zu bewundern, daß bei den stellenweise ungestümen Laufen der Pferde im Walde, namentlich beim Passiren steiler Bergabhänge, enger Holzbestände selten Beschädigungen an den Pferden vorkommen und werden diese durch den Aufenthalt in diesem sehr coupirtenTerrain gewandt und lernen sicher und leicht alle Terrainschwierigkeiten überwinden.

Am 7^t Tage nach der Abfohlung werden die Stuten dem Hengste wieder zugeführt und wenn sie rossig sind, gleich wieder bedeckt. In den letzteren Jahren sind von den bedeckten Stuten durchschnittlich 80 bis 85 Procent tragend gewesen, jedoch gehen einzelne von den geborenen Füllen theils in Folge von Frühgeburten theils auch an Füllenlähme[15] baldigst wieder ein.

▼ *Sennerstute Berthalda (23 Jahre) auf d. „Winnefelde" bei Lopshorn. Tusche weiß gehöht, von Theodor Rocholl, 1898/99. „Auf dem Winnefeld sah ich sie zuerst grasen. Auffallend war an den alten Stammmüttern Edda und besonders Berthalda das Adernetz, der Araberkopf, die selten trockenen, sehnigen Beine. In beschleunigter Gangart sah ich die Herde nie traben, sondern immer galoppieren." Theodor Rocholl, Ein Malerleben, Berlin 1921, S. 121*

„Berthalda" (23 Jahre alt.)

Rocholl 1898 (auf d. Winnefeld bei Lopshorn)

97

Die Saugfüllen werden im Monat Oktober abgesetzt und verbleiben dann gleich während des Winters im Gestüt zu Lopshorn.

Wenn das Sennerfüllen ein Jahr alt ist, erhält es einen Gestütsbrand an der linken Lende, deren es zwei gibt:

Den Sennergestüts- oder Kronensennerbrand d. h. die lippische Rose mit der Fürstenkrone in welcher die Initialen der Taufnamen des zur Zeit regierenden Durchlauchtigsten Fürsten enthalten, – dieser Brand kann allen Pferden und Füllen gegeben werden, welche von Sennerstuten und Fürstlichen Beschälern abstammen und zu Lopshorn geboren sind.

2. Der sogenannte Mittelbrand – der Namenszug des hochseligen Fürsten Paul Alexander Leopold[16] mit der Fürstenkrone – gebührt allen fehlerfreien Pferden und Füllen, deren Abstammung in mütterlicherseits aufsteigender Linie von einer Sennerstute und väterlicherseits durchgehend von fürstlichen Beschälern nachgewiesen wird, deren Mutter also auch schon den Mittelbrand oder den Sennergestütsbrand hatte.

Der augenblickliche Bestand des Sennergestüts ist:
2 Vollblutbeschäler und zwar
a) Brown Tommy, braun, geb. 1864
   5'4" groß in England von Mr Osborne gezüchtet (Sieger mehrerer Rennen) von Weatherbit a/d. Brown Agnes von Westaustralian u. d. Miss Agnes, G. St. B. x 48
b) His Royal Highness, braun, geb 1851 5'4" groß in Mecklenburg, Schwerin vom Baron Maltzahn zu Cummerow gezüchtet (Sieger vieler Rennen) von Blackdrop a/d. Princess vom Prince Lewellyn u. d. Bucephalia. Allg. Gest. B. IV 118

1 Probirhengst
17 Pferde von 1869
13 Pferde von 1870
23 Pferde von 1871
20 Pferde von 1872
24 Saugfüllen von 1873
30 Mutterstuten, meistens von den Vollbluthengsten Mozart, Garrick oder Vortex abstammend.
Augenblicklicher Bestand: 130 Pferde

Vorstände des Sennergestüts
soweit solche zu ermitteln, sind gewesen:[17]
Oberstallmeister von Heyderstädt
Stallmeister von Buseck
Schloßhauptmann von Kerßenbrok
Bereiter Hartig
Stallmeister Prizelius von 1769–1775
Hauptmann Stivarius bis 1787 Oberaufsicht und
Viceoberstallmeister Lorenz von 1775–1800
Stallmeister Wülcker von 1800–1825

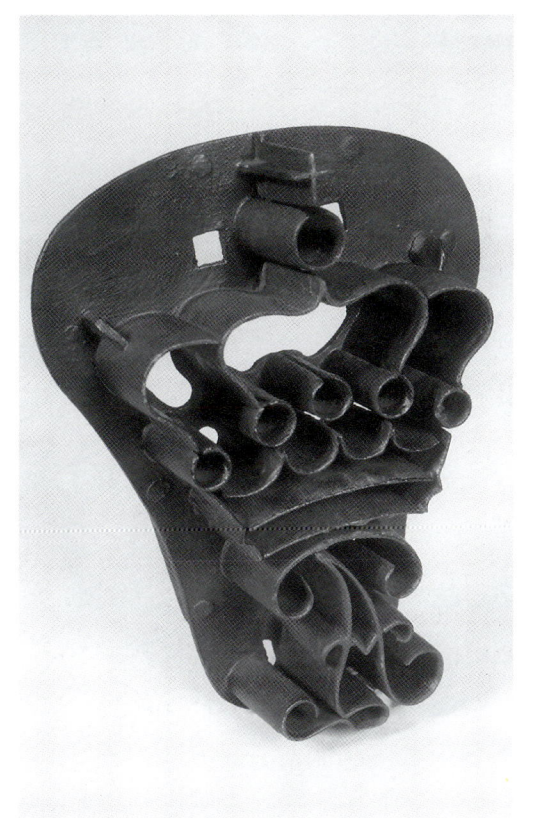

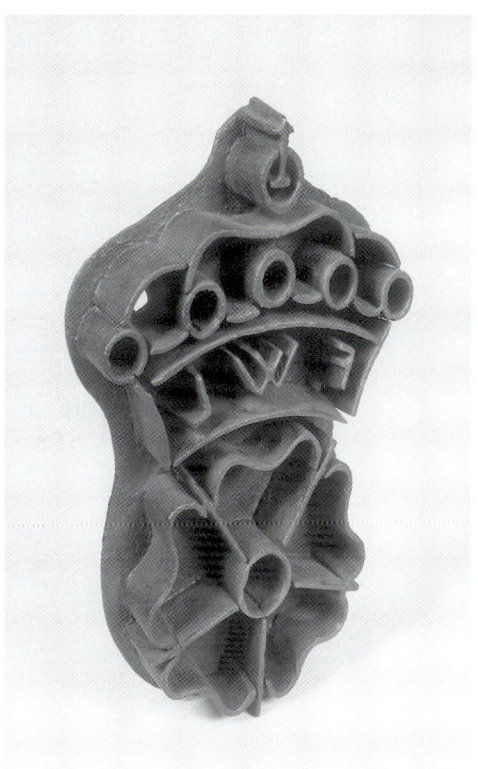

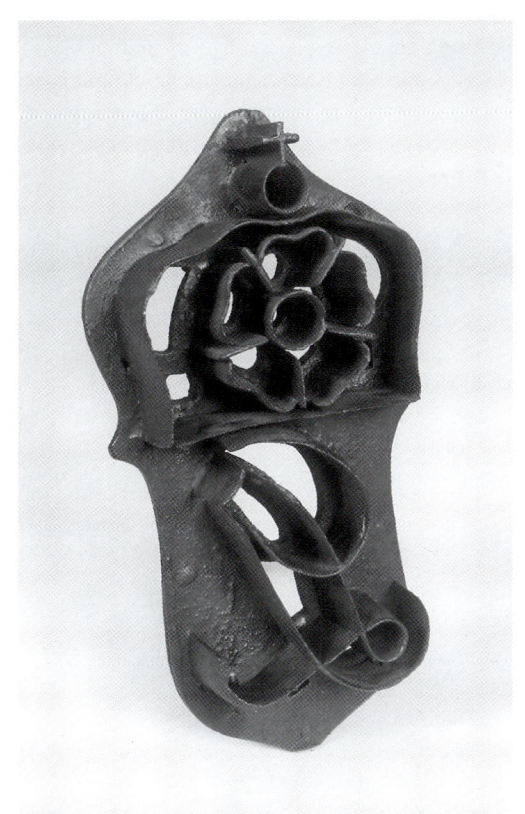

▲ ◄ *Brandeisen des lippischen Grafen Friedrich Adolf (1667–1718), des Fürsten Friedrich Wilhelm Leopold I. (1767–1802), des Fürsten Leopold IV. (1905–1918) und des Landgestüts*

► *Brandeisen des lippischen Fürsten Paul Alexander Leopold II. (1796–1851)*

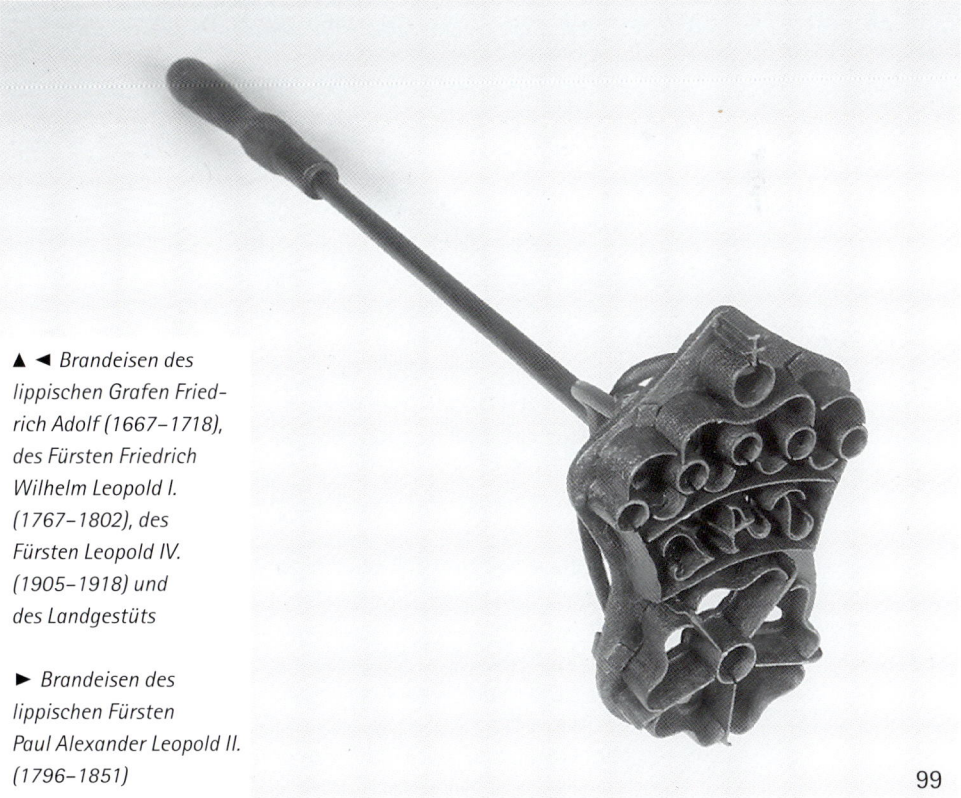

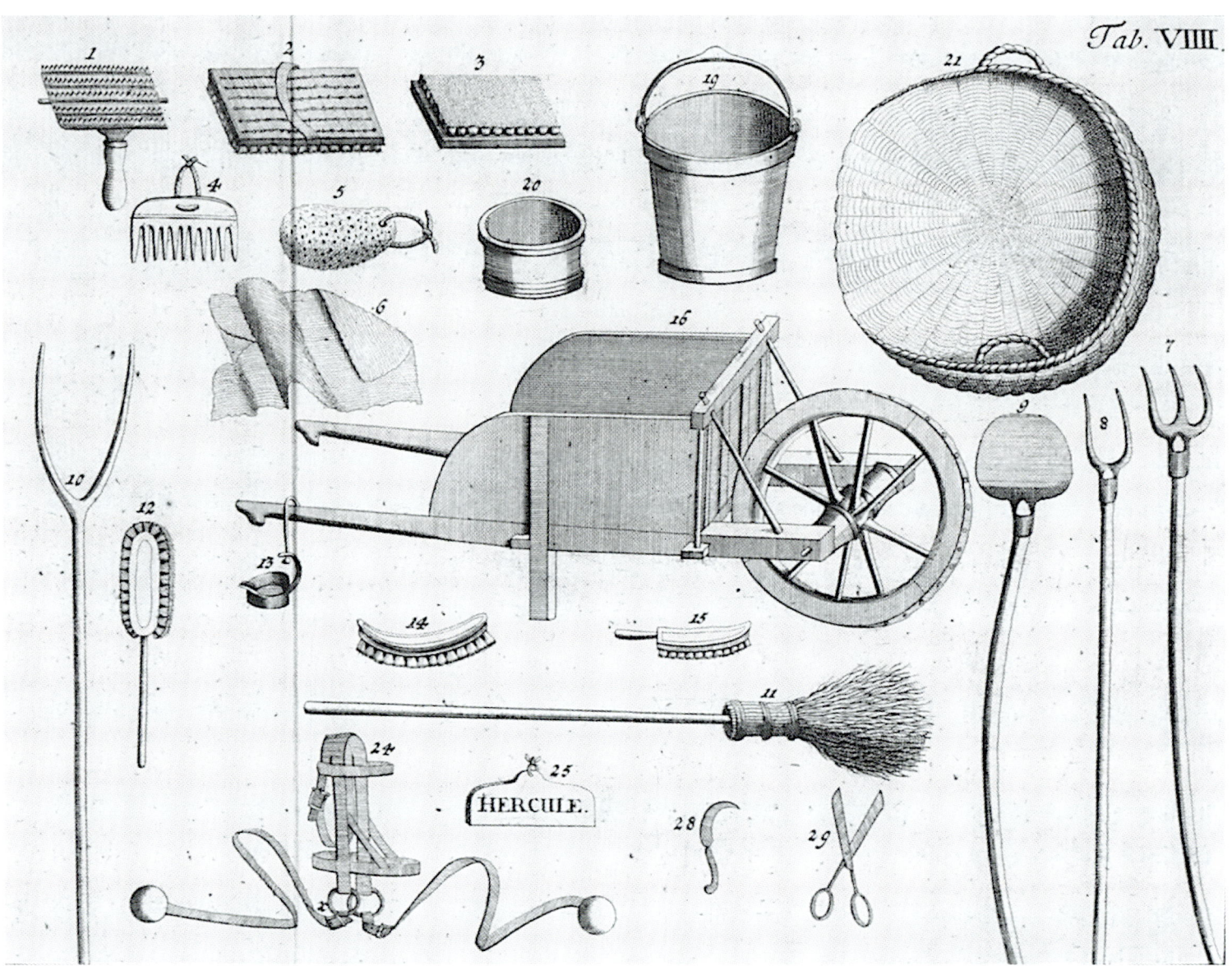

Tab. VIIII.

▲ *Aus Johann Gottfried Prizelius, Vollständige Pferdewissenschaft. Leipzig 1777*

Major Knoch von 1825–1850
Hauptmann Niemeyer von 1850–1851
Hofstallmeister von Unger 1851–1866
Hofstallmeister von Anderten von 1866 bis jetzt
Detmold, April 1873
*Nordrhein-Westfälisches Staatsarchiv Detmold,
L 99 B Fach 4 Nr. 2:*

Arbeits- und Futterreglement für Lopshorn

<u>6 Uhr Morgens</u>: Füttern und Tränken der Pferde

I. Bei günstigem Wetter

<u>8 Uhr Morgens</u>: wird den herauszulassenden Pferden das 2te Futter verabreicht.

<u>9 Uhr Morgens</u>: Herauslassen der Pferde

<u>4 Uhr Nachmittags</u>: Einlassen, Füttern und Tränken der Pferde nebst Verabreichung des Heus und der Mohrrüben

II. Bei sehr ungünstigem Wetter

11 ½ Uhr Mittags: Verabreichung des 2ten Futters und wird mit dem Auslassen der Pferde bis 1 Uhr Mittags gewartet, ist das Wetter dann noch schlecht, so wird jede Abtheilung von 1 Uhr an, mit Ausnahme der tragenden Stuten ½ Stunde mäßig getrieben und dann in den Stall gelassen.

Die tragenden Stuten sollen, wenn das Wetter mißlich, aber nicht gar zu schlecht ist, dann eine Stunde auf den Kamp <u>gelassen</u> werden.

9 ½ Uhr Morgens: Streuen in den Ställen.

Die Pferde, die in Dressur sind, kommen ebenfalls des Morgens oder des Nachmittags einige Stunden in das Freie, wenn das Wetter nicht gar zu schlecht ist.

Das Longieren eines Pferdes geschieht an den Wochentagen täglich ¾ Stunde.

Vortex und Fez kommen des Morgens oder des Nachmittags, wenn das Wetter nicht gar zu schlecht ist, einige Stunden in das Freie. Garrick wird täglich des Morgens mit Ausnahme des Mittwochs, wenn das Wetter nicht gar zu schlecht ist, vom Gestütswärter Mellies mäßig in weichem Boden 1 Stunde spazieren geritten (womöglich des Morgens sonst möglichst des Nachmittags).

Die Deckhengste, Fez, die in Dressur befindlichen Pferde und die kranken Pferde, die nicht ausgelassen werden, erhalten das 1te Futter des Morgens um 6 Uhr, das 2te Futter Mittags 11 ½ Uhr und des Nachmittags um 4 Uhr das 3te Futter und das Heu nebst Mohrrüben.

Die Pferde, die 1 ¼ Metzen Hafer täglich bekommen, erhalten das 5te Viertel bei dem Nachmittagsfutter, diejenigen die täglich 1 ½ Metzen bekommen das 5te Viertel bei dem 2ten Futter und das 6te Viertel bei dem 3ten Futter. Bei der Fütterung von 1 ¾ Metzen Hafer täglich wird das Quantum in 3 gleiche Theile geteilt.

Kommen die Pferde vom Regen oder Schnee naß in den Stall, so sollen die Stallthüren gleich geschlossen und die Pferde mit Heide auf dem Rücken fest abgerieben werden. Das Treiben und Longieren der Pferde geschieht stets vorsichtig und mäßig, so daß kein Pferd erhitzt wird und beginnt das letztere Morgens 9 ½ Uhr und des nachmittags 1 ½ Uhr.

Lopshorn, dem 12. November 1868
A. von Anderten

Agnes Sternschulte

Die Senner im Tiergarten der lippischen Fürsten

In vielen deutschen Städten beziehungsweise an den Fürstenhöfen existierten Tiergärten zur Aufzucht jagdbaren Wildes. Auch die lippischen Fürsten begannen 1819 mit der Anlage eines Tiergartens vor den Toren der Stadt Detmold.

Nur wenige Jahre diente das Terrain als Tiergarten, zunächst für die Aufzucht von Dam-, später von Schwarzwild. Weil auch die 1836 zur Aufzucht von Jagdfasanen eingerichtete Fasanerie nicht die erwünschten Erfolge brachte, lag eine Umnutzung nahe, und bereits 1850 wurde mit der Einrichtung eines Gestüts begonnen.

Die Verlegung von Senner-Pferden auf die Weiden des Tiergartens resultiert aus einem jahrelangen, ja fast ein Jahrhundert währenden Tauziehen zwischen Forstverwaltung und Marstallamt.

Die Forstverwaltung kritisierte alljährlich die beträchtlichen Waldschäden, die durch die Pferde verursacht wurden. 1864 setzte die Forstverwaltung durch, dass die Fläche für die Senner erheblich eingeschränkt wurde. Nicht allein die Einzäunung eines Areals von 38.000 Morgen, sondern dessen zusätzliche Aufforstung führte naheliegenderweise zu verstärkten Forstschäden. Das Ergebnis der Flächenbegrenzung war, dass die Pferde nicht einmal im Sommer genügend Nahrung fanden.

Neue abgegrenzte Weideflächen in Varenholz, im Johannettental und im Tiergarten sollten den Futtermangel beheben und die ungeliebte Konkurrenz für das Wild – Woldemar Prinz zur Lippe (1875–1895), der Sohn Leopolds II., war leidenschaftlicher Jäger – aus dem Walde verbannen. Damit einher ging auch die Reduzierung des Mutterstutenbestandes, da nur noch für den Bedarf des Marstalles gezogen werden sollte.[1]

Leopold II. hatte seinem Sohn Prinz Woldemar 1849 die Fasanerie als Pferdestall und den Tiergarten als Gestütskamp überlassen.[2] In den folgenden Jahren kam es zu umfangreichen Umgestaltungen des Geländes. Zunächst galt es Weiden zu schaffen; ihnen fiel nicht nur Gehölzjungwuchs zum Opfer, sondern ganze Waldflächen mit Altbestand.

Vom Tiergarten zum Gestütskamp

Oberforstmeister Wagener hält die Idee, den ehemaligen Tiergarten im Büchenberge als Gestütskamp zu benutzen, „(...) wenn nicht der ganze vortreffliche junge Holzbestand binnen kurzer Zeit total ruiniert werden soll, für unausführbar, denn die kleinen, Gras tragenden Plätze unterhalb des Römerschen Gartens sind so unbedeutend, daß ein Pferd kaum 14 Tage darauf weiden kann, auch ist das, größtentheils auf sumpfigen Boden daselbst wachsende Gras von schlechter Qualität."[3]

Nach Aufzählung weiterer Nachteile kommt Wagener in seinem Schreiben vom 23. November 1849 an den Kammerdirektor Rohdewald zu dem Schluss, dass es am vorteilhaftesten wäre, in Lopshorn für Stallung und Weide der Pferde und für eine Wohnung des Wärters zu sorgen.

In seinen Anmerkungen dazu zerstreut Woldemar Prinz zur Lippe die Bedenken seines Forstmeisters und verweist auf die Äußerungen seines Vaters; dieser habe bemerkt, dass der ursprüngliche Zweck des Tiergartens nicht eine sorgfältige Forstkultur gewesen sei und es daher kein so großer Verlust sei, wenn der Tiergarten als Pferdekamp benützt werde. Woldemar fügt hinzu, dass der ansonsten nötig werdende Bau in Lopshorn dadurch entfalle. Dieser erfordere einen weit größeren Kostenaufwand als der Holzverlust im Tiergarten ausmache.[4]

Wenn auch die Bedenken des Oberforstmeisters nicht geteilt wurden und es ab 1849 zur Einrichtung des Gestüts im Tiergarten kam, scheint man sich dennoch Gedanken um den Jungwuchs gemacht zu haben. „Die vortrefflichen 1–3 Fuß hohen Buchenpflänzlinge", einzelne Eichen, Ahorne und Eschen sollten durch herrschaftliche Forstarbeiter ausgegraben und verpflanzt beziehungsweise verkauft werden und zwar „weil sie baldigst weggeräumt werden müssen, aus dieser Ursache für den sehr geringen Preis von 5 Silbergroschen pro hundert Stück." Bereits im Mai 1851 waren über 100.000 Pflänzlinge aus dem Tiergarten in herrschaftliche Forste verpflanzt, zum Teil auch an Privatbesitzer verkauft.[5]

Aber auch an die Pferde dachte die Forstverwaltung: Am 18. November 1850 machte Oberforstmeister Wagener den Vorschlag, im Eichenkampe im Abstand von etwa 24 bis 30 Fuß Eichen stehen zu lassen. Diese würden als Schutz- oder Schattenbäume für die Pferde den Graswuchs nicht erheblich behindern, wie das Beispiel im Johannettentaler Eichholz zeige.[6]

Schon 1853 gab es erste Berichte über beschädigte Bäume. So schreibt Oberförster Limberg zu Heidenthal am 12. Mai 1853 an Kammerdirektor Rohdewald, im Tiergarten seien 43 Eichen von den Pferden beschädigt worden und zwar so erheblich, dass sie absterben würden und wegen des „unangenehmen Anblicks" wegzunehmen seien. Er schlägt

► „*Flurkarte vom Buechenberg (Amt Detmold)*". *Grenzkolorierte Hand-zeichnung, Maßstab: zirka 1:3866, o.J., vermutl. nach 1855*

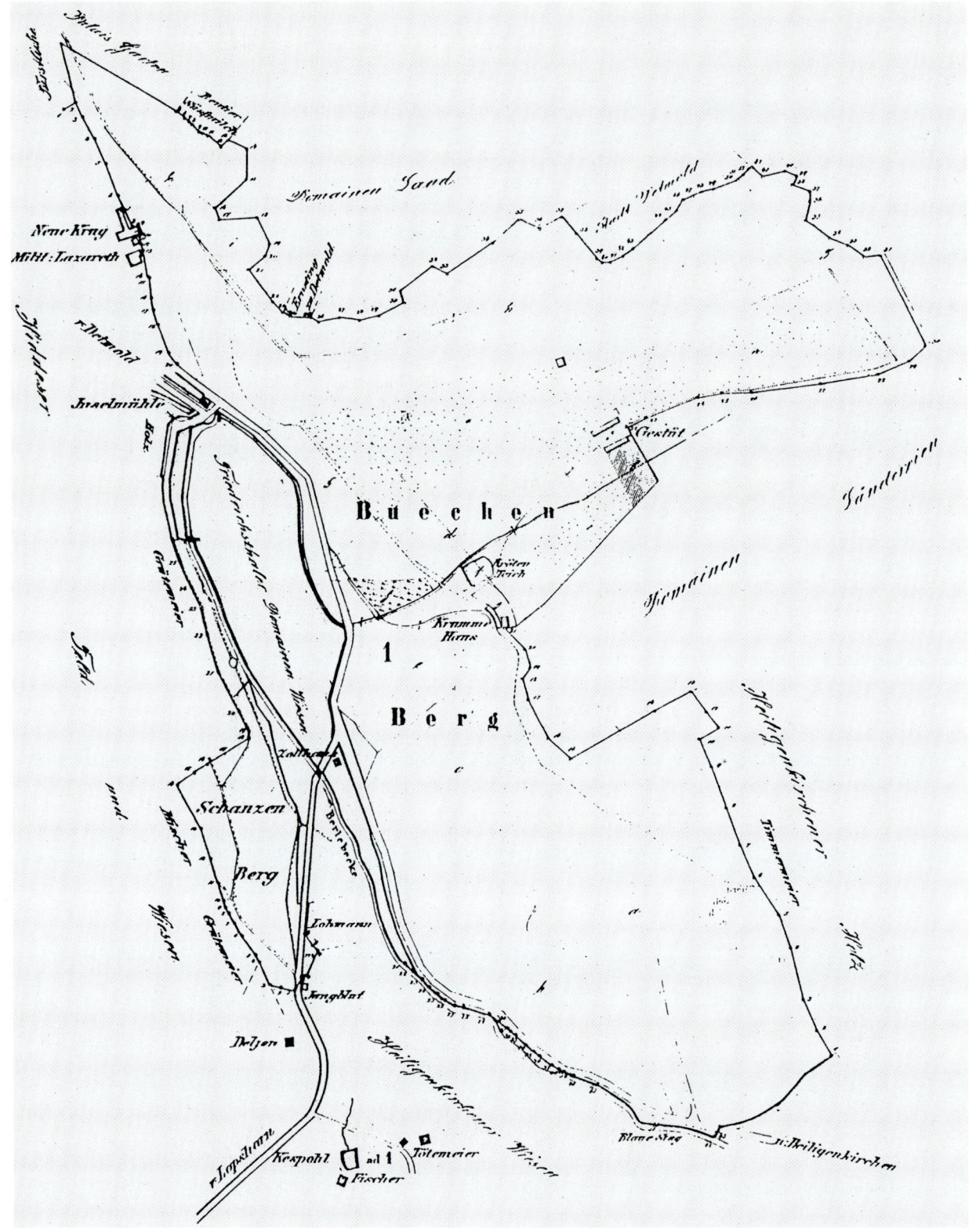

aber vor, da in der näheren Umgebung sehr viel Eichenholz zum Verkauf gekommen sei, zunächst nur 14 Stück in der Nähe der „dortigen Wohnung" zu verkaufen.[7]

Wegen des Mangels an Weideflächen beantragt Hof-stallmeister von Anderten am 29. November 1876 auch das Gelände der ehemaligen Baumschule zwecks Nutzung als Weide. Bereits 1877 ist die Fläche geräumt und der Schlüs-sel übergeben.[8]

Im selben Jahr wird nochmals alter Baumbestand, im Wesentlichen Buchen, geopfert. Das „Projekt der Um-wandlung des s.g. Römerwäldchens in einen Gestüts-kamp" ist 1876 Thema einer Besprechung zwischen der

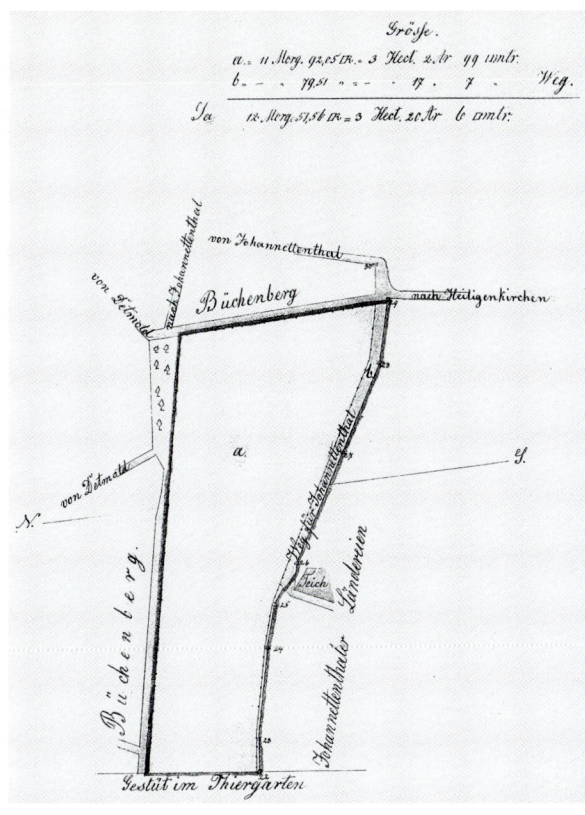

Fürstlich Lippischen Forstdirektion, dem Kammerdirektor Caspari und Hofstallmeister von Anderten (1866–1881).[9]

Im April des Jahres bekommt Oberförster Limberg den Auftrag, die alten Buchen im „sogenannten Römerwäldchen" zu fällen, immerhin zirka 14 Morgen Waldbestand: Der öffentliche Weg nach Heiligenkirchen soll an die Grenze der Fläche verlegt werden, ein zweiter Meiereiweg über die Fläche zum Teich führen.

Die Fürstlich Lippische Forstdirektion betont die Dringlichkeit der Rodung, gibt aber zu bedenken, dass die Ziegler, die als Waldarbeiter für die Rodung gewonnen werden sollten, erst nach Martini (11. November) von ihrer auswärtigen Arbeit zurückkehren würden und sich so die Umwandlung der Waldfläche in einen Kamp verzögern würde, zumal es mit der Fällung nicht getan sei, da zusätzlich auch die Stümpfe und Wurzeln entfernt werden müssten und die Fläche zur Vorbereitung der Aussaat auch noch planiert werden müsse.

Es wird vorgeschlagen, nach Rodung des östlich an den Tiergarten angrenzenden Buchenforstes dort zunächst Hafer beziehungsweise Kartoffeln anzupflanzen. Erst für das zweite Jahr war die Graseinsaat vorgesehen, was „auf der ganzen Fläche vielleicht 3 bis 4 Pferde im Sommer" mit Nahrung versorgen würde. Die Ende August 1878 von Limberg übergebene Fläche sollte interessanterweise im Kataster weiterhin als Wald geführt werden.[10]

Noch Jahre später beklagt Robert Starke, um 1900 Redakteur bei der Lippischen Landeszeitung, diese Flächenumwandlung: „Römerwäldchen! Meterdicke Buchen und Eichen ragten wie Säulen empor. Kein Sonnenstrahl konnte durch das Blättermeer dringen. (...) Ich kann es dem Fürsten Woldemar niemals vergessen, daß er diesen herrlichen Wald niederlegen ließ, um daraus eine Pferdekoppel zu machen."[11]

Legende

Verzeichnis der zum Fürstlich Lippischen Marstallamt gehörenden Gebäude und Grundstücke, hier Tiergarten, 18.4.1912:

a) Gebäude:

1. Wohnhaus mit nördlich und südlich anliegenden Pferdeställen.

2. Fouragehaus mit nördlich und südlich anliegenden Pferdeställen.

b) Grundstücke:

13	Pferdekamp und Kuhlenbreite	0,6229 ha
14	Wiese für den Tiergartenbewohner	0,1611 ha
15	Garten s.o.	0,2496 ha
16	Hofraum	0,1397 ha
17	Pferdekamp unterhalb des Pulverhauses	0,3087 ha
21	Pferdekamp nördlich s.o.	0,5806 ha
63/20	II s.o.	1,3430 ha
23	III s.o.	1,6083 ha
30	Pferdekamp östlich (Römerwäldchen)	3,2007 ha
36	Wasserstück an der Kuhlenbreite	0,0717 ha
37	Fasanenwiese Acker	0,6568 ha
38	Kuhlenbreite	7,3048 ha
39	Garten hinter dem Krummenhause	0,3066 ha
		16,5544 ha

Der Thiergarten

Fürstliche

Rentkammer

Forstabteilung

Buchenberg

Detmold

Krummes Haus

600
76,0
116,0
246,0
11,0
68,0
28,0
240,0
845,0 m

246

1:2000.

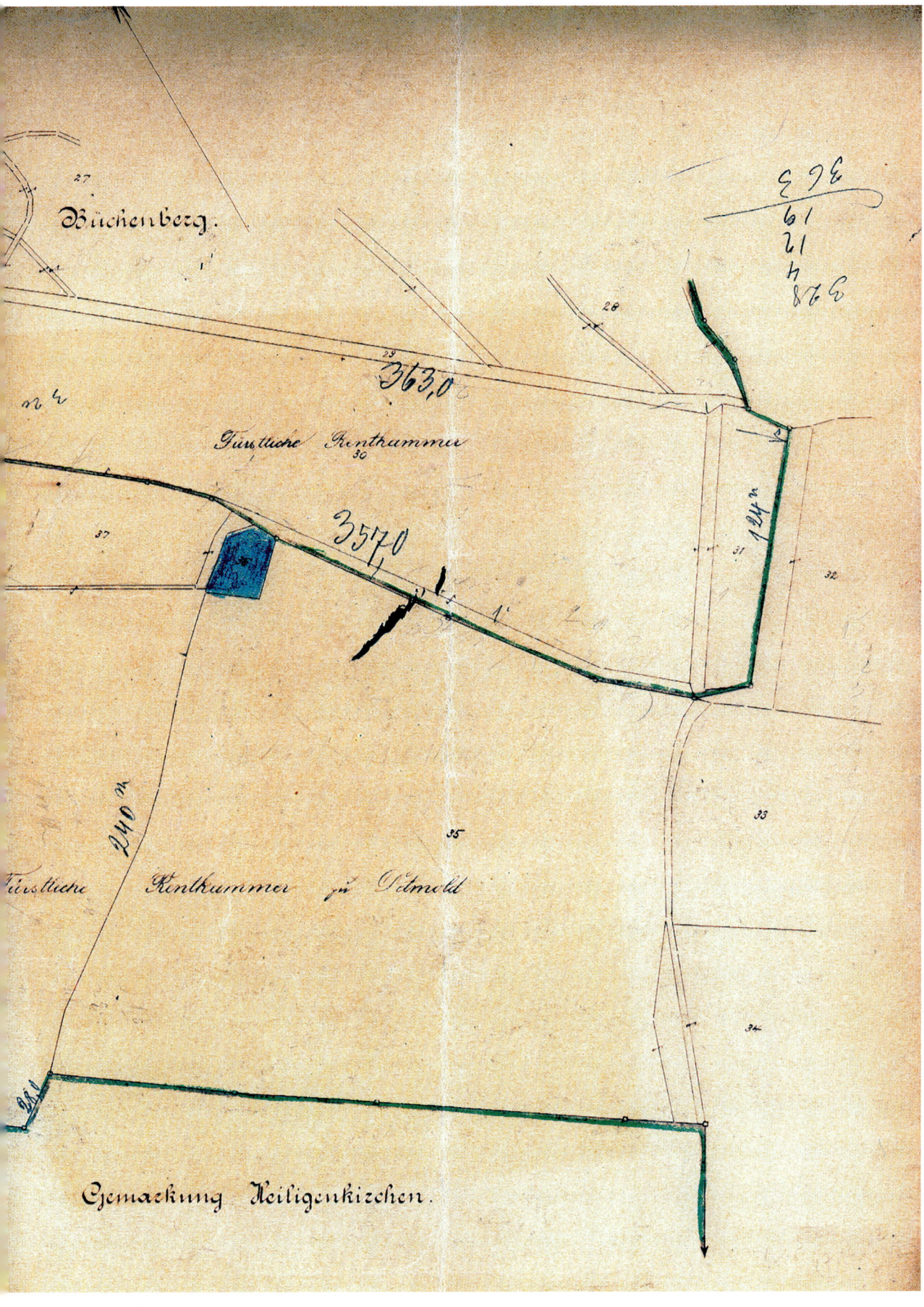

Buchenberg.

363,0

Fürstliche Renthammer
30

357,0

Fürstliche Rentkammer zu Detmold

Gemarkung Heiligenkirchen.

Einfriedungen

Die Einfriedungen der Weidekämpe erforderten zunächst nur Holz, so sind es im Februar 1850 „6655 Fuß tannen Ricker von 4" [Zoll] mittlerem Durchmesser oder 12 1/2" [Zoll] Umfang", die möglichst aus Fallholz aus dem Hornschen Forst oder dem Kohlstädter Distrikt zu nehmen seien.[12]

Hofstallmeister von Anderten machte 1876 auf Anfrage der Forstdirektion detaillierte Angaben zur Beschaffenheit der Einzäunung: Die Pfähle mit einem Durchmesser von 11 bis 18 Zentimetern sollten sechs Lippische Fuß[13] über der Erde stehen mit sechs Zink- und fünf Bunddrähten daran. Andererseits wurden 1876 auch 60 Stück Rundlatten und sechs bis sieben Pfähle für Einfriedungen nachgefragt – es muss also sowohl Draht- als auch Holzzäune beziehungsweise Kombinationen aus beiden gegeben haben. Das Holz dafür sollte Oberförster Limberg aus dem Revier Lopshorn zur Verfügung stellen. Auch der Platz vor dem Krummen Haus wurde eingezäunt.

Zur Einfriedung der Kuhlenbreite wurden im Februar 1900 „100 Tannen Pfähle" benötigt sowie 4.000 Meter Spanndraht und 240 Meter Maschendraht.[14]

Eine Karte von 1921 bezeichnet die unterschiedlichen Einfriedigungen, die zu dieser Zeit zum Teil aus Bruchsteinen, der alten Tiergartenmauer, bestehen, zum Teil aus Holzpfosten mit Querstangen, aus Holzpfosten mit fünf Längsdrahtspannungen, aus Eisenbetonpfosten mit vier Drähten und aus Holzpfosten mit Drahtgeflecht.[15]

Von der Fasanerie zum Pferdestall

Neben den Flächenumwandlungen, im Wesentlichen Rodung von Wald und Schaffung von Weideflächen, kommt es auch zu baulichen Veränderungen innerhalb des Tiergartengeländes: Im Fasaneriegebäude wird eine Wohnung für den Gestütswärter eingerichtet, die Seitenflügel dienen nach einigen Umbauten als Pferdeställe.

Zur Erweiterung des Gestüts kam später auch der Neubau des so genannten Fourage-Hauses hinzu. Es befand sich gegenüber der ehemaligen Fasanerie von 1836 und war dieser sehr ähnlich: gleicher äußerer Grundriss samt vorspringendem Mittelteil, allerdings war es in Fachwerkbauweise ausgeführt.[16]

▼ *Tiergarten Detmold. Im Vordergrund die ehemalige Fasanerie mit der Tiergartenmauer, erbaut 1836, im Hintergrund das Fourage-Haus*

Am 2. Dezember 1854 berichtet Stallmeister von Unger (1851–1866), Wegebaumeister von Meien sei davon in Kenntnis gesetzt, dass die nötigen Steine für den Bau eines Fourage-Hauses im Tiergarten an derselben Stelle gebrochen werden könnten, wo auch schon die Steine für den Ausbau der Fasanenmeister-Wohnung gebrochen worden seien. Im Mai 1855 sollten die Eichen für den Bau des Fourage-Hauses gefällt werden.[17]

Die „Kostenanschläge und Rechnungen über Baureparaturen an den Gestütsgebäuden und Anlagen im Tiergarten" beinhalten vor allem die in regelmäßigen Abständen wiederkehrenden Arbeiten wie das Ausbessern des Verputzes, das Weißen der Wände und die Instandhaltung der Einfriedigungen der Gestütskämpe mit Fichtenstangen, aber auch bauliche Veränderungen wie zum Beispiel die Vergrößerung der Boxenställe.[18]

1905 wurde der Brunnen bei der Fasanerie wegen Wassermangels auf 16 Meter vertieft, was aber nicht ausreichte, so dass im Februar 1906 eine weitere Bohrung auf 20 Meter, 1907 auf 24 Meter erfolgte, womit endlich genügend Wasser vorhanden war. Der Brunnen sollte Wasser für eine Familie, etwa acht Pferde und eine Kuh liefern. Das Waschwasser wurde dem Teich entnommen, bis 1912 eine Wasserleitung verlegt wurde.[19] Im März 1916 sollte der Teich, Gemarkung Johannettental, Kartenblatt 1, Parzelle 36, eingefriedigt werden, da er eine Brutstätte für Palisadenwürmer sei, weshalb schon Pferde eingegangen seien.

Der Gestütsbetrieb

Die Akten geben auch Auskunft über landwirtschaftliche Fragen: So wurden sogar aus Berlin von der Firma Metz und Co. Empfehlungen zur Einsaat einer Pferdeweide auf lehmigem Boden mit Kalkstein eingeholt. Sie lauteten folgendermaßen:

10 Pfund	Agrostis stolonifera	Weißes Straußgras
15 Pfund	Dactylis glomerata	Wiesen-Knäulgras
15 Pfund	Poa pratensis	Wiesen-Rispengras
15 Pfund	Festuca pratensis	Wiesen-Schwingel
15 Pfund	Phleum pratense	Wiesen-Lieschgras
10 Pfund	Lolium perenne	Englisches Raygras
15 Pfund	Avena elatior	Französisches Raygras
3 Pfund	Trifolium pratense	Wiesen-Klee
3 Pfund	Trifolium repens	Weiß-Klee[20]

Verschiedene Rechnungen über Düngemittel lassen darüber hinaus Rückschlüsse auf die durchgeführte Düngung zu: 1912 wurden beispielsweise Thomaskali, Kali, Superphosphat und Wiesenguano bezogen.[21] Bemerkenswert ist auch die Tatsache, dass noch um die Jahrhundertwende zum Einstreuen der Ställe Heidekraut zum Tiergarten gebracht wurde.[22]

Die detaillierten, wöchentlich geführten Futterberichte geben Aufschluss über die Art und Herkunft der Futtermittel, die täglich verfütterte Menge sowie die Fütterungspraxis im Gestüt Tiergarten. Auch über die Pferde im Gestüt lässt sich

etwas erfahren, da häufig sogar die Namen der Pferde, auch der Deckhengste, genannt sowie Fohlengeburten mit Datum und Uhrzeit vermerkt werden. Eine weitere Gestütspraxis wird dabei deutlich – die Namensgebung der Pferde: Bis 1919 erhielt jeder Fohlenjahrgang den gleichen Anfangsbuchstaben (1913: T, 1914: U, 1915: V, 1916: W, 1917: A, 1918: B, 1919: C). Ab 1919 ist keine einheitliche Namensgebung mehr erkennbar, auch Umbenennungen kommen vor, zum Teil werden die Fohlen nach den Anfangsbuchstaben der Mutterstute benannt, die Stute Perle hat beispielsweise folgende Nachzucht: 1917 Agnes, 1918 Bravo, 1919 Carmen, 1921 Perlenglanz, 1922 Perltaube, 1923 Palme, 1924 Perlfischer, 1925 Palmström, 1926 Pfälzerin, 1927 Pfalzgraf. Die 1909 geborene Stute wird 4-jährig zum ersten Mal gedeckt und bringt in 15 Jahren 13 Fohlen zur Welt.[23]

In einigen Fällen zeigen die Futterberichte zudem die Art der durchgeführten Pflege- und Düngearbeiten auf, so hat Gestütswärter Meise im Februar 1899 mit dem Pferd Taurus Knochenerde auf die Kämpe gefahren. Neben Hafer verfütterte man Kleie, Esparsetten, Erbsen, Möhren, Heu und Stroh. Das Wiesenheu wurde zum Teil im Tiergarten selbst geworben, Esparsettenstroh kam als Zugang vom Gestütskamp, Mohrrüben lieferte der fürstliche Lustgarten.[24] Der tägliche Bedarf an Futtermitteln betrug beispielsweise im Februar 1898 60 Pfund Hafer und 72 Pfund Heu.

Weiter macht die Durchsicht der Futterberichte zweierlei deutlich:
– Es gab einen regen Wechsel von Pferden. Zwischen April und Ende Mai kamen Stuten mit Fohlen von Lopshorn, im Herbst gingen die Fohlen zum Absetzen dorthin zurück, zum Teil kamen tragende Stuten im Herbst und fohlten im Tiergarten, im November fand ein häufiger Übergang von 3-jährigen Pferden zum Marstall statt. Am 24. Mai 1907 wurden zum Beispiel aufgetrieben: die vier Stuten Krimhild, Kunigunde, Victoria und Waltraud, die drei Wallache Kunibert, Kobold und Kozack sowie (vermutlich) ein Fohlen von Zend a. d. Diana.[25]
– Die Fütterung wurde sehr individuell auf die einzelnen Pferde abgestellt. So bekamen die Pferde bei Lahmheit weniger Hafer und mehr Mohrrüben. Selbstverständlich unterlag die Fütterung auch einem jahreszeitlichen Wechsel.

Die Anzahl der Pferde schwankte stark: 1893 waren es beispielsweise 14 Mutterstuten, zehn Fohlen, 1905 acht Mutterstuten mit Fohlen, 1916 fünf Mutterstuten, 1919 sollten 30 Pferde im Tiergarten aufgestellt werden. Ob es tatsächlich dazu kam, ist nicht ganz klar.

Auch zu dieser Zeit gab es große Futterprobleme: Am 20. Oktober 1917 schreibt Kammerherr von Gustedt (1916–1919) an seine Durchlaucht, dass er die jungen Pferde wegen der ungünstigen Witterung gerne schon früher vom Tiergarten nach Lopshorn genommen hätte, es ihm aber wegen des gering bemessenen Futters nicht möglich gewesen sei – obwohl er die Notlage bei den Behörden eindringlich geschildert habe. Ein zweijähriges Fohlen sei bereits an Unterernährung eingegangen.[26]

Die Entwicklung nach 1918

Die Revolution von 1918, in deren Folge auch Fürst Leopold IV. (1905–1918) abdanken musste, brachte erhebliche Veränderungen für die Senner-Pferde mit sich. Der damalige Bestand von 38 Pferden wurde durch den neu gegründeten lippischen Staat beschlagnahmt.[27] Da es erklärter Wille war, das Sennergestüt zu erhalten und der Staat selbst nicht in der Lage war dieses zu leisten, beauftragte er den Verband Lippischer Pferdezüchter, die Sennerzucht weiterzuführen und gewährte hierfür jährliche Zuschüsse. Außerdem standen – vertraglich geregelt am 31. Oktober 1919 – sowohl die Gebäude und Weiden in Lopshorn als auch im Tiergarten zur Nutzung zur Verfügung.[28]

Anlässlich der Übernahme der Gebäude und Grundstücke durch den Verband wurden nicht nur diese aufgelistet, sondern auch Inventare des Mobiliars aufgenommen. Sie erlauben einen Einblick in die Ausstattung eines Gestüts:[29]

Gleichzeitig wurden sämtliche Pferde sowohl des Gestüts als auch des Marstalls erfasst:[30]

Allerdings verkaufte der Verband bereits auf der im September 1919 stattfindenden Auktion den größten Teil der Pferde und führte die Zucht mit einem Bestand von nur acht Pferden weiter.[31] Es handelt sich um die Mutterstuten Hilka, Indra, Perle, jeweils mit Fohlen bei Fuß, Vedette und die 2-jährige Stute Amanda.

Bei der Musterung für diese einschneidende Auktion wurde der Verkauf jedes einzelnen Pferdes begründet: „Fackel auf beiden Sprunggelenken Gallen (...) Ursula ist zu leicht, zu hochbeinig, zu fein in den Knochen und viel zu lang und weich in den Fesseln. (...) Die zweijährige Stute Agnes hat alles Schlechte von ihrem Vater Eastcheap geerbt, ist zu hoch auf den Beinen und hat nicht genug Hose. (...) Der Hengst Eastcheap; Gebäude total inkorrekt, gar keine Tiefe, absolut inkorrekter Gang, zur Zucht unbrauchbar.“[32] Nur wenige Jahre zuvor war das Urteil von Hofstallmeister von Schönfeldt noch völlig anders ausgefallen: „Eastcheap selbst lief dreimal sehr achtbar in England, kam

112

Brand-Zeichen	N a m e
Lippe	
12. Rechter Hinterschenkel	**Sennergestüt Lopshorn** (Verband der Lippischen Pferdezüchter in Lopshorn) Seit 1919: Für alle im Sennergestüt gezogenen Pferde
13. Außer Gebrauch Rechter Hinterschenkel	**Fürstlich-Lippisches Sennergestüt Lopshorn** Von 1851—1918: Für alle im Sennergestüt gezogenen Pferde

◄◄ *Brandzeichen des Verbandes der Lippischen Pferdezüchter*

Weiden und Stallungen des Sennergestütes im Tiergarten. Im Vordergrund Mutterstuten des Gestütes.

Das Sennergestüt Lopshorn

des „Verbandes der Lippischen Pferdezüchter G. m. b. H." befindet sich mit seinen gesamten Gestütseinrichtungen, Reitbahn und Weiden im Tiergarten 1½ km von Detmold entfernt, nur wenige Minuten abseits des Promenadenweges, der von Detmold zum Hermannsdenkmal führt, und des beliebten Ausflugsrestaurants „Krummes Haus", eingefriedigt von den Wäldern des Teutoburger Waldes. Der Tiergarten beherbergt auch die Reit- und Fahrschule des Verbandes der Lippischen Pferdezüchter G. m. b. H. Hier befinden sich die Wohn- und Unterrichtsräume der Reitschüler, sowie die Stallungen für das Pferdematerial.

dann nach Hoppegarten und wurde 1908 von Mr. Godfrey, ehe er auf die Bahn gebracht wurde, vom Fürstlichen Gestüt erworben. Seine bis jetzt gefallenen Fohlen sind gut eingeschlagen und zeigen ganz die schonen Formen und Gelenke des Hengstes."[33]

Da die Einführung eines Brennzeichens unerlässlich schien, wird vorgeschlagen, das uralte lippische Brennzeichen, die lippische Rose mit Krone darüber zu nehmen. Nachweisbar rein gezogene lippische Pferde sollten das Brandzeichen auf den Schenkel erhalten, die übrigen auf Sattellage oder Hals.[34] Für die im Sommer 1921 stattfindende Stutenschau bat der Verband Lippischer Pferdezüchter das Landespräsidium des Freistaates Lippe um Stiftung eines Wander-Ehrenpreises in Form eines Ölgemäldes, das den Verbands-Beschäler Tizian darstellen sollte. Landespräsident Drake gibt sein Einverständnis. Wer drei Mal hintereinander die beste Stute vorstellt, so hieß es, darf den Preis behalten.[35]

Da in Lopshorn „zwar ideale Stallungen, Reit-, Fahr- und Tummelplätze reichlich vorhanden" wären, „aber leider keine

◄ *Weiden und Stallungen des Sennergestüts im Tiergarten. Im Vordergrund Mutterstuten des Gestüts*

◄ *Hilka, geb. 2. Mai 1905, v. O'Bajan I. Ölgemälde von Wilhelm Westerop, 1920*

113

Reit- und Fahrschule
im Sennergestüt Lopshorn
Detmold, Tiergarten

Auf unserer Reit- und Fahrschule
finden regelmäßig Vierteljahrs-
Kurse und Monats-Kurse statt.
Die Teilnehmer werden ausgebildet im
Reiten und Fahren, in der Pferdepflege,
Pferdekunde, Gestütswesen, Hufbeschlag
und in der Behandlung der Pferde
in Krankheitsfällen. Erste Referenzen
und Prospekte stehen zur Verfügung.

Anfragen richte man an die Geschäftsstelle
Detmold, Tiergarten, Tel. Detmold 2088, 2614

Verband der Lipp. Pferdezüchter
e. G. m. b. H.

nahrhaften Weiden", die sich wiederum im so genannten Tiergarten im Büchenberge befänden, entschloss sich der Verband 1928 zur Verlegung des gesamten Sennergestüts und der im Juli 1920 in Lopshorn gegründeten Lippischen Reit- und Fahrschule in den Tiergarten. Auch sei die Zweiteilung des Gestütsbetriebs zwischen Lopshorn und dem Tiergarten unter den gegenwärtigen Wirtschaftsverhältnissen unzweckmäßig und zu kostspielig, schreibt A. Meyer zu Dörentrup 1933 in der Zeitschrift für Gestütkunde.[36]

Die bereits vorhandenen Wohn- und Stallanlagen wurden nun zeitgemäß eingerichtet.[37] Aus Mangel an Unterbringungsmöglichkeiten hatte die etatmäßige Schülerzahl in Lopshorn nur acht Personen betragen, die große Nachfrage nach Kursen konnte mit dieser geringen Zahl bei weitem nicht gedeckt werden.[38]

Die Verlegung der Reit- und Fahrschule in den Tiergarten verbesserte diese Situation entscheidend, da im Mittelteil des Fourage-Hauses durch den Einbau von Wohnmöglichkeiten für die Reitschüler wesentlich mehr Platz zur Verfügung stand. Dadurch stieg auch der Anteil von Schülern aus allen Gegenden Deutschlands. Im selben Haus befand sich auch ein Büro für den damaligen Verbands-Geschäftsführer, Hans Albert. Im Keller und in den Seitenflügeln waren weiterhin Pferdeställe. Das alte Fasaneriegebäude war im Mittelteil bewohnt, von 1928 bis 1935 lebte hier Sattelmeister Sobczak,[39] ein harter, aber gerechter Reitlehrer, wie seine ehemaligen Schüler berichten, in den Seitenflügeln befanden sich Pferdeställe.

Durch die Weiterführung des Sennergestüts konnten die Schüler zugleich in allen Gestütseinrichtungen und -arbei-

► Das ehemalige Fasaneriegebäude, um 1930.
Den Mittelteil bewohnte
Sattelmeister Sobczak,
in den Seitenteilen waren Pferdeställe untergebracht

ten ausgebildet werden.[40] Die dreimonatige Ausbildung umfasste somit eine sehr breite Palette der Arbeit mit Pferden:

- Stalldienst und praktische Unterweisung in Putzen, Behandlung und Pflege der Pferde
- Ausbildung im Vorführen, Fahren, Longieren und Übungen im Voltigieren
- praktische und theoretische Ausbildung im Gestütswesen, in Fütterung und Wartung, Aufzucht und Hufbeschlag
- Anatomie des Pferdes
- Pferderassen- und Züchtungskunde mit Vererbungslehre
- Straßendisziplin und polizeiliche Verordnungen[41]

Der Unterricht fand zum Teil im Tiergarten selbst statt, es existierte eine Reitbahn und ein Sprunggarten, ein schmaler Streifen von 3 bis 4 Metern Breite und zirka 80 Metern Länge entlang der alten Tiergartenmauer. Weiterhin nutzte man die Reithalle am Schlossplatz (heute Stadthalle) für die Unterrichtsstunden sowie für Geländeritte die ausgedehnten Wälder des nahen Teutoburger Waldes.

Verband der Lippischen
Pferdezüchter in Lopshorn
(e. G. m. b. H.)
Sektion für Pferdezucht in Lippe.

———

Fernsprech-Anschluß Detmold Nr. 614.

———

Bankkonto: Lippische Landesbank Detmold.

◄ Briefkopf des Verbandes der Lippischen Pferdezüchter

▼ Reitschüler im Tiergarten, um 1930

► Sprunggarten
im Tiergarten

► Schüler der Reit-
und Fahrschule.
Fünfter von links Sattel-
meister Sobczak, vor dem
Einspänner Hoppegarten,
unter dem Sattel Fuchs-
hengst Cormoran

Neben bewährten Reitlehrern übernahmen ein Tierarzt, ein Zuchtinspektor der Landwirtschaftskammer und ein Hufschmiedemeister Teile des theoretischen Unterrichts. An Lehrgeld waren insgesamt je 75 Mark, für die Pension 70 Mark zu zahlen. Die dreimonatigen Kurse endeten jeweils mit einer öffentlichen Vorstellung und Prüfung. Wie die Schülerlisten zeigen, gab es in einigen Kursen tatsächlich einen hohen Anteil nicht lippischer Teilnehmer. An Schulpferden standen Oldenburger Karossiers, Holsteiner, Hannoveraner und Senner zur Verfügung. Es konnten jedoch auch eigene, sogar ungerittene Pferde mitgebracht werden.[42] Von Zeitzeugen, ehemaligen Reitschülern, wird darüber hinaus berichtet, dass für den praktischen Fahrunterricht zwei Viererzüge mit Oldenburgern genutzt werden konnten.[43]

Die „vortrefflichen Weiden im Tiergarten dienen auch als Aufzuchtstation für die zukünftigen Landbeschäler".[44] Im Vorjahr in Lopshorn gekauft, sollten sie durch tägliche ausgiebige Galopps ihre Muskeln und Lungen kräftigen, bevor sie im Herbst wieder nach Lopshorn zurückgebracht wurden.[45]

Im Tiergarten gab es zeitweise auch eine Deckstation, die sich im Fourage-Haus befand. So stand zum Beispiel

► Reithalle Detmold,
heute Stadthalle

▲ *Senner-Gruppe im Tiergarten bei Detmold, um 1932/33*

1920 der Verbandsbeschäler Tizian im Tiergarten, 1930 der Holsteiner Hengst Cormoran.[46] Für die Sennerstuten wurde jedoch überwiegend der in Schieder aufgestellte Vollbluthengst Punkt eingesetzt.[47] Die Reitschüler berichten außerdem von dem Kaltbluthengst Electeur de Bahaux. Noch in der Spätphase des Gestüts wird am 17. Juni 1933 der Bau eines Longierschuppens genehmigt.

Der letzte Reitkurs soll im Frühjahr 1934 stattgefunden haben und schon nach sechs Wochen abgebrochen worden sein, da die SA das Gelände übernommen hätte. Tatsächlich scheint sich im Tiergarten der Übergang vom Verband Lippischer Pferdezüchter zur SA sehr abrupt vollzogen haben. Verbands-Geschäftsführer Langebeckmann schildert im Geschäftsbericht 1933/34, dass der Verband zur ziemlich plötzlichen Abgabe gezwungen gewesen sei, da bei einer Weigerung der Zuschuss für das Lehrpersonal und jede Zuweisung von Schülern durch das Reichskuratorium Berlin weggefallen wären.[48]

Von der Übergabe des Geländes an die SA liegt eine letzte Bestandsaufnahme des Tiergarteninventars vor. Sie da-

◄ *„Tizian verbindet hinreißende Schönheit, höchsten Adel und grundreelle Güte in höchstem Maße. Er hat das wundervolle Temperament seines berühmten Vaters und ein fabelhaft schwungvolles, hochenergisches Gehvermögen, wie man es nur allzu selten zu sehen bekommt."*

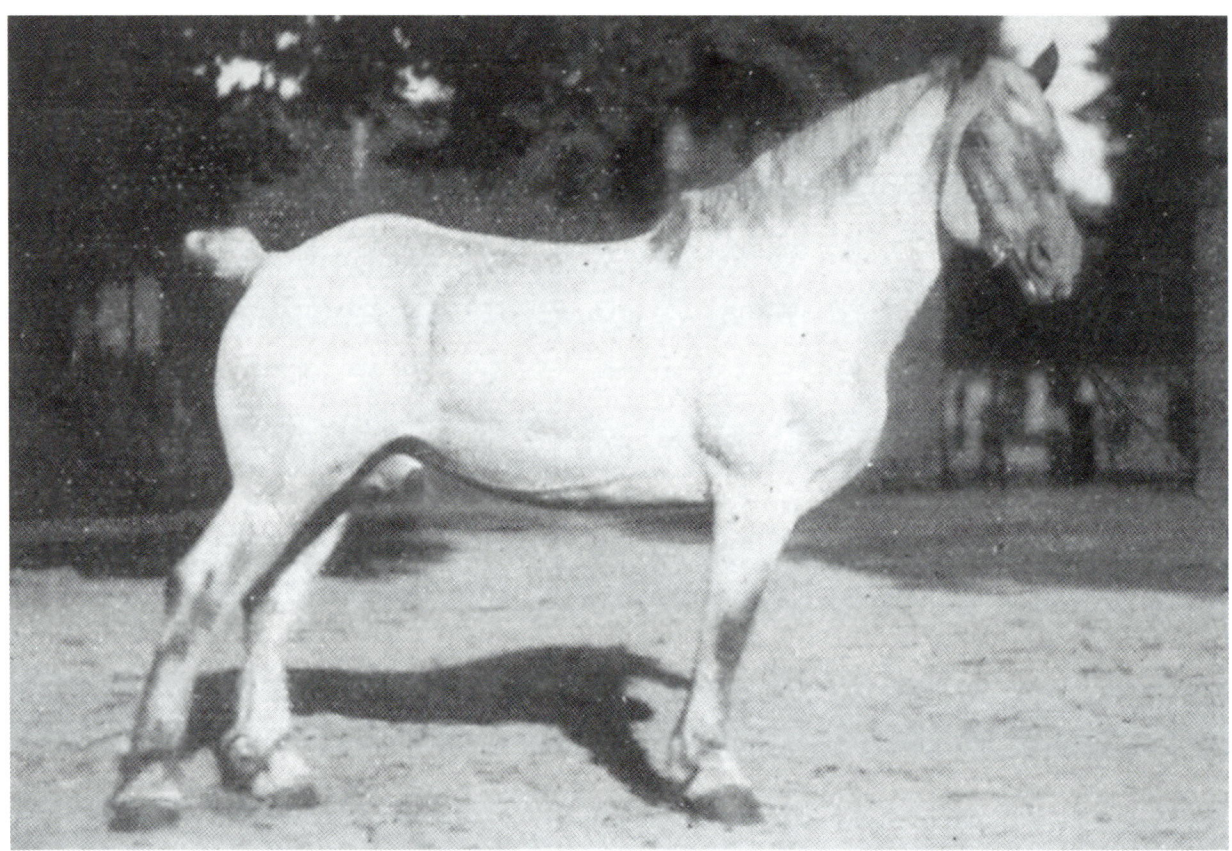

► *Electeur de Bahaux. Kaltblutdeckhengst, Station Tiergarten*

▼ *Reitergruppe vor dem Fourage-Haus im Tiergarten bei Detmold*

► *Uniform der Gestütsleute*

tiert vom 19. Januar 1934: „eine Fläche von 14 ha, ein Internat für 20 Schüler, Stallungen für 26 Pferde sowie die Pferde: Karola 10 Jahre, Vedette II 5 Jahre, Perle II 5 Jahre, Akra 9 Jahre, Cormoran 14 Jahre, von der SA angestellt, aber nicht übernommen werden: Vertraute 12 Jahre, Palme 11 Jahre, Ingeborg 11 Jahre, Veronika 8 Jahre, Panama 7 Jahre und die Fohlen Vielgetreu und Vernunft II, beide vierjährig."[49]

Die Lippische Landesregierung übertrug dem Chef des Ausbildungswesens von SA und SS Gelände und Gebäude

des Tiergartens und verpflichtete sich, Räumlichkeiten für ein Schülerinternat zu errichten und für die Unterbringung von 60 Pferden zu sorgen.[50] Auch die SA betrieb nämlich im Tiergarten eine Reit- und Fahrschule, allerdings unter paramilitärischen Vorzeichen. Da in der SA-Reit- und Fahrschule Detmold ständig 120 Mann stationiert werden sollten, erhielt der Tiergarten noch in der ersten Hälfte des Jahres 1934 zwei große Neubauten: ein Mannschaftsgebäude, das noch heute neben dem alten Fasanenhaus steht, und ein Gebäude zur Unterbringung von 61 Pferden mit dazugehörigen Nebenräumen (Pferdewaschraum, Haferkammer, Schmiede, Wagenremise für acht Wagen, Remise für Kutschwagen, Schlitten et cetera. Hinter dem Stall legte die SA auch noch drei Reitplätze an. Darüber hinaus initiierten die neuen Hausherren den „Ausbau der beiden bestehenden Gebäude für die Zwecke der Reit- und Fahrschule durch den Einbau von Pferdeständen und weiterer Umbau- und Reparatur-Arbeiten."[51]

Sattelmeister Sobczak war noch bis 1935 als Reitlehrer tätig, bevor er nach Gotha verzog.

Die umfangreichen Um- und Neubauten lohnten sich jedoch nicht. Kaum hatte der Reit- und Fahrschulbetrieb begonnen, musste die SA den Tiergarten 1936 für den Reichsführer-SS und Chef der deutschen Polizei Heinrich Himmler räumen. Im Zuge des flächendeckenden Aufbaus von motorisierten Gendarmerie-Bereitschaftskasernen bestimmte die nationalsozialistische lippische Regierung den Tiergarten zum Gendarmerie-Standort. Im Laufe des Jahres

1936 verließ die SA das Terrain, und im Herbst desselben Jahres begannen die Umbauten für die Gendarmerie-Kaserne. Der neue Pferdestall nahm den Wagenpark auf, der alte taucht in den Plänen als „Verwaltungsgebäude 2" auf.[52]

Mit diesem symbolträchtigen Wechsel vom Pferdestall zur Garage und der Versteigerung der letzten 16 Senner-Pferde am 12. Februar 1935 auf dem Schlossplatz von Detmold schien die Zeit der Senner im Tiergarten endgültig vorbei zu sein.[53] Doch 1978 kehrten die Pferde auf ihre 128 Jahre zuvor bezogenen Weideflächen im Tiergarten zurück. Nach der Teileröffnung des Westfälischen Freilichtmuseums Detmold konnte dank der Zusammenarbeit zwischen dem Züchter der Senner-Pferde, Karl-Ludwig Lackner, und dem Museum während der Sommermonate die im Bestand bedrohte Rasse erneut auf den Weiden des ehemaligen Tiergartens grasen. Damit wurden die Senner einer breiten Öffentlichkeit wieder bekannt gemacht. Das Museum übernahm schon damals die Rolle eines Multiplikators: Durch die Verbreitung von Informationen in Form von Schautafeln und Broschüren wurde Interesse für die Senner geweckt und erfolgreich um Unterstützung für die Weiterzucht der gefährdeten Rasse geworben.

2001 kehrte schließlich mit dem Ankauf von zwei Sennerstuten auch die Zucht wieder in den Tiergarten zurück – eine hoffnungsvolle Zukunftsaussicht und ein zusätzlicher Pfeiler für die extrem gefährdete Sennerzucht „an einer Stätte, die durch älteste Tradition mit Lopshorn und dem Sennergestüt eng verbunden ist (...)".[54]

▲ *Sennerstute Palme mit Fohlen (v. Punkt) im Tiergarten, 1932*

119

► *Lageplan mit den drei neu angelegten Reitplätzen, 1934*

►► *Lageplan für die Unterkunft der Gendarmerie-Bereitschaft in Detmold, 1937*

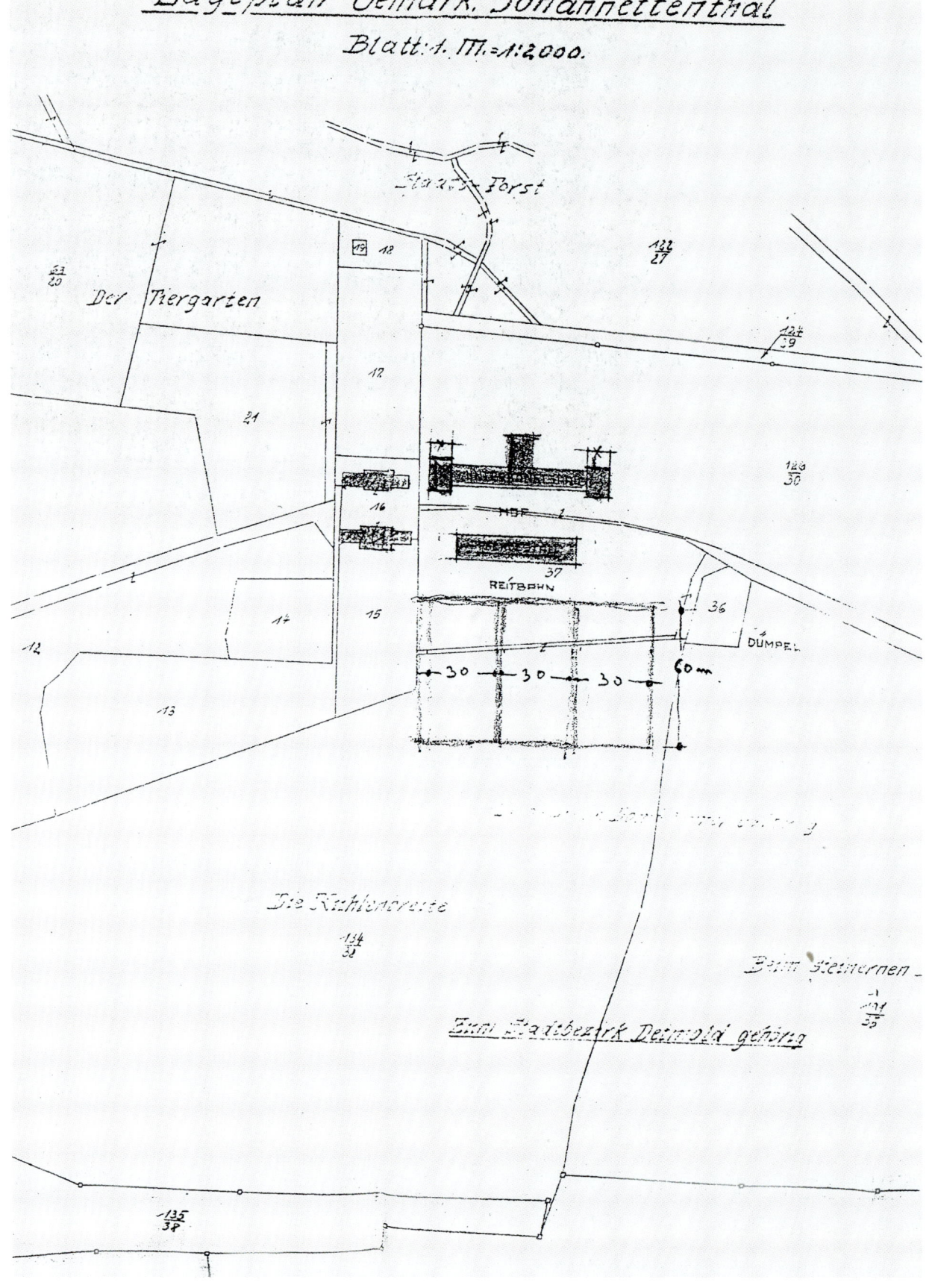

Lageplan Gemark. Johannettenthal

Blatt: 1. M. = 1:2000.

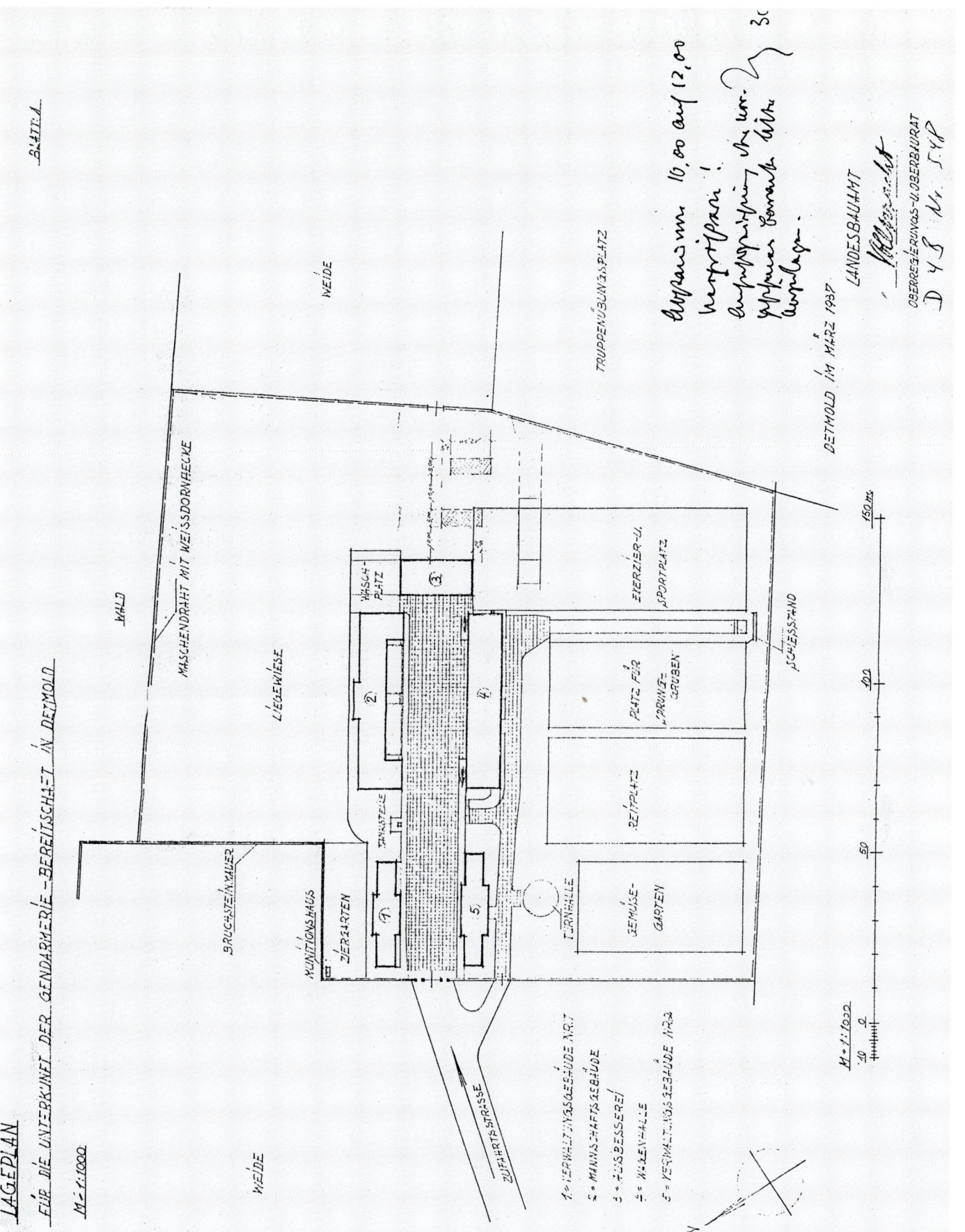

LAGEPLAN

FÜR DIE UNTERKUNFT DER GENDARMERIE-BEREITSCHAFT IN DETMOLD

M = 1:1000

1 = VERWALTUNGSGEBÄUDE NR.1
2 = MANNSCHAFTSGEBÄUDE
3 = FUSSBESSEREI
4 = WAGENHALLE
5 = VERWALTUNGSGEBÄUDE NR.2

M = 1:1000

DETMOLD IM MÄRZ 1937

LANDESBAUAMT

OBERREGIERUNGS-U.OBERBAURAT

121

► *Verbleib der Senner-Pferde nach Auflösung des Verbandes der Lippischen Pferdezüchter, 1935*

Anl. zum Vorgang Vg II 26

Verbleib der Senner-Pferde

nach Auflösung des Verbandes der Lipp. Pferdezüchter (1935)

Name	geb.	Farbe u. Abzeichen	Abstammung Mutter	Vater	Käufer
Vertraute	St. 20.3.21	br.ohne Abz.	Vedette 187	Tizian	Meyer zu Dörentrup 154,50
Palme	St. 29.3.23	br.Flocke, Schnibbe,h.l. gef.	Perle 180	Tizian	Graf v.d.Schulenburg 412,–
Ingeborg 194	St. 26.6.23	d.br.	Indra 169	Tizian	Klöpper, Werl 400,–
Vronika 195	St. 27.5.25	br.ohne Abz.	Vernunft 186	Tizian	Nieme,Mönchshof —
Panama 196	St. 21.3.27	br.Stern,h.l. w.gef.	Perltaube	Lüderbach	Dr. Bollhöfer, Domäne Blomberg 450,–
Ingrid 197	St. 1.5.31	d.br.	Ingeborg 194	Onkel Ludwig	Klöpper, Werl 400,–
	St. 8.4.31	br.Stern,h.l.w. Kronenrand,h.r. halb gest.	Palme 193	Onkel Ludwig	H.Hagemann, Alverdissen 380,–
	W. 4.4.32	d.br.	Ingeborg 194	Chamisso	Ottenhausen zu Ottenhausen 334,50
	St. 21.4.32	br.schiefe Blässe	Palme 193	Chamisso	Fr. Diekmann, Jerxen 309,–
	W. 20.3.32	d.br.	Veronika 195	Chamisso	Bröker, Hörstmar 334,75
	St. 2.3.33	d.br.	Veronika 195	Punkt	Quidde, Barntrup 272,25
	St. 27.2.33	br.m.Stern	Palme 193	Punkt	Aug.Bünte, Laßbruch 252,50
	W. 28.4.33	br.m.Stern,h.l. w.gef.	Panama 196	Cormoran	Bröker, Hörstmar 288,40
	St. 25.2.34	br.Flocke	Veronika	Punkt	Bicker, Ehrsen 125,– Vedette II
	St. 7.2.34	br.ohne Abz.	Palme 193	Punkt	Arb.Kolonie Wilhelmsdorf, Baade 206,–
	St. 27.1.34	br.m.Stern	Vertraute 191	Punkt	Quidde, Barntrup 206,–
					4335,00

Armin Prinz zur Lippe

Erinnerungen an die letzten Senner der fürstlichen Familie

Das Sennergestüt wurde vom Hause Lippe, anknüpfend an die seit unvordenklichen Zeiten in der Senne freilaufenden Pferde gegründet und über Jahrhunderte erhalten. Erst als durch die Revolution im Jahre 1918 auch in Lippe der letzte regierende Fürst auf den Thron und den überwiegenden Teil des Domanialbesitzes verzichten musste, war das Ende dieses alten Gestütes eingeläutet.

Alle Bemühungen von privater Seite, die letzten noch in Lopshorn gehaltenen Senner zu retten, fanden 1945, unmittelbar nach dem Zweiten Weltkrieg, ein vorläufiges Ende. Doch nach wie vor fühlt sich die Familie Lippe diesen

Pferden besonders verbunden, für deren Gedeihen sie Jahrhunderte lang Verantwortung trug.

Nach der Revolution 1918 blieb nur ein Sennerschimmel im Besitz der Familie. Das Pferd hieß Thor und stand bis Anfang der 1950er Jahre im Stall des so genannten Dikasterialgebäudes am Detmolder Schlossplatz. Alle hingen an „Thörchen", wie der Schimmel liebevoll gerufen wurde. Zur Zeit der Hirschbrunft verbrachte die Familie regelmäßig ein bis zwei Monate im einsam im Wald bei Augustdorf gelegenen Jagdschloss Lopshorn. Der Sennerschimmel stellte in diesen Wochen die einzige Verbindung mit der übrigen Welt dar.

Als im Zweiten Weltkrieg und in den ersten Nachkriegsjahren Benzin Mangelware war, wurde unser „Thörchen" vor dem Kutschwagen zum wichtigsten Verkehrsmittel. In den fünfziger Jahren scheute der inzwischen hochbetagte Schimmel bei einer Besorgungsfahrt in der Stadt vor einem Lastwagen, schlug über die Stränge, stürzte und brach ein Bein. Das war das Ende unseres Senners – einen Nachfolger gab es in Detmold nicht mehr.

Als kleiner Junge habe ich gern bei den Hubertusjagden zugeschaut, die Herr Sobzcak mit seinen Reitschülern in Lopshorn noch in den zwanziger Jahren veranstaltete, als schon die Reste des Gestütes in den Tiergarten bei Detmold, das heutige Gelände des Westfälischen Freilichtmuseums,

◄ *Der Marstall beim Schloss Detmold, um 1911*

123

ausquartiert worden waren. Ich durfte hinter einer Absperrung beobachten, wie sie im gestreckten Galopp vorbeikamen. Das war sehr aufregend für mich, zumal ich immer gemahnt wurde, nicht zu nahe an den Parcours heranzutreten, weil das gefährlich sein könnte.

Nähere Bekanntschaft mit Pferden habe ich erst 1939 machen können, als wir zum ersten Mal den Sommer auf dem neu erworbenen Gut meines Vaters, Altdöbern bei Calau, verbrachten. Ich bekam bei dem Kutscher, einem ehemaligen Kavalleriewachtmeister, meinen ersten Reitunterricht. Schon bald durfte ich mit meiner älteren Schwester, die bereits reiten konnte, über frische Stoppelfelder galoppieren.

In Detmold stellte ich anschließend fest, dass man für 20 Pfennig eine Stunde lang in der Reithalle am Schloss-

platz reiten konnte. Davon habe ich weidlich Gebrauch gemacht. Dieser Reitbetrieb lief auch nach dem Kriege weiter und endete für mich erst, als mir meine Doktorarbeit keine Zeit mehr für das Reiten in Detmold ließ. Zuvor konnte ich noch erfolgreich die Prüfungen für das bronzene Reiterabzeichen ablegen.

Ich habe stets zutiefst bedauert, dass das Sennergestüt aufgelöst war und die Rasse der Senner erloschen schien. Nach dem Zweiten Weltkrieg brannten auch noch die Stallungen des alten Gestüts in Lopshorn zusammen mit dem Jagdschloss ab. Da die Engländer das gesamte Lopshorner Areal sofort dem Truppenübungsplatz einverleibten, war der endgültige Verfall des historischen Ensembles nicht mehr aufzuhalten. Es blieb ein schöner Traum, an gleicher Stelle das Gestüt wieder aufzubauen, um in Lippe die alte

Tradition mit Reitschülern und Helfern zu neuem Leben zu erwecken. Regelmäßige Reitveranstaltungen und -vorführungen hätten dort – wenn auch in stark verkleinertem Maßstab – an die Hofreitschule in Wien erinnern können.

Darum war ich sehr glücklich mitzuerleben, dass es Herrn Lackner gelungen war, noch Pferde aus dem ehemaligen lippischen Gestüt aufzufinden, zu erwerben und die Zucht neu aufzubauen. Mit mir sind sicher viele Lipper stolz darauf, dass es diese alte Rasse mit dem historischen Brandzeichen wieder gibt. Besonders freut mich die Initiative, die Senner in ihrer alten Heimat wieder anzusiedeln. So habe ich die Schirmherrschaft für das Wildbahn-Projekt der Biologischen Station Senne gern übernommen.

Seit Ende 2001 beteiligt sich das Westfälische Freilichtmuseum Detmold – Landesmuseum für Volkskunde – aktiv an der Sennerzucht. Nachdem bereits die Stute Karina mit ihren beiden Fohlen Fidelio und Ganymed in die alte Heimat der Senner auf lippischen Boden in Augustdorf zurückkehren konnte, befinden sich nun auch zwei Senner – Nadine und Dorinah – endgültig wieder im alten Tiergarten bei Detmold.

Es ist ein großartiger Erfolg, dass es Herrn Lackner gelungen ist, die Zucht der Senner nach so langer Zeit wieder aufleben zu lassen, und dass diese Pferde in der Zusammenarbeit von Freilichtmuseum und Biologischer Station Senne als Zuchtrasse gefördert werden. Naturhistorische Aspekte und Naturschutz befinden sich in einem vorbildlichen Einklang.

▼ *„Thörchen", gefahren von Prinzessin Lilly.*

Thomas Jansen[1]

Genetische Untersuchungen zum Ursprung der Stutenlinien von Sennern und Dülmenern

Stammen die Senner und Dülmener über die maternale Linie von bodenständigen Populationen ab? Lassen sich verwandtschaftliche Beziehungen zu anderen Populationen oder Rassen feststellen? Mit diesen Fragen beschäftigte sich unter anderem eine ausgedehnte Populationsstudie, die bei der Biopsytec Analytik GmbH in Rheinbach durchgeführt wurde.[2]

Zwar ist bekannt, dass bis zum 19. Jahrhundert im Gebiet Westfalens große Pferdeherden existierten, jedoch ist der tatsächliche Ursprung der Populationen unklar. Die meisten der Populationen sind inzwischen ausgestorben: Die Senner und die Dülmener Pferde stellen die letzten Vertreter dieser ehemals weit verbreiteten Herden dar. Aus diesem Grund wurde untersucht, ob sich auf genetischer Ebene feststellen lässt, dass Senner und Dülmener Vertreter von seltenen bodenständigen Populationen sind. Hierzu wurden insgesamt 19 Proben von Sennern und zehn Proben von Dülmener Pferden in Bezug auf ihre Verwandtschaft zu anderen Populationen untersucht. Durch die Untersuchung eines Abschnitts aus der mitochondrialen DNA konnte gezeigt werden, dass die Senner, trotz aller Inzucht (alle Tiere gehen auf die Stammstute David, geb. 1725, zurück) einen besonderen Rang innehaben. In unserer Studie wurden insgesamt die DNA-Sequenzen von 654 Pferden aus 37 Rassen beziehungsweise Populationen untersucht. Das Sequenzmuster, welches wir bei den Sennern ermittelten, fand sich nur noch bei einem Rheinisch-Deutschen-Kaltblüter und zwei arabischen Pferden. Auch wenn es kaum noch zu bestimmen ist, woher dieses gefundene Sequenzmuster tatsächlich stammt, so spricht seine Seltenheit und seine deutliche Unterscheidbarkeit von allen anderen gefundenen Sequenzmustern dafür, dass die Senner Nachfahren einer bereits vor langer Zeit isolierten Population sind, somit besondere Vertreter der Art *Equus ferus f. caballus* darstellen. Im Gegensatz dazu ließ sich kein seltenes oder gar einzigartiges Sequenzmuster bei den Dülmener Pferden feststellen.

Welcher Ansatz gewählt wurde

Zu Beginn des Projekts im Jahr 1995 war es nicht einfach, überhaupt ein taugliches genetisches Markersystem aufzuspüren. Die seinerzeit in der Tierzucht noch sehr weit verbreitete Blutgruppentypisierung (Untersuchung von Blutgruppen, Antigenen und bestimmten Enzymen im Blut) erschien wenig hilfreich, da bei der Aufgabenstellung eventuell eine Zuordnung von Individuen zu einer Population erforderlich gewesen wäre, was diese Untersuchung nicht hätte liefern können. Die Aussage der Blutgruppentypisierung in der Phylogenie beruht letztlich auf einer statistischen Auswertung der einzelnen Merkmale. Es lässt sich nur in Wahrscheinlichkeiten ausdrücken, inwiefern Population A mit Population B verwandt ist. Die Frage, ob ein Individuum zur Population A oder B gehört, kann auf diesem Wege in der Regel nicht beantwortet werden. Ähnlich verhält es sich zumeist mit DNA-Markersystemen, die in der Kern-DNA aufzufinden sind. Eine Ausnahme stellt hier das Y-Chromosom dar. Eine Untersuchung von Y-chromosomalen Markersystemen wurde jedoch aus zwei Gründen nicht durchgeführt. Erstens sind bis heute keine Y-chromosomalen Marker des Pferdes veröffentlicht. Es wäre ein erheblicher Mehraufwand sowohl an Zeit als auch an finanziellen Mitteln notwendig gewesen, um eine Untersuchung mit von uns neu zu entwickelnden Markersystemen durchzuführen. Zweitens ist aus der Zuchtgeschichte hinreichend bekannt, dass gerade über die Hengstlinie häufig Fremdblut in die einzelnen Rassen eingekreuzt wurde. Folglich wurde für die Durchführung einer solchen Untersuchungen ein recht verwirrendes und uneinheitliches Bild erwartet, welches die unterschiedlichen Hengstlinien aus den verschiedenen Ursprungsrassen repräsentiert.

1994 wurde von Xu und Àrnason die komplette Sequenz der mitochondrialen DNA (mtDNA) des Pferdes veröffentlicht. Arbeiten von Higuchi u.a., Ishida u.a. und Marklund u.a.[3] zeigten das Potenzial der Untersuchung der mtDNA des Pferdes zur Aufklärung von verwandtschaftlichen Beziehungen auf. Wir erkannten die Möglichkeit, dass gemeinsam ererbte Mutationen in dem nichtcodierenden Bereich der mtDNA als Merkmal für eine Gruppe dienen könnten. Dadurch könnte es gelingen, einzelne Individuen einer solchen Gruppe oder gar einer Population zuzuordnen. Bis heute wurden mehrere Studien veröffentlicht, die einzelne Rassen untersuchten oder auch ausgedehnte Populationsstudien waren.[4] Jedoch ist bis heute keine Arbeit bekannt, in der die Untersuchung der mtDNA von alten deutschen Pferderassen wie Senner oder Dülmener Pferd beschrieben ist.

Erläuterungen

DNA: Das Erbgut aller Lebewesen ist aus vier Bausteinen aufgebaut: Adenin (A), Guanin (G), Cytosin (C), und Thymin (T). Durch unterschiedliche Kombination zu Dreiergruppen (Tripletts) aus diesen vier Bausteinen werden alle Funktionen im Organismus festgelegt. Den Aufbau des Erbmaterials muss man sich so vorstellen, dass die einzelnen Bausteine zu einem linearen Strang verknüpft sind. Dieser Strang ist seinerseits durch relativ schwache Wechselwirkungen (Stichwort: Wasserstoffbrückenbindung) mit einem entgegengesetzt verlaufenden, komplementären Strang verknüpft. Hierbei kann nur Adenin mit Thymin und Guanin mit Cytosin wechselwirken. Man unterscheidet im Erbgut zwischen codierenden und nichtcodierenden Bereichen. Wie der Name bereits andeutet, werden codierende Bereiche des Erbguts abgelesen und erfüllen eine konkrete biologische Funktion. Nichtcodierende Bereiche werden nicht abgelesen. Auch wenn sie manchmal als „genetischer Müll" bezeichnet werden, so sind sie doch nicht ganz ohne Funktion. Sie dienen in einem gewissen Sinne und Ausmaß als „Abstandhalter" zwischen den codierenden Bereichen. Nichtcodierende Bereiche zeichnen sich dadurch aus, dass sie oftmals in einem größeren Ausmaß mutieren können, als dies bei den codierenden Bereichen festzustellen ist. Dies bedeutet jedoch nicht, dass nichtcodierende Regionen grundsätzlich eine erhöhte Mutationshäufigkeit aufweisen.

Mitochondrien: Alle Tiere haben neben dem im Zellkern lokalisierten Erbgut noch eine kleine zusätzliche "Portion" Erbmaterial in den Mitochondrien lokalisiert. Die Mitochondrien sind Organellen, also kleinste Bestandteile der Zelle, in denen aus den weitgehend abgebauten und umgesetzten Nahrungsstoffen das universelle Energieäquivalent ATP, gewissermaßen der „Treibstoff" hergestellt wird. Es ist ein Relikt aus der Entwicklung der Lebewesen mit Zellkern (Eukaryonten), dass diese Organellen einen eigenen, ringförmig geschlossenen DNA-Strang besitzen (Stichwort: Endosymbiontenhypothese).

Aus folgendem Grund wird das mitochondriale Erbgut nur durch die Mutter vererbt: Eizellen enthalten etwa 10.000 Mitochondrien, Spermien hingegen nur zirka 100. Alleine das Verhältnis von 1:100 deutet schon an, dass die Mitochondrien des Vaters zahlenmäßig keine Rolle spielen. Außerdem konnte bei Mäusen nachgewiesen werden, dass nach der Befruchtung der Eizelle die väterlichen Mitochondrien durch spezifische Mechanismen abgebaut werden.[5]

Mitochondriale DNA: Der mtDNA-Strang besteht beim Pferd aus etwa 16.500 Basenpaaren. Davon sind rund 15.300 Basenpaare codierend und zirka 1.200 Basenpaare nichtcodierend. Die Bereiche sind in dem DNA-Strang so angeordnet, dass bei Projektion auf eine Uhr der nichtcodierende Bereich (auch D-loop genannt) von etwa 11 Uhr bis 1 Uhr reicht, während der codierende Bereich den Rest des Zifferblatts ausfüllt. Wichtig in Bezug auf die Studie ist, dass der nichtcodierende Bereich Abschnitte enthält, die Steuerungsfunktion bei der Ablesung des codierenden Bereichs haben und daher nur selten mutieren. Diese Bereiche werden konservierte Sequenzblöcke genannt. Andere Bereiche hingegen haben keine bis heute identifizierte Funktion. Sie weisen eine im Vergleich zur Kern-DNA erhöhte Mutationshäufigkeit auf, weshalb man sie hypervariable Regionen nennt, werden aber über viele Generationen hinweg stabil vererbt. Einen solchen Bereich ohne erkannte Funktion, die hypervariable Region 1 der mitochondrialen D-loop, ein Fragment von 247 Basenpaaren, Position 15494 bis 15740 entsprechend der von Xu und Àrnason[6] veröffentlichten Sequenz, haben wir in unserer Studie untersucht.

Isolierung des Erbmaterials: Bei der Isolierung der DNA werden durch spezielle Enzyme, welche manchmal auch in Waschmitteln zur Entfernung von eiweißhaltigen Verschmutzungen enthalten sind, die Zellbestandteile abgebaut. Auf Grund ihrer verschiedenen chemischen Struktur wird die DNA dabei nicht angegriffen. Nach einer gewissen Einwirkzeit des Enzyms, man spricht hierbei von Inkubationszeiten, wird die freigesetzte DNA aufgereinigt, zum Beispiel durch Extraktion der Abbauprodukte mit organischen Lösungsmitteln aus der wässrigen Lösung.

Die Polymerasekettenreaktion (PCR): Die PCR ist die wichtigste Reaktion in der Molekularbiologie. Unter dem Begriff versteht man die enzymatische Vervielfältigung eines DNA-Stranges im Reagenzglas. Man darf dies aber nicht so verstehen, als wenn man mit dieser Methode das gesamte Erbgut eines Lebewesen replizieren könnte. Vielmehr ist die Vervielfältigung auf Bereiche von bis zu maximal 30.000 Basenpaare begrenzt. Die in der PCR verwendeten Enzyme sind hochspezifisch. Sie benötigen einen doppelsträngigen Startpunkt, an dem sie gemäß dem darauf folgenden einzelsträngigen Bereich einen komplementären Strang aufbauen.

Die DNA-Sequenzierung: Der DNA-Sequenzierung liegt das gleiche Prinzip zugrunde wie der PCR. Vereinfacht liegt der wesentliche Unterschied in einer chemischen Veränderung der bei der Reaktion eingesetzten Nukleotide (Basen), die eine Kettenfortpflanzung in der Reaktion verhindern. Durch eine Markierung, beispielsweise durch Farbstoffe, der daraus erhaltenen Fragmente kann nach der Analyse der Fragmentgrößen die DNA-Sequenz ermittelt werden.

Durchführung der Untersuchung und Ergebnisse

In unserer Studie wurde pro Individuum die DNA aus zwei Haarwurzeln von ausgerissenen Haaren isoliert. Es erwies sich als zweckmäßig, den zu untersuchenden Bereich in

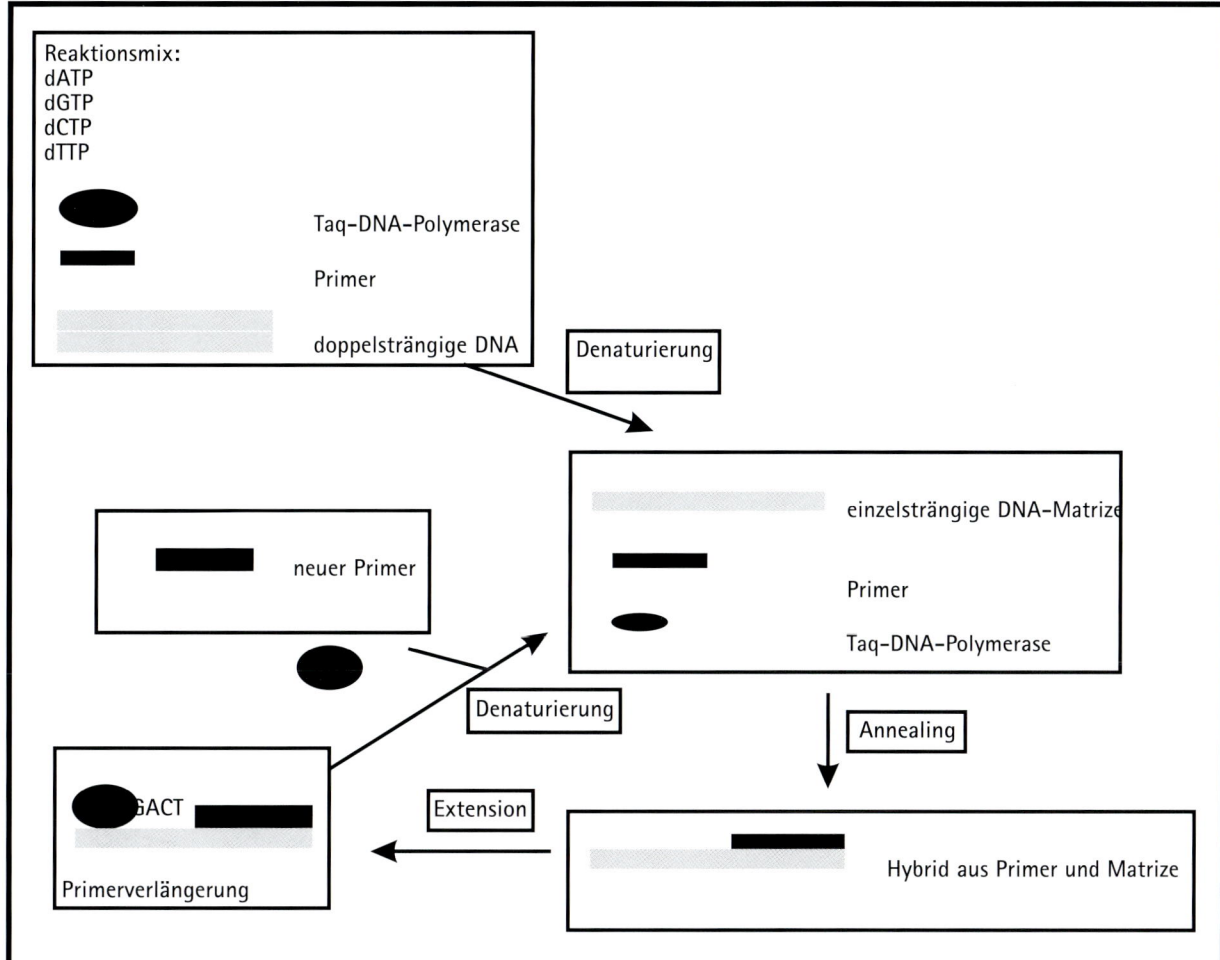

◀ Schematische Darstellung der Polymerasekettenreaktion

Reaktionsmix:
dATP
dGTP
dCTP
dTTP

Taq-DNA-Polymerase

Primer

doppelsträngige DNA

Denaturierung

neuer Primer

einzelsträngige DNA-Matrize

Primer

Taq-DNA-Polymerase

Denaturierung

Annealing

GACT

Extension

Primerverlängerung

Hybrid aus Primer und Matrize

2 PCRs zu vervielfältigen, da so selbst bei mikrobiell stark verunreinigten Proben ein spezifisches Produkt erhalten werden konnte. Nachfolgend konnten die aus der Sequenzierung erhaltenen Muster durch unmittelbaren Vergleich ausgewertet werden.

Zu einer umfassenden Beurteilung war es notwendig, die Mutationszeit, also den Zeitraum, in dem statistisch gesehen eine Mutation auftritt, zu bestimmen. Dazu wurden veröffentlichte Sequenzdaten von Equiden (Zebras, Esel und Halbesel) aus der Arbeit von Oakenfull und anderen mit den Sequenzdaten unserer Studie kombiniert.[7] Durch Kalibrierung der festgestellten Unterschiede in der untersuchten mtDNA-Sequenz auf den paläontologisch ermittelten letzten gemeinsamen Vorfahren aller Equiden, der vor ungefähr 2.000.000 Jahren lebte (Wert gemittelt),[8]

konnte die Mutationszeit zu einer Mutation pro 110.000 Jahre (gerundet) ermittelt werden. Mit dieser Zahl und nach der von Forster u.a.[9] entwickelten Methode zur Berechnung des Alters von Expansionsereignissen von Populationen („rho-Statistik") konnte durch einfaches „Abzählen der Unterschiede" in den mtDNA-Sequenzen ermittelt werden, dass sich die mütterlichen (maternalen) Vorfahren der, bezogen auf die mtDNA, genetisch nächsten verwandten Gruppen bereits vor sehr langer Zeit von den Vorfahren der heutigen Senner abtrennten: Die Vorfahren der nächstverwandten Gruppe, eine von nordeuropäischen Ponyrassen dominierte Gruppe, trennten sich von den maternalen Vorfahren der Senner vor etwa 220.000 Jahren ab; bei der zweitnächst verwandten Gruppe, die von arabischen Pferden dominiert wird, beträgt der Zeitraum bereits etwa

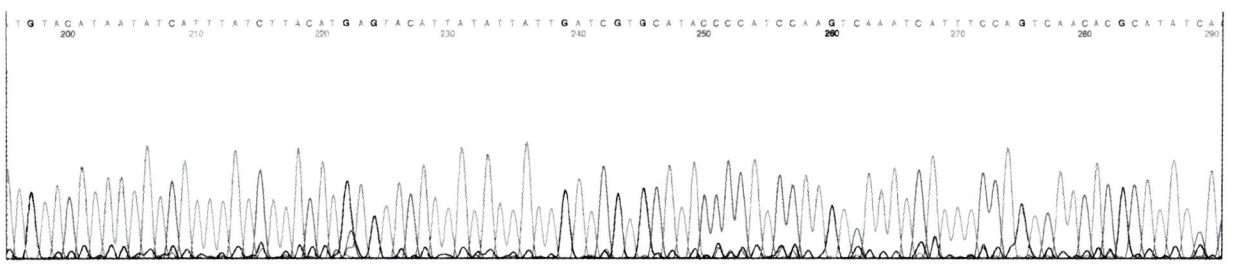

◀ Ausschnitt aus einer DNA-Sequenz

129

310.000 Jahre. Darüber hinaus können wir durch unsere Berechnungen zeigen, dass die Gruppe, welche von den Sennern dominiert wird, wahrscheinlich bereits seit 2000 Jahren eine von allen anderen Pferden abgetrennte Population ist.

Bei den Dülmener Pferden sah das Bild völlig anders aus. Die untersuchten Individuen waren zu 90 Prozent in einer Gruppe anzutreffen, die von iberischen Pferden und Berbern dominiert wird. Auch sind in dieser Gruppe Individuen aus vielen anderen Rassen zu finden.

Schlussfolgerungen

Die Deutung der Ergebnisse ist keinesfalls so einfach, wie es auf den ersten Blick erscheint. Die Zahlenwerte, die aus unserer Studie resultierten, sind teilweise mit erheblichen Fehlern behaftet. Sie sind daher nur als „gute Schätzung" zu betrachten. Der Grund hierfür ist in erster Linie in der relativ ungenauen Kalibrierung der Mutationsrate anhand der paläontologischen Datierungen zu suchen: Während manche Autoren den letzten gemeinsamen Vorfahr aller Equiden auf zirka 3,5 Millionen Jahre zurückliegend datieren,[10] beschreiben andere, dass der letzte gemeinsame Vorfahr aller Equiden erst vor zirka 1,5 Millionen Jahren lebte.[11] Genauere Zahlenwerte sind erst in der Zukunft zu erwarten, wenn durch ausgedehnte Populationsstudien eine präzise Mutationsrate ermittelt und größere Bereiche der mtDNA untersucht wurden.

Unsere Betrachtungen der Divergenzen der einzelnen Populationen sind als Maximalabschätzungen aufzufassen. Schließlich wurden in der Studie nur Moleküle betrachtet, die über die mütterliche Linie vererbt werden. Die Zahlenwerte bestimmen den Zeitpunkt, an dem die letzte gemeinsame Mutter der beschriebenen Gruppen gelebt haben muss. Wir können heute aber nicht bestimmen, wie viele Stuten, die dieses mtDNA-Molekül in sich trugen, bereits

lebten, als sich aus der Ursprungspopulation tatsächlich die Vorfahren der Senner, der arabischen Pferde und der nordischen Ponys abtrennten.

Es ist bekannt, dass „warmblütige Pferde" zur Veredelung in Kaltblut-Zuchtlinien eingekreuzt wurden. Daher verwundert das Auftreten des Rheinisch-Deutschen Kaltblüters in der von den Sennern dominierten Gruppe nicht weiter. Jedoch ist das Auffinden des vorwiegend bei den Sennern vertretenen Sequenzmusters bei zwei arabischen Pferden nur sehr schwer zu bewerten: Einerseits ist es möglich, dass zum Beispiel im Mittelalter ein Vorfahr der Senner in den arabischen Raum gelangte und dort eine Stutenlinie in der Araberzucht begründete. Andererseits ist genauso wenig auszuschließen, dass zu der beschriebenen Zeit eine arabische Stute nach Mitteleuropa geriet und hier die Stutenlinie begründete, auf die die heutigen Senner zurückgehen. Es ist fraglich, ob die Geschichtsforschung jemals eine Antwort darauf liefern kann. Völlig außer Frage steht aber, dass das vorwiegend bei den Sennern gefundene Sequenzmuster auf eine sehr alte und seltene Stutenlinie zurückgeht. Bereits diese Tatsache verleiht dem Senner einen besonderen Rang, der ihn zu einer erhaltenswerten Rasse macht.

Das bei den Dülmener Pferden gefundene Bild spricht jedoch eine ganz andere Sprache: Das hier ermittelte Sequenzmuster findet sich in vielen europäischen Rassen und ist nicht selten. Selbst wenn es sich anders verhielte, ist das Dülmener Pferd nur schwer einzustufen. Schließlich sind die Mütter der Individuen nicht bekannt, handelt es sich doch um so genannte Wildbahnstuten. Es ist somit nicht auszuschließen, dass bei vielen Tieren eine mütterliche Verwandtschaft besteht, auch wenn sie möglicherweise mehrere Generationen zurückreicht. Eine tatsächliche Bewertung des Status des Dülmener Pferdes könnte nur durch eine eingehende Untersuchung der Stuten der Rasse erfolgen. Möglicherweise können zukünftige Forschungsprojekte den Sachverhalt aufklären.

Position	15494	15495	15496	15534	15598	15602	15603	15604	15615	15616	15649	15659	15703	15720
Ref	T	T	A	C	T	C	T	G	A	A	A	T	T	G
Sen	T	C	A	C	C	T	T	G	G	G	A	C	C	A
Dül	C	C	G	T	T	T	C	A	A	A	G	T	T	A

Beispielhafte Darstellung der Abweichungsmuster zweier Proben von der Referenz.
Abkürzungen: Ref = Referenz; Sen = Senner; Dül = Dülmener.
Die Positionsangaben entsprechen der von Xu und Àrnason (1994) veröffentlichten Sequenz

Eva-Maria Amberger

Das (Wild-)Pferd in der Kunst

Das Pferd ist schon vor seiner Domestikation häufiges Motiv in der bildenden Kunst gewesen. Auf Grund seiner physischen, psychischen und ästhetischen Qualitäten ist es Spiegel, Steigerung oder Kontrast menschlicher Verhaltensweisen, Eigenschaften und Bedürfnisse, die Eingang in Kunstwerke gefunden haben. „Das dichte Geflecht der Mensch-Pferd-Beziehung manifestiert sich in seinem historischen Wandel jedoch besonders anschaulich in den bildlichen Darstellungen."[1]

Die Entwicklung des Pferdes in seinen Urformen geht etwa 55 Millionen Jahre zurück. Erst um 7000 v. Chr. entwickelten sich die nomadisierenden Jäger zu sesshaften Bauern und Hirten, die Herden hielten und damit aktiv in ihre Umwelt eingriffen. Die Domestizierung des Pferdes erfolgte wahrscheinlich in mehreren Regionen des europäisch-asiatischen Kontinents gegen Ende des Neolithikums seit dem dritten Jahrtausend v. Chr.: In der Waldzone Mittel- und Nordeuropas, in der Waldsteppe am oberen Dnjestr in Osteuropa sowie in Nordasien, in der sibirischen Waldsteppe.

„Mit fliegendem Schweif und flatternder Mähne, mit Nüstern, geweitet von Lust, nicht von Pein, mit Mäulern, die scharfe Trensen nicht kennen und Hufen, von Eisen nie eingeengt und herrlichen Flanken, die weder Sporen, noch Peitsche je spürten. So stoben sie donnernd vorüber, wie Wellen, die über das Meer hinwegjagen – tausend Pferde – wild – frei."   (Lord Byron, aus Mazeppa, 1819)

▼ *Johann von Leyden, der letzte aus dem Sennergestüt (Egon von Thurn und Taxis), 1866. Ölgemälde von Johann Adam Klein. Dieser Schimmelwallach, der im lippischen Marstall den Namen Iason trug, gehörte zunächst dem Stallmeister von Herzog Adolf von Nassau, Baron von Breidbach-Bürresheim, bevor er zum auserkorenen Jagdpferd und Steepler des Masters der Pardubitzer Jagd, Egon von Thurn und Taxis wurde*

131

Die Tierdarstellungen in der 1940 entdeckten französischen Höhle von Lascaux gehören neben denen in der Höhle vom Altamira, Spanien, zu den bedeutendsten Zeugnissen der paläolithischen Höhlenkunst. Die vor 15.000 Jahren dargestellten Pferde tragen die typischen Merkmale des Wildpferdes. Sie werden als gejagte, nicht domestizierte Tiere gezeigt. Es sind die frühesten überlieferten Darstellungen des Pferdes, die wir kennen, und von hoher künstlerische Qualität. Die Pferde werden in der Herde oder im Zusammenhang mit fliehenden Rindern dargestellt. Sie sind etwa 1,30 Meter groß und in brauner oder Falbfarbe dargestellt. Die Lascaux-Malereien lassen auf eine Winterdarstellung schließen, denn einige der Pferde tragen ein langes, zotteliges Fell, sichtbar unter Hals und Bauch. Die genaue Beobachtung der Natur und der Glaube an deren magische Kräfte kennzeichnen den Charakter der Tierbilder im Paläolithikum. In der jüngeren Altsteinzeit entstanden neben Höhlenmalereien auch Gravierungen in Knochen und

Geweih, Steinreliefs und Tierskulpturen. Die aus der Epoche des Magdalénien, um 12000 v. Chr., stammenden, figural gestalteten Lochstäbe aus Ren- oder Hirschgeweih, wurden vermutlich in Zusammenhang mit Jagdzauber hergestellt.[2] Lochstäbe wurden auch als Waffe benutzt und bezogen sich durch die jeweilig eingeritzte Figur auf ein bestimmtes Tier. Die Pferdedarstellungen als künstlerisches Ausdruckswollen und nicht nur als reines Abbild aus der Natur gehen in eine Zeit zurück, als der Mensch begann, über sich und seine Umwelt nachzudenken und seine Erfahrungen in mythische Erzählungen zu fassen. Eine prähistorische Felszeichnung im Ostteil Ägyptens zeigt vielleicht die früheste Darstellung domestizierter Pferde vor einem Pflug. In der Balver Höhle findet sich ein in Fels geritztes Wildpferdeköpfchen aus der Weichseleiszeit, die vielleicht älteste Darstellung eines Pferdes in Deutschland überhaupt. Die Darstellung von Wildpferden in der Kunst ist äußerst selten. Fast ausschließlich in der Zeit vor der Domestizierung wurden wilde Pferde in Bildern festgehalten, danach waren Temperament und Wildheit des Pferdes für die Künstler Anlass, sich an der Darstellung des Pferdes in seinen künstlerischen Ausdrucksmöglichkeiten zu versuchen.

Einen ersten künstlerischen Höhepunkt erreichte die Pferdedarstellung in der assyrischen Kunst des 9. bis 7. Jahrhunderts v. Chr. Vor allem Steinreliefs geben die vor

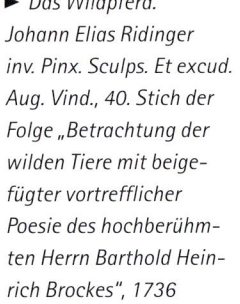

Streitwagen gespannten Pferde recht naturalistisch wieder. Aber auch Wildpferdejagden wurden dargestellt, wie ein Relief in Ninive aus der ersten Hälfte des 7. Jahrhunderts zeigt. Schwere Jagdhunde hetzen einen Trupp von Wildpferden, die, teilweise von Pfeilen getroffen, zu Boden stürzen. Der Relieffries ist eine der eindrucksvollsten und naturnahen frühen Darstellungen von Wildpferden. Auch dem nomadisierenden Volk der Skythen, das seine Blütezeit im 7. Jahrhundert v. Chr. hatte und in den Steppen Eurasiens lebte, war das Pferd beliebtes Objekt künstlerischer Darstellungen. Es sind hervorragende Schmuckstücke aus getriebenem Goldblech als Grabbeigaben überliefert, die Pferde in ornamentalisierten aber zugleich in sehr lebendigen und naturnahen Formen zeigen. In der griechischen Kunst gibt es seit 1000 v. Chr., im geometrischen Stil, Pferdedarstellungen. Die Motive werden bis zur archaischen Epoche, zu Beginn des 6. Jahrhunderts, jedoch dominiert von dämonisch-magischen Elementen. Einen weiteren Höhepunkt künstlerischer Ausdruckskraft findet die Pferdedarstellung in der Epoche der klassischen Kunst in Griechenland, zwischen 450 und 350 v. Chr. So haben die Pferdereliefs am Parthenon-Tempel auf der Akropolis in Athen zum Teil bis heute Einfluss auf Pferdedarstellungen nehmen können. Die römische Kunst schließt beinahe nahtlos an die griechische an, und die Pferdemotive auf Reliefs, Freiplastiken und Mosaiken sowie in der Wandmalerei sind von ebenso großer Qualität. In der Kunst der Spätantike nimmt das Pferd nur noch wenig Raum ein, denn es ist nicht Träger eines hervorzuhebenden christlichen Symbols. Lediglich in bukolischen Szenerien oder paradiesischen Darstellungen findet auch das Pferd seinen Niederschlag. Das umfassendste Werk über das Tier in der Spätantike, das – durch eine Übersetzung einer lateinischen Version ins Deutsche – bis ins Mittelalter hinein seine Wirkung hatte, ist zweifelsohne der so genannte Physiologus (= Naturkundiger), verfasst um 200 n. Chr. Aus diesem Werk gehen die dämonischen Bestiarien hervor, die vor allem im 12. und 13. Jahrhundert die Tierdarstellungen dominierten. Sie dienten in erster Linie der religiös-belehrenden oder die Macht des Bösen visualisierenden Kunstvermittlung. Erst die wissenschaftlich geprägte Naturschau der beginnenden Renaissance lässt die Bestiarien endgültig verschwinden. Es folgt eine Periode, in der das Pferd außer in Schlachtenszenerien, Ritter-, Turnier- und Jagdbildern sowie Paradies- oder Orpheusillustrationen kaum einen großen Stellenwert in der bildenden Kunst einnimmt. Die umfassendste zoologische, reich bebilderte Schrift des Mittelalters ist „De animalibus libri XXVI", die 1250 von Albertus Magnus verfasst wurde. In der Welt der Frührenaissance, die an den Fürstenhöfen Südwesteuropas um 1400 aufzublühen begann, nahm das Pferd vor allem die Rolle des wissenschaftlichen Forschungsobjekts an. Es entstanden Tier-

porträts, die das Temperament und die individuelle Physiognomie der Lebewesen in Bildern zu bannen suchten. Vor allem das aus der Gotik überkommene Motiv der heiteren Welt der Natur fand Eingang in die Darstellungen der so genannten Paradiesgartenbilder und erlaubte den Künstlern, die ganze Vielfalt der Pflanzen- und Tierwelt abzubilden. Einer der genialsten Pferdemaler der Frührenaissance war zweifellos der aus Pisa stammende Antonio Pisanello (1395–1455). Zentrale Bedeutung in seinem Werk hat die in Silberstift gezeichnete freie Tierstudie. Seine Darstellungen zeugen von großer Einfühlung in die Seele der Tiere, ihre physischen Eigenarten und Bewegungsabläufe. Auch der italienische Maler Paolo Uccello (1397–1475) ist für präzise Tierstudien bekannt, und seine wuchtigen Pferde, die in gewagten Perspektiven aus der Bildfläche zu treten scheinen, kündigen eine andere Sehweise der Renaissance an. Unter den Renaissancekünstlern Deutschlands waren es vor allem Albrecht Dürer (1471–1528), Hans Burgkmair d.Ä. (1473–1531) und Hans Baldung Grien (1484/85–1545), die bedeutende Tierstudien hinterließen. Die exakte Naturbeobachtung, die humanistische Gelehrsamkeit und das technische Können finden Eingang in ihre Kunst. Dürer schrieb 1528 in seiner Schrift „Ästhetischer Exkurs zur Proportionstheorie": „Dann warhafftig steckt die kunst inn der natur, wer sie herauß kann reyssenn, der hat sie." Hans Baldung Grien, ein Schüler Dürers, schuf 1534 mehrere Serien druckgrafischer Studienblätter mit Darstellungen wilder Pferde. Er versuchte die reine Natur des Tieres und sein Verhalten als ungezähmtes Wesen darzustellen. Im 17. Jahrhundert konnte sich vor allem in den Niederlanden die künstlerische Gattung des „Tierstücks" etablieren. Herausragende Pferdemaler waren etwa Paulus Potter (1625–1654) oder Karel Dujardin (1622–1678). Man spürt die Bemühung der Künstler, sich in das Wesen und die Äußerungen der Pferde hineinzudenken. Auch Peter Paul Rubens

133

▲ *Das alte Sennergestüt. Ölgemälde von Gustav Quentell, 1844. Auf der Rückseite sind die Namen der Stuten Veil, Freia und Morella vermerkt*

(1577–1640) tat sich als herausragender Pferdemaler hervor. In Deutschland ist der bekannteste Pferdedarsteller der Barockzeit wohl Johann Elias Ridinger (1698–1767). Er hinterließ etwa 1600 grafische Blätter, darunter auch eine Wildpferdedarstellung. In England war es vor allem George Stubbs (1724–1806), der die Pferdepräsentation in der Malerei auf ein neues Niveau hob. Er, wie später zahllose englische „horse painter", porträtierte die Tiere mit dem Interesse der deskripitiven Zoologie. Die Gestalt wurde minuziös, stets aus der kapitalen Seitenansicht, anatomisch bis ins letzte Detail korrekt, aber aus der Sicht des reinen Wissenschaftlers wiedergegeben. In dieser Tradition steht auch der Münchener Maler Albrecht Adam (1786–1862) als Stammvater einer ganzen Künstlersippe, die sich diesem Thema fast ausschließlich widmete. Auch der Maler Johann Adam Klein (1792–1875) gehört stilistisch in diese Reihe von Pferdemalern. Seine Bekanntschaft mit der Malerfamilie Adam ist überliefert. 1866 malte er den Schimmelhengst „Johann von Leyden", den letzten des Sennergestüts. Klein arbeitete erst in seiner Spätphase als Künstler in Öl. Vor allem Pferde in Ställen waren Thema des alternden Malers. Vor dem Dunkel des Stallraums steht der Schimmel hell beleuchtet, in kapitaler Seitenansicht, standbildhaft mit erhobenem Kopf und zum Betrachter geöffneter Beinstellung unbewegt da. Fein herausgeputzt und die Mähne in großen Zöpfen geflochten, haben wir hier ein Pferdeporträt vor uns, das sämtliche Feinheiten des Körperbaus fotografisch genau festhält, ohne dass irgendeine emotionale Regung des Tieres zu erkennen wäre. Die Körperproportionen lassen an einen kräftigen und zugleich edlen Huntertyp denken. Der feine Kopf und der geschwungene Hals sowie die sehr zarten Extremitäten erinnern an Pferde arabischer Herkunft. Dagegen ist der Rumpf lang und relativ schwer; die Bemuskelung weist auf ein gut trainiertes Pferd.

Das Genrebild des Pferdes in der freien Natur erlebte im 19. Jahrhundert eine Renaissance. Das Pferd wurde als freies Individuum dargestellt und in eine von Menschenhand unberührte Natur versetzt. In die Wildnis zurückgekehrt, steht es nun als Metapher für die romantisch übersteigerte Sehnsucht nach Naturverbundenheit und Befreiung von Zwängen. So ist zum Beispiel das Pferd bei Théodore Géricault (1791–1824) geprägt von überschäumendem Temperament, von unbändiger Lebenslust und Freiheitswillen. Ebenso stellte Eugène Delacroix (1798–1863) Pferde bevorzugt in dramatisch überhöhter Farbgebung und in bedrohlichen Witterungsverhältnissen dar, um ihr expressives, zuweilen auch unberechenbares Temperament wiederzugeben. Die Pferde wurden zu Trägern und Vermittlern von Leidenschaft und Gefühlsausdruck, und der Maler bannte sie im Moment höchster Erregung auf die Leinwand. So ist eine Reihe von Malern aufzuzählen, die das Pferd zum thematischen Schwerpunkt ihres Kunstschaffens gemacht haben. Zu nennen sind Henri de Toulouse-Lautrec (1864–1901), Auguste Renoir (1841–1919), Edgar Degas (1834–

1917) und Paul Gauguin (1848–1903), die Pferde in Bewegung und unter dem Reiter zum Thema ihrer Malerei werden ließen.

In diesen stilistischen Zusammenhang gehören auch einige Pferdebilder der in Westfalen tätigen Maler Gustav Quentell (1816–1896) und Carl Rötteken (1831–1900). Quentells Pferdebilder sind beeinflusst von denen des Pferdemalers Franz Krüger (1797–1857). Zahlreiche Bilder Quentells, die im Sennergestüt Lopshorn entstanden sind, geben einen Eindruck von seiner genauen Naturbeobachtung. Allerdings sind seine Pferdepersönlichkeiten häufig ein wenig akademisch streng in Bildraum und -hintergrund hineinkomponiert. So ist das von 1844 stammende Gemälde der mit Mutterstuten belebten Hauptfront des alten Sennergestüts in Lopshorn ein gutes Beispiel für die Intention des Malers: Ihm lag vor allem an der eleganten und perfekten Darstellung des Pferdes, das ein wenig fremd in

▼ *Die Lippspringer Jagdgesellschaft. Ölgemälde von Benno und Emil Adam, 1871*

seiner Umgebung steht. Auch das erst 1869 entstandene Gemälde mit der Darstellung einer sich frei in der Senne-landschaft bewegenden Pferdeherde ist in diesem Zusammenhang zu sehen. Die Landschaft, einer hügeligen Dünenlandschaft ähnelnd, wurde wohl von seinem Malerfreund Carl Rötteken gemalt. Die Pferde tummeln sich, in verschiedensten Bewegungsphasen wiedergegeben, im schräg einfallenden Sonnenlicht. Die Tiere wirken sehr zart und übermäßig feingliedrig, ihr Körperbau entspricht dem der Vollblüter. Dagegen strahlt der Senner Hengst „Tizian", von Erna Greiff von Mach im Jahr 1922 gemalt, Temperament und Bewegungsdrang aus. Von einem Reitschüler vor dem Hauptportal des Schlosses Lopshorn vorgeführt, präsentiert sich der schwere Anglo-Araber-Schimmel dem Betrachter mit aufgerichtetem Kopf, erhobenem Schweif und wild rollenden Augen temperamentvoll und in der freien Schwebephase des Trabes. Dieses Gemälde vereint die ein Jahrhundert zuvor begründeten stilistischen Grundlagen der Pferdebilder bei Malern wie Delacroix und Gericault, die das Pferd als ungebärdiges, temperamentvolles Tier auf die Leinwände brachten, mit den porträthaften Darstellungen der Pferdebilder des 19. Jahrhunderts in vollendeter Weise.

Lässt man die unendliche Vielzahl von Tierbildern im Laufe ihrer bildnerischen Darstellung in der Kunstgeschichte Revue passieren, so verwundert es, dass erst 1910 ein umfassenderes Überblickswerk zu dieser Thematik erschien – „Das Tier in der Kunst" von Reinhard Piper. Über Darstellungen von wilden Tieren heißt es darin unter anderem: „In kultivierten Ländern haben (...) die Menschen keine Gelegenheit, wilde Säugetiere zu sehen. Der Anblick weidender Rinder, Pferde, Schafe und Ziegen kann sie nur einigermaßen ahnen lassen, welchen Genuß die Beobachtung der Bewegung wilder Säugetiere bereiten kann."[3]

Der herausragendste Pferdemaler des 20. Jahrhunderts, der im Übrigen auch an Pipers Werk mitgewirkt hat, ist der Maler Franz Marc (1880–1916). Seine Herangehensweise an die Pferdedarstellung ist mannigfaltig und hat doch ein klares Ziel: Seine Pferde tragen fast nie einen Reiter und bewegen sich frei, ohne Zaumzeug, im Einklang mit und in der freien Natur. Seine Pferde fügen sich der Forderung Marcs nach der „Animalisierung der Kunst", wobei dieser Begriff in doppeltem Sinn zu verstehen ist. Er leitet sich her aus dem lateinischen „anima" (= Lufthauch, Atem) und bezieht sich zum anderen auf die Beseelung der Kunst im Sinne der Herauskehrung des Wesenhaften. Franz Marc rechtfertigt seine Leidenschaft, Pferde darzustellen unter anderem wie folgt: „Gibt es für Künstler eine geheimnisvollere Idee als die, wie sich wohl die Natur in dem Auge eines Tieres spiegelt? Wie sieht ein Pferd die Welt oder ein Adler, ein Reh oder ein Hund? Wie armselig seelenlos ist unsre Konvention, Tiere in eine Landschaft zu setzen, die unsren Au-

gen zugehört, statt uns in die Seele des Tieres zu versenken, um dessen Bilderkreis zu erraten."[4] Marc möchte die Seele des Tieres malerisch zum Sprechen bringen, wobei er weiß, dass er dieses Ziel nicht allein mit der naturgetreuen Darstellung erreichen kann, sondern nur durch das Begreifen der Verhaltensweisen und deren Umsetzung in die Bewegung des Pferdes. Marc stellt beinahe alle Pferde als wild in der Natur lebende Individuen und vom Eingriff durch den Menschen befreite Wesen dar. Für seine Studien zog Marc unter anderen auch historisches Bildmaterial zu Rate, wie etwa Hans Baldung Griens kämpfende Hengste aus dem Jahr 1534, wobei er bedauert, dass sich seine Malerkollegen vor ihm nur so wenig mit dem Tier als Gegenstand ihrer Kunst befassten. Die Marc nahe stehende Dichterin Else Lasker-Schüler schrieb ihrem Freund 1913: „Denk mal, Du bist ja selbst ein Pferd, ein braunes, mit langen Nüstern, ein edles Pferd mit stolzem, gelassenem Kopfnicken."[5]

Die Jahrhunderte alte Beziehung zwischen Mensch und Pferd hat sich seit dem Zweiten Weltkrieg grundlegend verändert. Motoren ersetzten weitgehend dessen Arbeitskraft, das Pferd wurde zum Ende des 20. Jahrhunderts zum Statussymbol einer freizeitorientierten Gesellschaft. Der Künstler, der sich im 20. Jahrhundert das Pferd zum bildnerischen Thema wählte, besaß meist eine persönliche Beziehung zu dem Tier. Gerade weil es nicht mehr zum Alltagsbild gehörte, wurde das Pferd Bestandteil einer mythischen Vorstellungswelt. Bei Henri Rousseau (1844–1910) etwa zeigt es sich als Fabelwesen in einer fremdländischen Landschaft, bei Wassili Kandinsky (1866–1944) vor allem im Genre des Zirkus und der Kampfszenarien. Die Surrealisten, zum Bespiel Max Ernst (1891–1976) und Salvador Dalì (1904–1989), siedelten das Pferd im Symbolischen und als Stellvertreter für die Kraft der Erotik an, und Pablo Picasso (1881–1973) verwendete das Pferdemotiv im Zusammenhang mit apokalyptischen Visionen. Im Werk Marino Marinis (1901–1980) sind Pferde ebenfalls zentrales Thema. Marini führte sein erstes Atelier unmittelbar an einer Reitschule, dort waren ihm Pferde täglich im Blick. Seine Pferd-Reiter-Darstellungen sind in ihren wie eingefroren scheinenden Bewegungszuständen vergleichbar mit antiken, archaischen Kultbildern. Auch Joseph Beuys (1921–1986) gab dem Tier seine magische Rolle in der Kunst zurück. Er glaubte an eine gemeinsame Abstammung vom Tier und die mystische Verbindung zwischen Mensch und Tier. Seine Erlebnisse während des Zweiten Weltkriegs und die Lehrzeit bei Ewald Mataré ab 1949 spielen dabei eine wesentliche Rolle. Die französische Künstlerin Niki de Saint Phalle (geb. 1930) beschäftigt sich ebenfalls mit so genannten Archetypen in der Kunst. In ihrer Auseinandersetzung mit esoterischen und psychoanalytischen Schriften entstand 1985 ihre Plastik „La Mort", in der die Frau als Herrin der Pferde und zugleich als Lebengebende und Lebennehmende präsentiert wird und sich ihre Dominanz über Leben und Tod ausdrückt.

Die mythische Verbindung von Fruchtbarkeit und Pferd findet sich in allen frühen Zivilisationen der europäischen wie asiatischen Kulturkreise und ist heute weitgehend in Vergessenheit geraten. Das Pferd in der Kunst hatte seinen Platz in allen kulturellen und sozialen Bereichen des menschlichen Daseins. Von der Funktion als lebende Insig-

nie des Herrschers über das Symboldasein im religiös-belehrenden Genre, dem dämonisch-spirituellen Pferd, über seinen Dienst im Rahmen wissenschaftlicher Studien bis hin zum Motiv für Freiheit und Schönheit, in der Natur und im Sport, hat das Pferd seit jeher seinen festen, unverrückbaren Platz in der bildenden Kunst. Aber über all das hinaus scheint einer der wichtigsten Gründe für Künstler, Pferde darzustellen, wohl dieser gewesen zu sein: „Das Schauen der (...) Tiere ist: Ihr Geheimnis zu fühlen."[6]

▼ Sennelandschaft mit Pferden. Ölgemälde von Carl Rötteken und Gustav Quentell (Staffage), um 1860. Lippisches Landesmuseum Detmold.

Gegenwart

Anküpfen und Bewahren

▲ *Die Dülmener Herde
beim Einlauf
in die Arena*

Karl-Ludwig Lackner

Der Wiederaufbau der Sennerzucht seit den 1970er Jahren

Das weithin bekannte Gemälde von Gustav Quentell und Carl Rötteken, das Pferde in der Sennelandschaft zeigt, fesselte mich schon 1965 bei einem Besuch im Lippischen Landesmuseum. Es veranlasste mich, damals noch Schüler, Nachforschungen über die beinahe ausgestorbenen und in alle Winde zerstreuten Senner-Pferde anzustellen.

Die in Lippe verbliebenen Senner der Familie Lüpke hatte ich schnell gefunden. Iris und Colombine waren Herrn Ottenhausen auf Gut Ottenhausen bei Lage zur Zucht zur Verfügung gestellt worden.

Hier sah ich 1966 die wunderschöne Schimmelstute Rhapsodie, die später als Fünfjährige über die Westfalen-Auktion in Münster verkauft wurde. Rhapsodie stammte von dem in der westfälischen Zucht bekannten Hengst Radetzky, einem Sohn des Anglo-Arabers Ramzes, dessen Mutter das Sennerblut der Jucca führte. Rhapsodie wurde nach Ende ihrer Turnierlaufbahn verschiedenen Warmbluthengsten zugeführt. Erst als sie bereits 23 Jahre alt war, konnte ich die Besitzer überzeugen, die Stute von einem passenden Hengst decken zu lassen. 24-jährig bekam sie von Kallistos x ein Hengstfohlen, wurde dann allerdings auf Grund ihres hohen Alters nicht mehr tragend. Sie erreichte ein für die Senner nicht seltenes Alter von 34 Jahren. Iris wurde leider überhaupt nicht, und Colombine trotz hervorragender Nachzucht nur wenige Male zur Zucht benutzt.

Die Suche der von Julie Marie Immink nach dem Zweiten Weltkrieg zum Teil bis nach Holland verkauften Pferde gestaltete sich schwierig, da diese auch innerhalb Hollands mehrfach den Besitzer gewechselt hatten. Bis auf wenige Ausnahmen blieb meine Suche ergebnislos. „Keine Nachzucht", „an unbekannt verkauft" waren die häufigsten Auskünfte bei meinen Recherchen. Eine besondere Enttäuschung erlebte ich bei der Suche nach der Stute Ilse; diese war vier Wochen, bevor ich ihren Standort in Erfahrung bringen konnte, im noch zuchtfähigen Alter zum Schlachten verkauft worden.

Die Sennerstute Alkmene dagegen, geboren 1951 von Ramzes AA, die sechsmal den Besitzer gewechselt hatte, konnte ich in Rheinland-Pfalz ausfindig machen. Nach lan-

gen Verhandlungen ließ sich der Besitzer überreden, mir deren 1971 geborene Tochter Norma zu verkaufen. Von ihr wollte er sich, zumal sie im selben Jahr Siegerfohlen der Landestierschau in Bad Kreuznach gewesen war, nur ungern trennen.

An der Tierärztlichen Hochschule in Utrecht/Holland fand ich den 18-jährigen Sennerhengst Marius. Von dem Zuchtversuch der Hochschule mit fünf Sennerstuten war Marius als Einziger übrig geblieben. Dieser Hengst war der letzte lebende Nachkomme der Sennerstute Maja, die Julie Marie Immink 1947, zusammen mit fünf anderen Sennern, nach Auflösung des Gestütes mit nach Holland genommen hatte.

Durch die Familie Lüpke wurde mir die 13-jährige Sennerstute Indra zur Zucht zur Verfügung gestellt, und ich

▲ *Frau Lüpke und Frau Lackner mit der Stute Jade v. Jarys ox im Juli 1972*

transportierte sie 1971 zur Bedeckung zu Marius. Unter Studentenreitern der Hochschule hatte dieser Hengst lange Jahre an Vielseitigkeitsprüfungen teilgenommen. Seine hervorragende Eigenleistung und sein korrektes Exterieur veranlassten mich, mit dem Leiter des Zootechnischen Instituts Verhandlungen über einen Verkauf des Hengstes aufzunehmen. Im Spätherbst desselben Jahres konnte ich Marius erwerben und nach Deutschland holen.

Trotz intensivster Bemühungen bei verschiedenen Körämtern und Zuchtverbänden, erhielt Marius leider nie die für einen regulären Zuchteinsatz notwendige Deckerlaubnis. Der Leiter des Köramtes der Landwirtschaftskammer Westfalen lehnte die Erteilung der Deckerlaubnis mit der Begründung ab, der Hengst entspräche nicht dem Zuchtziel des für das Gebiet Westfalen zuständigen Pferdezuchtverbandes. Aus züchterischer Sicht war dies umso bedauerli-

cher, als er der letzte Vertreter der heute ausgestorbenen Dohna-Linie war. Auch wenn laut Tierzuchtgesetz Verstöße solcher Art mit einer Geldstrafe bis zu 50.000 Mark geahndet werden konnten, ließ ich den Hengst die Sennerstute Indra erneut decken. Marius hinterließ mit Indra die Stute Mirka, die ich 6-jährig als Reitpferd verkaufte. Heute ist sie 26 Jahre alt und lebt noch immer bei ihren damaligen Käufern, die ich trotz des eindringlichen Hinweises auf ihre wertvolle Abstammung nicht dazu bewegen konnte, die Stute decken zu lassen.

Nach Beendigung meines Studiums der Tierzucht an der Landwirtschaftlichen Hochschule Göttingen und dem Umzug nach Borgholzhausen, vergrößerte ich, zusammen mit meiner Frau, die Sennerzucht in einem Maße, das mit unserem beruflichen Engagement vereinbar war. 1976 ließ ich beim Deutschen Patentamt das Brandzeichen der Senner und die Rassebezeichnung als Warenzeichen eintragen, und seit Erhalt der patentrechtlichen

Urkunde tragen die Pferde auch wieder das traditionelle Brandzeichen, die lippische Rose mit der Fürstenkrone, auf dem rechten Hinterschenkel. Ermutigt durch die hervorragenden Zuchterfolge in Lopshorn während des 19. Jahrhunderts mit Anglo-Araber-Hengsten wie zum Beispiel Parfait x , Nessus x, und Florival x erwies sich der Kauf des französischen Anglo-Arabers Kallistos x aus dem aufgelösten Gestüt Vornholz im Jahre 1978 als Glücksgriff. Der Hengst entsprach in seinem Temperament, seinem Exterieur und seiner Leistung der züchterischen Tradition der Sennerzucht. Kallistos' Nachkommen aus verschiedenen Warmblutzuchten sind erfolgreich im Springen bis zu Weltcup-Prüfungen und in der Military bis zur Deutschen-, Europa- und Weltmeisterschaft platziert. Selbst bei den Olympischen Spielen in Atlanta 1996 platzierte sich der Kallistos x-Sohn Troupier x für Dänemark in der Military. Mit den Sennerstuten unserer Zucht brachte Kallistos x ebenfalls eine beachtliche Zahl erfolgreicher Spring- und Vielseitigkeitspferde hervor, die von uns selbst angeritten, ausgebildet und in den Sport gebracht wurden.

Einen hohen Anteil an der Leistungsfähigkeit unserer Zucht hat die Sennerstute Norma, die auf Grund ihrer Erfolge bei der Deutschen Reiterlichen Vereinigung im Leistungsstutbuch D für ihre Fruchtbarkeit und C für die

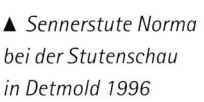
▲ Sennerstute Norma bei der Stutenschau in Detmold 1996

► Die Sennerstute Komtess, geb. 1978 v. Kallistos x a.d. Norma. Vielseitigkeitsprüfung Moosdorf 1987, geritten von Karl-Ludwig Lackner

► *Der Sennerhengst Marius, geb. 1953 v. Omar a. d. Maja v. Mandub ox, geritten von Dr. Hermans*

Turniererfolge ihrer Nachkommen eingetragen werden konnte.

Mit 29 Siegen und 186 Platzierungen in Springprüfungen bis zur Klasse S ist Normas Sohn Kasimir 29 der erfolgreichste Senner der letzten Jahre. Beim CSI-Springturnier Wiesbaden und Mannheim konnte er sich 1992 international platzieren. Komtess 46, Normas erfolgreichste Tochter in Vielseitigkeitsprüfungen, bewies über Jahre hinweg die sprichwörtliche Härte der Senner. Sie war mit mir in Springprüfungen bis Klasse L und in mehr als 50 Gelände- und Vielseitigkeitsprüfungen bis Klasse M erfolgreich. Zur Zucht kam es mit Komtess tragischerweise nicht: Im vierten Monat tragend, brach sie vor meinen Augen tot zusammen. Sie hatte einen Herzinfarkt erlitten. Komtess' Vollschwester Kessy, nur kurze Zeit im Turniersport geprüft, führt bei uns die Linie der Norma fort.

Weitere erfolgreiche Nachkommen der Norma aus unserer Zucht waren Marius II, ein Burnus AA Sohn, der seiner jugendlichen Reiterin zu Meisterschaftstiteln verhalf; Kastor 24, ein Springpferd auf L-Niveau mit 69 Siegen und Platzierungen; Korinna S, ein eisenhartes Vielseitigkeits- und Springpferd, das, inzwischen 19-jährig, immer noch im Turniersport eingesetzt wird; Karat S, platziert in Springprüfungen bis Klasse M/A; Nadine 49, eingesetzt in Springprüfungen bis Klasse M/B, jetzt Zuchtstute im Westfälischen Freilichtmuseum Detmold; Karina 233, siegreich in Springprüfungen bis Klasse A, jetzt Zuchtstute der Biologischen Station Senne, und Thea S mit Erfolgen in Spring- und Vielseitigkeitsprüfungen bis Klasse A.

So sehr wir uns über die Turniersporterfolge der von uns gezogenen Senner freuen, so sind die Gefühle doch zwiespältig, da diese Pferde zum Teil über Jahre hinweg der Erhaltung der Sennerzucht nicht zur Verfügung stehen. Mit 13 lebenden Nachkommen in 14 Zuchtjahren genießt Norma, heute 31 Jahre alt, bei uns ihr Gnadenbrot.

Indra und Jade aus dem Besitz der Familie Lüpke begründeten eine weitverzweigte Familie. Indra hinterließ mit Inez eine typische Vertreterin von Kallistos x, die fünf Stuten hervorbrachte. Ihre erfolgreichste Tochter ist Isabell S, die über viele Jahre sehr gute Ergebnisse in Spring- und Vielseitigkeitsprüfungen der Klasse L erzielen konnte. Bis heute konnte die jetzt 18-jährige Stute allerdings noch nicht für Nachzucht sorgen.

Neben Kallistos x konnten wir vor einigen Jahren in Frankreich Tallis x ankaufen, einen Hengst mit einer sehr guten Rennleistung aus einer der besten französischen Anglo-Araber-Linien. Der Hengst wurde von uns in Vielseitigkeitsprüfungen und Springprüfungen erfolgreich bis Klasse L eingesetzt. Seine züchterische Verwendung ist allerdings

► *Das Sennergestüt Borgholzhausen*

auf Grund der engen Blutsverwandtschaft zu Kallistos x begrenzt. Mit der Stute Xilis steht zur Zeit in unserem Stall eine Tallis Tochter zur Zucht zur Verfügung.

Die geringe genetische Basis hat uns bisher davon abgehalten, Sennerhengste aufzuziehen und aufzustellen. Da ihr Einsatz nur für wenige Stuten in Frage käme, ist dies ökonomisch kaum zu vertreten. Die Schwierigkeit, in der Landespferdezucht geeignete Vollblut- oder Anglo-Araber-Hengste für die Sennerzucht zu finden, machte es nach dem Ausscheiden von Kallistos x notwendig, nach einem neuen Hengst Ausschau zu halten. Mit dem Englischen Vollblüter Rio Grande xx, einem in fünf Rennzeiten hart geprüften und erfolgreichen Windwurf xx-Sohn aus dem Rennstall Ravensberg, steht wieder ein guter Hengst für die Zucht zur Verfügung. Fünf Siege, 16 Platzierungen, 144.650 DM Gewinnsumme und 91,5 kg GAG (Generalausgleichgewicht) sprechen für seine Klasse. Sein ausgeglichenes Temperament, seine Rittigkeit und seine Leistungsbereitschaft scheint er seinen jetzt 4-jährigen Nachkommen mitgegeben zu haben, die einen vielversprechenden Eindruck im Hinblick auf den Vielseitigkeitssport machen.

Meine langjährigen züchterischen Bemühungen mündeten 1993, vor allem auch durch den unermüdlichen Einsatz des Koordinators „Pferde" der Gesellschaft zur Erhaltung alter und gefährdeter Haustierrassen, Mathias Vogt, in die Aufnahme der Senner in die World Watch List der FAO der Vereinten Nationen sowie in die EAAP (Genetische Datenbank der Tierärztlichen Hochschule Hannover) für bedrohte Tierrassen. Auf Grund dieser Anerkennung war es mir kurz darauf möglich, beim Westfälischen Pferdestammbuch ein eigenständiges Stutbuch für die Senner-Pferde einrichten zu lassen, so dass die zuchtbuchmäßige Erfassung für die Zukunft gesichert ist.

Mit diesen Voraussetzungen, so glaubte ich, seien die Möglichkeiten gegeben, die Subventionen der Europäischen Union für die Zucht bedrohter Haustierrassen in Anspruch zu nehmen. Fünf Jahre sollte es allerdings dauern, bis ich den zuständigen Sachbearbeiter des Ministeriums für Umwelt, Raumordnung und Landwirtschaft des Landes NRW mit Hilfe von Eingaben an den Petitionsausschuss und dem Einschalten von Landtagsabgeordneten dazu bringen konnte, die Senner in die Förderungsrichtlinie aufzunehmen. Damit stehen der Sennerzucht jetzt auch Fördermittel für die Zucht vom Aussterben bedrohter lokaler Haustierrassen zur Verfügung.

In Anlehnung an die Zuchtgrundsätze der vergangenen Jahrhunderte werden die Senner als edle, mittelgroße und leistungsfähige Reitpferde gezüchtet, die die positiven Merkmale des Arabers mit denen des Englischen Vollblüters vereinigen. Das Zuchtziel wird wie in der Vergangenheit durch die Anpaarung von Englischen und Arabischen Vollblütern sowie Anglo-Arabern und Hengsten der eigenen Rasse an die Sennerstuten erreicht. Besonderer Wert wird dabei auf Gesundheit, Härte und Ausdauer, Fruchtbarkeit, Langlebigkeit, Leichtfuttrigkeit und Widerstandsfähigkeit gegen Witterungseinflüsse gelegt. Die Aufstallung der Senner erfolgt bei uns nur während der Winterzeit im Offenlaufstall, der neben der artgerechten Haltung für den Erhalt der über Jahrhunderte erworbenen Eigenschaften sorgt.

Seit 1992 bin ich bemüht, die Senner wieder in ihrer Heimat, der Senne, anzusiedeln. Auf Grund der unterschiedlichsten Zuständigkeiten und Eigentumsverhältnisse gestalteten sich die diesbezüglichen Verhandlungen äußerst langwierig und schwierig. Nach anfänglich signalisierter Kooperationsbereitschaft verweigerten die Engländer als Pächter des Truppenübungsplatzes anlässlich eines Behördentermins dem Projekt ihre Zustimmung. Die Biologische Station Senne in Hövelhof, zuständig für den Naturschutz in der Senne außerhalb des Truppenübungsplatzes, nahm sich meines Anliegens an. Im Jahr 2000 eröffnete sie das Expo-Projekt „Wildbahn Sennerpferde" im Naturschutzgebiet Moosheide bei Hövelhof, das unter der Schirmherrschaft von Dr. Armin Prinz zur Lippe steht. Die Senner können hier, in dieser typischen Landschaft, ihre Widerstandsfähigkeit, Genügsamkeit und Härte sowie ihre Trittsicherheit in abwechslungsreichem Gelände erhalten.

Mit dem Ankauf der Sennerstute Karina und ihren zwei Fohlen hat die Biologische Station Senne einen Anfang für den dauerhaften Erhalt der Senner durch eine öffentliche Einrichtung gemacht.

Seit nunmehr 23 Jahren grasen darüber hinaus schon Senner-Pferde aus unserer Zucht während der Sommermonate auf den traditionsreichen Weiden des Freilichtmuseums Detmold, dem ehemaligen Tiergarten. Die Initiative hierzu ging vom Direktor des Museums, Prof. Dr. Stefan Baumeier, aus, der auch im Jahr 2000 den Anstoß für den Aufbau einer museumseigenen Sennerzucht gab. Nur schweren Herzens haben wir uns von der älteren Stute Nadine v. Kallistos x und der 4-jährigen hochedlen Dorinah v. Rio Grande xx getrennt. Wir wünschen dem Westfälischen Freilichtmuseum Detmold, dass es ihm mit diesen beiden Stuten gelingt, eine weitere tragende und erfolgreiche Säule für den Erhalt der Sennerrasse zu begründen.

Mathias Vogt

Die Aufgaben des Rassebetreuers der Gesellschaft zur Erhaltung alter und gefährdeter Haustierrassen am Beispiel der Arenberg-Nordkirchener

Die Gesellschaft zur Erhaltung alter und gefährdeter Haustierrassen, GEH, wurde 1981 in Niederbayern gegründet. Ihr Ziel ist die Erhaltung alter und in Deutschland erzüchteter Nutztierrassen sowohl zur Bewahrung als altes Kulturgut als auch zum Erhalt als Genreserve für die landwirtschaftliche Tierzüchtung. Von besonderer Bedeutung ist die Einbindung der jeweiligen Rasse in die ursprüngliche Region, in der sie erzüchtet wurde.

Die GEH hat rund 2100 Mitglieder bundesweit, die sich aktiv für die Erhaltung alter Nutztierrassen einsetzen. In der Roten Liste werden alle Rassen nach ihrem jeweiligen Gefährdungsgrad eingestuft. Insgesamt werden derzeit über 90 Rassen aus zwölf Tierarten in sechs Kategorien eingestuft: Kategorie I (extrem gefährdet), II (stark gefährdet), III (gefährdet), „Bestandsbeobachtung", „Einzeltiere" und „Rassen aus anderen Ländern". Von der Tierart Pferd sind im Moment 14 Rassen auf der Roten Liste vertreten. Der Vorstand der GEH wird aus fünf Personen gebildet. Die Gesellschaft unterhält eine Geschäftsstelle, die für die bundesweite Koordination der Aufgaben zuständig ist und zurzeit mit dem Geschäftsführer und zwei weiteren Kräften besetzt ist. Die Vorstandsarbeit, die Koordination der Tierarten und die Betreuung der einzelnen Rassen durch die Rassebetreuer erfolgen ehrenamtlich. Das Konzept der Koordinatoren, die jeweils für eine Tierart zuständig sind und die wiederum ihrerseits durch die Rassebetreuer unterstützt werden, hat sich bewährt und findet sich in ähnlicher Form auch bei den anderen europäischen Organisationen, die sich der Thematik Erhaltung alter Nutztierrassen widmen.

Während der Tierartenkoordinator das Bindeglied zwischen Basis und Vorstand beziehungsweise Geschäftsführung ist, arbeiten die Rassebetreuer vor Ort und sind häufig im Ursprungszuchtgebiet einer Rasse beheimatet. Sie leisten hier eine umfangreiche Basisarbeit. An dieser Stelle soll nun speziell die Tätigkeit des Rassebetreuers vorgestellt werden. Am Beispiel des Arenberg-Nordkirchener Ponys

◄ Peter. Arenberg-Nordkirchener Hengst, geb. 1966, zum Zeitpunkt der Aufnahme 32 Jahre alt

soll die Vorgehensweise des Rassebetreuers von den ersten Literaturstudien über die Bestandserfassung, die Einbindung in ein Zuchtprogramm bis hin zur Öffentlichkeitsarbeit verdeutlicht werden.

Bevor die Entscheidung fällt, eine Rasse auf die Rote Liste zu stellen, gilt es abzuklären, ob diese Rasse grundsätzlich die Voraussetzungen zur Aufnahme erfüllt. Das Ursprungszuchtgebiet sollte in Deutschland liegen, beziehungsweise die Rasse muss mindestens seit 1930 hier beheimatet sein. Eine züchterische Bearbeitung (Herdbuchzucht) muss in der Vergangenheit zumindest zeitweise erfolgt sein. Hilfreich sind auch historische, zeitgenössische Beschreibungen in der entsprechenden Fachliteratur. Aber auch die Vorstellung auf landwirtschaftlichen Ausstellungen bis in die 1950er Jahre gibt Hinweise, ob eine Rasse aufgenommen werden kann.

Konkret lässt sich das Vorgehen des Rassebetreuers wie folgt strukturieren:

Phase I:
- Sichtung der älteren Literatur
- Klärung zur Eigenständigkeit der Rasse
- Herstellung von Querverbindungen zu möglicherweise verwandten Rassen

Phase II:
- Erfassung der Bestände
- Befragung von Züchtern oder ehemaligen Züchtern und weiteren Zeitzeugen
- Beginn der Öffentlichkeitsarbeit
- Eintrag in die Rote Liste

Phase III:
- Abschluss der Bestandserfassung
- Erfassung der Interessenten für diese Rasse
- Erste Informationsveranstaltung
- Kontakt zum zuständigen Zuchtverband zwecks möglicher Zuchtbuchführung
- Fortführung der Öffentlichkeitsarbeit

Phase IV:
- Motivierung der interessierten Züchter
- Initiierung einer Interessengemeinschaft zur Förderung der Rasse
- Erstellung von Zuchtziel und Zuchtprogramm in Kooperation mit dem zuständigen Zuchtverband
- Weitere Öffentlichkeitsarbeit
- Organisation rassespezifischer Veranstaltungen
- Nutzung der Rasse

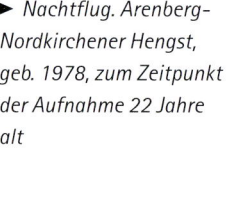

► *Nachtflug. Arenberg-Nordkirchener Hengst, geb. 1978, zum Zeitpunkt der Aufnahme 22 Jahre alt*

Phase V:
- Initiative zur Entwicklung der Rasse bis zum gesicherten Erhalt
- Fortführung der Nutzung der Rasse
- Einbindung in Rahmenbedingungen (zum Beispiel Beweidungsprojekte)
- Öffentlichkeitsarbeit

Die Arenberg-Nordkirchener wurden 1984 mit drei Pferden auf der Sonderausstellung „Erhaltung alter Nutztierrassen" anlässlich der Grünen Woche in Berlin vorgestellt. Diese Kleinpferde wurden von ihrem Züchter auch im Gespann präsentiert. Bis Mitte der 1990er Jahre entwickelten sich aber keine weiteren Aktivitäten. Dies lässt sich dadurch erklären, dass der letzte Züchter seine Zucht aufgab und die Rassevertreter nicht mehr unter dem eigenen Rassenamen sondern in der Gruppe „Deutsches Reitpony" geführt wurden.

Eine mehr zufällige Literaturrecherche und die Sichtung älterer Unterlagen gaben Anhaltspunkte über die Existenz dieser Rasse. Daraufhin begannen erste gezielte Nachforschungen in der Literatur sowie in den zur Verfügung stehenden züchterischen Unterlagen. Nach Sichtung der Hengstverteilungspläne (HVT) von 1972 und 1974 wurde deutlich, dass sich der Bestand an aufgestellten Hengsten

innerhalb dieser zwei Jahre von neun auf sechs Hengste verringert hatte. Auch erschien im HVT 1974 die Rassebezeichnung Arenberger bereits nicht mehr. Ein weiterer Hinweis auf die Existenz dieser Rasse ergab sich durch eine Kleinanzeige, in der „Wildbahn-Stuten aus alten Nordkirchener Stutenstämmen" zum Verkauf angeboten wurden. Diese Beispiele zeigen, dass der Zufall bei den ersten Recherchen zu einer Rasse eine nicht unbedeutende Rolle spielt und dass sehr viele einzelne Erkenntnisse, die häufig isoliert nebeneinander stehen, wie bei einem Puzzle zu einem Gesamtbild zusammengefügt werden müssen. Die Ergebnisse dieser Nachforschungen waren dann ausreichend, um die Rasse 1998 auf die Rote Liste zu setzen. Im weiteren Vorgehen begann eine Bestandserfasssung der noch vorhandenen Rassevertreter. Im Jahr 2001 erfolgte ein erste kleinere Veröffentlichung in der Fachpresse, die wieder auf die Rasse aufmerksam machte. Die Bestandserfassung soll, so wird angestrebt, Ende 2002 abgeschlossen sein. Parallel dazu werden Anfragen von Interessenten an dieser Rasse entgegengenommen. Denn selbstverständlich können die oben beschriebenen Phasen nicht scharf voneinander abgegrenzt werden, vielmehr ergeben sich fließende Übergänge.

Beim Arenberg-Nordkirchener befindet man sich derzeit in der Phase III. Weil der Aufwand für den Rassebetreuer nun bereits erheblich ist, ist hier die Betätigung weiterer

◄ *Novalis. Arenberg-Nordkirchener Stute, geb. 1998, zum Zeitpunkt der Aufnahme 3 Jahre alt*

Interessenten erforderlich und auch erwünscht. So bietet beispielsweise die Ausstellung „...so frei, so stark... – Westfalens wilde Pferde" eine sehr gute Möglichkeit zur Öffentlichkeitsarbeit. Gerade der Bereich der Sichtung und Erforschung historischer Quellen kann bei der Tätigkeit des Rassebetreuers häufig nicht ausreichend wahrgenommen werden. In der nächsten Zeit steht hier als weitere Aktivität des Rassebetreuers der Kontakt zum zuständigen Zuchtverband an. Von Bedeutung ist weiter die Durchführung einer Informationsveranstaltung. Das erfolgreiche Durchlaufen der Phase IV ist entscheidend zum mittelfristigen Erhalt einer Rasse. Erfahrungsgemäß gelten die Aspekte Motivierung der Züchter, beziehungsweise neuer Züchter, Durchführung eines Zuchtprogramms und Absatz der Tiere als die am schwierigsten durchzuführenden Punkte bei der Erhaltung einer Rasse.

Dem Rassebetreuer kommt speziell die Aufgabe zu, rechtzeitig Tendenzen bei der Zucht der Rasse zu erkennen und die Rasse vorrangig hinsichtlich der Besonderheiten der züchterischen Bearbeitung kleiner Populationen zu begleiten. Die Durchführung der Öffentlichkeitsarbeit in Form von Vorträgen und Beiträgen in der Fachpresse, die Einbindung der Rasse in verschiedenste Projekte sowie die Motivierung weiterer Züchter sind außerdem wesentliche Aufgaben des Rassebetreuers, besonders dann, wenn er selbst nicht Züchter der Rasse ist. Weiterhin ist der Kontakt zum Koordinator und zu den anderen Rassebetreuern von Bedeutung, um bei populationsspezifisch auftretenden Problemen im fachlichen Austausch Lösungen zu finden. Mit der Phase V beginnen dann die Aktivitäten zum langfristigen Rasseerhalt.

Die Arenberg-Nordkirchener stehen noch vor der Phase IV. Zu gegebener Zeit wird an anderer Stelle über die weitere Entwicklung der Rasse informiert werden. Beim Senner befindet man sich derzeit in der Phase V.

Klaus Zeeb

Die Dülmener Wildbahn als verhaltensbiologisches Forschungsfeld

Der Lebensraum der Dülmener Pferde

Dem Traditionsbewusstsein und der Großzügigkeit der Herzöge von Croy ist zu verdanken, dass diese für den Natur- und Artenschutz so wertvolle Herde heute noch existiert. Die Dülmener Pferde leben in einer Wald- und Wiesenlandschaft des Münsterlands noch wie ihre Ahnen. Sie stammen aus einer Vermischung verschiedener Wild- und Hauspferdeformen, die ihren Lebensraum in den unzugänglichen Brüchen Westfalens hatten. Im Jahr 1316 sicherte sich der Herr von Merfeld das Jagdrecht an den Pferden in der Wildbahn des Merfelder Bruchs. 1845 wurde das Bruch auf Grund des Gesetzes über die Regulierung der gutsherrlichen und bäuerlichen Betriebe geteilt. Dem Herzog von Croy fielen dabei rund 1900 preußische Morgen zu. Inmitten des Besitzes liegt die eigentliche Wildbahn. Im Jahr 2001 bestand die Herde aus etwa 300 Pferden.

Die Wildbahn bietet ein reizvolles Bild: Kiefernforst wird von Laubwald und Birkengehölz abgelöst, offenes Grasland geht in Heide und Buschwerk über. Dazwischen liegen Stellen, die in langen Regenperioden versumpfen. Einige Sumpfbereiche trocknen auch im Sommer nicht aus. Die Wildbahn ist daher mit einem Grabensystem durchzogen, das der Entwässerung dient.

In Zahlen ausgedrückt umfasst die Wildbahn eine Fläche von 330 Hektar, davon 45 Prozent Wald und 45 Prozent Weiden. 10 Prozent der Fläche machen Wege, Gräben und die „Arena" aus, die für das jährliche Einfangen der einjährigen Hengstfohlen angelegt wurde. Jedem Pferd steht etwa ein halber Hektar Weidefläche zur Verfügung. Allerdings wachsen auch im Wald viele bei den Pferden beliebte Gräser und Kräuter, so dass er zur Futteraufnahme häufig aufgesucht wird. An Wege- und Grabenrändern sind zahlreiche Kräuterarten zu finden, die für die Pferdegesundheit und -fruchtbarkeit von großer Bedeutung sind. Es herrscht ein mildes ozeanisches Klima mit relativ geringen Temperaturschwankungen. Pro Jahr werden durchschnittlich 80 Frosttage gezählt und 800 Millimeter Niederschlag gemessen. Die Hauptmenge fällt im Juli und August. Der Wind

weht meistens aus Westen. Das Klima garantiert ausreichendes Futterwachstum auf den vorhandenen Flächen. Ein Zukauf ist nicht notwendig, insbesondere da auf gesonderten Flächen Heu für die Zufütterung im Winter gemäht wird. In dieser Jahreszeit steht den Pferden nämlich auf den Weideflächen nur die Hälfte ihres Futterbedarfs zur Verfügung.

Das Trinkwasser wird mit Hilfe von Windrädern aus der Tiefe gepumpt. Die Pferde trinken es aus großen runden Betontrögen. Darüber hinaus ergänzen einige angestaute Gräben die Wasserversorgung.

Dieser Lebensraum mit nassem Boden und langen, nasskalten Feuchtperioden hat die natürliche Selektion der Dülmener zur Folge. Die Spezies Pferd, die sich im Laufe ihrer Entwicklungsgeschichte an die Bedingungen der trockenen Steppen angepasst hat, ist für Zonen nasskalter Feuchtperioden nicht primär geeignet. Es fand hier also eine besondere genetische Anpassung statt.

▲ Mischwald im Merfelder Bruch

▼ Ein gestauter Graben dient als Tränke und Schwemme

149

▲ Drei Farbschläge herrschen in der Herde vor: Die Grauen (oben links) gehen auf das südrussische Wildpferd, den Tarpan, zurück – die Falben (oben rechts) stammen von den Przewalski-Pferden der Mongolei ab – die Braunen (unten rechts) weisen auf die Einkreuzung von Hauspferden hin. Ein uraltes Wildpferderbe ist der Aalstrich (Mitte), ein auf dem Rückens verlaufender dunkler Streifen

Es herrschen drei Farbschläge vor: Grau, Falb und Braun. Die Grauen, die auf den Tarpan, das südrussische Wildpferd, zurückgehen, sind besonders oft vertreten. Daneben findet man häufig den falben Farbschlag, der die Abstammung vom Przewalski-Wildpferd der Mongolei verrät.

Die Wildbahn ist unterkoppelt, um eine Weidepflege zu ermöglichen. Einzelne Flächen können sich so in Ruheperioden erholen. Ein wesentlicher Grund für diese Schonzeiten ist die Parasitenbekämpfung: Wie bei allen Pferden beherbergt der Organismus der Dülmener Ponys eine Unzahl an Magen- und Darmwürmern, die über den Kot ausgeschieden und übertragen werden. Um die natürliche Selektion nicht zu beeinflussen, werden grundsätzlich keine Wurmkuren durchgeführt. Einen Ausgleich muss die sorgfältige Weidepflege schaffen.

Die Zuchtauswahl

Ursprünglich wurden Hengste verschiedener Rassen, zum Beispiel Exmoor, Huzule, Welsh-Mountain und Konik, für die Zucht eingesetzt. Dadurch sollte Inzucht vermieden werden. Auf Grund wissenschaftlicher Überlegungen verzichtet man inzwischen darauf, immer wieder „nicht passendes" Fremdblut einzuführen. Ziel ist es, „Ruhe" im Genpool eintreten zu lassen. Jetzt werden der Herde Hengste, die ursprünglich aus der Wildbahn stammen, oder die näher verwandten Koniks zugeführt.

Früher verbrachte man zwei Hengste in die Herde, die geteilt wurde. Diese Vorgehensweise hat sich nicht bewährt, weil mit der Teilung einzelne Familienverbände auseinander gerissen wurden. Zurzeit wird ab April nur noch ein Zuchthengst eingesetzt. Daneben gibt es einen Beihengst, der in der Regel nicht häufig zum Decken kommt, da er vom Herdenhengst verjagt wird. Die Anwesenheit des Rivalen stachelt den Hengst jedoch so auf, dass alle fortpflanzungsfähigen Stuten trächtig werden und zirka 125 Fohlen pro Jahr fallen.

Einmal in jedem Jahr, jeweils am letzten Sonnabend im Mai, werden die Jährlingshengste aus der Herde herausgefangen. Dieses traditionelle Schauspiel zieht bis zu 20.000 Besucher an. Falls sich unter den Jährlingen ein geeigneter Kandidat für die Zucht findet, kommt er in die Junghengstherde. Die übrigen männlichen Jährlinge werden versteigert. Die Erlöse daraus und die Eintrittsgelder der Besucher decken nur einen winzigen Teil der Kosten, die die Erhaltung der Herde verursacht. Sie trägt, ohne staatliche Unterstützung, allein der Herzog von Croy.

Früher hat man die Hengste außerhalb der Decksaison aufgestallt und mit Kraftfutter gefüttert. Neuere wissenschaftliche Erkenntnisse haben auch hier gezeigt, dass dadurch die natürliche Selektion negativ beeinflusst wird:

Auch die Hengste müssen zeigen, dass sie mit karger Nahrung und ohne Stall leben können. Sonst sind sie für die Erhaltung der Dülmener Herde ungeeignet. Mindestens drei und bis zu sieben Tiere wachsen weitab von der Stutenherde auf. In diesem Verband messen sie ihre Kräfte und erstellen eine Rangordnung. In der Regel ist der Ranghöchste auch für die Zucht am besten geeignet. Decksaison ist von April bis August, damit die Fohlen im Frühjahr zur Welt kommen und im Winter bereits kräftig genug sind, um die nasskalte Jahreszeit im Merfelder Bruch zu überstehen.

Familienverbände

Um zur Dülmener Wildbahn zu gelangen, durchquert man zunächst den Wald, der sich dann zu einer freien, riesengroßen Weidefläche öffnet. Dort überwältigt den Besucher der Anblick der großen Zahl Pferde, die über die Fläche verteilt stehen, um etwa ihr Fell nach einer nasskalten Nacht in den ersten Strahlen der Morgensonne zu wärmen. Ihre Verteilung über die Weide lässt eine Struktur erkennen: Die Tiere stehen in Gruppen unterschiedlicher Größe zusammen. Mal sind es 17 Tiere, mal 23 und an anderer Stelle vielleicht nur neun.

Diese Gruppierung ist nicht zufällig. Bei längerer Beobachtung erkennt man, dass immer die gleichen Individuen zusammen sind, ob sie ruhen, weiden oder zur Tränke ziehen. In der Verhaltensforschung werden solche Pferdegruppen als „Familienverbände" bezeichnet: Eine Altstute hat beispielsweise ein diesjähriges Fohlen bei Fuß. Begleitet wird sie außerdem von einer älteren Tochter und deren Fohlen und so weiter. Die Familiengründerin kann lange

▲ *Erkundung eines Familienverbandes*

Jahre Ranghöchste des Verbandes bleiben. Überschreitet die Familiengröße die Zahl von etwa 30 Tieren, kommt es zu Abspaltungen; eine neue Familie entsteht, wieder mit einer Altstute an ihrer Spitze und dies auch im eigentlichen Wortsinn: Bei Wanderungen übernimmt sie in der Regel die Führung und gibt die Richtung an.

Die Führung hat immer eine alte Stute. Ihre Leitfunktion begründet sich nicht in ihrer Kraft und Stärke, sondern hier zählen Alter und Erfahrung. Sie kennt die besten Futterplätze, das beste Trinkwasser oder den besten Schutz gegen die Unbilden des Wetters. Ihr Erfahrungsschatz lässt die Altstuten auch echte von vermeintlichen Gefahren unterscheiden: Sie weiß, wann der Verband fliehen muss.

Das Leben im Sozialverband ist den Pferden angeboren, das heißt arttypisch. Wenn ein Pferd im Gefahrenfall vorsichtig erkundet und gegebenenfalls flieht, also Meideverhalten zeigt, handelt es sich auch hierbei um arttypische, angeborene Reaktionen. Allerdings ist dieses Meideverhalten bei den Dülmener Familienverbänden sehr unterschiedlich ausgeprägt. Die einen fliehen schon, wenn ein Besucher ganz vorsichtig und langsam einen Regenschirm öffnet. Ein anderer Verband ergreift die Flucht erst, wenn ein automatischer Schirm mit einem lauten Geräusch aufspringt. Bei genauem Hinsehen erkennt man, dass sich die unterschiedlich reagierenden Verbände auch durch ihre Fellfarben unterscheiden. Das verschiedene Erbgut wirkt sich sowohl auf das Aussehen als auch auf das Verhalten aus. Gleichzeitig erweist sich, dass es sich um ein angeborenes Grundverhalten der Tierart Pferd handelt. Dieses Grundverhalten wird durch erbliche Besonderheiten in der Reaktion auf Situationen und Ereignisse ergänzt, die bei den Angehörigen eines Familienverbandes in ähnlicher Ausprägung angeboren sind. Man spricht von der „Reaktionsnorm" der Art und vom unterschiedlichen Ausprägungsgrad dieser Reaktionsnorm beim Individuum, der sowohl erblich als auch lern- und erfahrungsbedingt ist.

Die oben geschilderten Reaktionen fasst man unter dem Begriff „Sozialverhalten" zusammen. Um das Verhalten einer Tierart begreifen und erklären zu können, erstellt man ein Verhaltensinventar, durch das bestimmte Verhaltensweisen oder -merkmale bestimmten Kennzeichen oder Ereignissen in der Umwelt zugeordnet werden. Da versucht wird, die Funktion eines bestimmten Verhaltens zu verstehen, werden einzelne „Funktionskreise" herausgearbeitet. Darunter fallen zum Beispiel die Funktionskreise Ernährungs-, Ausruh- oder Komfortverhalten. Der Funktionskreis Sozialverhalten ist übergeordnet, weil es kaum eine Tätigkeit bei den natürlicherweise in Gruppen lebenden Pferden gibt, die nicht soziale Aspekte aufweist. Durch den Funktionskreis Sozialverhalten wird das Zusammenleben einer Gruppe von Individuen so geregelt, dass das einzelne Pferd möglichst wenig beeinträchtigt wird.

Trampelpfade

Trampelpfade oder Wechsel nennt man die Wege, die durch die Tritte von Hunderten von Hufen in der Landschaft entstehen. Diese Fährten verbinden Orte von ganz bestimmter Bedeutung. Pferdewechsel sind eigenartigerweise überall, nicht nur im Merfelder Bruch, gleich breit. Sie haben genau die Breite, um zwei Hufen nebeneinander bequem Platz zu bieten. Wenn ein Trampelpfad, der von der Weide zur Tränke führt oder zwei Weideorte miteinander verbindet, nicht ausreicht, wird er nicht breiter, sondern mehrere werden nebeneinander angelegt.

Jedem einzelnen Pferd vermittelt ein Wechsel die Gewissheit besonders großer Sicherheit. Im Erbgedächtnis der Pferde scheint verankert, dass man sich auf einem Wechsel geschützt fühlen kann. Da er schon von Hunderten von Artgenossen benutzt wurde, kann er nur in eine Richtung führen, die keine Gefahr birgt. Aus diesem Grund bewegen sich auch Reit- und Fahrpferde in vertrauter Umgebung mit größerer Gelassenheit.

Erkunden und Meiden

Vor etwa 5000 Jahren nahm der Mensch das Pferd in seine Dienste. Aber trotz Domestikation und Zuchtauswahl hat er auf die ständig vorhandene hohe Fluchtbereitschaft dieses Tieres keinen großen Einfluss nehmen können.

153

► Sicherndes
Erkunden während
der Futteraufnahme

Gefahr muss rechtzeitig erkannt werden. Deshalb sind Pferde besonders neugierig. Der Ethologe bezeichnet das als Erkundungs- und Meideverhalten. Erkundet wird mit Augen, Ohren und Nase. Die Nase dient einerseits zum Riechen, aber auch zum Tasten mit den langen Sinushaaren, die um Nase und Maul wachsen.

▲ Flucht eines
Familienverbandes

► Flucht der
gesamten Herde

Eine Situation in der Herde kann folgendermaßen aussehen: Die Ponys haben sich satt gefressen. Einige, vor allem die Fohlen, ruhen am Boden, andere stehen dösend umher. Nur einzelne Stuten beobachten die Umgebung: Sie lauschen, schnuppern und schauen aufmerksam ringsherum. Meistens übernehmen Stuten mit jungen Fohlen diese Aufgabe des „Wachtpostens". Sollte ein Pferdeunkundiger direkt auf die Gruppe zugehen, wird dieser Wachtposten den Kopf aufwerfen, Augen und Ohren auf den Eindringling richten und warnend schnauben. In einer Zeit, in der häufig Besucher in der Wildbahn sind, reagiert die Stute bei einem Erkundungsabstand von 10 bis 20 Metern. Wintertags, bei wenig Besuch, kann die Reaktion schon bei 80 bis 100 Metern erfolgen. Mit senkrechten Pendelbewegungen von Kopf und Hals versucht die Stute, Augen und Nase noch besser einsetzen zu können. Schließlich, wenn der Störenfried noch näher kommt und den Meideabstand überschreitet, wirft sie den Kopf auf, kehrt auf der Hinterhand um und geht im Schritt oder Trab zunächst einmal auf Abstand. Die Angehörigen des Familienverbands folgen in der vorgegebenen Geschwindigkeit. Es kann auch passieren, dass der Verband den Eindringling in gebührendem Abstand im Kreisbogen umrundet, um in den Wind zu gelangen, wo eine geruchliche Identifikation der eventuellen Gefahr einfacher ist. Zeigt sich, dass keine Gefahr besteht, kehrt bald Ruhe ein.

Wenn aber die Erkundung mit allen Sinnesorgane Gefahr signalisiert, ertönt Warnschnauben. Alle Pferde in der näheren Umgebung des „Furchtauslösers" machen um hundertachtzig Grad kehrt und galoppieren von dannen. Sobald genügend Distanz zum Störenfried besteht, machen sie Halt. Dieser Abstand wird deshalb als Fluchtdistanz bezeichnet. Wenn nichts weiter passiert, kann es sein, dass sich die Gruppe wieder erkundend nähert und sich derselbe Verhaltensablauf wiederholt. Wenn sich der Eindringling jedoch bewegt, eventuell sogar in Richtung der Ponys, flieht der Verband weiter. Sein Warnschnauben und das Getrappel der Hufe kann bewirken, dass weitere Familien aufschrecken, ja sogar, dass alle Tiere der dreihundertköpfigen Herde sich fliehend eng zusammenschließen und gemeinsam das Weite suchen, um erst nach vielen hundert Metern zum Stehen zu kommen. Nach und nach, im Laufe von drei bis fünf Minuten, lösen sich die Familien wieder aus der Gesamtherde und nehmen erneut die durch die Flucht unterbrochenen Beschäftigungen auf.

Dieses aus der Perspektive des Pferdeverbandes äußerst sinnvolle Verhalten, das Gemeinschaft und Individuum vor Schaden bewahrt, erweist sich in den Augen der Menschen, die Pferde in ihrer Obhut haben, als lästig: Wie viele Pferdebesitzer oder Reiter wurden nicht schon durch das explosive Fluchtverhalten ihres Pferdes aus der Bahn beziehungsweise dem Sattel geworfen!

Weiden und Wasseraufnahme

Die Futter- und Wasseraufnahme findet im vertrauten Kreis des Familienverbandes statt. Die Dülmener sind bis zu 16 Stunden am Tag mit der Futteraufnahme beschäftigt, allerdings werden immer wieder Dös- und Ruhepausen eingelegt. Es fällt auf, dass eine Art Herdenstimmung herrscht: Perioden des Weidens und Perioden des Ruhens lösen sich ab.

◄ *Ruhen im Familienverband*

▲ *Dülmener bei der Wasseraufnahme ...*

Gesichter

Für rangniedere oder schwache Pferde ist es von großer Bedeutung, Übergriffe ranghoher Tiere zu vermeiden. Die Kommunikation zwischen den Pferden ist durch das Ausdrucksverhalten geregelt. Der Verhaltensforscher fasst die Verständigung der Pferde untereinander mit dem Begriff der „sozialen Kommunikation" zusammen. Obwohl die Gesichtsmuskulatur bei den Einhufern wenig ausgeprägt ist, kann der Kenner doch viele unterschiedliche Gesichter unterscheiden. Ihre Funktion ist die Verständigung von Tier zu Tier, für den Menschen sind sie eine Hilfe, das Befinden des Einzeltiers zu beurteilen.

Beim Dösen ist das ganze Gesicht entspannt. Die Augen sind halb geschlossen. Kopf, Hals, Lippen und Nüstern „hängen" förmlich. Die Ohren können nach vorne oder zur Seite gestellt sein.

Ganz anders das Erkundungsgesicht, das Spannung ausdrückt: offene Augen und weite Nüstern, gereckter Hals, erhobener Kopf. Erkundet wird im Stehen wie auch im Laufen.

Das Begrüßungsgesicht ähnelt dem eben beschriebenen, aber es wird dem Herdengenossen gezeigt, dass freundliche Absichten bestehen. In diesem Fall folgt der Nasenkontakt.

Im Gegensatz dazu ist das Drohgesicht an den mehr oder weniger ausgeprägt nach hinten angelegten Ohren zu erkennen. In der intensiven Ausprägung sind die Mundwinkel angespannt und die Nüstern etwas geschlossen. Das Weiße im Auge kann sichtbar werden. Auf intensives Drohen können Bisse oder Schläge aus der Vor- und Hinterhand folgen.

Das Putzgesicht ist bei der sozialen Fellpflege zu beobachten. Die Ohren stehen meist zur Seite, die Nüstern sind geschlossen. Der Augenausdruck erscheint ein wenig „entrückt". Das Zeremoniell der Hautpflege wird durch das Begrüßungsgesicht eingeleitet.

Auf besondere Duftstoffe reagiert das Pferd mit Flehmen, einem Rümpfen der Oberlippe bei geschlossenen Zähnen und hoch erhobenem Kopf und Hals.

Beim Gähnen werden hingegen Kopf und Hals gesenkt, das Maul ist weit geöffnet.

Ein Angstgesicht zeigen zum Beispiel die Jährlingshengste beim Fang: Die Ohren sind nach hinten gestellt, Augen und Nüstern weit geöffnet. Der Jährling hat Panik im Blick.

Während die letzten drei beschriebenen Gesichter Rückschlüsse auf das Befinden des Individuums zulassen, dienen die übrigen der Verständigung der Tiere untereinander. Ein rangniederes Pferd ist so in der Lage, einem „ungnädig" gestimmten ranghöheren Tier beizeiten aus dem Weg zu gehen und in der Herde „ungeschoren" davon zu kommen.

Untersuchungen haben ergeben, dass je nach Futterergiebigkeit der Weide täglich bis zu acht Kilometer zurückgelegt werden. Die Fortbewegung erfolgt im gemütlichen Schritt. Dieses wichtige Faktum ist in Bezug auf die Pferdehaltung im Stall unbedingt zu beachten. Für die Gesundheit und das Wohlbefinden des Pferdes ist nicht allein ausreichendes Futter erforderlich, sondern im gleichen Maß ausreichende Bewegung. Muskeln, Gelenke, Sehnen und Kreislauf des Pferdes sind auf täglich lang andauernde Fortbewegung angelegt und nicht zum Stehen in einer Box. Die Fortbewegung ist auch unerlässlich für den Abrieb der Hufe. Was beim Reitpferd der Schmied besorgt, erledigt das in Freiheit oder extensiver Haltung lebende Pferd durch die Fortbewegung. Auf Grund des sehr weichen Bodens des Merfelder Bruchs findet man bei einzelnen Pferden zu lang gewachsene Zehenteile der Hufe und sogar Ansätze zu Spalten. Die Zehenteile brechen irgendwann ab, und nach und nach erhält der Huf wieder seine arttypische Form.

Wie bereits ausgeführt, wird im Winter zugefüttert. Es werden lange Schwaden von Heu aufgeschüttet, an denen genug Platz für alle Pferde gleichzeitig ist. Jeden Tag wird eine andere Stelle gewählt, so dass keine Schäden an der Grasnarbe entstehen und sich der Kot besser verteilt. Zeitweilig schüttet man das Futter im Wald auf: bei widrigem Wetter wie Schnee oder Dauerregen eine gleichermaßen pferdefreundliche wie flächenschonende Lösung.

Falls die Tränken an den Gräben an Frosttagen zugefroren sind, wird die Eisdecke mit den Hufen so lange bearbeitet, bis die Tiere ans Wasser kommen. Um ein Einfrieren zu vermeiden, sind die Pumpentränken in Frostzeiten entleert.

Neben den Gesichtern unterstützt auch der Schweif die Körpersprache: Bei Erregung und Aggressivität peitscht er ärgerlich. Bei Angst oder schlechtem Wetter wird er zwischen den Hinterbacken eingeklemmt.

Hinzu kommt die ganze Palette der Lautäußerungen. Stöhnen, Blasen und Schnauben ist als Ausdruck von Erregung zu werten. An Artgenossen gerichtete Lautäußerungen sind Wiehern, Brummen, Quieken, Quietschen und „Schreien", je nach Erregungsgrad mehr oder minder laut.

Das an den Dülmenern beobachtete Verhalten zeigen Pferde in menschlicher Obhut auf gleiche oder ähnliche Weise. Mit anderen Worten: Pferd bleibt Pferd, ein in der Herde lebendes, hoch spezialisiertes Fluchttier, das sich nur sicher und wohl fühlt, wenn es mit vertrauten Artgenossen zusammen ist.

Einfühlsame Menschen, die mit Pferden Umgang haben, können aus den Beobachtungen der Dülmener Herde viele Lehren für sich und ihre eigenen Pferde ziehen.

Zusammenfassende Überlegungen

Es muss festgehalten werden, dass der Dülmener kein Wildpferd im zoologischen Sinn ist, sondern sich im Lauf der Entwicklung echte Wildpferde mit Hauspferden vermischt haben. Der besondere genetische Wert liegt darin, dass stets die natürliche Auslese im Zentrum der züchterischen Überlegungen gestanden hat.

An den Dülmener Familienverbänden wird besonders deutlich erkennbar, dass Pferde sozial lebende Tiere sind. Ihr Sozialverhalten gewährleistet den Individuen der Gruppe, dass sie möglichst wenig durch andere Gruppenangehörige oder eine äußere Gefahr beeinträchtigt werden.

Das Erkundungs- und Meideverhalten war und ist für in „Freiheit" lebende Pferde von lebenserhaltender Bedeutung. Pferde fühlen sich in der sozialen Gruppe sicherer als Einzeltiere. Wenn der Mensch mit einem „allein stehenden" Pferd zu tun hat, muss er dem Tier Vertrauensperson sein, um sein Sicherheitsbefinden zu stabilisieren. Im Übrigen müssen den Pferden vom Fohlenalter an vielfältige Umweltreize geboten werden, damit sie ihr Erkundungs- und Meideverhalten trainieren können und nicht mit ständigem Scheuen reagieren.

Pferde nehmen ihr Futter gemeinsam auf. Bei ihrer Haltung ist deshalb darauf zu achten, dass jedes Tier einen Fressplatz hat, so dass kein Futterneid entsteht. Frei lebende Pferde beschäftigen sich bis zu 16 Stunden am Tag mit der Futtersuche. Bei der Stallfütterung reduziert sich diese Zeit je nach Art des Futters auf fünf Stunden und weniger. Deshalb muss auf anderweitige Beschäftigung der Pferde geachtet werden.

▲ *... und beim*
Weiden und Wälzen

Menschen, die sich im Umgang mit Pferden nicht sicher fühlen, sollten ihre Pferde nur auf vertrauten Pfaden bewegen, um ihnen die nötige Sicherheit zu verleihen. In unvertrautem Gelände muss der Reiter den Artgenossen ersetzen.

Um ein Pferd dazu zu bewegen, auf einen neuen, ungewohnten Hänger zu gehen, vermittelt man dem Tier die Sicherheit des Trampelpfades, indem Pferdemist mit Stroh auf die Rampe gestreut wird.

Für die Pflege des Felles und damit die Gesundheit des Pferdes ist ein Durchweichen in der Schwemme sehr wertvoll. Das Gleiche gilt für ein Schlammbad, wenn das Fell danach gewaschen und nach dem Trocknen mit Striegel und Bürste gereinigt wird. Grundsätzlich muss dem Pferd ein Platz zur Verfügung stehen, der für das tägliche gesundheitsfördernde Wälzen geeignet ist.

Die Körperpflege ist wesentlich für die Erhaltung der Gesundheit der Pferde. Darüber hinaus hat die Fellpflege soziale Funktionen: Sie dient beispielsweise dem Abbau der Kontaktscheu und dem Aufbau von Vertrauen. Dies sollten Menschen, die mit Pferden umgehen, nie vergessen.

Hitze, Sonne oder Regen und Wind verursachen Unlustgefühle, denen Pferde zu entgehen versuchen, indem sie einen Witterungsschutz aufsuchen. Ein funktionstüchtiger Witterungsschutz ist deshalb eine unabdingbare Voraussetzung für die Pferdehaltung im Freien.

Pferde brauchen ausreichende und ungestörte Ruhezeiten, um gesund zu bleiben und sich wohl zu fühlen. Damit sie sich auch im Liegen ausruhen können, müssen trockene Ruheplätze zur Verfügung stehen, an denen die Pferde weder von außen noch durch Herdengenossen gestört werden können. Der Ruhebereich muss für alle Tiere gleichzeitig ausreichend Platz und genügend Frischluft bieten.

Junge Hengste müssen mit anderen Junghengsten aufwachsen, um das angeborene kämpferische Sozialverhalten zu üben und um zu lernen, sich gegebenenfalls unterzuordnen, ohne Schaden zu nehmen. Zur Zucht sollten nur solche Hengste eingesetzt werden, die sich im Rudel als ranghohe Tiere erwiesen haben.

Das Paarungsverhalten ist zwar angeboren, erfährt aber im Laufe der Entwicklung des Hengstes einen Reifungsprozess, in den die gewonnene Erfahrung einfließt. Jeder Hengst zeigt ein individuelles Paarungsverhalten. Die Paarung erfolgt bei Pferden inmitten des sozialen Verbandes. Die Herde dient den intensiv miteinander beschäftigten Tieren zum Schutz vor Feinden.

Der von Menschen unbehinderten Paarung gehen über zwei bis drei Tage Liebesspiele voraus. In dieser Zeit wird die Stute durch den Hengst hormonell so eingestimmt, dass die Kopulation zu einem Zeitpunkt erfolgt, in dem die Befruchtung optimale Chancen hat. Die Fruchtbarkeit ist deshalb beim „Freien Herdensprung" wesentlich höher als beim so genannten Sprung aus der Hand. Stuten fohlen zu ihrer Sicherheit im Herdenverband ab. Die Mutter verjagt alles, was sich dem Fohlen nähert: Insbesondere in der ersten Stunde muss sie die Prägung zwischen sich und dem Fohlen sicherstellen. Falls sie fliehen müssen, ist die Prägung lebenserhaltend. Ein Fohlen, das seine Mutter in der großen Herde nicht findet, verhungert.

Der einfühlsame Züchter nutzt die Prägephase, um die Prägung des in Stallhaltung lebenden Fohlens von der Mutter auf den Menschen zu erweitern. Diese Pferde sind in der Folge leichter vom Menschen zu erziehen.

Für die soziale Entwicklung der Fohlen ist unerlässlich, dass sie in der Gemeinschaft mit anderen Stuten und vor allem mit Fohlen aufwachsen. Das Spiel der Fohlen dient als „Probe für den Ernstfall". Sie trainieren spielerisch ihr angeborenes Sozialverhalten, und gleichzeitig stärken sie ihre Körperkräfte.

Mit der Unterlegenheitsgebärde schützt sich das Fohlen, bis es ausgewachsen ist, vor Übergriffen der Erwachsenen.

Im Kampfspiel von Hengstfohlen erkennen wir dieselben Bewegungselemente, die in der reiterlichen Dressur und der Freiheitsdressur im Zirkus auftauchen.

Steht einer Pferdeherde nicht wie in den Prärien Nordamerikas oder den Steppen Australiens ein riesengroßes Areal zur Verfügung, müssen die Jährlingshengste zu ihrem eigenen Schutz aus der Herde entfernt werden. Ansonsten kommt es bei Auseinandersetzungen mit dem Herdenhengst zu schweren Verletzungen und eventuell tödlichen Folgen.

Die soziale Verständigung ist bei Pferden von großer Bedeutung für ihr ungestörtes Zusammenleben in der Gruppe. Missverständnisse zwischen Pferd und Mensch lassen sich leicht vermeiden, wenn man das Ausdrucksverhalten des Pferdes und seine Formen der sozialen Verständigung kennt. Wer das Befinden seines Pferdes am Gesicht ablesen kann, macht weniger Fehler bei der Haltung und im Umgang mit dem Herdentier.

Andreas C. Bimmer

Pferde und Volkskunde – kulturwissenschaftliche Bilanz und Perspektive

▲ *Der Handel ist perfekt*

Die Volkskunde hat sich seit dem Ausgang des 19. Jahrhunderts von einer philologischen zu einer geistes- und sozialwissenschaftlich orientierten Wissenschaft entwickelt, die sich mit dem Alltagsleben in seinen kulturellen Ausprägungen beschäftigt. Galt ihr primäres und zentrales Forschungsinteresse lange Zeit den Lebenswelten der Bauern, so hat es sich in den letzten Jahrzehnten stärker auf die moderne Gesellschaft und ihre sozialen Gruppierungen verlegt.

In diesem Zeitraum haben sich auch die Bedeutung, die Rolle und die Funktion des Pferdes in der Gesellschaft erheblich verändert. Diese Wandlungen haben in den volkskundlichen Untersuchungen unterschiedliche Beachtung gefunden. Der gesamte Themenkreis Pferd und (vor allem landwirtschaftliche) Arbeit, von Aufstallung, Ausrüstung, Ausbildung und Arbeitseinsatz, scheint recht gut bearbeitet zu sein. Gut dokumentiert ist auch die Verwendung von Pferden zu Beginn der Industrialisierung sowie im Bergbau, wenn auch eher in sozialgeschichtlichen als in volkskundlichen Studien. Das gilt auch für die Funktion des Pferdes im Reise- und Postwesen. Volkskundlich weniger Beachtung fand dagegen der großstädtische Einsatz von Pferden, vornehmlich im öffentlichen wie privaten Transportwesen. In der Brauchforschung hingegen spielt das Pferd eine recht bedeutende Rolle.

Mit der zunehmenden Verdrängung der Pferde aus dem Alltag in der Industriegesellschaft, bedingt durch die allgemeine Mechanisierung und Motorisierung, ging auch die volkskundliche Beachtung des Pferdes zurück. Allerdings entsprach dieser Wandel nicht einer Veränderung der volkskundlichen Perspektive auf die veränderte, moderne Gesellschaft, sondern ist eher als Reaktion auf das Verschwinden des Pferdes aus dem landwirtschaftlichen Leben zu verstehen. Dagegen blieb die große Präsenz des Pferdes im Sport- und Freizeitbereich der Gegenwart volkskundlich fast unbeachtet.

Das – so wird zu zeigen sein – liegt daran, dass volkskundliche Forschung das Pferd in seiner gegenwärtigen Bedeutung für den Menschen noch nicht wieder als Thema entdeckt hat. In der Rückschau werden Inhalte und Methoden der älteren Volkskunde betrachtet und anschließend ihre Bedeutung für die heutige Forschung geprüft. Vor rund fünfzig Jahren hätte ein Austausch von Volkskundlern über Pferde sicher den Tenor gehabt, den Richard Beitls Wörterbuchartikel zum Stichwort „Pferd" im ersten Wörterbuch zur Deutschen Volkskunde von 1936 wiedergibt: „Das wilde Pferd gehörte zu den Tieren, die bereits in der Südrandsteppe der eiszeitlichen Gletscher lebten. Es galt den Germanen als weissagendes Tier, wie noch heute die Volksrede geht: ‚Die Rossen merken es zuerst'. Zumal im Toten- und Begräbnisbrauch knüpften sich viele Orakel an das Verhalten des Pferdes an, das den Leichenwagen zieht. Es war auch germanisches Opfertier, worin wir eine Wurzel des mit dem Hufeisen verbundenen Glaubens vermuten dürfen. Im Grab des Kriegers wird sein Lieblingspferd beigesetzt. Wie das Pferd auch hochgeachtetes Geschenk war. S.a. Pferdeumritte, Pferdeheilige, Pferdeschmuck, Leonhard, Georg, Martin, Stephan, Pfingstritt, Reiterspiele, Laufspiele, Pferdekämme" (...).[1]

Sieht man über die germanophile Sprache hinweg und konzentriert sich auf die Substanz, dann wird zum einen deutlich, dass dem Pferd, offensichtlich auf Grund des ihm zugeschriebenen hohen entwicklungsgeschichtlichen Alters, zahlreiche Qualitäten zugeschrieben wurden, die im Aberglauben wurzeln. So ungewöhnlich das heute klingen mag, so beliebt scheint es wieder zu sein, solche Begründungen anzuführen. Nimmt man das Handwörterbuch des deutschen Aberglaubens (HdA) hinzu, von dem vor einigen Jahren sogar eine Neuauflage erschien,[2] das mit seiner Kompilation abergläubischer Vorstellungen im gesamten deutschen Sprachgebiet als Standardwerk gilt, so meint man damit eine Referenz zu haben, die auch heute als seriöse Quelle gelten kann.

Es geht hier nicht darum, hierfür in eine Beweisführung einzutreten, sondern darauf hinzuweisen, dass das Pferd und sein Verhalten in Arbeit und Brauch gern für abergläubische Erklärungen herangezogen wurde.

Die Sammlung und Typisierung solcher Motive setzte sich vor allem in der Erzählforschung fort, die Sagen, Märchen und Volkserzählungen als Quellen zugrunde legte. In kaum einer dort einzuordnenden Publikation fehlen Bezüge zu Pferden und ihren „geheimen" Qualitäten. Aus den Beständen des Marburger Zentralarchivs der deutschen Volkserzählung[3] mag der folgende Beleg zur Anschauung dienen:

Institut für mitteleuropäische Volksforschung
Zentralarchiv der Volkserzählung
33   25 2 b/335

Zentralarchiv der deutschen Volkserzählung.

Orig.-Nr. der Sammlung: *S 2464*
Nr. der Landesstelle:
Ort der Abschrift (Pr.): *Königsberg (Pr.)*
Aufzeichner: *stud.paed.*
Einsender *Else Henke (Elbing)*
veröffentlicht:
· / ·
Eigentümer: *Dr. Karl Plenzat*
Landesstelle: *Königsberg (Pr.)*

Ort der Aufnahme: *Elbing,*
Signatur:
Kleinerer Verwalt.-Bez.: *Kr. Elbing,*
Land: *Ostpreussen.*
Zeit der Aufnahme: *Juni 1932.*
Erzähler: *Arndt, Elbing, Trusostr. Nr.60*

Wo, wann und von wem hat der Erzähler die Erzählung gehört?

Welche innere Einstellung hat der Erzähler zu der vorliegenden Geschichte?

Nicht ausfüllen!
Archiv-Nr.: *132663*
Sage, Märchen, Schwank, Bericht
Gruppe: *Tiere*
Thema: *Pferde zeigen Tod an*
Aarne-Thompson:

Art der Aufzeichnung: Unmittelbar aus dem Volksmunde wortgetreu aufgeschrieben oder nach Stichworten zusammengestellt, nach der Erzählung später aus der Erinnerung aufgezeichnet, nach längerer Erinnerung aufgezeichnet? (Zutreffendes unterstreichen)

Pferde sagen den Tod voraus.

In Kämmersdorf sagt man den Tod folgendermassen voraus: Begibt sich ein Leichenzug zum Kirchhof, dann stehen die Zuschauer zu beiden Seiten des Zuges. Wenn die Pferde anfangen zu laufen, dann stirbt von der Seite einer zuerst, wo die Pferde den Kopf zum ersten Male hinwenden. Dieser Fall trat ein im Jahre 1929, im Frühjahr. Ein gewisser Herr Krebs starb, und als nächste starb im Winter Frau Neubert, denn die Pferde hatten zuerst nach ihrer Seite den Kopf gedreht.

Vor dem Hintergrund der Tatsache, dass das Pferd ein wichtiges Tier in der ländlichen Gesellschaft war, wird verständlich, dass dem Pferd eine besondere Bedeutung in Verbindung zum Menschen zuerkannt wurde. Das Interesse der Sammler der alten Volkskunde galt mythologischen Erklärungen, heutigen Auffassungen sind die Indikatoren für das Verhältnis von Mensch und Tier im Sinne einer Sozialbeziehung wichtig. Obwohl es sich um ein Beispiel aus Ostpreußen handelt, steht es doch stellvertretend für zahlreiche andere, ähnlich gelagerte Zeugnisse, die man für alle bäuerlich strukturierten Gegenden nachweisen kann. Hinter allen mag das Bedürfnis stehen, sich die Unwägbarkeiten

des menschlichen Lebens durch „Zeichen" aus Natur und Tierwelt zu erklären oder sie gar vorherzusagen. Dieses Denken und die daraus resultierenden kulturellen Handlungen und Werte sind zentrale Themen volkskundlicher Erzählforschung. Zuletzt hat Rudolf Schenda hierzu resümierend publiziert.[4]

Sozialgeschichtlich fassbarer ist es, die Funktion des Pferdes in der ländlichen Arbeit und als Zugtier in Verkehr und Transport – auch und gerade in den Städten – zu erforschen. Dementsprechend vielfältig ist die volkskundliche Literatur zu diesen Themen. Formen der Anspannung, Pferdegeschirr, Kutschen und Wagen, Pflüge, Pferdemühlen, Göpel, Pferde(straßen)bahn gehören beispielsweise hierzu, aber auch Pferdezucht, Aufzucht, Pferdehandel, Rosstäuscher und Ähnliches. Sachkulturforschung realisiert sich wesentlich in der Museumsarbeit.

Will man volkskundlich-historisch zum Thema Pferd arbeiten, so ist die IVB, die Internationale Volkskundliche Bibliographie, eine wichtige Quelle für die Literatursuche. Dort ist übersichtlich aufgeführt, was von wem und wo zum Thema Pferd veröffentlicht wurde. Schlägt man die Bände der letzten Jahre nach, findet sich eher wenig. In der volkskundlichen Forschung sind Pferde zur Zeit eben nicht sehr en vogue.

Wie die folgenden Stichworte aus dem Jahrgang 1989/90 zeigen, war dem nicht immer so: Pferd/Kelten; Pferd/Litauen; Pferd/Wales (viele Belege); Pferdehandel/Norwegen; Pferdehandel/Sauerland; Pferdekult; Pferdemühle; Pferdeopfer; Pferdeprozession; Pferdeschuhe; Pferdezucht/Frankreich; Pferdezucht/Island; Reiterbrauch/Mähren/Ries.[5]

Man sieht also, ein Beleg relativ intensiver volkskundlicher Beschäftigung. Von beachtlichem kulturhistorischen Interesse dürfte die Aufarbeitung der Entwicklung von der traditionellen zur gegenwärtigen Pferdekultur sein. Bestimmte, historisch früh zu belegende Formen wie Jagden oder Hengstparaden, aber auch Pferdemärkte haben sich bis in die Gegenwart erhalten, unterlagen aber zahlreichen Wandlungen. Den Jagden wie den Märkten soll im Folgenden etwas detaillierter nachgegangen werden.

Die Parforce-Jagd in der Senne

Die Tradition des Jagdreitens im Herbst, einst als Hetzjagd alleiniges Privileg des Adels, ist seit dem Vormärz in Deutschland unter wachsender Beteiligung des reichen Bürgertums fortgeführt worden. Bis in die dreißiger Jahre des 20. Jahrhunderts war es üblich, hinter dem fliehenden Wild zu reiten. Es bot sich jedes Mal ein höchst farbenprächtiges Bild, wenn die rotberockte Reitgesellschaft mit ihren prächtigen Pferden zur Jagd aufbrach, angeführt vom

▲ *Die Lippspringer Jagd-
gesellschaft in der Senne.
Ölgemälde von Benno
und Emil Adam, 1871*

◄ *Aufbruch zur Parforce-
Jagd in der Eichenallee
bei Lopshorn.
Ölgemälde von
Carl Rötteken, 1872*

Jagdherrn und dem Master mit seinen Hunden. Es war ein gesellschaftliches Ereignis ersten Ranges, bei dem weder der Veranstalter – meist ein Schloßherr – Aufwand und Kosten scheute, noch die Jagdgäste die ehrenvolle Einladung versäumten.

Für die Durchführung einer Parforce-Jagd, die meist mehrere Tage dauerte, war neben der notwendigen Anzahl geeigneter Pferde und Hunde vor allem ein entsprechend großes Jagdgelände erforderlich. Darüber verfügten meist nur Adelige oder Großgrundbesitzer. In der Jagdkultur des 18. und 19. Jahrhunderts in Deutschland hat es zahlreiche berühmte Jagden gegeben, zu denen auch die Parforce-Jagden in der Senne gehörten, also im Gebiet von Bad Lippspringe bis Stukenbrock und bis an den Teutoburger Wald. Ein aus England stammender Huntsman namens Andrew Tate gelangte bei den Senner Jagden zu besonderer Berühmtheit, war er es doch, der einige Jahrzehnte das Jagdfeld anführte, Pferde und Hunde vorbereitete und sich wie kaum ein zweiter auf diese Jagd verstand.

Von den von Schloss Neuhaus beginnenden Jagden, belegt seit 1853, gibt es zahlreiche historische und zeitgenössische Schilderungen, die den außerordentlichen Glanz und Aufwand dieser Veranstaltungen bezeugen: „Dem Herzog von Nassau standen 30 Pferde, dem Fürsten Lippe-Detmold 15 Pferde zur Verfügung. Die Parforce-Jagdgesellschaft hatte insgesamt 140 Pferde. Im September wurde mit den Probejagden zum Einarbeiten der Meute begonnen, die aus 24 Koppeln Hasenhunden und 14-16 Koppeln Fuchshunden bestand. Die Jagdzeit währte dann vom 1. Oktober bis 3. November."[6]

Nach dem Verbot der Jagd hinter lebendem Wild bürgerte sich die Form der Schleppjagden in Deutschland ein, so wie sie auch heute noch in jedem Herbst veranstaltet werden. Allerdings dauern sie nur noch einige Stunden, auch werden keine weiten Strecken mehr zurückgelegt. Geblieben ist das farbenprächtige Bild, das die Jagdgesellschaft mit ihren Pferden und der Hundemeute inmitten der herbstlich bunten Natur bietet. Längst dominiert nicht mehr das Privileg von Stand und Geld, meist sind es die Mitglieder der ländlichen Reitvereine, die mit einer Hubertusjagd die Saison im Freien beenden.

Pferdemärkte

Ein weiteres Beispiel traditioneller Pferdekultur, mit dem sich die volkskundliche Forschung seit langem beschäftigt hat, sind die Pferdemärkte.[7] Märkte aller Art sind stets vorzügliche ethnografische Anschauungs- und Beobachtungsobjekte, zeigen sich doch hier alle Formen direkter und symbolischer Kommunikation. Darüber hinaus findet man neben einer repräsentativen Versammlung aller ländlichen Bevölkerungsgruppen nirgendwo ein so vollständiges und differenziertes Bild des Tier- und Warenangebots der jeweiligen Zeit. Märkte liefern sowohl dem Sachforscher als auch dem an Brauch und sozialem Handeln Interessierten ausgiebige volkskundliche Studienmöglichkeiten.

In der alten ländlichen Gesellschaft wurde ein großer Teil des Bedarfs an Arbeits- und Schlachtpferden auf den oft mehrmals jährlich stattfindenden Pferdemärkten gedeckt. Mit dem Wandel der Funktion des Pferdes hin zum überwiegenden Freizeit- und Sporttier haben sich auch die Vertriebsformen verändert. Sportpferde wechseln häufig am Rande der Turniere, auf Leistungsschauen oder direkt beim Züchter ihren Besitzer. Auch Freizeitreiter finden ihre Pferde meist auf diesem Wege. Dennoch gibt es gegenwärtig zahlreiche Pferdemärkte, die sich ganz nebenbei auch zu einem touristischen Anziehungspunkt entwickelt haben. Die Käuferschicht besteht allerdings überwiegend aus Pferdehändlern. Es gilt aber zu unterscheiden zwischen eher touristisch orientierten auf der einen und nahezu rein kommerziellen Pferdemärkten auf der anderen Seite. Allmonatlich findet in Hamm ein Pferdemarkt statt.[8] Bei der gleichzeitig durchgeführten Schlachtpferdeauktion sind Zuschauer wenig erwünscht. In Pferdezeitschriften beklagen Leser dann und wann das bedauernswerte Schicksal dieser Pferde.

Daneben existieren Pferde- und Viehmärkte, die sich die allgemeine Wertschätzung von Pferden und anderen landwirtschaftlichen Nutztieren zunutze machen, um große öffentliche Aufmerksamkeit zu erregen und möglichst große Menschenmassen anzulocken. Diese Märkte, die ein- bis zweimal im Jahr stattfinden, sind Höhepunkte im Veranstaltungskalender eines Ortes. Tausende von Besuchern kommen, werden beköstigt und unterhalten, allerdings nicht, damit sie ein Pferd kaufen.

Beispiele hierfür sind die Pferdemärkte in Bottrop, aber auch solche in dörflicher Umgebung wie der im Sauerland sehr bekannte Stünzel.[9] Natürlich wird auch hier fachmännisch gefeilscht, gehandelt und gekauft. Für Zuschauer wie für Ethnologen ist es immer wieder interessant, die Rituale des Verkaufs zu beobachten: das Anpreisen, das Vorführen der Pferde an der Hand, meist in allen Gangarten und mit lautem Getöse, die ersten Angebote, das Zaudern, das Wiederkommen und schließlich der traditionelle, rechtlich gültige Handschlag zum Abschluss des Geschäfts.

Eine wichtige Quelle ist die Lektüre sozialgeschichtlicher, heute eher kulturwissenschaftlich orientierter Publikationen, die das Verhältnis von Mensch und Tier zum Thema haben und dabei auch auf Pferde abheben. Jutta Buchners Dissertation „Kultur mit Tieren. Zur Formierung des bürgerlichen Tierverständnisses im 19. Jahrhundert"[10] ist ein gutes Beispiel. Behandelt werden unter anderem

„Pferdeverkehr", „Kavallerie", „Sportliche Pferde", und auch das heute eher seltene Thema „Damenreiten" kommt zur Sprache. Insgesamt geht es der Arbeit darum, an zahlreichen anderen Haustierarten und ihrer Einbindung in die Alltagskultur zu zeigen, dass „Tier ist, was Mensch daraus macht".

Eine weitere wichtige volkskundliche Studie hat Eva-Maria Amberger mit der Publikation „Ohne Pferde ging nichts."[11] vorgelegt. Das Material fußt unter anderem auf der Auswertung einer Frageaktion zur ländlichen Pferdehaltung, die in den 1950er Jahren von der Volkskundlichen Kommission Westfalen in Münster durchgeführt wurde. Zahlreiche Selbstzeugnisse der Befragten und vor allem höchst aufschlussreiche zeitgenössische Fotografien vermitteln ein sorgfältig zusammengestelltes Ensemble der ländlichen Lebenswelt aus dem Pferdealltag in Westfalen.

Das Pferd in der Brauchforschung

Neben der Geräte- und Arbeitsforschung ist hauptsächlich die volkskundliche Brauchforschung zu nennen, in der, vor allem beim Themenkomplex Fest und Feier, dem Pferd die größte Aufmerksamkeit gewidmet wurde. Das liegt natürlich auch an dem herausragenden Part, den das Pferd in den Bräuchen, Festen und Umzügen einnahm und zum Teil bis heute einnimmt. Sei es als pittoreskes, besonders agrarisch besetztes und damit romantisiertes Transportmittel, sei es als lebendes Symbol für die Nähe von Natur und vorindustrieller Welt. Selbstverständlich spielt auch die große Wertschätzung des Pferdes als ein großes, liebenswertes, durchweg positiv besetztes Tier eine überragende Rolle. Unbeachtet bleiben dabei all die Probleme und Untugenden von Pferden, die durchaus relevant waren, als noch überwiegend Pferde den Verkehr und Transport gestalteten: Durchgehen, Ausschlagen, Steigen, Bocken, auch Beißen zählten dazu und stellten ein erhebliches Risiko im Alltag des 19. und beginnenden 20. Jahrhundert dar. Hiervon zeugen unzählige kultur- und sozialhistorische Studien. Neue Zusammenhänge ergeben sich dabei aus der Lektüre autobiografischer Schriften, vornehmlich von so genannten einfachen Leuten wie Kleinbauern, Knechten, Dienst- und Fuhrleuten. Ihre durchaus vorhandenen schriftlichen und mündlichen Lebenserinnerungen sind bisher weitgehend unbeachtet geblieben. In Folge eines Paradigmenwechsels in den historischen und sozialwissenschaftlichen Disziplinen hat die Methode der oral history und der Alltagsgeschichtsforschung im Allgemeinen zu einer neuen Betrachtungsweise geführt. In diesem Zusammenhang wurden persönliche Erinnerungen und ihre schriftlichen Fixierungen zu einer anerkannten Quellengattung.

Besonders erhellend ist dieser Zugang für die Kriegs- und Nachkriegszeiten, über die es bisher relativ wenig pferdespezifische Informationen gab. Etliche ländliche, aber auch städtische Tagebücher wurden inzwischen auf Grund des neuen Interesses an der Alltagskultur der „kleinen Leute" publiziert. Ein gutes Beispiel liefern hierfür die Erinnerungen eines hessischen Bauernjungen, die stellvertretend für andere Tagebücher genannt werden sollen.[12] Im Kapitel „Pferde, Pferde, Pferde..." wird beschrieben, wie nach dem Ende des Ersten Weltkriegs 1918 mit den Soldaten aus dem Feld plötzlich erstaunlich viele Pferde zurückkamen oder durch das Dorf zogen. Den Autor beeindruckte das allgemeine Pferdedurcheinander und die damit einhergehenden Probleme – enge Ställe, Durchgehen, Losreißen, Futterknappheit, Pferdetod – als Kind so sehr, dass er es noch als alter Mensch in seine Erinnerungen aufnahm. Aus der Quellengattung der persönlichen mündlichen wie schriftlichen Erinnerungen kann man zahlreiche, oft ungeahnte Informationen erhalten; etwa aus einer Befragung zur Nachkriegszeit 1945 in Wiesbaden, bei der es um ein am Straßenrand verendetes Pferd ging, welches von hungernden Bewohnern mit Messern auf offener Straße ausgeweidet wurde. Auch die wundersame Geschichte eines Pferdes, das nach Kriegsende von Russland aus den Weg allein zu seinem Stall in Hessen wiedergefunden haben soll, zählt hierzu. Allein in der Tatsache, dass die Geschichte in der Vorstellungswelt derer, die sie erzählen, real ist, liegt bereits volkskundliche Relevanz.

Mit dem stetigen Rückgang des Bedarfs und damit der Präsenz des Pferdes im täglichen Leben der Nachkriegszeit verschwanden auch diese Konnotationen. Heute ist das Pferd nur noch in besonderen Situationen außerhalb von Stall und Weide, Parcours oder Rennbahn zu bewundern. Ein Umzug, eine Parade mit einem berittenen Anführer, ein Spalier bei einer Hochzeit oder eine bewusst ins 19. Jahrhundert zurückversetzte kostümiert-königliche Wache zu Pferde – das sind die heutigen Begegnungen mit Pferden in der städtischen Öffentlichkeit. Wann immer ein Pferd im Straßenbild erscheint, erregt es Aufsehen. Es wird auch bewusst eingesetzt, um Aufsehen zu erregen. Einen angestammten Platz in unserem Alltag hat das Pferd nicht mehr.[13]

Die in manchen Städten bekannten berittenen Polizeistreifen, die vor allem in Parks und Fußgängerzonen oder bei Demonstrationen eingesetzt werden, profitieren von diesem Aufsehen. Es ist wahrscheinlich weniger die gepriesene Beweglichkeit und Einsatzfähigkeit von Pferden in beengten, schwierigen Situationen als die respekteinflößende Erscheinung des großen Tieres, die die erwünschte Wirkung erzeugt. Auch die nur noch zu besonderen Anlässen eingesetzten Brauereigespanne mit acht und mehr Pferden, deren langwierige und schwierige Anspannung

▲ *Bekannter Pferde- und Viehmarkt – der Stünzel*

schon eine Sehenswürdigkeit für sich ist, sollen in erster Linie Aufsehen erregen: Sie werben mit der positiven Konnotation Pferd.

In der volkskundlichen Brauchforschung sind bisher vor allem die traditionellen Reiterspiele Thema von Untersuchungen gewesen. Exemplarisch sollen drei Studien vorgestellt werden. Da wäre zunächst Leopold Kretzenbachers grundlegendes Werk „Ringreiten, Rolandspiel und Kufenstechen. Sportliches Reiterbrauchtum von heute als Erbe aus abendländischer Kulturgeschichte" zu nennen, das von großem kulturhistorischen Wert ist.[14] Es geht dem Autor darum, die in „Pferdegegenden" noch üblichen Reiterspiele historisch herzuleiten und zu erklären. Dabei beruft er sich auf Archivstudien wie auf eigene empirische Erfahrungen. „Erwandertes Reiterspielbrauchtum zwischen Adria und Nordsee" nennt er sein einleitendes und wohl auch Methoden begründendes Kapitel, durchaus in Anlehnung an Wil-

helm Heinrich Riehls „Land und Leute"-Konzept. Weitere regional ausgerichtete Studien zu anderen Reiterspielen haben bis heute diese grundlegende Untersuchung nicht ersetzt.

Kurz präsentiert sei auch die von dem bayerischen Volkskundler und Heimatpfleger Paul Ernst Rattelmüller 1988 verfasste Publikation „Pferdeumritte in Bayern. Tradition und Brauchtum in Altbayern."[15] Pferdeumritte, etwa als Prozessionen oder Grenzgang, bezeichnen einen anderen Einsatz von Pferden im Brauchleben und erfreuen sich ebenfalls großer Spektakularität und Beliebtheit. Sind Umritte in das religiöse Leben eingebunden, wie das bei den von Rattelmüller angeführten Beispielen meist der Fall ist, etwa bei Leonardifahrten, Oster- und Pfingstritten, treten noch tiefer gehende Bedeutungen zu Tage, etwa aus der Geschichte der Heiligen oder Deutungen aus Vor- und Frühgeschichte oder Mythologie. Auch Rattelmüller widmet den ersten Teil seiner Arbeit Themen wie „graue Vorzeit", Christianisierung, das Pferd als Opfergabe, Kultstätten – Gnadenorte.

Eng verbunden mit den Pferdeumritten sind traditionelle Ritte, bei denen nicht unbedingt ein Territorium umritten, sondern eine bestimmte Strecke zurückgelegt wird (allerdings muss auch der Rückweg geritten werden), etwa beim Pfingst- und Osterreiten. Als Beispiel soll hier das Sorbische Osterreiten dienen. Zu Beginn werden Kirche und Friedhof umritten, der weitere Ritt führt anschließend beispielsweise durch einige Ortschaften und Städtchen. Dazu werden jeweils religiöse Lieder gesungen.

Nach der Wende hat das Osterreiten, das in DDR-Zeiten weder unterblieb noch verboten war, wieder neuen Aufschwung erlangt. Zu diesem Thema sind einige kleine Broschüren erschienen, eine größere Analyse steht jedoch noch aus.[16] Das Osterreiten hängt eng mit dem Vorhandensein einer ausreichenden Zahl von Pferden zusammen. Mancher Ort hat diesen Brauch schon eingestellt, einfach weil keine Pferde mehr da waren. Diese sind jedoch dafür konstitutiv. Hier konnte keine Maschine, sei es ein Traktor, ein Auto oder ein Motorrad, das Pferd ersetzen.

Hingewiesen sei noch auf eine volkskundliche Studie, die sich mit einem Pferderennen auf dem Hauptplatz von Siena in Norditalien befasst, dem so genannten Palio. Hierbei handelt es sich um ein seit mehreren Jahrhunderten veranstaltetes Volksfest mit großem Festumzug, dessen Höhepunkt ein Rennen von sechs Pferden ist, die jeweils für einen Stadtteil starten. Das Oval der Rennstrecke ist extrem eng, innen drängen sich Tausende von Menschen. Das eigentliche Spektakel ist ziemlich schnell vorbei, aber ein enges Geflecht von vorangehenden und nachgezogenen Handlungen und Ritualen, von Symbolen und Interaktionen macht letztlich dieses Pferdefest aus. Der amerikanische Volkskundler Alan Dundes und der italienische Anthropologe Alessandro Falassi haben das gesamte Geschehen dokumentiert und nehmen darüber hinaus eine strukturalistische Analyse des Palio unter Verwendung von Modellen des Symbolismus vor. Bei der Publikation handelt es sich um eine hoch interessante und eigenwillige Darstellung, die bei uns leider nicht sehr bekannt geworden ist, obwohl eine deutschsprachige Ausgabe vorliegt.[17]

Eine kleine Studie aus dem Jahr 1995[18] beschäftigt sich mit der Situation der Pferde in Wien, wo es nicht nur Fiaker und die Wiener Hofreitschule gab, sondern eine ganz erstaunliche Pferdedichte, mit allem, was das mit sich brachte. Die Situation in Wien kann als exemplarisch gelten und ist insofern ebenso auf Hamburg, Berlin oder Köln zu beziehen.

Perspektiven für die volkskundliche Pferdeforschung

Im Zuge der Entwicklung zur modernen Medien- und Freizeitgesellschaft hat sich die ursprünglich ökonomisch und auch militärisch bedingte Rolle des Pferdes grundlegend verändert. Heute liegt die Bedeutung des Pferdes neben dem züchterischen eindeutig auf medialem, sportlichem und freizeitlichem Gebiet. Am häufigsten erscheint das Pferd als reales Abbild in den Medien, vor allem im Fernsehen, wo neben aktuellen Berichten über Spring- und Dres-

surturniere, Military- und Fahrveranstaltungen das Pferd auch als Serienheld eine eigene, viel beachtete und viel geliebte Rolle spielt, aber auch pferdekundliche Sendungen erfreuen sich großen Interesses. In der öffentlichen Wahrnehmung und Resonanz überwiegt wohl ihr Einsatz im Turniersport, quantitativ dürften aber die Freizeitreiter eine größere Rolle spielen.

Umzugsbräuche können auch heute nicht auf Pferde verzichten, werden aber vor allem in städtischen Gebieten weniger ausgeübt. Sport- und Turnierpferde stehen hierfür selten zur Verfügung, es sind eher die Pferde der Freizeitgesellschaft. Auch Landwirte züchten und pflegen natürlich immer noch Pferde, aber für ihre Arbeit brauchen sie sie nicht mehr.

Dem Wandel vom Nutz-, Trag- und Zugtier von einst zum fast ausschließlichen Freizeittier hat die volkskundliche Forschung und Publizistik bisher nur wenig Rechnung getragen. Dabei gäbe es in der Tat viel zu untersuchen. Nach der Studie des Soziologen Heinz Meyer über „Das Erlebnis Reiten"[19] hat es kaum nennenswerte Untersuchungen über die Motivation aktiver und passiver Pferdeliebe gegeben, obwohl hierin die entscheidende Antwort auf die Frage nach der Bedeutung des Pferdes in der modernen Gesellschaft liegen dürfte. Vereinzelte Studien zum Verhältnis von Mädchen und Pferd helfen nur teilweise weiter.

◄ *Ungetrübtes Freizeitreiten – in manchen Gegenden noch erlaubt*

Der gesamte Freizeitreitersektor hat sich in den letzten Jahrzehnten zu einem recht bedeutenden Teil der Reiterei entwickelt. Es gibt eine beachtliche Zahl von Freizeitreiterinnen und Freizeitreitern, von denen ein großer Teil über eigene Pferde verfügt. Sowohl wirtschaftlich, das zeigen beispielsweise alljährliche Messen wie „Equitana" und „Eurocheval", als auch publizistisch stellen sie einen wichtigen Faktor dar. Neben einer Fülle von Fachbüchern kann man allmonatlich an den Kiosken mehr als zehn Pferdezeitschriften für die verschiedensten Geschmäcker kaufen. Dicht gefüllte Veranstaltungskalender, abgedruckt und veröffentlicht in der führenden Freizeitreiterpostille, der ehemaligen Isländer-Interessenten-Zeitschrift „Freizeit im Sattel", zeugen von der großen Variationsbreite des diesbezüglichen Angebots. Eine genaue Analyse dieser Gattung hippologischer Periodika würde das Vorhandensein einer differenzierten Teilkultur belegen, die wichtige Indikatoren zur Erfassung unserer gegenwärtigen Freizeitkultur liefern könnte.

Besonders die in Vereinen gebundenen Aktivitäten der Freizeitreiterei könnten mit den erprobten Instrumentarien der volkskundlichen Vereinsforschung untersucht werden. Über die Analyse der Mitgliederstruktur wäre auch die jeweilige Vereinskultur mit ihren Abzeichen, Fahnen und Standarten, ihren Feiern und Ritualen, ihren Regularien, Broschüren und Chroniken ein originär volkskundliches Forschungsfeld.

Auch gab es Beteiligungen von Reitern an politischen Aktionen, ein Beispiel dafür ist der einige Jahre in Folge veranstaltete Friedensritt über hundert und mehr Kilometer, dem sich Reiter und Reiterinnen aus der Friedens- und Anti-Atom-Bewegung anschlossen. Auch dem Frieden, allerdings aus etwas anderer Perspektive, galt 1998 die Stafettenfahrt „Friedenslicht aus Bethlehem" per Pferdepostkutschen von Linz nach Osnabrück anlässlich des 350-jährigen Gedenktags des Westfälischen Friedens.

Schließlich sind die Wettbewerbs-Veranstaltungen der Freizeitreiterei zu erwähnen, Suchritte, Distanz- und Orientierungsritte, Western- und Geländereiterei jenseits von Military. Auch hier hat sich unmerklich das Leistungsprinzip der Sportreiterei eingeschlichen. War anfänglich die Teilnahme schon der Sieg, ging es um Geschicklichkeit, Orientierungssinn und Tagesform von Pferd und Reiter, gab es recht bald Punkte, Sieger, Rangskalen und damit Ehrgeiz, Neid und Missgunst. In einer Leistungsgesellschaft scheint es keine Nischen für andere Wert- und Normsysteme zu geben.

Die gegenwärtige Reiterei zeigt sich also bunt und vielgestaltig. Der volkskundlichen und kulturwissenschaftlichen Forschung könnten sich somit entsprechend viele Aufgaben stellen.

Ausklang

Wenn anfangs ein wenig pessimistisch vom Verschwinden des Pferdes aus der Öffentlichkeit die Rede war, so bezog sich das vor allem auf den Vergleich mit früheren Zeiten und auf die Städte.

Natürlich könnte man auch sagen, Deutschland sei voller Pferde, gerade Westfalen, aber auch Hessen und die übrigen deutschen Pferdelandschaften können sich hier durchaus sehen lassen. Jedoch scheint es auch, dass jenseits von Pferdeweiden, Ställen und Parcours der Raum für Pferde recht begrenzt ist. Vor allem in den Grünzonen der Ballungsgebiete gibt es immer wieder Probleme mit der Nicht-Pferdewelt. Aufgebrachte Spaziergänger, vor allem Forstleute und Naturschützer, suchen nach Möglichkeiten, die Pferde aus dem Wald zu verdrängen und ihnen festgelegte Wege zuzuweisen. Entwürfe für Waldgesetze, neuerdings auch der Ruf nach einer Pferdesteuer, machen den Pferdeleuten das Leben schwer.

Wie virulent das Thema Pferd und Naherholungsgebiet ist, konnte man in einer Glosse der „Frankfurter Allgemeinen Zeitung" vom 30. Mai 2000 unter dem Titel „Albtraum Pferd" lesen: „Höchste Zeit auch einmal etwas über Pferde zu sagen. Nicht daß diese Tiere Wanderern nach den Waden trachteten oder, normalerweise, ihnen sonst wie gefährlich werden könnten, zumal wenn sie von einem kundigen Menschen gezügelt werden. Nein ihre bloße Existenz wird dem naturverbundenen Fußgänger immer öfter zum Ärgernis. In der Nähe von Reiterhöfen oder ähnlichen Etablissements – und wo gäbe es so etwas inzwischen nicht? – findet er keinen noch so schmalen Wanderpfad, der nicht von den Rössern auf Geheiß ihrer Reiter zertrampelt worden wäre: Vier beschlagene Hufe richten da ganz schön was an. Und daß diese Kreaturen ihre Notdurft verrichten, wo sie gerade gehen und stehen, macht manchen Waldspaziergang zur Springprozession zwischen Pferdeäpfeln... Nicht auszudenken, was wäre, wenn das Pferd noch die heutigen Mobilitätsbedürfnisse der Bevölkerung erfüllen müßte, statt sich mit der heutigen Rolle eines Hobby-Partners des Menschen zufrieden zu geben. Angesichts solcher Albträume für Umwelt und Naturschutz ist man wirklich froh, daß rechtzeitig das Auto erfunden wurde."

Harald A. Euler

Mädchen, Frauen und Pferde

Mädchen und Frauen erobern derzeit die Reiterei. Auf den Reiterhöfen tummeln sich viele Mädchen und vereinzelte Jungen. In den Reitvereinen überwiegen die Frauen, und bei den Kindern ist das Verhältnis so unausgewogen, dass die Deutsche Reiterliche Vereinigung sich besorgt fragt, wo bloß der männliche Nachwuchs bleibt. Selbst im Turniersport, früher männliche Domäne, gewinnen zunehmend Frauen die Pokale, nicht nur in der Dressur, sondern auch im Springreiten und sogar in der harten Military. Nur im Spitzensport können sich Männer gerade noch behaupten. Besonders außerhalb der organisierten Reitsportszene ist es eher das weibliche Geschlecht, das sich zu Pferden hingezogen fühlt. Der Pferdewirt ist meist weiblich und die Leserschaft von Pferdelektüre ebenso. An der Universität Kassel bemühen wir uns, einen Studiengang „Pferdewissenschaft" einzurichten, und eine Schar von Interessentinnen steht schon ungeduldig Schlange. Wie ist die Faszination, die Pferde auf Mädchen und Frauen ausüben, zu erklären? Um diese Frage zu beantworten, werde ich zuerst die Psyche pferdevernarrter Mädchen beschreiben. Dann möchte ich die Naturgeschichte der Geschlechterunterschiede skizzieren, die Kulturgeschichte der Pferd-Mensch-Beziehung beleuchten, um schließlich die Frage der Beziehung von Mädchen und Frauen zu Pferden beantworten zu können. Wir werden nicht nur die Frauen und nicht nur die Kulturgeschichte der Pferd-Mensch-Beziehung in den Blick nehmen, denn wenn wir die Psyche von Frauen verstehen wollen, müssen wir sie mit der Psyche des Mannes kontrastieren, um angemessen nach den Ursachen dieser Unterschiede fragen zu können. Eine Beschränkung auf die Kulturgeschichte ließe dabei zu viele Fragen offen, denn das Tier Mensch ist nicht weniger Naturwesen als andere Säuger. Deswegen ist die Einbeziehung der Naturgeschichte der menschlichen Geschlechter unerlässlich.

▼ Eine Indianerfamilie in Montana zieht um. Das Travois hat hier einen Käfigausbau, weil es zum Transport von Kleinkindern dient. Das Pferd, geritten von einer Frau, ist umgeben von mindestens sieben Kindern

167

Pferdevernarrte Mädchen

Wenn die 9-jährige Tochter innerhalb kurzer Zeit „pferde-
verrückt" wird, können sich Eltern nur wundern und besorgt fragen, ob das „noch normal" ist. Bislang hatte sich
das Kind kontinuierlich entwickelt, blieb ganz das Alte trotz
massiver elterlicher Beeinflussungsversuche, und nun
kommt es plötzlich zu einem durchgreifenden Sinneswan-
del: neue Interessen, Wünsche, Tagesabläufe, Freundinnen,
und zu guter Letzt ein umdekoriertes Kinderzimmer. Vielleicht denken die Eltern besorgt an Freud, der zwischen
Reiten und Sexualität Verbindungen sah. Aber die Annahme, Mädchen und Frauen suchten oder erlebten beim Reit-
vorgang sexuelle Erregung, ist so abwegig wie die, dass der
kleine Junge im so genannten Ödipuskomplex seine Mutter
sexuell begehrt.

An der Gesamthochschule Kassel, Fachbereich Psycho-
logie und Sport, haben wir die Psyche pferdevernarrter
Mädchen und Frauen erforscht.[1] Insgesamt 138 zumeist
junge Teilnehmerinnen füllten einen Fragebogen rund ums
Pferd aus. In zwei weiteren Untersuchungen haben wir 112
Grundschulkinder ohne besondere Reiterfahrung über ihre
Einstellung zu Pferden befragt und schließlich 818 9- bis
18-jährige Schülerinnen und Schüler aus verschiedenen
Bundesländern.[2]

Die pferdevernarrten Mädchen waren allesamt ohne
psychische Auffälligkeiten. Vielleicht war ihre Tierliebe
besonders ausgeprägt. Viele dieser Mädchen hatten zu
Hause regelrechte Heimtierzoos – oder hätten solche gerne gehabt, wenn die Eltern es erlaubt hätten. Auffällig
war nun Folgendes: Nicht das Interesse am Reiten zog die
Mädchen in die Ställe, sondern ihre Liebe zum Pferd, und
hierbei war ein Motiv dominierend: der Wunsch, ein Pferd
zu umsorgen. Es zu füttern, zu putzen, auszuführen, seinen Stall auszumisten, ihm zuzureden, das sind die Tätigkeiten, die den Mädchen am Herzen liegen. Der Pferdever-
narrtheit liegt eine Bindungsmotivation[3] zugrunde: Das
Pferd ist ein geliebter, unersetzbarer Partner; es vermittelt
Sicherheit, Geborgenheit und Trost; die Beziehung zum
Pferd wird als einzigartig, gegenseitig und „für immer" erlebt; das eigene Pferd wird idealisiert; die Nähe zum Pferd
wird angestrebt – die Mädchen wollen ganz nah beim
Pferd wohnen, viele sogar direkt im Stall. Das Pferd ist das
größte und letzte Kuscheltier, denn es markiert einen
Übergang im Leben des Mädchens, und zwar von der Her-
kunftsfamilie mit der Bindung an die Mutter zur eigenen
Fortpflanzungsfamilie mit der Bindung an einen Mann.
Das Pferd ist ein Übergangsobjekt zwischen Puppe und
Partner. Auffällig ist nämlich, dass die totale Schwärmerei
für das Pferd innerhalb kurzer Zeit schwindet, sobald die
erste echte Liebe auftaucht. Nach der Pubertät, also mit
etwa 15 bis 17 Jahren, hört bei den meisten Mädchen das

Interesse für das Pferd auf, es sei denn, der neue Freund
reitet zufälligerweise auch.

Neben diesem Bindungscharakter mit dem dominierenden Fürsorgemotiv gibt es noch einige weitere Gründe für
die Neigung zum Pferd. Die Mädchen suchen ein unver-
fälschtes Naturerlebnis, das sie sich auf dem Reiterhof und
bei Ausritten erfüllen können. Der Umgang mit dem Pferd
erfordert disziplinierende Stärke, Kompetenz und Sachkun-
de und fördert so die Selbstwirksamkeit[4] und Durchset-
zungsfähigkeit der jungen Reiterin. Das Pferd vermittelt Sicherheit durch die erhöhte Sitzposition und eine schnelle
Fluchtmöglichkeit. Auf dem Rücken des Pferdes können die
Mädchen Abenteuer erleben, in die fremde Welt hinausrei-
ten oder zumindest davon träumen.

Das Pferd bietet noch weitere Qualitäten für junge
Frauen. Frauen drücken ihre Zuneigung, viel mehr als Männer, durch Berührung aus, und Pferde haben ein warmes,
weiches, seidiges Fell. Frauen wollen mit dem geliebten
Partner, wiederum mehr als Männer, ausgiebig reden, und
das Pferd ist ein geduldiger Zuhörer. Reiten ist eine angese-
hene Sportart; die Mädchen reiten sozusagen in höhere
Schichten hinein. Und schließlich ist Reiten nicht mehr
männlich dominiert, denn die Männer sind auf motorisierte
Fortbewegungsmittel umgestiegen.

So ist das Interesse von Jungen an Pferden anders kon-
turiert. Jungen lieben Wettkämpfe aller Art, und so wollen
Jungen, wenn sie reiten, dies am liebsten so tun wie
Cowboys und Indianer oder wie mutige Ritter. Pferdepflege
ist ihnen nur lästige Pflicht. Wenn sie in Reitvereinen sind,
arbeiten sie auf Turniere hin, woran Mädchen weniger Interesse haben, es sei denn an einem Schönheitswettbewerb
mit dem Pferd. Mädchen erfüllen sich Pflege-, Freizeit- und
Naturinteressen beim Reiten. Für Jungen ist das Pferd eher
ein Sportgerät als ein geliebter und vertrauter Partner.

Die Naturgeschichte der Geschlechterunterschiede

Die Evolution hat nicht nur unsere körperlichen, sondern
auch unsere psychischen Merkmale gestaltet. So wie sich
Männer und Frauen körperlich unterscheiden, so unterscheiden sie sich auch psychisch. Die Annahme, der
Mensch sei ausschließlich Kulturwesen und die Geschlechterunterschiede durchweg gesellschaftlich bedingt, ist
nicht haltbar.[5] Wenn wir die evolutionären Gründe kennen,
können wir die grundlegenden Geschlechterunterschiede
verstehen und auch besser erklären, wie sie sich unter der-
zeitigen Lebensbedingungen manifestieren.

Die Ausgangsüberlegungen sind logisch zwingend. Wir
alle stammen nur von denjenigen Vorfahren ab, die sich
am erfolgreichsten fortgepflanzt haben. Keiner unserer direkten Vorfahren blieb kinderlos. Auch Eigenschaften, die

stetig einen leicht unterdurchschnittlichen Fortpflanzungserfolg bescherten, mussten in der Evolution verschwinden, weil die Träger dieser Eigenschaften von Generation zu Generation weniger wurden. Es kommt also darauf an, möglichst wirkungsvoll Gene in den nächsten Generationen zu platzieren. Auch wenn wir heute durch Verhütungsmittel Fortpflanzung bewusst steuern können, wirkt das archaische Erbe immer noch in unserer Seele. Es ist wie ein Flüstern in uns, welches unsere Wahrnehmungen, Neigungen und Vorlieben beeinflusst. Auf verborgene Weise gestaltet dieses Erbe auch heute noch unser Verhältnis zum Pferd.

Wenn wir also von fortpflanzungstüchtigen Vorfahren abstammen und deren Merkmale geerbt haben, müssen wir fragen, wie Frauen und Männer die Weitergabe ihrer Gene optimieren konnten.[6] Hier unterscheiden sich nämlich die Geschlechter grundlegend. Frauen konnten ihren Fortpflanzungserfolg durch intensive Kinderfürsorge sichern und erhöhen. Männer konnten ebenfalls durch väterliche Fürsorge ihre Gene weitergeben, aber zusätzlich hatten sie noch eine andere Möglichkeit, die Frauen nicht offen stand: Je mehr verschiedene Frauen ein Mann schwängern konnte, desto mehr seiner Gene gelangten in die nächste Generation. Andererseits diente Sex mit möglichst vielen Männern nicht der Gen-Weitergabe der Frau. Nun hatten Männer mit dieser zusätzlichen Option aber auch Probleme. Fortpflanzungsbereite Frauen waren immer rar, fortpflanzungsbereite Männer aber zuhauf vorhanden. Wenn die Nachfrage nach einer Ware (hier Sex) größer ist als das Angebot, steigt der Preis der Ware, es entstehen Rivalenkämpfe und eine ausgeprägte männliche Wettbewerbsneigung.

Die Anbieterin setzte den Preis fest. Weil die Frau nur durch Kinderfürsorge ihre genetische Reproduktion sichern konnte, benötigte sie dazu etwas, das der Mann beitragen konnte, nämlich Ressourcen. Kinderfürsorge war beschwerlich und ohne Ressourcen nicht zu bewerkstelligen. Ressourcen, die der Mann einbringen konnte, waren Zuwendung, Nahrungsmittel, Schutz, Status, Privilegien, Liebe, Geld, Landbesitz, Fähigkeiten und auch Pferde. Frauen taten also immer gut daran, wählerisch zu sein und den bestmöglichen Mann auszusuchen. Je besser seine Versorgerqualitäten, desto besser ihr Fortpflanzungserfolg. Ein guter Jäger ist besser als ein schlechter, ein Mann mit vielen Pferden besser als einer mit wenigen. Männer mussten sich also immer abrackern, um Macht, Ansehen, Fähigkeiten und Besitz zu erwerben, damit sie eine Frau oder gar mehrere abbekamen. Mächtige und reiche Männer konnten mehrere Frauen bekommen und entsprechend viele Nachkommen hinterlassen. Im Kulturvergleich ist tolerierte Vielweiberei die Regel und strikte Einehe eher die Ausnahme.[7]

Um Macht, Status und Besitz zu erlangen, mussten Männer einen Einsatz bringen, unter anderem Mut, Kampfbereitschaft und Risikofreude. Tatkräftige Helden hatten immer Glück bei den Frauen, sofern sie die Bewährung überlebten, Faulenzer und Verlierer nicht.[8] Weil sie am vorläufigen Ende eines evolutionären Auswahlverfahrens stehen, scheuen Jungen und junge Männer auch heute noch keinen Wettbewerb, sind ehrsüchtig, setzen körperliche Gewalt ein und riskieren in gewagten Unternehmungen oft irrational Kopf und Kragen. Frauen hingegen sind mehr-

heitlich ängstlicher und vorsichtiger. Sie mussten immer so viel und so lange in ihre Nachkommen investieren, dass sich für sie unnötiges Risiko nicht ausgezahlt hat, eine sichere Zukunft aber unabdingbar war.

Nun kommen wir zu einem letzten Merkmal, in dem sich Männer und Frauen unterscheiden, und dies ist für die Frage der Einstellung zum Pferd vielleicht das wichtigste: Soweit erkennbar, haben in allen Kulturen Männer ein anderes Verhältnis zu Mobilität als Frauen. Effektive Fortbewegungsmittel haben auf Männer immer eine eigentümliche Faszination ausgeübt, heutzutage erkennbar an ihrem Verhältnis zum Auto. Für Frauen ist das Auto ein zweckmäßiges Fortbewegungsmittel, für Männer ist es mehr als das. Schon im Kindesalter wird ein Geschlechterunterschied deutlich: Jungen neigen dazu, weit durch die Nachbarschaft zu streunen, Mädchen bleiben nah beim Haus oder gehen bevorzugt ihre bekannten Wege.[9] Die Antwort, wa-

▲ *Im Damensattel.*
Aus: Johann Gottlieb
Prizelius, Etwas für
Liebhaberinnen der
Reiterey, Leipzig 1777

169

rum dem so ist, finden wir wiederum in der Steinzeit, die unsere Psyche geprägt hat. Männer gingen jagen, während Frauen im näheren Umkreis Nahrung gesammelt haben. Frauen waren meist entweder schwanger oder trugen das jüngste Kind auf der Hüfte, was ihre Mobilität beschränkte. Zweitens mussten Männer patrouillieren, also im Auge haben, ob Eindringlinge ins eigene Territorium nahten, von denen Überfälle drohten, oder sie mussten Fremdgruppen erkunden, die man selbst überfallen konnte. Und schließlich übten fremde Frauen einen Reiz aus, weil die Frauen der eigenen Gruppe schwanger oder schon vergeben waren. Neue Frauen konnte man nur kennen lernen, wenn man herumstreunte. Das steinzeitliche Männerdasein als „Ranger" oder „Scout" ist der Grund für unsere ausgeprägte männliche Neigung zu Mobilität.

Die aufgeführten Geschlechterunterschiede werden deutlich, wenn wir die Arbeitsteilung in den entsprechend untersuchten menschlichen Kulturen betrachten.[10] In allen diesen Kulturen ist Kriegsführung Männersache und Versorgung von Kleinkindern Frauensache. Tätigkeiten, die entfernt von der Heimstatt ausgeübt werden und/oder risikoreich sind, wie Walfang, Holz fällen, Vieh hüten, Fallen stellen und Bergbau, werden fast überall von Männern ausgeführt. Tätigkeiten, die nah am Heim gemacht werden können, wie Nähen, Kochen, Töpfern, Weben oder Körbe flechten, werden fast überall von Frauen übernommen.

Die Kulturgeschichte der Pferd-Mensch-Beziehung

Die Domestikation des Pferdes geschah in unserem Kulturbereich vermutlich erstmals vor gut 6000 Jahren nördlich des Schwarzen Meeres.[11] Die gesellschaftlichen Auswirkungen lassen sich recht gut abschätzen, weil sich die Aneignung des Pferdes als Haustier unabhängig später in Amerika wiederholte. Dort waren die heimischen Pferdearten vor etwa 10.000 Jahren ausgestorben, und die spanischen Kolonisatoren brachten erst gegen Ende des 17. Jahrhunderts wieder Pferde nach Nordamerika. Innerhalb kurzer Zeit revolutionierte das Pferd die Kultur der Plains-Indianer.[12]

Zuerst war das Pferd in der eurasischen Steppe Jagdbeute. Es war – anders als Rind oder Schaf – dort heimisch, lebte in großen Herden und war besonders in den kargen Winter- und Vorfrühlingszeiten jagdbar. In Mitteleuropa, damals weitgehend bewaldet, lebten ebenfalls Pferde, aber im Wald bilden sie keine großen Herden. Konnte ein Pferd, vielleicht ein Fohlen, lebend eingefangen werden, war es zweckmäßig, dieses nicht sogleich zu verspeisen, sondern als Fleischvorrat lebend zu halten. Fleisch war immer begehrtes Nahrungsmittel,[13] andere Bevorratungstechniken

waren aufwändig (Trocknung) oder noch nicht verfügbar (zum Beispiel Pökelung). Wir dürfen annehmen, dass in dieser Zeit das Pferd besonders von Frauen wertgeschätzt wurde, weil für sie die Nahrungsbeschaffung für die Kinder ständige Aufgabe höchster Priorität war. Jagd und Schlachtung[14] der Pferde war vermutlich Männeraufgabe, aber an der Versorgung der gehaltenen Pferde dürften Frauen maßgeblich beteiligt gewesen sein.

Eine verbesserte Ernährung mit Fleisch hatte demografische Konsequenzen; die Geburtenrate stieg an und die Kindersterblichkeit sank. Die Gruppengröße wuchs, und der Besitz von Pferden verstärkte soziale Unterschiede. Doch der nächste Schritt in der Mensch-Pferd-Koevolution ließ nicht lange auf sich warten: der Einsatz des Pferdes beim Lastentransport. Die nomadische Lebensweise verlangte ständigen Ortswechsel. Solange man alle Habseligkeiten am Körper tragen musste, konnte man kaum Güter ansammeln. Nun erfand man eine Packtechnik, vermutlich ein Schleppgestell, das man hinter sich herschleifte, wie wir es als „Travois" von den Plains-Indianern kennen.[15] (siehe Abb. auf Seite 167) Neue Entwicklungsmöglichkeiten eröffneten sich: Man konnte vermehrt Güter ansammeln, was soziale Unterschiede weiter vergrößerte; das zugängliche Gebiet weitete sich aus; Handel wurde erleichtert, was wiederum soziale Unterschiede akzentuierte. Auch in dieser Entwicklungsphase hatte das Pferd einen hohen Stellenwert im Leben der Frau, denn mit dem Schleifgestell ließ sich nicht nur Hausrat transportieren, sondern auch Kleinkinder, Alte und Kranke.

Doch mit dem nächsten Entwicklungsschritt dürfte sich die Beziehung der Geschlechter zum Pferd drastisch gewandelt haben. Mit der Erfindung des Reitens eröffneten sich Möglichkeiten der Mobilität, die der evolutionär bedingten Psyche des Mannes entgegenkam. Mit dem Pferd konnte man mehr als doppelt so schnell vorankommen wie zu Fuß. Wenn sich die Reichweite verdoppelt, vervierfacht sich die Fläche des patrouillierbaren Territoriums. So hatte der Reiter eine vielfach erhöhte Chance gegenüber dem Fußgänger, mit anderen Frauen in Kontakt zu kommen. Reitende Überfalltrupps waren für Opfer ohne Pferde uneinholbar. Handel nahm an Umfang, Reichweite und folglich an Vielfalt zu. Soziale Unterschiede vergrößerten sich erneut, und durch Tätigkeitsspezialisierungen ergaben sich neue soziale Differenzierungen. Es kam vermehrt zu Gruppenkonflikten und damit zu kriegerischen Auseinandersetzungen, weil Grenzkonflikte häufiger wurden. Der Einsatz des Pferdes im Kampf war eine logische Folge; die Kavallerie war aus der Taufe gehoben. Das Pferd wurde immer zur Jagd verwendet. Seine Schnelligkeit machte das Nachsetzen einfacher, so dass mehr Beute gemacht werden konnte. Das Pferd war zum Prestigeobjekt des Mannes geworden und blieb es bis in die jüngste Zeit. Wollte ein Mann erfolgreich sein, musste er gute Pferde haben und gut reiten können. Das Pferd gab dem Mann Machtbewusstsein und machte ihn zum Eroberer. Sein Verbrauch als Fleischlieferant wurde kontraproduktiv mit dem Anwachsen seiner Funktionen in Verkehr, Krieg und Jagd. Auch in der Land- und Forstwirtschaft als Zugpferd, als Rückepferd beim Transport von Holz, und, nach der Erfindung des Rades, als Wagenpferd wurde es eingesetzt. Das Pferd war zu wertvoll geworden, um verspeist zu werden. Es entstand ein Nahrungstabu für Pferdefleisch,[16] das sich bei uns bis heute gehalten hat.

Reiten war Männersache, auch wenn in historischen Quellen seit vorantiker Zeit in einer Fülle von Abbildungen und Texten immer auch von reitenden Frauen berichtet wird.[17] Doch diese Quellen haben vielfältige Bedeutung: Männliche Künstler und Geschichtsschreiber haben eine Vorliebe, Frauen abzubilden. Die vielen Porträts von kindlichen Herrschern sind kein Beleg dafür, dass weltliche Macht jemals von Kindern ausgeübt wurde, und Jeanne d'Arc ist kein Beleg dafür, dass Frauen genauso kampfesmutig und kriegslüstern sind wie Männer. Aber Jeanne d'Arc ist ein Beispiel dafür, dass die Unterschiede zwischen den Geschlechtern nicht kategorial sind. Es gibt immer einige Frauen, die „männlicher" sind als die meisten Männer, und für Männer gilt Entsprechendes. Dies widerlegt aber nicht Aussagen über Geschlechterunterschiede bei statistischen Merkmalsverteilungen. Wäre die Existenz der Amazonen historisch zweifelsfrei belegt, dann hätten wir ein gewichtiges Gegenbeispiel dafür, dass Reiten bis vor kurzem Männersache war. Aber die Amazonen sind ein Mythos, interessant wegen ihrer Andersartigkeit, faszinierend und bedrohlich zugleich. Berichte über die Herkunft der Amazonen werden so auch immer im jeweils zeitgenössischen Weltbild an der Peripherie angesiedelt, in Kleinasien, im barbarischen Norden Europas, in den Steppen Asiens oder Afrikas und schließlich in Südamerika.[18]

Wir dürfen also festhalten, dass zwar nicht unbedingt schon mit der Domestikation des Pferdes, wohl aber mit dem Aufkommen der Reiterei Mann und Pferd eine nahezu exklusive Verbindung eingingen. Das Pferd war nicht nur Arbeitstier unter männlichen Zügeln, sondern es wurde auch zum Sinnbild von Männlichkeit schlechthin. Männer gaben Vermögen aus für gute Pferde, ließen sich stolz auf dem schmucken Gaul posierend porträtieren, fühlten sich ohne ihr Lieblingspferd unvollständig, und Helden stellte man sich hoch zu Ross vor. Fast jeder Mann bildete sich ein, ein hervorragender Pferdekenner zu sein. Frauen sind zwar auch geritten, aber dieses Privileg war denjenigen Schichten vorbehalten, die begütert waren und über Freizeit verfügten, also dem Adel und Großgrundbesitzern.

Mädchen und Jungen, Pferde und Reiten

Unsere psychischen Strukturen sind an steinzeitliche Lebensbedingungen angepasst, unsere Lebenswelt hat sich jedoch gewandelt. Vier Veränderungen sind es, die für das gewandelte Verhältnis von Frauen und Männern zum Pferd maßgeblich sind: die Erfindung von Motoren, der Wandel von der landwirtschaftlichen Kultur zur Freizeitkultur, der demografische Wandel und die moderne Lebenssicherheit.

Zwei Erfindungen des 19. Jahrhunderts, Dampfmaschine und Verbrennungsmotor, haben die Mobilität noch einmal so grundlegend verändert wie zuvor die Entdeckung des Reitens. In allen Bereichen, in denen bis dahin das Pferd für den Transport unerlässlich war, wurde es nun überflüssig, weil technische Fortbewegungsmittel effektiver waren. Nach dem Zweiten Weltkrieg waren Pferde nur noch als historische Restposten vorhanden. Männer sind auf Autos umgestiegen, mit allen psychischen Begleiterscheinungen, die bislang das Verhältnis von Mann und Pferd gekennzeichnet hatten: das willig eingegangene finanzielle Opfer, der Besitzerstolz, die Identifikation mit dem Fortbewegungsmittel, die Wichtigkeit der „Optik", die ständige Pflege des Gefährts. Mit dem Umstieg des Mannes auf das Auto ist Reiten nicht mehr männliches Geschlechtsstereotyp und damit offen für weibliche Besetzung.

Die moderne Lebensweise hat Freizeit demokratisiert, sie ist heute nicht länger Privileg oberster Schichten. Mehr und mehr Menschen leben in Städten und nicht mehr auf oder in der Nähe von Bauernhöfen. Die Liebe zur Natur und der Wunsch, mit ihr im Einklang zu leben, ist uns geblieben, denn diese Neigung war bis in die jüngste Vergangenheit überlebensdienlich, für Frauen in Sammlerinnen-und-Jäger-Kulturen noch mehr als für Männer. Nutztiere sind aus unserem Alltag weitgehend verschwunden. Wir ersetzen die fehlende Natur notdürftig durch Zimmerpflanzen und Haustiere. Die Geburtenrate ist drastisch gesunken. Jüngere Geschwister oder Neffen beziehungsweise Nichten, um die sich früher ältere Mädchen gekümmert haben, sind in der unmittelbaren Umgebung selten geworden. Die drei traditionellen Ks (Küche, Kirche, Kinder) strukturieren nicht mehr so sehr den Alltag von Mädchen und Frauen wie früher.

Das Leben ist im Vergleich zu früheren Zeiten sicherer und gewaltärmer geworden, auch wenn wir auf Grund von Medienberichten das Gegenteil vermuten. Raubüberfälle, Wegelagerer, marodierende Soldateska und Brandschatzungen suchen uns seltener heim als früher. Das Leben ist risikoärmer geworden. Männliche Zweikämpfe sind nur im ritualisierten Sport und Spiel erlaubt, und Muterprobung steht nicht auf dem schulischen Lehrplan. Die Jungen und jungen Männer suchen Wettkampf und Risiko nicht mehr auf Ritterturnieren, auf dem Schlachtfeld oder als Reiter gegen Reiter, sondern in Videospielen und in Fun- und Risikosportarten.

Jungen haben Mädchen und Frauen den Platz auf den Reiterhöfen überlassen, so dass diese sich mit und auf dem Pferd entfalten und uralten inneren Neigungen ihren Lauf lassen können, was in der Vergangenheit verwehrt war oder anders erfüllt wurde. Sie sind weniger eingebunden in Alltagszwänge und weniger beschränkt durch patriarchale Weisungen. Sie lösen sich eigenständig vom Elternhaus und suchen sich selbst ihren Lebenspartner. Auf dem Weg dorthin erleichtert das Pferd den Übergang. Sie kümmern sich nach wie vor gerne um anderes Leben; das Pferd nimmt bereitwillig diese Zuwendung an. Sie dürfen davon träumen, das enge städtische Heim zu verlassen, die Natur zu genießen, fremde Lebensweisen und Menschen kennen zu lernen, vielleicht sogar einen Prinzen. Das Pferd erleichtert diesen Traum, erfüllt ihn sogar, wenn auch vielleicht nur ansatzweise.

Zukunft

Pferde in der Landschaftspflege

▲ *Die Sennerzuchtstuten des Westfälischen Frei-lichtmuseums Detmold*

Peter Rüther und Christian Venne

Beweidungsprojekt mit Senner-Pferden im Naturschutzgebiet Moosheide

Erste Ergebnisse

Im Naturschutzgebiet Moosheide (Kreise Gütersloh und Paderborn) wurde im Mai 2000 von der Biologischen Station Senne ein Versuchsprojekt mit Senner-Pferden gestartet. Die Tiere beweiden ein etwa 15 Hektar großes Gebiet, das im Wesentlichen aus trockenen Grasflächen mit kleinen Kieferngehölzgruppen besteht. Die erforderlichen Flächen wurden von den öffentlichen Grundeigentümern zur Verfügung gestellt (Kreis Paderborn, Gemeinde Schloss Holte-Stukenbrock und Bundesvermögensamt Bielefeld). Die zuständigen unteren Landschaftsbehörden sowie die Forstbehörden gaben ihr Einverständnis zu dem Projekt.

Aus vielen Naturschutz-Projekten ist bekannt, dass Schafe regelmäßig zur Pflege von Heiden und Magerrasen eingesetzt werden. Warum wurden nun in diesem Fall Pferde für die Beweidung von Naturschutzflächen ausgewählt und warum ausgerechnet die Senner-Pferde? Und was genau soll eigentlich mit dem Projekt erreicht werden?

Ziele und Fragestellungen

Die Projektflächen im Naturschutzgebiet Moosheide waren zu Beginn der Pferdebeweidung vergleichsweise eintönig strukturiert. Sie wurden hauptsächlich durch wenige Grasarten geprägt, vor allem durch Rotes Straußgras (Agrostis tenuis) und Wolliges Honiggras (Holcus lanatus). Der Bestand war zudem stark verfilzt. Neben den dominierenden Gräsern wuchsen daher nur wenige weitere Blütenpflanzen auf der Fläche. Das Blütenangebot für Insekten war entsprechend gering. Pflanzen und Tiere, die auf kleine offene Bodenstellen angewiesen sind, kamen ebenfalls nicht vor. Bemerkenswert aus Sicht des Naturschutzes war allerdings das Vorkommen einiger bodenbrütender Singvögel. Die Biologische Station Senne konnte im Jahr 1999 auf den jetzigen Beweidungsflächen ein Heidelerchen- sowie jeweils zehn Baumpieper- und Goldammer-Reviere feststellen.

Die wenig abwechslungsreichen Grasflächen sollen durch die Beweidung mit Senner-Pferden besser struktu-

riert und in ökologischer Hinsicht aufgewertet werden. Es sollen insbesondere offene Sandstellen als Kleinlebensräume für seltene und gefährdete Pflanzen und Tiere geschaffen werden. Gerade auf Sandböden sind offene Bodenstellen wichtige Nahrungs-, Rückzugs-, Paarungs- und Fortpflanzungsstätten für Insekten und Zauneidechsen.

Wie sich die Weideflächen in ihrer Vegetationsstruktur und faunistischen Zusammensetzung entwickeln werden, kann nicht genau vorhergesagt werden, da es bisher keine Untersuchungsergebnisse von vergleichbaren Projekten gibt. Das Beweidungsprojekt in der Moosheide wird daher mit wissenschaftlichen Untersuchungen begleitet.

Auf den Projektflächen sollen zunächst bis 2002 Antworten auf die folgenden Fragen gefunden werden:
- Wie entwickeln sich die Bestände einzelner Pflanzen- und Tierarten und die Artenzusammensetzung insgesamt unter dem Einfluss der Pferdebeweidung?
- Können kleine Waldflächen als Schattenspender in die Beweidung mit einbezogen werden und wie lassen sich Bäume, die erhalten werden sollen, wirksam gegen Beschädigungen durch Pferde schützen?
- Ist das Futterangebot auf den mageren Sandstandorten ausreichend, um die Pferde in der gesamten Weidesaison ohne Zufütterung auf den Flächen zu belassen?
- Welche zusätzlichen Maßnahmen sind erforderlich, um eine optimale Flächenpflege zu erreichen?
- Ist eine ganzjährige Unterbringung von Pferden auf diesen oder ähnlichen Flächen möglich?

Pferde als Landschaftspfleger

Landschaftspflege mit Weidetieren – dabei denkt man normalerweise zuerst an Schafe. Die Schafhaltung hat in den vergangenen Jahrhunderten besonders die Lebensräume auf nährstoffarmen Standorten beeinflusst. Aber auch Rinder und Pferde hatten Anteil an der Vegetationsentwicklung. Ihre Wildformen gehörten zur heimischen Fauna der Naturlandschaft. Seitdem sie vom Menschen als Weidetiere gehalten werden, haben sie auch auf die Entstehung und die Ausbildung von Lebensräumen der bäuerlichen Kulturlandschaft eingewirkt.

In der Senne waren es die Pferde des lippischen Fürstenhauses, die über viele Jahrhunderte in der Sandlandschaft südwestlich des Teutoburger Waldes gelebt und diese mit geprägt haben. Vor allem durch ihre Fraß- und Trittwirkung haben sie die Entwicklung der ehemals typischen Gras- und Heidevegetation der Senne beeinflusst. Sie sind ein Teil ihrer Landschaftsgeschichte.

Daher ist der Gedanke nahe liegend, dass Pferde, speziell die Senner-Pferde, in der Senne gezielt zur Erhaltung von Offenland-Lebensräumen eingesetzt werden können. Insbesondere scheinen sie zur Landschaftspflege auf Extensivgrünland geeignet.

Ob das Futterangebot auf solchen „Naturschutzflächen", die nicht gedüngt werden, den Ansprüchen der Tiere genügt, hängt besonders bei Pferden stark von ihrer sonstigen Beanspruchung ab. Hochleistungstiere, die durch Arbeit oder Sport einen hohen Energiebedarf haben, und auch milchgebende Stuten bekommen mit dem Aufwuchs von Extensivgrünland nicht genügend Energie. Wenig beanspruchte Pferde aber können ihren Nährstoffbedarf durchaus weitgehend aus rohfaserreichem, älterem Gras decken. Steht den Weidetieren auf mageren Standorten genügend Fläche zur Verfügung, ist eine Pferdehaltung möglich.

Nicht nur in der Senne werden Pferde zur Landschaftspflege eingesetzt. Es gibt zahlreiche andere Beispiele: Exmoor-Ponys in einer kargen Mittelgebirgslandschaft Südwest-Englands mit offenen Heide- und Grasflächen, Koniks in Masuren und in Oostvardersplassen, einem Feuchtgebiet in Holland, Przewalski-Pferde in der Schorfheide nordöstlich von Berlin und Posavina-Pferde in den Überschwemmungsgebieten der Save-Auen in Kroatien.

Auswirkungen auf Vegetation und Tierwelt

Eine Pferdebeweidung bringt in der Vegetationsentwicklung ganz andere Ergebnisse als die Beweidung mit Schafen. Auf Grund des höheren Körpergewichtes und des ausgeprägten Bewegungsdranges haben Pferde eine wesentlich stärkere Trittwirkung als Schafe. Auf leichten Böden sind Verletzungen der Grasnarbe die Folge.

Auch das Fraßverhalten der Pferde unterscheidet sich von dem der Schafe oder Rinder. Pferde fassen die Pflanzen mit den Lippen und schneiden sie dann mit ihren Zähnen dicht über dem Boden ab. Schafe beißen die Pflanzen zwar auch sehr kurz über dem Boden ab, sie reißen dabei aber oft noch Teile der Pflanzen aus dem Boden. Durch ihr schmales Maul können sie tief in den Aufwuchs eindringen und die schmackhaften Pflanzen auswählen. Pferde verbeißen häufig Gehölze, vor allem junge Pflanzen und Zweigspitzen. Dabei ziehen sie Laubhölzer den Nadelhölzern vor. Gerne werden auch Wurzelhälse von Laubbäumen und liegendes Holz von den Tieren geschält.

Zielarten des Naturschutzes

Durch die Beweidung mit Senner-Pferden sollen Kleinlebensräume für seltene und gefährdete Pflanzen und Tiere geschaffen werden. Dabei geht es vor allem um die Förderung von Arten, die auf offene Sandstellen angewiesen sind. Es handelt sich um Pflanzenarten, die auf Grund ihrer

geringen Konkurrenzkraft von schneller wachsenden Gräsern und Kräutern einfach überwachsen würden beziehungsweise um Tierarten, die sonnige, warme Bereiche benötigen und daher dichte Grasbestände meiden. Einige dieser Arten, die als Zielarten für das Beweidungsprojekt mit Senner-Pferden gelten können, werden kurz vorgestellt.

Besiedler offener Sandstellen sind in der Regel kleine, unauffällige Pflanzenarten. Den Frühlings-Spörgel (*Spergula morisonii*) beispielsweise kann man bereits früh im Jahr, etwa ab April, in Silbergrasfluren finden. Nach wenigen Wochen hat er seine komplette Entwicklung (Austrieb, Blüte, Fruchtreife) abgeschlossen und ist im Sommer bereits vertrocknet und kaum noch zu erkennen.

Auch der Kleine Vogelfuß (*Ornithopus perpusillus*) wird leicht übersehen. Aus den 3 Millimeter großen, weißen Blüten mit gelben und roten Farbmalen entstehen die klauenartig gebogenen Früchte. Der Stängel liegt dem Untergrund an, die Pflanze wird daher kaum 10 Zentimeter hoch.

Der Bauernsenf (*Teesdalia nudicaulis*) ist gleichfalls eine unscheinbare Pflanze. Schon im zeitigen Frühjahr ist die Blattrosette mit den charakteristischen fiederspaltigen Grundblättern zu erkennen. Die Pflanze besiedelt vor allem offene Sandböden (Dünen, Wegränder, Heiden, Äcker). Besonders auffällig sind die löffelförmig gebogenen Früchte.

Der Kupferbraune Sandlaufkäfer (*Cicindela hybrida*) ist im Larval- und Imaginalstadium an offene Sandstellen gebunden. Die Käferlarve gräbt senkrechte Stollen in den lockeren Boden, die ihr als Behausung und Lauergang dienen. Mit blitzschnellen Schnappbewegungen erbeutet sie verschiedenste vorbeilaufende Wirbellose und zieht sie in ihren Gang, um sie anschließend zu verzehren. Der vollentwickelte Käfer ernährt sich ebenfalls räuberisch. Als Sprintjäger überfällt er auf vegetationslosen Bodenstellen Wirbellose (auch stark chitinisierte Gruppen wie Käfer und Wildbienen), die er mit seinen kräftigen Mundwerkzeugen zerkleinert. Auch verendete Tiere nimmt er als Nahrung an.

Die Gefleckte Keulenschrecke (*Myrmeleotettix maculatus*) besiedelt Trockenrasen, Zwergstrauchheiden und trockene Waldränder und bevorzugt dabei Bereiche mit offenen Rohbodenstellen. Die vegetationslosen Stellen dienen dieser Heuschrecken-Art zum Sonnen und scheinbar auch als Fluchtraum. Schreckt man die Tiere auf, so bringen sie sich oft durch einen Flugsprung auf offene Sandstellen, wo sie auf Grund ihrer Färbung hervorragend getarnt sind, in Sicherheit.

Der Ockerbindige Samtfalter (*Hipparchia semele*) ist in seinem Bestand landes- und bundesweit stark zurückgegangen. Im Senneraum bildet dieser Tagfalter im Bereich der Truppenübungsplätze noch große Populationen aus und kommt auch in einigen angrenzenden Bereichen wie dem Naturschutzgebiet Moosheide noch vor. Zur Eiablage suchen die Falter trockene, schütter bewachsene Stellen

◄ *Die Hosenbiene* (Dasypoda hirtipes) *benötigt offene Boden-stellen zur Anlage ihrer Brutzellen*

(zum Beispiel Ränder von Sandwegen), Zwergstrauchhei-den und Silikattrockenrasen auf. Hier frisst die Raupe an verschiedenen Gräsern. Die Falter sitzen gerne mit zuge-klappten Flügeln auf vegetationsfreien und windgeschütz-ten Bodenstellen, um sich zu sonnen. Durch ihre Tarnfär-bung verschmelzen sie dabei mit ihrer Umgebung und sind nur schwer auszumachen.

Die Hosenbiene *(Dasypoda hirtipes)* steht beispielhaft für die große Artenzahl innerhalb der Gruppe der Stechim-men, die trockenwarme vegetationsarme Stellen zur Anla-

◄ *Der Ockerbindige Samtfaler (Hipparchia semele) ist auf vegeta-tionslosen Bodenstellen hervorragend getarnt*

ge ihrer Brutzellen nutzen. Im Unterschied zu den besonders bekannten sozialen Bienenarten (etwa die domestizierte Honigbiene oder Hummeln) und sozialen Faltenwespen (zum Beispiel die Hornisse) lebt der überwiegende Teil der Stechimmenarten solitär. Jedes Weibchen legt für sich Brutzellen in verschiedenen Nistsubstraten an (zum Beispiel grabend im Boden), die es mit Pollen, Nektar (Bienen) oder tierischer Beute (zum Beispiel Grabwespen) versorgt und anschließend mit einem Ei belegt. Die daraus schlüpfende Larve ernährt sich von dem eingetragenen Vorrat, verpuppt sich und entschlüpft der Brutzelle nach der Puppenruhe als Vollinsekt. Auf Sandflächen tritt die Hosenbiene zum Teil in größeren Kolonien von kammernanlegenden Weibchen auf. Die namengebende, auffällig lange Beinbehaarung dient der Hosenbiene als Sammelapparat, mit dem sie ausschließlich an verschiedenen Korbblütlern Pollen aufnimmt und als Larvenproviant in die von ihr gegrabene Brutzelle transportiert.

Die Zauneidechse *(Lacerta agilis)* ist auf Offenlandbereiche mit warmen und trockenen Bodenstellen zur Ablage ihrer Eier angewiesen. Sie meidet geschlossene Waldgebiete. Als wechselwarmer Organismus sucht die landesweit gefährdete Zauneidechse bevorzugt sonnenexponierte Stellen (Steine, Baumstubben oder offene Bodenstellen) auf, um ihren Körper auf die nötige Betriebstemperatur zu erwärmen. Während die Weibchen mit ihrer gelbbraunen Färbung zwischen trockenen Gräsern, auf Holzstubben und Sandflächen gut getarnt sind, fallen die leuchtend grünen Männchen viel leichter ins Auge. Im Normalfall entziehen sich die scheuen Eidechsen jedoch schon frühzeitig den neugierigen Blicken menschlicher Betrachter.

Die Heidelerche *(Lullula arborea)* gehört zu den bodenbrütenden Singvogelarten. Sie besiedelt bevorzugt warme Zwergstrauchheiden und Silikattrockenrasen, die vereinzelten Baumbewuchs aufweisen oder Kontakt zum Waldrand haben. Zur typischen Ausstattung eines Heidelerchen-Reviers gehören ein mit Gräsern oder Zwergsträuchern bewachsener Nistbereich, kurzrasige und vegetationsarme Flächenabschnitte zur Nahrungssuche und Gehölze oder Waldränder als Singwarte und Fluchtraum bei Störungen. Die ersten Heidelerchen kehren häufig schon Ende Februar aus ihrem Winterquartier zurück und schreiten bereits Anfang April zur Brut.

Projektverlauf

Der etwa 15 Hektar große Bereich wird zunächst bis 2002 mit Senner-Pferden beweidet. Neben den trockenen Grasflächen, die etwa zwei Drittel ausmachen, weist er eine ehemalige Ackerfläche auf, die seit dem Frühjahr 2000 nicht mehr bewirtschaftet wurde und sich selbst begrünt.

Die Beweidung erfolgt als Standweide. Dabei wird die gesamte Weidefläche während der Weideperiode (etwa von Mai bis Oktober) von den Tieren genutzt, das heißt es gibt keine weiteren Unterteilungen. Bei dieser Weideform erhält man – im Vergleich beispielsweise zur Umtriebsweide – ein Nebeneinander von unter- und überbeweideten

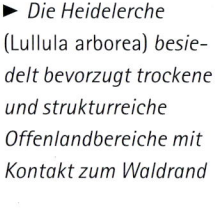

► *Die Heidelerche* (Lullula arborea) *besiedelt bevorzugt trockene und strukturreiche Offenlandbereiche mit Kontakt zum Waldrand*

Stellen. Dies kann zur Entstehung kleinflächiger, offener Bodenstellen führen. Zur Herrichtung der Weidefläche wurde sie umzäunt, außerdem wurde die Wasser- und Stromversorgung gewährleistet.

Die Beweidung erfolgt mit drei bis fünf Tieren. Da keine frostsichere Tränke vorhanden ist und zudem im Naturschutzgebiet während der Wintermonate nicht zugefüttert werden darf, werden die Pferde im Winter auf anderen Weideflächen untergebracht.

Jeweils am Ende der Weidezeit erfolgt eine Begehung der Flächen mit Vertretern der Landschafts- und Forstbehörden. Der Zustand der Flächen und der Gehölze wird kontrolliert und dokumentiert.

Für wissenschaftliche Untersuchungen hat die Biologische Station Senne zu Beginn des Projektes auf dem Beweidungsareal mehrere Untersuchungsflächen eingemessen, markiert und floristisch und faunistisch untersucht. Vor der Beweidung wurden 1999 auf diesen Flächen Pflanzen, Eidechsen, Heuschrecken und Tagfalter erfasst. In dreijährigem Abstand werden diese Untersuchungen wiederholt. Je nach den Ergebnissen kann das Projekt ständig an die jeweilige Situation angepasst werden (beispielsweise durch Änderung der Besatzstärke oder des Beweidungszeitraumes, durch Absperrung von Teilbereichen, die zeitweilig aus der Beweidung genommen werden sollen, durch Nachmahd, um Problempflanzen einzudämmen). Damit durch die lokale Unterbeweidung nicht Problem-Unkräuter überhand nehmen und die Weidefläche dadurch als Nahrungsgrundlage für die Pferde verloren geht, kann eine Weidepflege erforderlich werden. Dies kann im Einzelfall bei der jährlichen Begehung der Fläche gemeinsam mit den unteren Landschaftsbehörden entschieden werden.

Der Startschuss für das Projekt fiel am 26. Mai 2000, als die ersten Tiere, vier junge Wallache des Züchters Karl-Ludwig Lackner aus Borgholzhausen, auf die Weide kamen (bis die Biologische Station Senne genügend eigene Tiere für eine Beweidung hat, stellt Karl-Ludwig Lackner seine Tiere zur Verfügung). Die Tiere blieben bis Anfang Dezember 2000 auf der Fläche.

Das zweite Jahr der Beweidung begann am 12. Mai 2001 mit dem Auftrieb von fünf Tieren (den vier Wallachen aus dem Vorjahr und einem Hengstfohlen der Biologischen Station Senne) und endete am 30. November mit dem Abtrieb.

Erste Ergebnisse

Nach zwei Jahren Pferdebeweidung gibt es erste Hinweise zu den Auswirkungen der Pferdebeweidung auf die Pflanzen- und Tierwelt der Projektflächen. Eine genaue wissenschaftliche Untersuchung erfolgt im Jahr 2002. Erst im An-

◄ ▼ Die Pferde wälzen sich gerne an Stellen, an denen der Sand frei liegt. Die offenen Sandstellen werden dadurch vergrößert. Es sind wichtige Kleinlebensräume für Pflanzen, Zauneidechsen und viele Insektenarten

schluss daran sind Aussagen möglich, ob und wie die oben genannten Zielarten von dieser Form der Landschaftspflege profitiert haben.

Zustand der Weideflächen: Die Flächen werden unterschiedlich beweidet. Am Ende der Beweidungszeit sind sowohl kurzrasige Bereiche zu erkennen als auch Stellen mit

▲ *Im Sommer halten sich die Tiere gerne in der Nähe der Wasserstelle auf. Dort knabbern sie an der Rinde von kleinen Rotbuchen. Kiefern, Eichen und Birken werden kaum angenommen*

Weideresten. Die Strukturvielfalt wird durch die Beweidung erhöht.

Bisher treten keine Geilstellen auf, das sind Bereiche, an denen die Tiere gehäuft abkoten und wo dann Problempflanzen auftreten können (z.B. Brennnesseln, Disteln).

Kleine offene Sandstellen auf den Grasflächen wurden durch die Trittwirkung der Tiere vergrößert. Am südöstlichen Ende der Weideflächen ist durch Schlagen mit den Hufen eine etwa 10 Quadratmeter große offene Sandstelle in einem lückigen Grasbestand neu geschaffen worden. Die ehemalige Ackerfläche weist mehrere Stellen auf, die sich bisher nicht selbst begrünt haben und immer noch vegetationsfrei sind. Hier wälzen sich die Pferde gelegentlich im nackten Sand. Mit der Schaffung beziehungsweise Vergrö-

ßerung offener Sandstellen ist nach zwei Jahren Beweidung ein wichtiges Ziel des Projekts erreicht. Ob diese Flächen auch von Pflanzen und Tieren (Zauneidechse, verschiedene Insektenarten) als Lebensraum angenommen werden, wird die genaue Untersuchung im Jahr 2002 zeigen.

Auswirkungen auf Gehölze: Gehölze wurden von den Pferden unterschiedlich stark verbissen. An Kiefern *(Pinus sylvestris)* sind keine Fraßspuren zu erkennen. Nur einige wenige waagerecht stehende Äste wurden etwas befressen.

Kleine Fraßschäden traten an Stämmen von Rotbuchen *(Fagus sylvatica)*, Robinien *(Robinia pseudacacia)* und Ebereschen *(Sorbus aucuparia)* auf. Diese Laubgehölze stehen auf der Weidefläche in der Nähe des Wasserfasses, die Tiere halten sich daher auch häufig dort auf. Am stärksten befressen wurden Robinien, was erstaunt, da deren Rinde für Pferde giftig ist. Stiel-Eichen *(Quercus robur)* wurden nicht befressen.

Stark befressen wurde die Rinde von Stämmen der Sand-Birke *(Betula pendula)*, die seit einer Durchforstung auf der Weidefläche liegen. Liegendes Kiefernholz wurde ebenfalls an der Rinde befressen, aber nicht so ausgeprägt wie im Fall der Sand-Birkenstämme.

Auswirkungen auf Gräser und Kräuter: Gräser wurden allgemein stark befressen. Einige Kräuter werden auch gerne angenommen (z.B. Berg-Sandglöckchen – *Jasione montana).* Sollte sich durch die Beweidung das Blütenangebot nachweisbar verringern, müssen Teilbereiche zeitweise abgezäunt und erst später im Jahr beweidet werden. Andere Kräuter werden von den Pferden nicht gerne gefressen, beispielsweise das Johanniskraut *(Hypericum perforatum).* Am Ende der Vegetationsperiode befanden sich jeweils viele vertrocknete Fruchtstände auf der Fläche.

Flatterbinsen *(Juncus effusus),* Brombeeren *(Rubus fruticosus agg.)* und Land-Reitgras *(Calamagrostis epigeios),* die allgemein als Problempflanzen auf Heideflächen und Sandtrockenrasen angesehen werden, weil sie seltene Pflanzenarten unterdrücken können, wurden nur in geringem Umfang verbissen. Es ist offensichtlich, dass die Pferde diese Pflanzenbestände meiden und nur in Ausnahmefällen am Randbereich eines Bestandes fressen. Bei den Brombeeren wurden gelegentlich Triebspitzen angefressen. Das Land-Reitgras wurde lediglich an den Rändern des Bestandes beweidet.

Ausblick

Erst wenn die ersten wissenschaftlichen Untersuchungsergebnisse zu dem Projekt vorliegen, wird man beurteilen können, ob die Beweidung aus Sicht des Naturschutzes erfolgreich verlaufen ist und ob die Pferde mit dem nährstoffarmen Aufwuchs auf den Projektflächen zurechtkommen.

Unabhängig davon kann aber heute schon festgestellt werden, dass das Beweidungsprojekt in breiten Bevölkerungskreisen bekannt geworden und auf positive Resonanz gestoßen ist. Dadurch trägt es dazu bei, Akzeptanz für Maßnahmen des Naturschutzes zu schaffen. Mit den Senner-Pferden wird ein lebendiges Stück Kulturgeschichte in die Senne zurückgeholt.

◄ ◄ *Eine ehemalige Ackerfläche hat sich mittlerweile ohne Einsaat selbst begrünt und wird von den Pferden häufig aufgesucht*

◄ *Das Laub der Rotbuchen wird als Abwechslung zum Grasaufwuchs gerne genommen*

▲ ► *Przewalski-Pferde*
im Wisentgehege
Springe, Oktober 2001

Christian Sieling

Auswirkungen der Beweidung mit Przewalski-Herden auf die Vegetation

Angesichts der wachsenden Anzahl von Projekten zur Auswilderung von Robustrassen gewinnt die Frage an Bedeutung, welche Folgen die Pferdebeweidung auf die Vegetation hat. Dies soll anhand der vergleichenden Untersuchung von drei Semi-Reservaten für Przewalski-Pferde beleuchtet werden.[1] Ausgewählt wurden Przewalski-Gehege in der Schorfheide und der Uckermark in Brandenburg. Dort laufen Erhaltungsprojekte für die vom Aussterben bedrohten Wildpferde, die unter anderem vom Institut für Zoo- und Wildtierforschung Berlin begleitet werden. Die Wildpferde werden auf die Auswilderung in der Mongolei, ihrer ursprünglichen Heimat, vorbereitet. Dabei lernen sie zum Beispiel vor Wölfen zu flüchten und sparsam mit Wasser umzugehen. Begleitend ist es unentbehrlich, die Einflüsse der in großer Freiheit lebenden Tiere auf die Natur aufzuzeigen: Wie verändern die Pferde die Landschaft?

Die zentralen Fragestellungen seien einleitend umrissen:

Im Mittelpunkt steht die Vegetation: Die einzelnen Pflanzen beziehungsweise Pflanzengesellschaften wurden für die Untersuchungsgebiete genau kartiert und be-

stimmt. So können Vorlieben der Przewalski-Pferde für einzelne Pflanzengesellschaften oder Vegetationstypen aufgedeckt werden. Daran schließt sich die Frage an, ob sich diese Präferenzen in Abhängigkeit von Futterangebot und Jahreszeit wandeln. Sofern geeignetes Datenmaterial vorhanden war, werden Veränderungen und der Zeitpunkt ihres Auftretens aufgezeigt.

In Deutschland gab es im Jahr 2001 etwa 60.000 Freizeitreiter, davon allein rund 6.500 in Westfalen.[2] Mit dieser großen und stetig steigenden Zahl an Pferdehaltern gewinnt auch die Frage an Bedeutung, ob diese Art der Pferdehaltung, für die natürlich auch andere anspruchslose Rassen wie die Dülmener, die Shetlandponys oder die Islandpferde eingesetzt werden können, zur Landschaftspflege geeignet ist. Auf den Punkt gebracht: Profitieren nur die vom Aussterben bedrohten urwüchsigen Rassen oder gibt es auch positive Auswirkungen auf die Landschaft?

Das unterschiedliche Fressverhalten der einzelnen Nutztierarten

Die einzelnen Nutztierarten beeinflussen den Pflanzenbestand sehr unterschiedlich. Entscheidend ist in erster Linie ihr selektives Fressverhalten, also die Futterauswahl und die Art der Futteraufnahme. Der kleine Wiederkäuer, zum Beispiel das Schaf, hat ein anatomisch schmaleres Maul. Es kann also eher als ein Pferd bestimmte Pflanzen oder einzelne Pflanzenteile selektiv herausfressen. Pferde verbeißen die Pflanzen hingegen mit den Lippen und den beiden bezahnten Kiefern. Die Grasnarbe wird bis auf den Boden verbissen. Pferde „mähen" eine Weide sehr tief ab. Rinder hingegen umschlingen die Pflanzen mit der Zunge und rei-

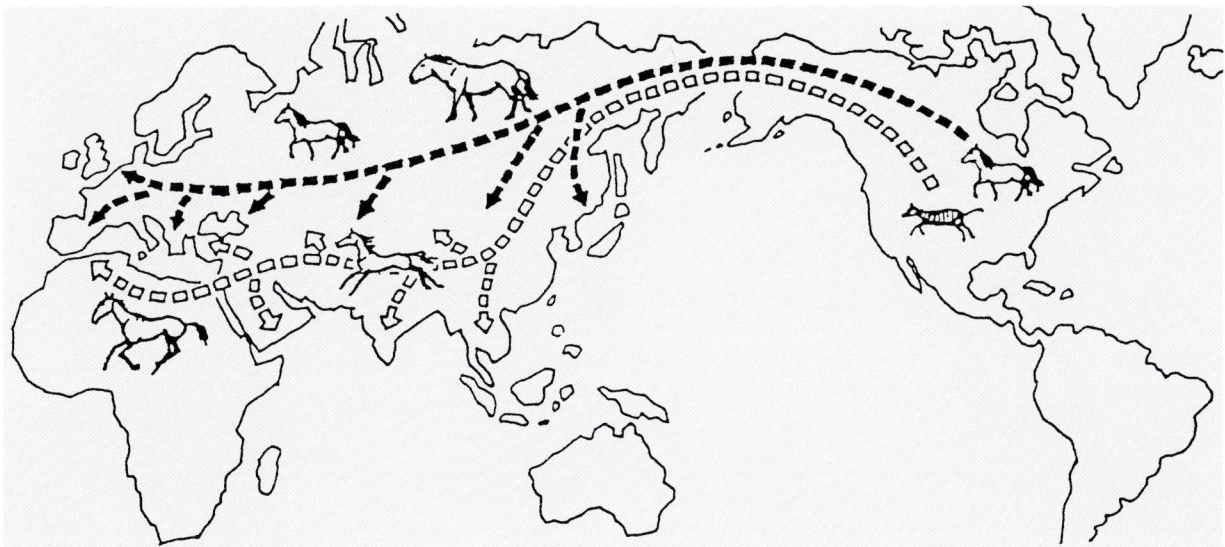

◄ *Zwei große Einwanderungszüge der Nordponies (dkl.Pfeil) und der Südpferde (hell Pfeil) von Amerika nach Eurasien*

ßen sie ab. Da sie dabei immer einen Narbenrest hinterlassen, werden die Pflanzengesellschaften durch ihre Fressphysiologie nicht so stark beeinflusst wie durch Schafe oder Pferde. Insgesamt sind die kleinen Wiederkäuer, Ziegen und Schafe, anspruchsloser als Rinder und insbesondere Pferde. Die Unterschiede zwischen den einzelnen Schaf- und Ziegenrassen fallen demgegenüber wenig ins Gewicht.

Die Weide wird durch Pferde stärker vertreten als durch jedes andere Weidetier. Pferde legen ihre Exkremente auf bestimmte Plätze der Weide und meiden den dortigen Aufwuchs. Hinzu kommt, dass sie einzelne Weideflächen ständig bevorzugen, andere „links liegen lassen", so dass unterbeweidete und überbeweidete Flächen auf Grund der arttypischen Fressweise häufig eng nebeneinander liegen. Selbst auf den bevorzugten Weideflächen meiden die Tiere, da sie genug Auswahl haben, die weniger schmackhaften Arten, ihre bevorzugten Pflanzen werden hingegen ohne

Chance zur Regeneration verbissen. Während diese selektiven Fressvorlieben nachteilig wirken, ist aus ökologischer Perspektive manchmal erwünscht, dass Pferde Gehölze vom Strauch bis zum Baum intensiv verbeißen: Sie knabbern nicht nur die Zweige an, sondern können auch die Rinde abschälen. Einzelne Bäume oder Sträucher sterben ab. Bei der zoogenen Auflichtung eines Hudewaldes beispielsweise ist dieses Fressverhalten ökologisch gewollt und einsetzbar.

Welchen Einfluss die einzelnen Tierarten auf die floristische Artenvielfalt haben, lässt sich angesichts des starken Gewichts von Haltungs-, Rasse- und Managementfaktoren nicht klar gegeneinander abgrenzen. Dennoch geht man davon aus, dass ein Rind auf den Pflanzenbestand positiver einwirkt als das stark selektiv fressende Schaf. Ziegen verbeißen die gesamte Vegetation hart. Somit zur Pflege typischer Grünlandvegetation wenig geeignet, verhelfen Ziegen in verbuschten Flächen anderen Pflanzen wieder zum Durchbruch. Für alle Arten gilt gleichermaßen: Nur ausgesprochen anspruchslose Rassen sind für die Ganzjahresbeweidung geeignet.

Auch hinsichtlich der Verdauungsphysiologie bestehen wichtige Unterschiede zwischen Equiden und Boviden, die Janis herausgearbeitet hat.[3] Im Wettbewerb mit den Boviden überlebten die Equiden ihrer Meinung nach nur, weil sie das Futter besser verwerten. Zahlreiche Studien sowohl

▼ Einfluss der Nutztierarten auf den Pflegezustand bei angemessener Weideführung

	TRITTWIRKUNG schonend/schädigend	SELEKTIVES FRESSVERHALTEN gering / stark	FUTTER- AUFNAHME- SPEKTRUM eng / breit	VERBISS hoch / tief	ARTENVIELFALT	
					PFLANZEN fördernd / mindernd	TIERE neutral / mindernd
RINDER	◇	◇	◇	◇	◇	◇
SCHAFE	◇	◇	◇	◇	◇	◇
ZIEGEN	◇	◇	◇	◇	◇	◇
PFERDE	◇	◇	◇	◇		

► Das Spektrum der größeren Pflanzenfresser West-, Mittel- und Osteuropas in Ernährungstypen gegliedert

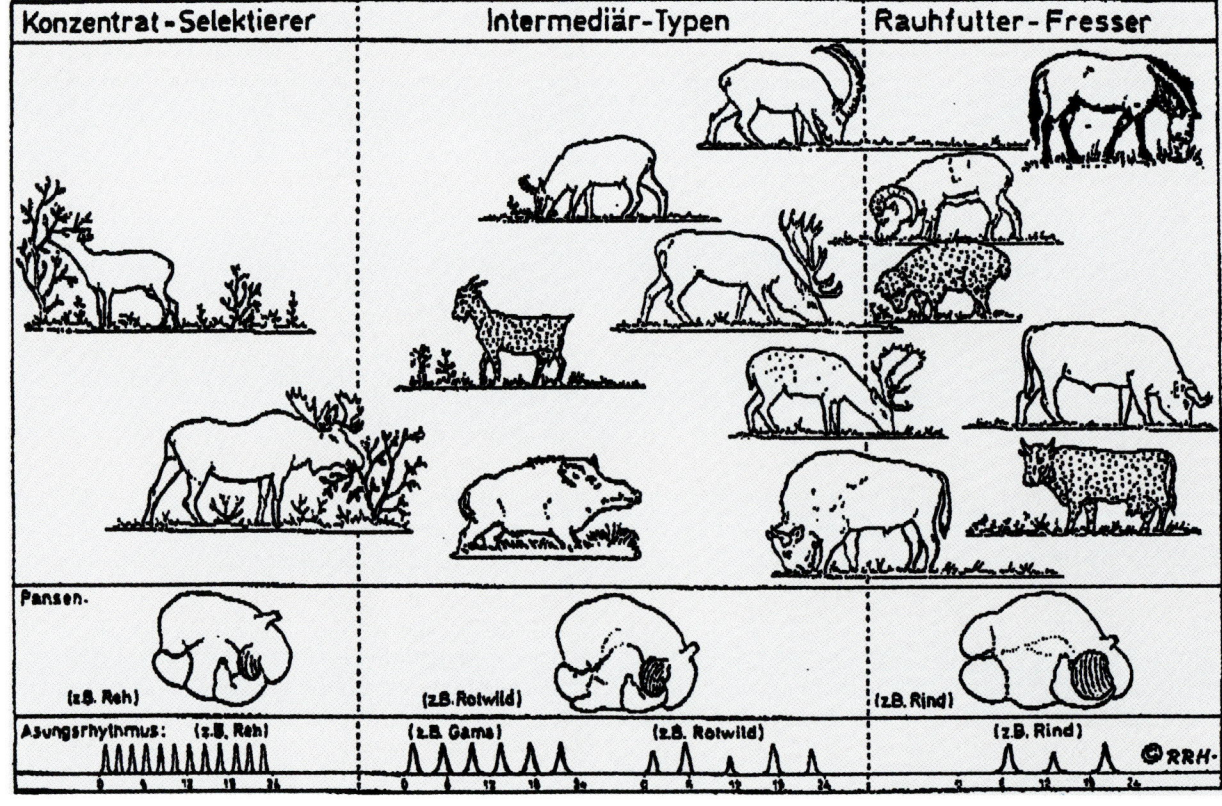

184

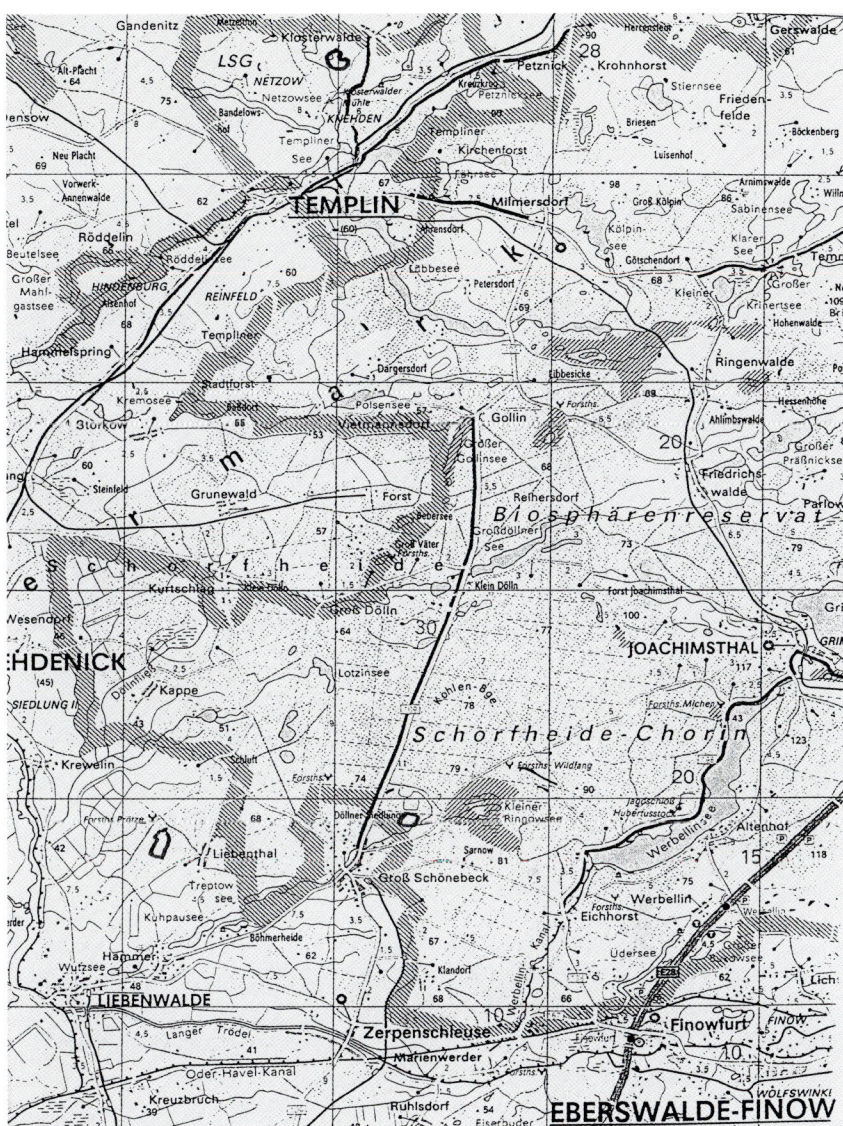

an domestizierten als auch an gefangenen Wildtieren beweisen, dass Pferde, obwohl sie das Futter weniger effizient verdauen, dennoch mehr Nährstoffe pro Gewichtseinheit und Tag aufnehmen als Rinder. Diese Beobachtung trifft für die gesamte Bandbreite der Futterqualität zu. Mit ansteigendem Faseranteil im Futter tritt die höhere Nährstoffverwertung der Pferde gegenüber den Rindern noch deutlicher zu Tage: Bei einem Faseranteil von 75 Prozent verwerten Equiden 175 Prozent mehr Nährstoffe als Boviden.

Diese Ergebnisse widerlegen deutlich die lange gehegte Behauptung, Equiden seien ein Relikt des Miozäns, die die Ausbreitung der Wiederkäuer im Plio-Pleistozän in einer ökologischen Nische überlebt hätten, indem sie sich durch Pflanzengewebe ernährten, welches für das fortgeschrittene komplexe Verdauungssystem der Wiederkäuer nicht geeignet war. Tatsächlich ist ihr Verdauungssystem effektiver in der Verwertung der meisten Futterarten als das der Wiederkäuer. Wenn es im Vergleich zu den Boviden weniger Equiden-Arten gibt, so muss die Antwort woanders gesucht werden. Vielleicht ist diese Tatsache auf eine geringere Reproduktionsrate oder stärkere Bedrohung durch Raubtiere zurückzuführen. Hofmann kategorisiert die Wiederkäuer, die im Laufe der Evolution faserreiche Nahrung besser aufschließen konnten, in drei Typen: die Konzentrat-Selektierer, die Intermediär-Typen und die Rauhfutter-Fresser.[4]

Das Przewalski-Pferd

Geschichte: Das Przewalski-Pferd *(Equus ferus przewalskii)* ist das einzige noch existierende Wildpferd. 1878 löste die Entdeckung des Tarpans in den Sandwüsten Zentralasiens durch Nikolaj Michajlowitsch Przewalski großes Interesse an den letzten Nachkommen der Vorfahren der heutigen Hauspferde aus, die während der Eiszeiten in ungezählten Herden die Steppen und Tundren bewohnten. Aber schon 1959 lebten nur noch 41 Tiere in Menschenobhut, und die Nachrichten über die in freier Natur lebenden Wildpferde waren sehr pessimistisch. 1968 sahen Expeditionen letztmals Tiere in freier Wildbahn.[5] Die beiden anderen Unterarten des Przewalski-Pferdes, der Steppentarpan und der Waldtarpan sind schon in der zweiten Hälfte des 19. Jahrhunderts ausgestorben. Allerdings gibt es noch verschiedene Rückzüchtungsversuche aus mehr oder weniger mit dem Tarpan verwandten „Primitivpferderassen" wie den polnischen Koniks oder den „Dülmener Wildpferden" der Herzöge von Croy.

Verschiedene Hippologen halten eine Typendifferenzierung noch vor der Einwanderung aus Amerika nach Eurasien für wahrscheinlich und sind der Meinung, dass es zwei gewaltige Einwanderungszüge aus Amerika gegeben habe und zwar die der so genannten Südpferde und die der Nordponys (s. Abb., S. 181). Durch Anpassung an unterschiedliche Umwelteinflüsse, zum Beispiel die Ausbreitung der Steppe durch nacheiszeitliche Klimaveränderungen, entstanden vier Formen des Pferdes, deren Merkmale sich in den heutigen Pferden teils rein, teils vermischt wiederfinden.[6]

Das erste Zeugnis von der Existenz des Przewalski-Pferdes datiert man auf zirka 20.000 v. Chr. Man fand Höhlen-

rund 130 zoologischen Gärten und mehreren Semi-Reservaten gehalten werden. Das Zuchtbuch wird seit 1960 im Prager Zoo geführt. Jedes Pferd wird genauestens registriert und gekennzeichnet. Auch der Inzuchtkoeffizient wird erfasst, denn vorher war es durch unkoordinierte Zucht bereits dazu kommen, dass statistisch gesehen 60 Prozent der genetischen Variabilität verloren gegangen sind.[7]

Es existieren zahlreiche Arterhaltungsprogramme, so unter anderem das Europäische Erhaltungsprojekt Przewalski-Pferd (EEPP), welches für die Gehege in Liebenthal und Groß-Schönebeck zuständig ist, und die Foundation Preserves Przewalski Horse, Rotterdam, der das Gehege in Klosterwalde untersteht. Beide Organisationen haben, wie andere auch, Semi-Reservate eingerichtet, die der Anpassung in Zoos gezüchteter Pferde an die Freiheit und der Zucht von Nachkommen dienen, die ohne menschliche Einmischung aufwachsen. Die Institutionen verfolgen etwas unterschiedliche Konzepte. Das EEPP setzt auf die menschliche Selektion durch Forschung, Auswahl geeigneter Tiere und anschließende Auswilderung, die Foundation Preserves Przewalski Horse hat sich im Unterschied dazu für die so-

▲ ▲ *Die Stutenherde in Liebenthal*

▲ *Die Stuten in Groß-Schönebeck*

► *Der Hengst in Groß-Schönebeck*

malereien mit Pferdedarstellungen in Italien, Westfrankreich und Nordspanien. Seit etwa tausend Jahren finden sich in Asien schriftliche Aufzeichnungen über Przewalski-Pferde. In der westlichen Welt waren sie jedoch völlig unbekannt. Erst als Oberst Nikolai M. Przewalski von seiner zweiten Expedition aus Zentralasien einen Schädel mitbrachte, änderte sich dies.

Zucht und Erhaltung: Weitere europäische Expeditionen brachten gesicherte Erkenntnisse über das Przewalski-Pferd. Um die Wende vom 19. zum 20. Jahrhundert wurden 53 aus der Wildbahn gefangene Tiere nach Europa überführt. Mit elf Nachkommen dieser Tiere sowie einem Hybriden aus der Verbindung eines Przewalski-Pferdes mit einer mongolischen Hauspferdstute und einer weiteren, 1947 gefangenen wilden Stute wurde eine Zucht begonnen. Von diesen 13 Pferden stammt die gesamte heute lebende Przewalski-Pferd-Population ab. Den Daten des „Allgemeinen Zuchtbuchs des Przewalski-Pferdes" zufolge (Stand Ende 1996) handelt es sich um mindestens 1450 Tiere, die in weltweit

fortige Auswilderung der Nachkommen und die Selektion durch die Natur entschieden, worüber jedoch auch Beobachtungen und Dokumentationen durchgeführt werden.

Als wildpferdtypisch werden folgende Merkmale angesehen:[8]

Körperbau: gedrungene, verhältnismäßig kurze Gestalt, schmale Kruppe und kurze, starkknochige Läufe.

Kopf: lange Kastenform, Abstand zwischen den Augen schmal, Augen stehen seitlich und treten nicht hervor. Vor allem im Winterhaar bildet sich ein kräftiger Kehl- und Backenbart. Der Gesichtswinkel des Schädels beim Wildpferd beträgt nur 20 Grad, beim Hauspferd dagegen 20 bis 32 Grad.

Mähne: aufrecht stehend, von den Ohren bis etwas über den Widerrist reichend, kein Stirnschopf, im Sommerhaar sehr kurz, im Winter etwas länger, bei schlechtem Futterzustand kann die Mähne jedoch auch etwas hängen.

Schweif: oberes Drittel besonders im Sommer sehr kurz behaart ("Bürstenhaare"), im Winter etwas länger, von der Mittellinie zu beiden Seiten abstehend; im übrigen Teil lange schwarze Haare, die beim Haarwechsel nicht ausfallen.

Kötenbehaarung: kann besonders als Alterserscheinung vorkommen, dann lang und bis zum Erdboden reichend.

Färbung: fahl graugelb über dunkel-graubraun bis gelblich-rotbraun.

Zeichnung: meist ziemlich scharf abgesetzte Aufhellung des Bauches, die sich vorn bis zum Schulterblatt, hinten entsprechend weit in die Schenkelbeuge hinaufzieht, so dass über der Rumpfmitte eine Art brauner Sattel entsteht ("Schwalbenbauch"); Umgebung des Mauls mit kurzen weißen Haaren besetzt, Innenseite der Nüstern jedoch schwarz ("Mehlmaul"); Aalstrich, zu beiden Seiten der Mähne mit helleren Haaren ("Hülse") besetzt, dadurch deutlich zweifarbige Mähne; Läufe an den Vorderseiten meist bis etwa zum Vorderfußwurzelgelenk (Vorderhand) beziehungsweise Sprunggelenk (Hinterhand) schwarz, an den Rückseiten meist hell, oberhalb dieser Gelenke Zebrastreifen.

▲ *Die Tiere in Klosterwalde*

187

Körpermaße: Widerristhöhe 124-147 Zentimeter, Kopflänge 49-55 Zentimeter, Rumpflänge 118-136 Zentimeter, Gewicht 250-340 Kilogramm.

Verhaltensunterschiede zum Hauspferd: höhere Aggressionsrate, keine Kopf-zu-Schweif-Stellung zur gegenseitigen Insektenabwehr, eventuell quantitative Unterschiede in anderen Verhaltensweisen.

Genetischer Unterschied: Przewalski-Pferde besitzen im Gegensatz zu Hauspferden 66 statt 64 Chromosomen. Kreuzungen zwischen beiden ergeben fruchtbare Hybriden mit 65 Chromosomen. Nachkreuzungen resultieren in 64 Chromosomen und haben wenig Ähnlichkeit mit den Przewalskis.[9]

Futterverhalten und -präferenzen

Im Gegensatz zu anderen Haustierarten ist das Pferd ein „Dauerfresser". Erwachsene Pferde nehmen täglich etwa zwölf Stunden Futter auf; bei Grasnahrung beziehungsweise Grünfütterung müssen sie ihren Magen mehrfach täglich füllen, da der dort angedaute Futterbrei laufend an den Dünndarm weitergegeben wird. Das Pferd nimmt so lange Futter auf, bis das Hungergefühl aufhört. So verhält es sich auch bei anderen Futtermitteln. An die Verzehrszeit halten sich Pferde generell, auch bei unterschiedlichstem Futterangebot. Daher kommt es, dass Pferde fett werden beziehungsweise, bei zu geringem Futterangebot, abmagern. Insgesamt müssen Pferde zum Erreichen der Sättigung große Mengen an Rohfaser aufnehmen, auch wenn die notwendigen Ernährungsbestandteile einschließlich Mineralstoffen und Vitaminen in genügender Menge in der Ration enthalten sind.

Eine entscheidende Rolle bei der Futtersuche und -aufnahme spielen die ausgeprägten Sinnesleistungen des Pferdes, die rassespezifisch und individuell eine erhebliche Differenzierung aufweisen. Vor allem Geruchs-, Geschmacks- und Tastsinn sind dabei von Bedeutung. Im Gegensatz zu anderen pflanzenfressenden Säugetierarten, zum Beispiel zum Rind, wird beim Weiden ein Vorderbein weiter nach vorn gestellt, damit das Futter besser erreichbar ist. Durch ruckartige Kopfbewegung rupft das Pferd das Futter mit den Schneidezähnen ab, kaut und schluckt es. Lippen und Zunge sammeln lose Pflanzenteile, Häcksel und Körner, wobei die gewünschten Bestandteile (Konzentrat) durch diese „Sammelbewegung" vorrangig heraussortiert werden können, unerwünschte, etwa Kerne oder schädliche Bestandteile aber entfernt werden. Die Sortierung wird wesentlich auf der Grundlage der Geruchsorientierung vorgenommen und ist perfekt. Durch häufiges Schnauben entfernt das Pferd Staub und sonstige lose Futterbestandteile aus den Nüstern. Die Lippen des Pferdes besitzen ein her-

vorragendes Tastempfinden, das die Auswahl des Futters ebenfalls bestimmt und beispielsweise die Aufnahme von Fremdkörpern ausschließt. Pferde verzehren langsamer und selektiver als Wiederkäuer. Allerdings ist das gezielte Aussuchen der Futterstoffe bei größerem Appetit geringer, führt aber nie zu wahllosem Herunterschlingen von allem, was im Angebot ist.[10] Sowohl artenspezifische Geschmacksunterschiede als auch die durch die Entwicklung der Pflanze bedingten stofflichen Veränderungen (z.B. Austreiben der Blüte) veranlassen das Weidetier allgemein zu selektivem Fraß. Selbst der beste, einheitlich erscheinende Weidebestand unterliegt dieser Selektion. Die Tiere nehmen zuerst das Schmackhafteste auf, in der Regel die jüngsten Teile bevorzugter Pflanzen. Sie lassen weniger Schmackhaftes stehen beziehungsweise sogar bereits aufgenommene Bissen wieder aus dem Maul fallen, wenn sich etwas Besseres bietet. Nur wenn durch die Vermischung von Futtermitteln, etwa mit Schmutzbestandteilen, eine Sortierung nicht möglich oder der Pflanzenbestand gering ist und die Gräser mit der Wurzel herausgerissen werden, besteht die Gefahr, fremde Stoffe mit aufzunehmen, was zu Erkrankungen im Bereich des Verdauungsapparates führen kann.

Der vom Tier aufgenommene Futteranteil ist stets wesentlich reicher an Proteinen und Mineralstoffen, dagegen ärmer an stickstofffreien Extrakten und besonders an Rohfasern.[11] Die oberen Teile der Blätter werden früher als die tieferen und die Halme aufgenommen; die zunächst gemiedenen Pflanzenteile sind die weniger verdaulichen.

Mit jedem Fresstag nimmt die Qualität des Bestandes ab. Das Wegfressen des Wertvollsten mindert die Qualität des Restbestandes ungemein; dieser Vorgang verläuft viel schneller als die natürliche Alterung der Pflanzen und führt zu immer stärkerer Abnahme des Verzehrs.

Die bevorzugten Pflanzen werden durch den selektiven Fraß auf Dauer geschädigt. Es ist verständlich, dass die Selektionswirkung stark vom Futterangebot bestimmt wird. Ist das Futter knapp, können die Unterschiede zwischen Bestand und Verzehr nicht groß sein. Je artenreicher und dichter das Pflanzenangebot auf der Weide ist, desto ausgewählter nimmt das Weidetier und besonders das Pferd Futter auf, ein mäßiger Pferdebesatz wirkt aber eher nützlich als schädlich.[12]

Es ist nicht geklärt, inwieweit Pferde Gifte oder schwer gesundheitsschädliche Stoffe sicher erkennen können. Auf jeden Fall nimmt das Pferd zum Beispiel bei mangelhaftem Weideangebot auch Pflanzen auf, die es sonst verschmäht und/oder die giftig sind, etwa Schachtelhalm, Herbstzeitlose, Schierling, Akazie, Taxus. Pferde können offensichtlich lernen, welche Pflanzen ungefährlich und welche giftig sind; andererseits kommt es auch zu Schäden bei Pferden durch Giftpflanzen, vor allem bei hochgezüchteten Kulturrassen, die diese Unterscheidungsfähigkeit möglicherweise verloren haben oder sie nie erwerben konnten. Das Vorkommen von Giftpflanzen auf Wiesen, Weiden, in Gärten, Parkanlagen und Straßengräben kann bei Verfütterung von dort geworbenem Grünfutter oder auch Heu der Grund für plötzliche Vergiftungserscheinungen bei Pferden sein.

Pferde bevorzugen Salz sowie Süßigkeiten aller Art; stark geruchsintensive Stoffe lehnen sie jedoch in aller Regel ab, so zum Beispiel Thymian. Ansonsten sind sie in ihrer Nahrungsauswahl sehr anpassungsfähig. Jeder Futterwechsel sollte allerdings allmählich erfolgen.

Beobachtungen im Reservat Popielno in Polen haben Folgendes ergeben: Bei der Auswahl von Weideplätzen bevorzugen die Pferde offene, besonnte Plätze, höher gelegene Lichtungen, die sich im Waldinneren befinden, auch Kahlschläge und Straßenränder. Sie nehmen auch Gräser des Unterholzes sowie Pflanzen der Sümpfe und Seeufer (Riedgras, Schilfrohr und Binsen). Eine Zugabe bilden Triebe von Blatt- und Nadelsträuchern, im Herbst trockenes Laub, manchmal Eicheln und im Winter dürre Brennnesselstängel. Oft versuchen die Pferde, in umzäunte Forst- und Ackerkulturen einzudringen. Während des Winters erhalten sie sich von trockenen Gräsern und Pflanzen, die sie aus dem Schnee herausscharren. Nach der Schneeschmelze bevorzugen sie das alte Gras gegenüber dem zum Füttern zusätzlich bereitgestellten Heu. Die Pferde sind nicht auffallend wählerisch hinsichtlich der Futterqualität. Sie zeichnen sich allerdings schon durch große Findigkeit beim Suchen reichhaltigerer Weideplätze aus.

Typisch für Pferde ist ihr Bedürfnis, an Holz, Rinde oder Zweigen zu knabbern sowie frische (zarte) Rinde und Zweige aufzunehmen. Die Schäden an ungeschützten Bäumen, Sträuchern, ja sogar am Bewuchs ganzer Landstriche (Beispiele finden sich in den USA und in Australien) können beträchtlich sein. Die Herkunft des Pferdes aus Savannen und Waldsteppen könnte dieses Verhalten begründen. Es mit eventuellem Mineralstoff- oder Vitaminmangel zu erklären, trifft nicht zu, da ein solches Verhalten auch bei diesbezüglich vollwertig ernährten Pferden regelmäßig nachzuweisen ist.[13] Offensichtlich hat diese Eigenart allgemeine, das Wohlbefinden des Pferdes begünstigende Wirkung.

Das Pferd sucht und bevorzugt die Abwechslung bei der Nahrungsaufnahme. Sie wirkt appetitanregend und auch ernährungsphysiologisch günstig. Wie andere Säugetierarten verweigert das Pferd bei den meisten physischen und psychischen Störungen die Futteraufnahme. Nur in Ausnahmefällen nimmt es zu viel auf; es schützt sich vor einem Übermaß an Futter und Wasser durch Fasten. Neben der Neigung, bevorzugt süße oder salzhaltige Futterstoffe aufzunehmen, fressen Pferde bei Weidehaltung nachmittags einen höheren Anteil saurer Pflanzen, wahrscheinlich aus stoffwechselphysiologischen beziehungsweise diäteti-

schen Gründen. Auch bevorzugen weidende Pferde betautes Gras, abhängig von den klimatischen Umständen.[14]

Besonderheiten

Bedeutsam ist, dass das auf der Weide übliche und infolge der geringen Nährstoffkonzentration des Weidefutters auch notwendige fast ständige Grasen dem Pferd wenig Zeit für anderes lässt. Bei der Pferdehaltung ist stets zu beachten, dass für das Wildpferd *(Equus ferus przewalskii)* folgende Grundsätze der Nahrungsaufnahme gelten:
- häufige oder sogar ständige Futteraufnahme
- gute Ausnutzung nährstoffarmer Pflanzen
- Futteraufnahme bei ständiger Bewegung.

Halbwild oder ganz wild lebende Hauspferdepopulationen sowie die meisten Klein- und Landpferderassen sind im Gegensatz zu den hochgezüchteten Hauspferderassen noch mehr oder weniger an ihrem Ernährungregime auf Grund der territorialen Verhältnisse orientiert.[15]

Ausscheidungsverhalten

Auf Koppeln gehaltene Hauspferde haben die Angewohnheit, ihrer Ausscheidungen an bestimmten Stellen des Areals abzulegen. Dabei zeichnen sich Pferdeweiden durch bereits von Weitem gut erkennbare Muster von den übrigen Umgebung ab. Diese Muster setzen sich zum einen aus Bereichen von kurzer, abgegraster Vegetation sowie aus solchen längerer, nicht abgegraster Vegetation zusammen.[16] Ödberg u.a. bezeichnen diese unterschiedlichen Gebiete als „Ausscheidungsgebiete" (Geilstellen, hohes Gras) beziehungsweise als „Nahrungsgebiete" (kurzes Gras).[17] Edwards u.a. vermuten, dass Geilstellenbildung nicht ursächlich mit der Pferdehaltung in Gefangenschaft oder der Besatzdichte in Zusammenhang steht, sondern auch bei frei lebenden Pferden auftritt.[18] Bei verwilderten Pferden wurde jedoch die größte Dichte von Kothaufen an Pfaden in der Nähe der Wasserstellen, die immer wieder aufgesucht wurden, gefunden.[19]

Hafez schreibt, dass sich auf Weiden, die durch Stuten begrast werden, die Geilstellen wesentlich stärker ausbreiten als auf Weiden, auf denen nur Hengste grasen, da Stuten beim Fressen Bereiche mit hohem Grasbewuchs meiden und weiterhin ihren Kot dort abgeben.[20] Hengste dagegen stellen sich rückwärts zu der alten Kotstelle und überkoten diese, so dass die Flecken konstant bleiben. Diese Handlung ist ein Teil des Markierungsverhaltens. Kastration bewirkt eine Veränderung im Ausscheidungsverhalten der Hengste hin zu dem der Stuten.[21]

Die Untersuchungsgebiete

Liebenthal: Das Gehege Liebenthal (zirka 25 Hektar groß) liegt etwa 1,5 Kilometer west-nordwestlich von Liebenthal (Gemeinde Liebenwalde) am Rande der Schorfheide auf einem ehemaligen Wildacker mit sandigen Lehm- bis lehmigen Sandböden, geringer klimatischer Feuchte und einer eingeschränkten Wasser-, aber einer im Allgemeinen ausreichenden Wärmeversorgung. Die Versorgung mit mineralischen Nährstoffen ist eingeschränkt. Der Boden ist mehr oder weniger durchlässig und neigt zur Austrocknung. Als potenzielle natürliche Vegetation werden subkontinentale Kiefern-Eichenwälder angegeben.[22]

Während des Beobachtungszeitraums waren zunächst acht Stuten auf dem Gelände, im September kamen drei weitere hinzu. Bei einer Größe von 25 Hektar standen also jedem Pferd zirka 3,1 und später 2,3 Hektar zur Verfügung.

Groß-Schönebeck: Das Gehege Groß-Schönebeck (zirka 19 Hektar groß) liegt im Wildpark Schorfheide etwa einen Kilometer nordöstlich von Groß-Schönebeck mit skelettreichen und flachgründigen Böden (auf Kalk- oder Sandstein), einer meist ausreichenden Wasser- und einer eingeschränkten Wärmeversorgung. Die Versorgung mit mineralischen Nährstoffen ist im Allgemeinen mangelhaft. Der Boden ist sehr stark durchlässig und neigt daher zur Austrocknung. Als potenzielle natürliche Vegetation werden Kiefernwälder angegeben.[23]

Zu Beginn befanden sich ein Hengst und vier Stuten auf dem Gelände, Ende Juli musste eine Stute das Gelände verlassen, weil sie sich mit dem Hengst nicht vertrug. Bei einer Größe von rund 19 Hektar standen also anfangs jedem Pferd etwa 3,8 Hektar, nach Entfernung der Stute sogar rund 4,75 ha zur Verfügung.

Klosterwalde: Das Gehege Klosterwalde (zirka 13 Hektar groß, inklusive etwa 2 Hektar Wasserfläche) liegt rund 1,5 Kilometer südwestlich Klosterwalde bei Templin im Naturpark Uckermärkische Seen mit sandigen und lehmigen Böden beziehungsweise Lößlehmböden mit einer normalerweise ausreichenden Wasser- und Wärmeversorgung. Die Versorgung mit mineralischen Nährstoffen ist ebenfalls im Allgemeinen ausreichend, kann jedoch auch eingeschränkt sein. Der Bodenwasserhaushalt ist ausgeglichen. Teilweise kann der Boden aber auch etwas durchlässig sein. Als potenzielle natürliche Vegetation werden Traubeneichen-Buchenwälder angegeben.[24]

Im Beobachtungszeitraum befanden sich ein Hengst, drei Stuten und zwei Jährlinge auf dem Gelände, im Juli und im Oktober wurde je ein Fohlen geboren. Bei der Größe von rund 11 Hektar standen jedem Pferd, die Jährlinge voll und die Fohlen nicht berechnet, zirka 2,2 Hektar zur Verfügung. Mitte Juni wurden am bevorzugt von den Pferden als Durchgang genutzten Waldstreifen nordöstlich des Gewässers ein Zaun gebaut und Betonplatten ausgelegt, um den Hufabrieb zu fördern. Später kamen noch große Steine hinzu.

Material und Methoden

Für die Datenaufnahme, die zwischen Ende April und Ende Oktober 1997 erfolgte, wurden alle Gehege in 10-mal-10-Meter-Raster eingeteilt. Zur Erfassung der Vegetation wurden Pflanzenaufnahmen nach der Methode von Braun-Blanquet erhoben. Die Auswahl der Aufnahmeorte geschah zufällig in, nach dem augenscheinlichen Eindruck eines Vegetationswechsels, unterscheidbaren Bereichen. Die Größe der Aufnahmefläche betrug im Grünland zirka 25 Quadratmeter, im Wald zirka 150 bis 200 Quadratmeter. Nach Auswertung der Vegetationsaufnahmen durch die Ermittlung von Pflanzengesellschaften nach der Methode von Dierschke, weiterentwickelt auf der Grundlage von Tüxen,[25] wurde jeweils das gesamte Gelände kartiert.

Zur Feststellung der Nutzung der Vegetation durch die Pferde wurden im Frühjahr jeweils eine 8-Stunden- und eine 24-Stunden-Beobachtung durchgeführt, im Sommer und im Herbst wurde die Tagesbeobachtung auf 12 Stunden ausgeweitet. Während der Beobachtungen wurde stündlich und individuell für jedes Tier der Aufenthalt der Pferde auf der Fläche notiert. Zur Unterstützung wurde eine Auswertung der verwertbaren Daten der GPS-Halsbänder der Pferde in Liebenthal vorgenommen.[26] Dem gleichen Zweck diente im Herbst die Kartierung von Fraßbildern durch Schätzung der Verbisshöhe. Die Wechselpfade der Pferde wurden im Frühsommer durch Ablaufen der Pfade ermittelt.

Die Ergebnisse der Kartierung der Fraßbilder, der Wechselpfade und der Vegetationsaufnahmen sind in Karten dargestellt. Durch Übereinanderlegen der Vegetationskarten und der Aufzeichnungen der Aufenthaltsbeobachtungen konnte im Verhältnis zu den prozentualen Anteilen der Vegetationsgesellschaften der Selektionsindex (electivity oder selection index) (E) von Jacobs[27] und der dimensionslose Vegetationsgesellschaften-Nutzungsbreitenindex (vegetation community use breadth index) (B) von Levins,[28] jeweils nach Gordon,[29] berechnet werden. Dabei konnten auf Grund der individuellen Standortberücksichtigung jedes einzelnen Pferdes, bei einer Beobachtung auch gleichzeitig mehrere Pflanzengesellschaften berührt werden.

Böden

Laut Bodenproben ist in Liebenthal der Typ der Braunerde aus schluffigem bis lehmigem Sand teilweise über sandigem Lehm vorherrschend mit pH-Werten zwischen 5 und 6.

Pflanzengesellschaft		Liebenthal Prozent der Gesamtfläche	Groß-Schönebeck Prozent der Gesamtfläche	Klosterwalde Prozent der Gesamtfläche
Schiller- und Silbergrasfluren:	1			
Corynephorion canescentis:	1			
Helichryso-Jasionetum	1		0,13	
Plantagini-Festucion:	3			
Festucetum ovinae	3	2,96	0,12	22,37
Sedo-Veronicion dilenii:	2			
Helichryso-Veronicetum dillenii	2		6,80	
Armerion elongatae:	1			
Diantho-Armerietum	1		0,94	30,43
Wirtschaftsgrünland:	1			
Arrhenatherion eleatoris:	1			
Dauco carotae-Arrhenatheretum eleatoris	1			6,20
Arrhenatheretum eleatoris	3		0,10	0,67
Cynosurion:	1			
Lolio-Cynosoretum	1	10,36	0,29	2,51
Festucae rubrae-Cynosoretum	1	1,58		
Saatgrasland mit verstärktem Urtica- und Cirsium-Aufkommen	1	19,23		
Saatgrasland	1	54,59	7,58	
Calthion:	1			
Epilobio-Juncetum effusi	1		0,13	0,41
Angelico - Cirsetum	1		1,55	
Molinion:	1			
Holcus lanatus-Dominanzgesellschaft	4			1,22
Alopecurion pratensis:	3			
Alopecuretum pratensis	3		2,53	
Zweizahn-Gesellschaften:	1			
Bidention tripartitae:	1			
Ranunculo scleranti-Bidentum cernuae	1			0,36
Flutrasen:	1			
Potentillion anserinae:	1			
Rumici crispi-Agropyretum repentis	1		2,39	0,26
Potentilletum anserinae	1		0,20	2,14
Potentilletum reptantis	1		0,11	1,94
Ranunculetum repentis	1		5,15	0,09
Feuchte bis nasse Trittrasen:	1			
Plantagini-Prunellion:	1			
Prunello-Ranunculucetum	1	0,11		
Ruderale Pionierrasen:	1			
Convolvulo-Agropyrion repentis:	1			
Calamagrostis epigejos-Gesellschaft	1		0,17	
Einjährige Trittpflanzengesellschaften:	1			
Saginion procumbentis:	1			
Rumici acetosellae-Spergularietum rubrae	1		0,72	
Chamomillosuaveolentis-Poligonion arenastri:	1			
Poetum annuae	1			0,72
Eurosib. ruderale Beifuß- und Distelgesellschaften:	1			
Onopordion acanthii:	1			
Potentillo argenteae-Artemisietum absinthii	1			1,29
Arction lapppae:	1			

Pflanzengesellschaft		Liebenthal Prozent der Gesamtfläche	Groß-Schönebeck Prozent der Gesamtfläche	Klosterwalde Prozent der Gesamtfläche
Ackerwildkrautfluren:	1			
Aperion spicae-venti:	1			
Cirsetum vulgaris-arvensis	1		3,09	
Teesdalio-Arnoseridetum	1	4,76	58,60	3,97
Röhrichte und Großseggenrieder:	1			
Phragmition australis:	1			
Phragmitetum australis	1		0,93	1,11
Typhetum latifoliae	1			1,78
Caricion:	1			
Phalaridetum arundinaceae	1		1,20	4,42
Scirpetum spec.	1		0,10	0,74
Caricetum spec.	4		1,46	0,72
Schlagfluren:	1			
Calamagrostietum epigeji	1	0,25	0,03	0,53
Strauchweidenbrüche:	1			
Salicion cinereae	1			0,33
Nitrophile, sommergrüne Laubgebüsche:	1			
Sambuco-Salicion capreae	1			0,33
Artico-Sambucion:	1			
Prunus domestica-Gesellschaft	1			0,46
Kreuzdorn-Schlehengebüsche:	1			
Prunion fructicosae:	1			
Prunetum fructicosae	1			0,03
Birken-Eichenwälder:	1			
Quercion:	1			
Holco mollis-Quercetum mit Nährstoffzeigern und Grünlandarten	1	1,19		2,30
Agrostio-Quercetum mit Nährstoffzeigern und Grünlandarten	1	2,31		4,82
Agrostio-Quercetum mit Frangula-Rubetum-Unterwuchs	1			5,09
Nadelholzforst:	1			
Kiefernforst:	1			
nährstoffreicher Kiefernforst mit Frangula-Rubetum-Unterwuchs	1			1,15
nährstoffreicher Kiefernforst	1	2,30	4,04	3,16
Erlenbruchwälder:	1			
Alnion glutinosae:	1			
Urtico-Alnetum	1		1,40	
Ruheplatz, weitgehend ohne Vegetation		0,36	0,23	0,32
		100,00	100,00	100,00

1 nach SCHUBERT et al 1995
2 nach PASSARGE 1996
3 nach PASSARGE 1964
4 Sieling 1997

über sandigem Lehm mit Braunerde-Variationen vor. Die pH-Werte liegen in einem ähnlichen Bereich wie in Liebenthal, nur im Kiefernforst in podsolierter Braunerde und in der als Ranker-Braunerde unter Kolluvium angesprochenen Bodenprobe aus der Hanglage südlich des Gehege-Eingangs haben die Werte ein sehr viel niedrigeres Niveau. In den Feuchtstandorten finden sich verschiedene Gley-Variationen. Auch in Klosterwalde sind überwiegend Braunerde-Variationen aus Sandböden zu finden. Die pH-Werte sind teilweise ins Alkalische gehend. Weiter in Richtung See findet man wieder Gley-Arten vor.

Vegetation

Aus den Vegetationsaufnahmen ergab sich Folgendes:

Im Prinzip wurde bei der Zuordnung der Pflanzengesellschaften nach der Nomenklatur von Schubert u.a. verfahren.[30] Die Bodenverhältnisse spiegeln sich unmittelbar in der Vegetation wider. In Liebenthal sind auf den Böden mit lehmigem Sand hauptsächlich frische Verhältnisse anzutreffen, und auf dem alten Wildacker im südlichen Teil und der neuen Einsaat im nördlichen Teil hat sich weitgehend das Wirtschaftgrünland erhalten. Nach Angaben des Forstamtes wurde folgendes Gemisch zur Einsaat verwendet: Knäuelgras (Dactylis glomerata) 15,5 Prozent; Wiesenrispe (Poa pratensis) 15,5 Prozent; Rotschwingel (Rasenform) (Festuca rubra) 11 Prozent; Ausdauerndes Weidelgras (Rasenform) (Lolium perenne) 15,5 Prozent; Wehrlose Trespe (Bromus inermis) 15,5 Prozent; Schafschwingel (Festuca ovina) 11,0 Prozent; Weißklee (Trifolium repens) 11 Prozent, Hornschotenklee (wahrscheinlich Lotus corniculatus) 5,0 Prozent.

Der Hauptunterschied zwischen den beiden Gehegeteilen in der als Saatgrasland bezeichneten Pflanzengesellschaft besteht im vermehrten Auftreten von Bromus inermis und Bromus hordeaceus im nördlichen Teil, weil diese Bestandteil der Einsaat waren. Auf den reinen Sandböden sind im Grünland die Ackerwildkrautfluren entstanden.

In Groß-Schönebeck sind diese Ackerwildkrautfluren vorherrschend. Die hier als Saatgrasland bezeichnete Vegetation entspricht in ihrer Zusammensetzung der in Liebenthal, ist aber wahrscheinlich nicht eingesät, denn im gesamten trockenen Bereich wurde früher intensiv Ackerbau betrieben, danach lag das Gelände bis 1995 brach. In den nassen bis feuchten Senken haben sich weitgehend Flutrasen gebildet, hier war auch früher Feuchtwiese, und entlang des Grabens besteht die Vegetation zum großen Teil aus Röhricht und Großseggenriedern. Klosterwalde ist durch eine erhöhte Reliefenergie und lokale Kalkanreicherung gekennzeichnet. Hier sind Schiller- und Pioniergrasfluren vorherrschend, größere Teile sind aber auch mit Ve-

Zeichenerklärung zu Vegetationskarten
(Nomenklatur nach Schubert 1995)

Schiller- und Silbergras-Pionierfluren

Corynephorion canescentis

Helichryso-Jasionetum

Plantagini-Festucion

Festucetum ovinae

Sedo-veronicion dillenii

Helichryso-Veronicetum dillenii

Armerion elongatae

Diantho-Armerietum

Wirtschaftsgrünland

Arrhenatherion eleatoris

Dauco carotae-Arrhenatheretum eleatoris

Arrhenatheretum eleatoris

Cynosurion

Lolio-Cynosoretum

Festucae rubrae-Cynosoretum

Saatgrasland mit verstärktem Urtica- und Cirsium-Aufkommen

Saatgrasland

Calthion

Epilobio-Juncetum effusi

Angelico-Cirsetum

Molinion

Holcus lanatus-Dominanzgesellschaft

Alopecurion pratensis

Alopecuretum pratensis

Röhrichte und Großseggenrieder

Phragmition australis

Phragmitetum australis

Typhetum latifoliae

Caricion

Scirpetum spec.

Caricetum spec.

Phalaridetum arundinaceae

Schlagfluren

Epilobion angustifolii

Calamagrostietum epigeji

Strauchweidenbrüche

Salicion cinereae

Nitrophile, sommergrüne Laubgebüsche

Sambuco-Salicion capreae

Artico-Sambucion

Prunus domestica-Gesellschaft

Kreuzdorn-Schlehengebüsche

Prunion fructicosae

Prunetum fructicosae

Zweizahn-Gesellschaften

Bidention tripartitae

Ranunculo scleranti-Bidentum cernuae

Flutrasen

Potentillion anserinae

Rumici crispi-Agropyretum repentis

Potentilletum anserinae

Potentilletum reptantis

Ranunculetum repentis

Feuchte bis nasse Trittrasen

Plantagini-Prunellion

Prunello-Ranunculucetum

Ruderale Pionierrasen

Convolvulo-Agropyrion repentis

Calamagrostis epigejos-Gesellschaft

Einjährige Trittpflanzengesellschaften

Saginion procumbentis

Rumici acetosellae-Spergularietum rubrae

Chamomillo suaveolentis-Polygonion arenastri

Poetum annuae

Eurosib. ruderale Beifuß- und Distelgesellschaften

Onopordion acanthii

Potentillo argenteae-Artemisietum absinthii

Arction lappae

Cirsietum vulgaris-arvensis

Ackerwildkrautfluren

Aperion spicae-venti

Teesdalio-Arnoseridetum

Birken-Eichenwälder

Quercion

Holco mollis-Quercetum mit Nährstoffzeigern und Grünlandarten

Agrostio-Quercetum mit Nährstoffzeigern und Grünlandarten

Agrostio-Quercetum mit Frangula-Rubetum-Unterwuchs

Nadelholzforst

Kiefernforst

nährstoffreicher Kiefernforst mit Frangula-Rubetum-Unterwuchs

nährstoffreicher Kiefernforst

Erlenbruchwälder

Alnion glutinosae

Urtico-Alnetum

keine oder kaum Vegetation

Liebenthal Vegetation

10m 0   50m

Zaun

getation des Wirtschaftsgrünlandes bewachsen. Im Ufer-
bereich des Sees und den anderen Feuchtstellen des
Geheges finden sich ähnliche Verhältnisse wie an den entsprechenden Stellen in Groß-Schönebeck.

Einzelbäume wurden bei den Vegetationsaufnahmen
nicht erfasst. Die Wechselpfade der Pferde sind teilweise
mit deutlich niedrigerer Vegetation des gleichen Typs der
Umgebung bestanden, teilweise hat sich eine *Poetum annuae* gebildet und teilweise sind sie vegetationsfrei.

Auswertung

Nach Auswertung der Aufenthaltsbeobachtungen und Fraßbilder und in Übereinstimmung mit den beschriebenen Nah-
rungsgewohnheiten der Pferde ist Folgendes festzuhalten. In
allen Gehegen waren statistisch kaum Unterschiede in der
Nutzungsbreite zu den verschiedenen untersuchten Jahres-
zeiten auszumachen. Die räumlichen Auswertungen in Liebenthal zeigen in der heißen Zeit des Sommers allerdings
eine Bevorzugung der Südosthälfte des Geländes. Die Konzentration dürfte auch auf der hohen Anzahl von Ruhezeiten
und dem Fressen in der Nähe des Ruheplatzes im Süden des
Geheges beruhen. Statistisch gesehen wurden nur wenige
Pflanzengesellschaften besonders gemieden. Allerdings
wurde zum Beispiel das *Festucetum ovinae* in Liebenthal, wo
es nur zu einem geringeren Teil vorkommt, gemieden und in

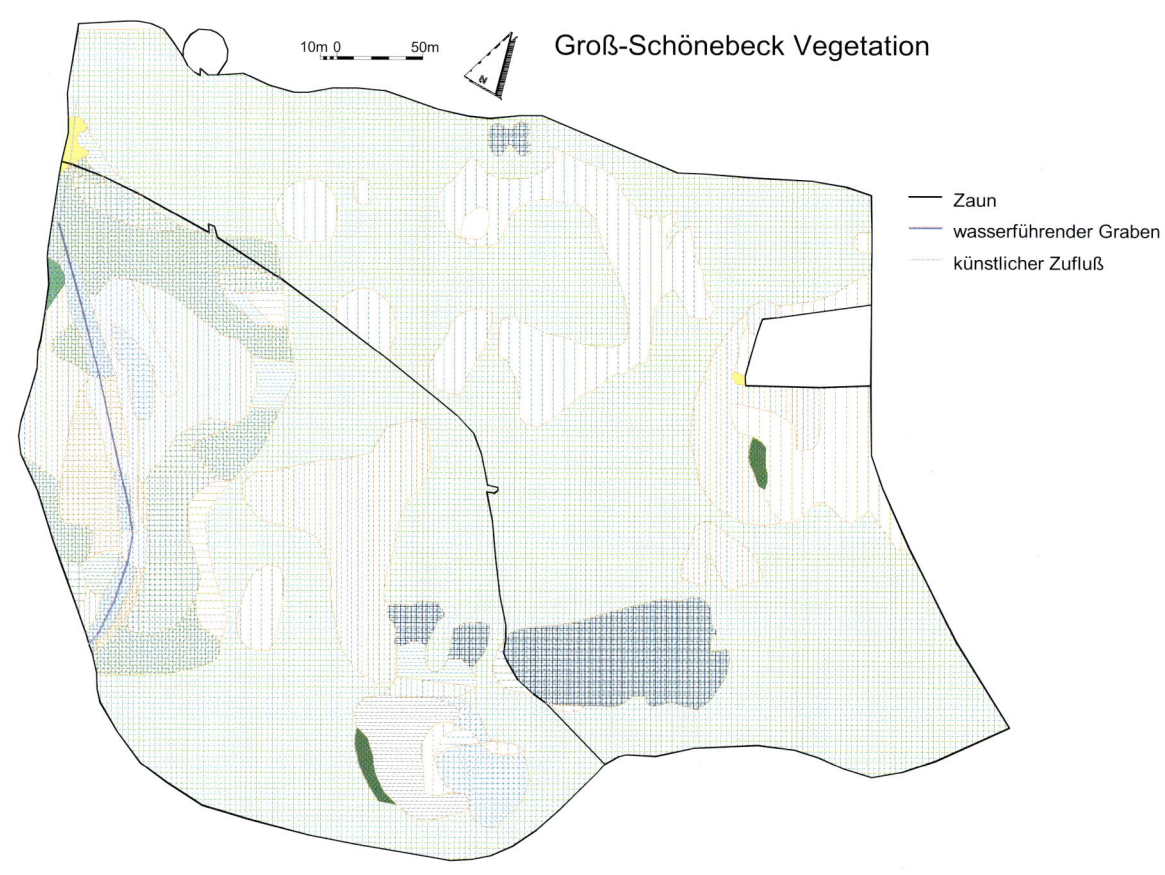

10m 0   50m

Groß-Schönebeck Vegetation

—— Zaun

—— wasserführender Graben

····· künstlicher Zufluß

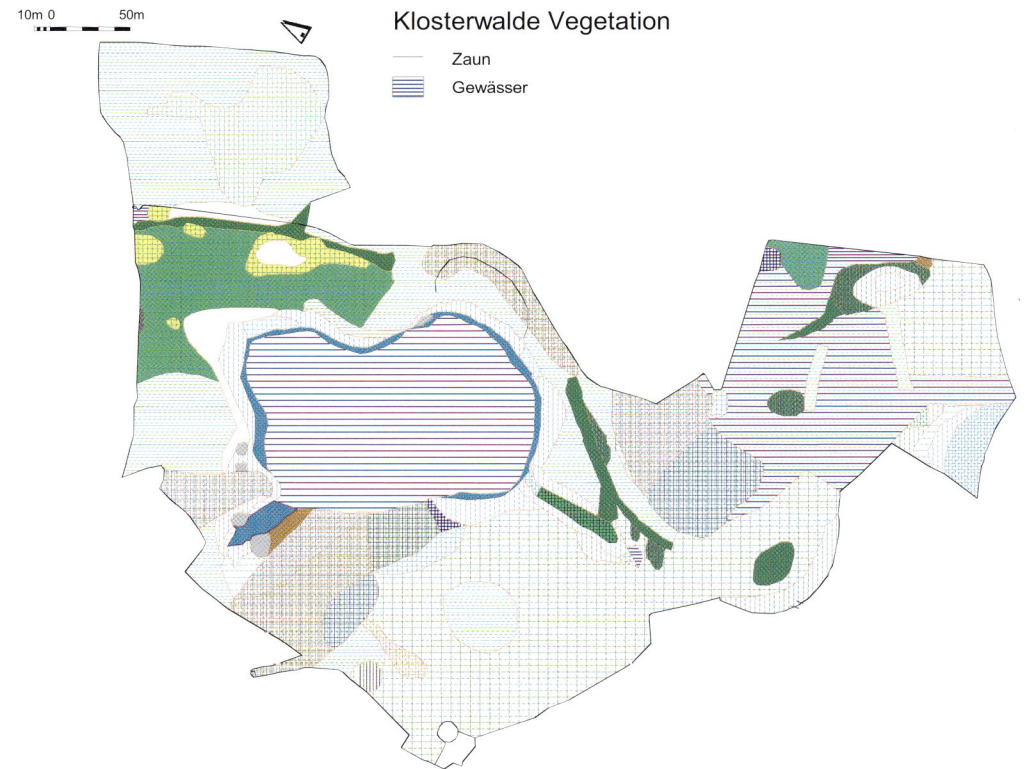

10m 0   50m

Klosterwalde Vegetation

Zaun
Gewässer

Klosterwalde, dort nimmt es einen sehr großen Teil der Gesamtfläche ein, bevorzugt. *Calamagrostis epigejos* wurde auch eher gemieden. Hulzink sowie Drost u.a.[31] sprechen aber von guten Ergebnissen mit *Calamagrostis epigejos* bei Beweidung von Dünenflächen in den Niederlanden. Das deutet auf eine starke Abhängigkeit der Nahrungsaufnahme vom Gesamtangebot.

Alle drei Herden scheinen im Allgemeinen jedoch die Vegetation des Wirtschaftgrünlandes und der Flutrasen je nach Vorkommen, Größe der Vorkommen und Pferde-Besatzdichte mehr oder weniger zu bevorzugen. Auch die Großseggenrieder bilden eine größere Nahrungsquelle, hier jedoch eher im Frühjahr und Sommer, wo diese besonders in der Trockenheit des eher kontinental beeinflussten Sommers und bedingt durch die vorwiegend sandigen Böden am ehesten frische Triebe aufweisen. Ebenso bieten die Flutrasen bei Trockenheit frischeres Futter. Zur Abwechslung des Futters werden aber genauso Schilf *(Phragmites australis)*, Brennnesseln *(Urtica doica)* und Disteln *(Cirsium arvense* und *vulgare)* sowie Gebüsche und Bäume verbissen. Es zeigte sich ein deutlicher Verbiss der Baumrinde verschiedener Baumarten und von Bäumen verschiedener Altersstufen. Ist während der Aufenthaltsbeobachtungen im Frühjahr, Sommer und Herbst selbst kein Verbiss an Bäumen beobachtet worden und diente der Wald in dieser Zeit möglicherweise nur dem Schutz, gibt es jedoch auch Nachweise von Baumverbiss. Der Wald ist damit auch Nahrungsquelle oder Ort der Beschäftigung der Tiere. Der Baumverbiss hat natürlich auch Auswirkungen auf den Baum selbst, denn teilweise wurden Bäume auch rundhe-

rum geschält, so dass sie abstarben. Außerdem wurden Gebüsche wie beispielsweise das Steppenkirschen-Gebüsch *(Prunetum fructicosae)* verbissen.

In der Bevorzugung der Pflanzen stehen eindeutig Jugend, Saftigkeit, Blattreichtum, aktiver Wuchs, Ballastarmut im Vordergrund, also frühe Entwicklungsphasen. Die Gewebestruktur ist offenbar wichtiger als der Nährstoffgehalt. Anfangs werden frühwüchsige, später langsam alternde Pflanzen bevorzugt. In sehr jungem Zustand werden selbst minderwertige Pflanzen gefressen, in altem Zustand selbst hochwertige gemieden. Artgemische sind meist beliebter als Reinbestände; Weißklee verbessert die Fresslust in jedem Gemisch. Über den Grad der Bevorzugung einer Art entscheidet gewöhnlich die Begleitflora. Vorherrschende Arten sind meist weniger beliebt als spärlich vertretene; für manche Arten, zum Beispiel Weidelgras *(Lolium perenne)* und Weißklee *(Trifolium repens),* braucht das nicht zu gelten. Bei trockener Witterung wird saftiges, ballastarmes Futter bevorzugt, bei Nässe trockenes, rohfaserreiches; besonntes Futter ist beliebter als beschattetes. Bei ganzjährigem Weidegang ist der Anteil noch oder schon grüner Blätter entscheidend.[32]

Woodfine[33] fand bei Beobachtungen an Przewalski-Pferden in der Eelmore Marsh in Großbritannien heraus, dass die Tiere reines azidophiles, kurzrasiges Grasland dem mit größeren Feuchtheideanteilen ganzjährig vorzogen. Zu ähnlichen Ergebnissen kamen auch Roddis[34] und Kennedy.[35] Auch Gordons Resultate an Huftieren (Ponys und anderen) sind vergleichbar.[36]

McCann u.a.[37] untersuchten die Tauglichkeit von *Lolium-*

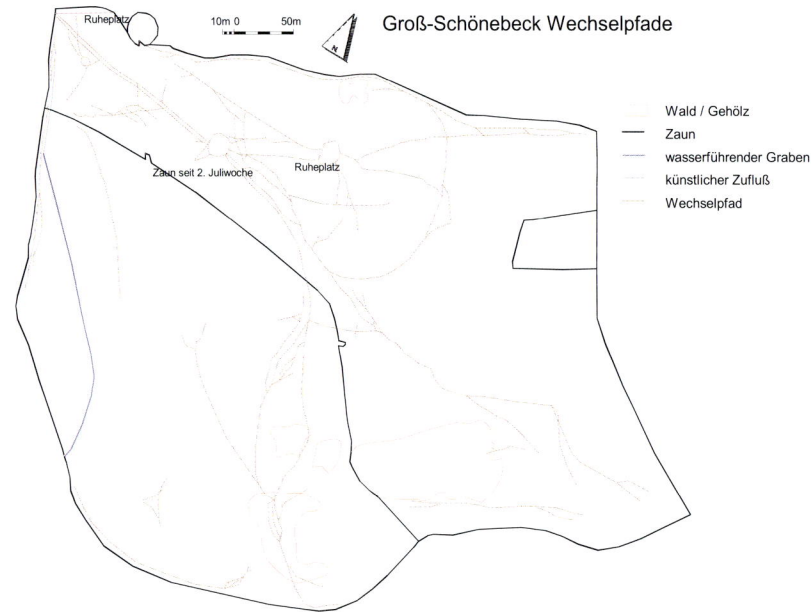

Groß-Schönebeck Wechselpfade

	Wald / Gehölz
	Zaun
	wasserführender Graben
	künstlicher Zufluß
	Wechselpfad

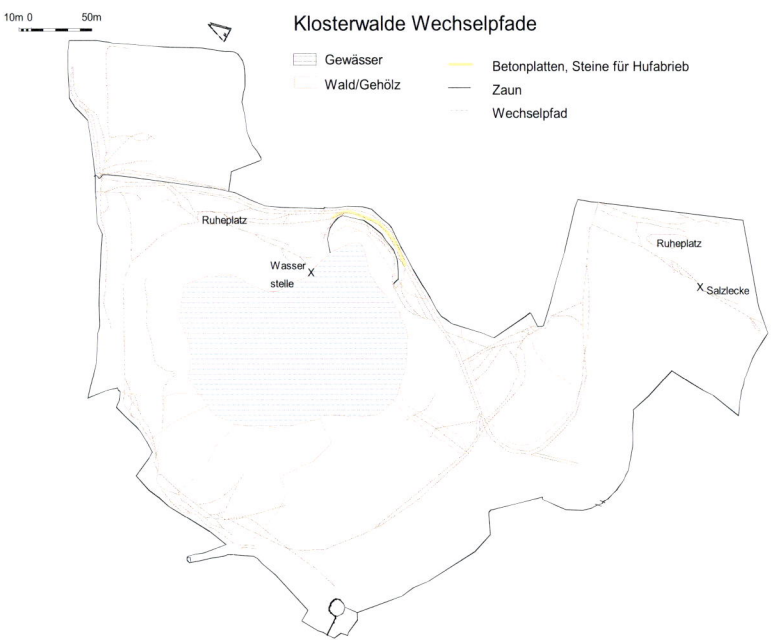

Klosterwalde Wechselpfade

	Gewässer	
	Wald/Gehölz	
	Betonplatten, Steine für Hufabrieb	
	Zaun	
	Wechselpfad	

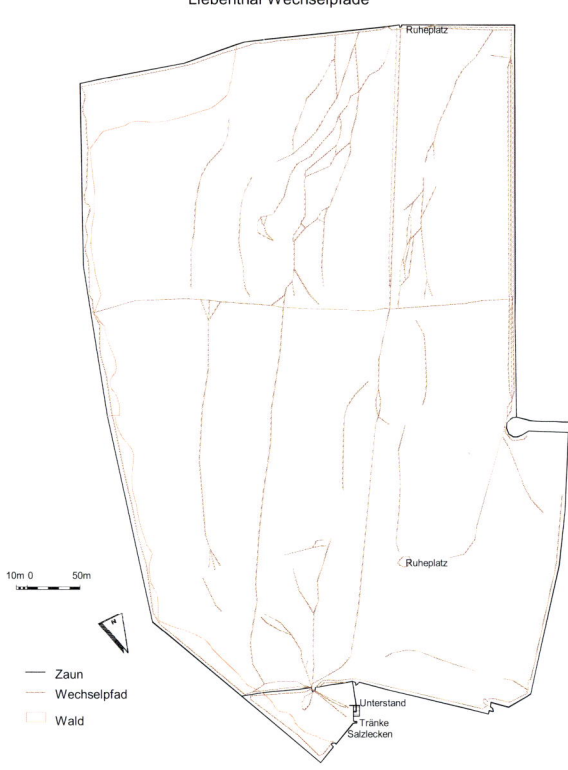

Liebenthal Wechselpfade

	Zaun
	Wechselpfad
	Wald

und Kleearten als Winterfutter und gelangten zu einem positiven Ergebnis.

Es zeigte sich, dass die Nahrungsaufnahme auch räumlich bedingt ist. Sie ist von Stellen zur Befriedigung anderer Bedürfnisse der Pferde abhängig, etwa den Ruheplätzen, auf welchen sich im Sommer tagsüber lange aufgehalten wurde und die immer stark besonnt waren (Hauspferde suchen eher Schattenplätze auf), der Tränke oder der Schutzplätze (Wald, Unterstand). Auch das Fressen entlang der Wechselpfade ist besonders auffällig.

Zervanos u.a.[38] stellten bei Untersuchungen der verwilderten Ponys auf der Insel Assateague vor der Ostküste der USA fest, dass die Ponys im Sommer das Marschland erstens wegen der deutlich geringeren Insektenplage und erst nachrangig wegen der Dichte und Qualität des Futters bevorzugten. Im Winter hielten sie sich während hoher Windgeschwindigkeiten und des dadurch empfundenen stärkeren Fröstelgefühls hauptsächlich im Zwischen- und Hinterdünenbereich auf.

Die Fressaktivitäten sind an heißen Tagen deutlich auf die Nacht verschoben.[39] Schach[40] zeigte eine zum Monatsmittel der Lufttemperatur umgekehrt proportional steigende Grasungsdauer. Kalz[41] berichtet von alten Aufzeichnungen über Beobachtungen noch frei lebender Przewalski-Pferde in der Mongolei, dass diese tagsüber die Zeit in der Wüste verbrachten, nachts zu den Weidegründen und Wasserstellen zogen und am nächsten Tag wieder in die Wüste zurückkehrten.

Aus Liebenthal liegen von Liebscher und von Scheibe u.a. Aufzeichnungen vor,[42] die im Vergleich mit den Aufzeichnungen von 1997 zeigen, dass die Schwerpunkte in der Begrasung im Prinzip von Anfang an existierten und sich die stark begrasten Flächen im heute verkleinerten Gehege nur ausgebreitet haben.

Da diese stark begrasten Flächen in Liebenthal hauptsächlich zwischen *Saatgrasland* mit dem *Lolio-Cynoseretum* und in Groß-Schönebeck zwischen dem *Teesdalio-Arnoseridetum* und dem *Helichryso-Veronicetum dillenii* übereinstimmten, lässt dies den Schluss zu, dass sich, geht man von einer vorher weitgehend einheitlichen Vegetationsdecke aus (Liebenthal: Einsaat; Großschönebeck: Ackerbrache), die eine Vegetationsgesellschaft jeweils zur

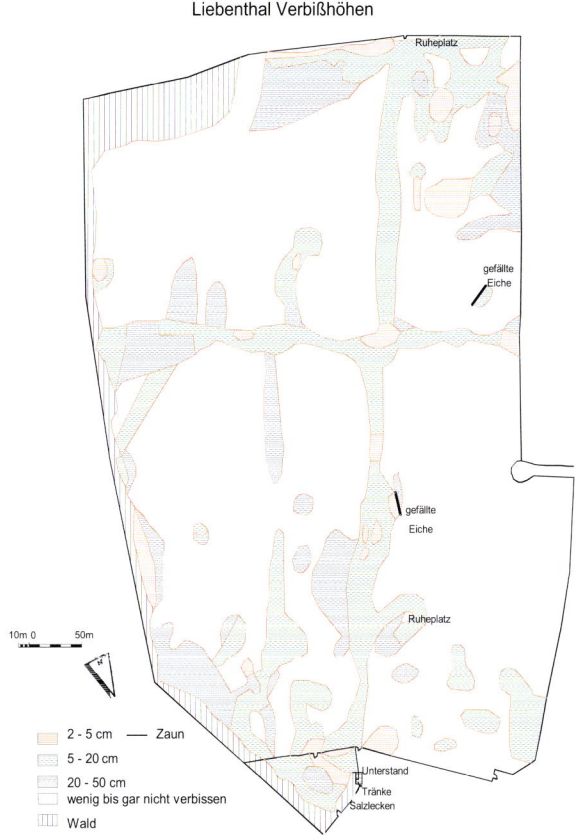

Liebenthal Verbißhöhen

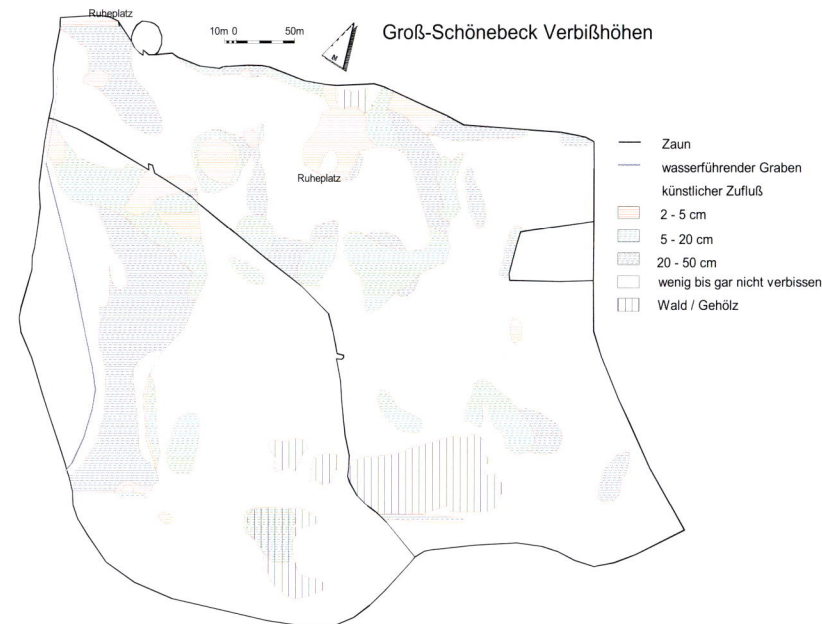

Groß-Schönebeck Verbißhöhen

— Zaun
— wasserführender Graben
— künstlicher Zufluß
  2 - 5 cm
  5 - 20 cm
  20 - 50 cm
  wenig bis gar nicht verbissen
  Wald / Gehölz

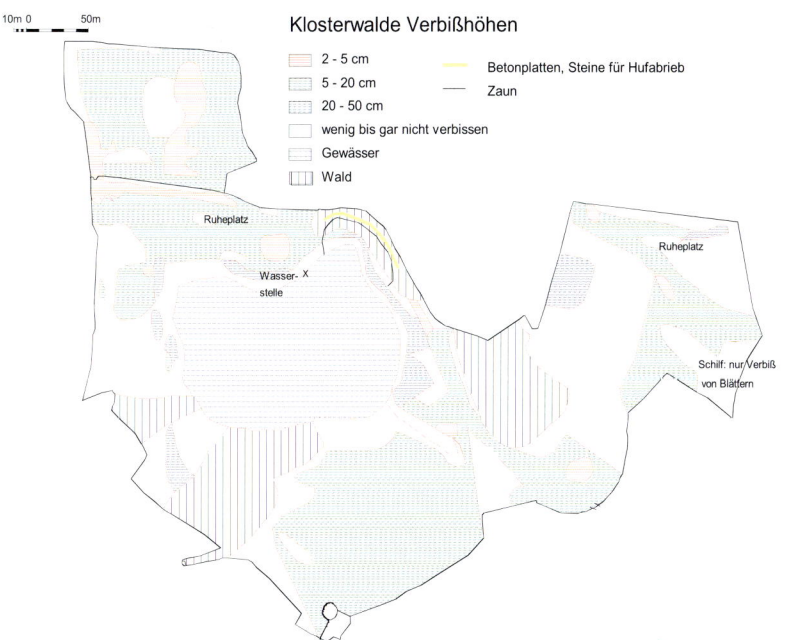

Klosterwalde Verbißhöhen

anderen hin entwickeln kann. Schach[43] kam zu gleichem Schluss hinsichtlich des von ihr untersuchten *Lolio-Cyno-soretums*. In den kaum beweideten Bereichen des *Saat-graslandes* können sich die Disteln *(Cirsium arvense* und *vulgare)* weiter ausbreiten. Die Flutrasen werden wohl erhalten bleiben. Das *Diantho-Armerietum* könnte sich wie in dem stark beweideten Bereich zwischen Haupttor und Ruheplatz in Klosterwalde Richtung *Dauco carotae-Arrhen-atheretum eleatoris* entwickeln. Gibson u.a.[44] gelangten zu dem Ergebnis, dass Begrasung von Grasland den Sukzessionsprozess aufhalten, Verbiss in Wäldern die Sukzession jedoch nicht verändern kann.

Hinsichtlich der Frage, inwiefern Pferdebegrasung zur Landschaftspflege geeignet ist, kann die Antwort insbesondere bei Ganzjahresbegrasung nur positiv ausfallen. Zu diesem Schluss kommen auch Van Deuseren u.a. in ihrer Untersuchung über Ganzjahresbegrasung im Lauwers-meer.[45] Die Auswertung der Fraßbilder zeigte jedoch, dass die Besatzdichte auch entscheidend ist. In Groß-Schöne-beck wäre diese beispielsweise zu niedrig. Miltner[46] gibt für Kleinpferde bei Beweidung und Winterfuttergewinnung auf eingesätem Wirtschaftsgrünland einen Flächenbedarf von 0,5 Hektar pro Tier an. Bei einer Ganzjahresbeweidung und anderer Vegetation sind aber höhere Werte zu veranschlagen, nicht zuletzt um die Geilstellenbildung einzuschränken, die, eigenen Beobachtungen zufolge, auch bei den Przewalski-Pferden auftreten, wenngleich nur an Ruheplätzen und viel betretenen Pfaden.

Ansonsten zeigen mehrere Beispiele, dass eine Kombination von Pferden und Rindern gute Lösungen bringt, da die Rinder in den Bereichen fressen, die die Pferde eher verschmähen und in den Bereichen mit sehr kurz verbissener Vegetation von den Pferden verdrängt werden, da sie hier mit ihrer Art der Nahrungsaufnahme nicht mehr zurechtkommen.[47]

Zu einer positiven Einschätzung der Möglichkeit des Einsatzes von Robustpferderassen in Landschaftsschutz und Landschaftspflege unter Berücksichtigung der richtigen Besatzzahlen kommt auch Lamm, der dies an verschiedenen Untersuchungsbeispielen erläutert.[48]

Zusammenfassung

Nach der Kartierung der Vegetation und der Auswertung von Fraßbildern und Aufenthaltsbeobachtungen sowie anderem Datenmaterial stellte sich heraus, dass das Fressverhalten der Przewalski-Pferde sich nicht grundlegend von dem anderer frei oder wild lebender Pferde unterscheidet.

Bevorzugt wurden im Wesentlichen, je nach Jahreszeit, Futterangebot, Besatzdichte und bestimmter verhaltensabhängiger Raumnutzung, das frischeste und besterreichbare Futter. Auch war der Hang zur Abwechslung zu erkennen. Die bevorzugten Pflanzengesellschaften waren, wenn vorhanden, im Allgemeinen Ausprägungen des Wirtschaftsgrünlandes und der Flutrasen sowie der Röhrichte und Großseggenrieder.

Gerade zur Ganzjahresbegrasung und insbesondere in Kombination mit Rindern scheinen robuste Pferderassen unter angemessenen Voraussetzungen gut geeignet.

198

Klaus Zeeb

Pferdehaltung unter Zukunftsgesichtspunkten

Das Pferd hat sich in seiner Entwicklungsgeschichte über einen Zeitraum von zirka 50 Millionen Jahren vom Fünfzeher zum Einhufer, vom laubäsenden, hundegroßen Waldtier zu einem Lauf- und Fluchttier der Steppe entwickelt. Die optimale Anpassung an seine natürliche Umwelt betrifft dabei nicht nur die körperlichen Merkmale, sondern auch das Verhalten. Alle Anforderungen des Pferdes an seine Umwelt sind in seiner Herkunft aus der offenen Steppe begründet: Das Zusammenleben im Herdenverband gewährte dem Einzeltier Schutz gegen Feinde. So finden Pferde auch heute nur in Gesellschaft von Artgenossen ausreichend Sicherheit und Ruhe. Zur notwendigen gegenseitigen Verständigung im Herdenverband entwickelte sich ein vielschichtiges Ausdrucksverhalten (Ohrstellung, Schweifhaltung, Körperhaltung et cetera).

Durch den kargen Pflanzenwuchs der Steppe in Verbindung mit der wählerischen Art der Futteraufnahme, wurden die Pferde zu ständiger Fortbewegung gezwungen. Unter diesen Bedingungen entwickelte sich ein hochspezialisierter Organismus, insbesondere das Kreislaufsystem, den Bewegungs-, Verdauungs- und Atmungsapparat betreffend.

Durch die Domestikation und die Züchtung verschiedener Rassen konnte ihr Aussehen zum Teil entscheidend verändert werden, doch ihr Verhalten unterscheidet sich kaum vom Verhalten ihrer wilden Vorfahren. Unter naturnahen Bedingungen bewegen sich Pferde im Sozialverband der Herde auch heute noch bis zu 16 Stunden täglich vor allem zur Futteraufnahme fort. Dabei überwiegt der entspannte Schritt. Es muss davon ausgegangen werden, dass auch das domestizierte Pferd einen seinen Vorfahren entsprechenden Bedarf an Bewegung, sozialem Kontakt, Licht und frischer Luft sowie über den Tag verteilter Darreichung von strukturiertem Futter hat.

Die derzeit relativ niedrige Lebenserwartung der Pferde und das gehäufte Auftreten von Erkrankungen des Bewegungsapparates (Lahmheiten), des Atmungsapparates (Dämpfigkeit) und des Verdauungsapparates (Koliken) müssen im Zusammenhang mit für das Pferd offensichtlich

ungeeigneten Umweltbedingungen gesehen werden. Neben dem häufig zu frühen oder unangemessenen Einsatz von Pferden im Sport sind in dieser Hinsicht vor allem die Haltungsbedingungen kritisch zu betrachten. Die überwiegende Anzahl der Pferde wird heute in Einzelboxen und darüber hinaus in geschlossenen Ställen gehalten. Bei diesen Pferden muss mit Auswirkungen auf den Organismus gerechnet werden.

Viele Erkenntnisse konnten aus den Verhaltensuntersuchungen des Autors in der Dülmener Wildbahn gezogen werden und fanden ihren Niederschlag in den Empfehlungen zum Tierschutz. Zum Beispiel flossen sie ein in die vom Deutschen Bundesministerium für Ernährung, Landwirtschaft und Forsten (BMELF) erstellten Leitlinien für den Tierschutz bei der Pferdehaltung und beim Pferdesport. Die von der Wildbahn auf die allgemeine Pferdehaltung übertragenen Grundsätze finden sich nachfolgend in Auszügen.

Bewegung

Pferde bewegen sich im Sozialverband zur Futteraufnahme bis zu 16 Stunden am Tag und legen dabei 6070 bis 10.800 Meter zurück. Unter modernen Haltungsbedingungen in der Einzelbox stehen die Pferde in der Regel 23 Stunden, sie

Tab. 1 Freie Fortbewegung von Pferden je Tag
(Klinger, L. 1988; Nicklas, S. 1983; Piotrowski, J. 1983; Rodewald, A. 1989; Widmann, U. 1990; Zeeb, K. 1981)

Haltungsart	Zeit (Stunden)	Anzahl (Schritte)	Strecke (m)	m/min	Schrittlänge (m)
Weide Camargue	24	7.588	6.070	4,2	0,8
Gruppenauslauf	24	2.250	1.800	1,25	0,8
Einzelbox*	24	600	177	0,12	0,3

*) Bewegungsform: seitlich 41%, drehend 45%, geradeaus 14%

nach Rogalski, M (1975)	Vollblüter auf einer bewirtschaftetem Weide	2.200 m/Tag
	Araber	3.500 m/Tag
nach Zervanos, S.M. und R. Keiper (1979)		
	Assateague-Ponies	10.800 m/Tag
	(naturnahe Umgebung auf der Insel Assategue)	

legen dabei am Tag nicht mehr als durchschnittlich 173 Meter zurück. Das Stehen führt zu ungenügender Durchblutung von Muskulatur und Gelenken. Die Muskulatur ist dadurch „kalt", die Gelenke sind nicht genügend „geschmiert". Durch das mangelnde Bewegungsangebot verlieren Sehnen, Bänder und Gelenke ihre Elastizität und sind vermehrt anfällig. Solche Pferde müssen langsam und ausreichend lange warmgeritten und „gelöst" werden, was jedoch häufig nicht geschieht. Die Folgen sind Verspannungen, akute und chronische Schäden an Muskulatur, Bändern, Gelenken und Knochen und können zu „Widersetzlichkeit" des Tieres führen. Bewegungsmangel behindert zudem die Selbstreinigungsmechanismen der Atemwege und beeinträchtigt den gesamten Stoffwechsel. Unter solchen Haltungsbedingungen ist es daher erforderlich, einen angemessenen Ausgleich für den Aktivitätsverlust zu schaffen. Neben ausreichender Bewegungsmöglichkeit im Haltungssystem ist regelmäßige und angemessene Arbeit nötig, deren Aufbau sinnvoll sein muss und die das Pferd nicht überfordert.

Für Einzelhaltung gilt, dass selbst ein kleiner Auslauf besser ist als gar keiner. Hinsichtlich der Bewegungsfreiheit, aber auch der Anregung zur Bewegung ist die Auslaufhaltung in Gruppen als artgerechteste Haltungsform zu bewerten.

Futteraufnahme

Weil in der Wildbahn Pferde zirka 16 Stunden mit der Futteraufnahme beschäftigt sind, ist der Verdauungsapparat so beschaffen, dass er auf kontinuierliche, mindestens aber

▲ *„Dülmener Wildpferde"*
im Merfelder Bruch bei
der Futteraufnahme,
der sie etwa 16 Stunden
täglich nachgehen

mehrmalige Futterzufuhr täglich angewiesen ist. Die Verabreichung von zu energiereichem und zu wenig strukturiertem Futter in oftmals nur zwei Rationen am Tag ist in doppelter Hinsicht für das Pferd problematisch:
1. Das Futter wird zu wenig gekaut und dadurch mit zu wenig Speichel gemischt. In Verbindung mit Bewegungsmangel und der daraus folgenden ungenügenden Darmtätigkeit muss mit Koliken verschiedenster Ausprägung gerechnet werden.
2. Die Zeit der täglichen Futteraufnahme ist stark vermindert, so dass es zu einem Beschäftigungsmangel kommt, aus dem sich Verhaltensstörungen entwickeln können.

Zur artgemäßen Ernährung des Pferdes gehört ein ausreichender Anteil an strukturiertem Futter. Die Futteraufnahme dient nicht nur der Ernährung, sondern auch der Beschäftigung. Die Fütterungseinrichtung muss eine entspannte Haltung bei der Futteraufnahme ermöglichen. Futterzusammensetzung und Futtermenge müssen dem Erhaltungs- und Leistungsbedarf des Einzeltieres entsprechen.

Atmungsapparat

In der Wildbahn sind Pferde ganzjährig den wechselnden Witterungsbedingungen ausgesetzt. Bei entsprechender Konditionierung können sie große Temperaturschwankungen ertragen. Eine gleichmäßige Stalltemperatur ist schlecht, weil sie den Organismus nicht zum Training der thermoregulatorischen Mechanismen anregt. Eine solche Stimulierung wird nur erreicht, wenn die Stalltemperatur der Außentemperatur ganzjährig gemäßigt folgt.

Der Atmungsapparat der Pferde ist besonders anfällig gegen Staub und Schadgase aus der Stallluft. Sie dringen in die Atemwege ein und schädigen die Schleimhäute. Die notwendige Selbstreinigung der Atemwege findet nicht statt, da hierfür Bewegung an der frischen Luft und Durchblutung der Schleimhäute wesentliche Voraussetzungen wären. Die oft feststellbaren Bronchien- und Lungenerkrankungen sind die Folge. Deshalb müssen im Stall ausreichende Frischluftversorgung und angemessene Luftzirkulation sichergestellt sein. Dies wird durch geeignete Lüftungssysteme, Pflege der Einstreu und Vorlage staubarmen Futters erreicht.

Es ist außerdem wichtig, dass die Ställe ausreichend mit Licht entsprechender spektraler Qualität versorgt werden, um Widerstandskraft, Leistungsfähigkeit und Fruchtbarkeit positiv zu beeinflussen.

Sozialkontakte

Pferde sind Herdentiere. Die Herde ist für wild lebende Pferde überlebenswichtig, sie bietet Schutz vor Feinden. Für das Zusammenleben jedweder Rasse ist eine klare Rangordnung mit strengen Regeln unabdingbar. Werden die Anforderungen, die sie als soziale Lebewesen stellen, nicht berücksichtigt, so können Probleme im Umgang mit ihnen und sogar Verhaltensstörungen entstehen. Die Haltung eines einzelnen Pferdes ohne soziale Partner ist nicht artgemäß. Infolge der reizarmen Umwelt und der nicht auslebbaren Bedürfnisse des Herdentieres Pferd werden die Sinnesorgane und das zentrale Nervensystem nicht genügend gefordert, was zu Apathie, Abstumpfung oder ande-

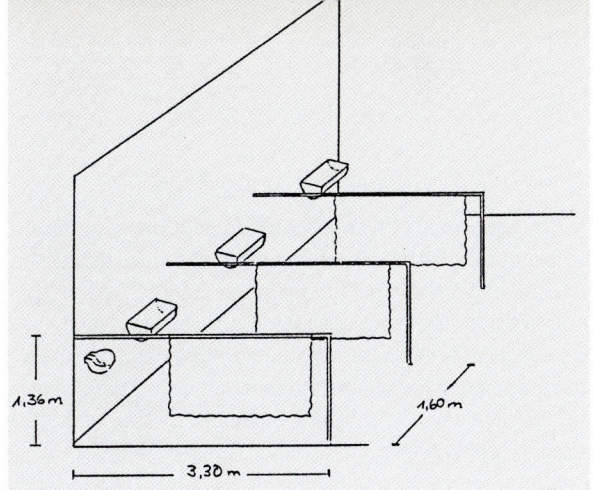

Ständer-Haltung
- kein Bewegungsraum
- meist ungenügende Lüftung, zu wenig Licht
- stark eingeschränkte oder gar keine Sozialkontakte
- wenig Beschäftigung, möglicherweise nur mit Futter und Einstreu

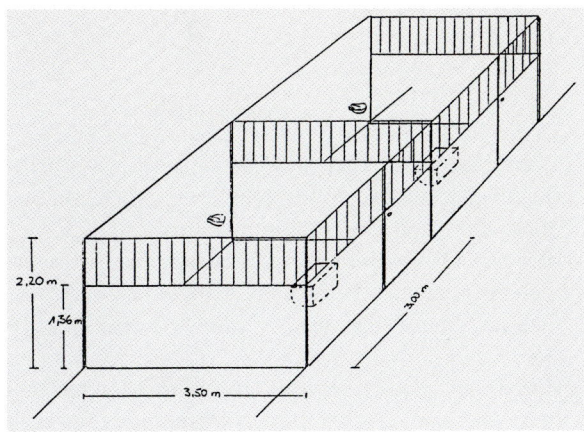

Einzelboxen-Haltung
- zu kleiner Bewegungsraum
- meist ungenügende Lüftung, zu wenig Licht
- mangelnde Sozialkontakte
- wenig Beschäftigung, möglicherweise nur mit Futter und Einstreu

ren Verhaltensproblemen führen kann, wie zum Beispiel Weben, Koppen, Boxenschlagen oder Barrenwetzen.

Je geringer die Kontaktmöglichkeiten zu Artgenossen oder anderen Tieren sind, desto stärker ist das Pferd auf den Menschen als sozialen Partner angewiesen; er kann aber niemals den Artgenossen als Sozialpartner ersetzen. Die Kontaktmöglichkeiten zu Artgenossen sind so frei zu gestalten, wie es Haltungszweck und Qualifikation des Betreuers erlauben. Bei Einzelaufstallung ist zumindest der Hör-, Sicht-, und Geruchskontakt zwischen den Tieren sicherzustellen. Darüber hinaus sollen Pferde, die als Fluchttiere nur durch stetige Wachsamkeit und Kontrolle der Umgebung überleben konnten, am Geschehen im Haltungsumfeld angemessen teilhaben können.

Haltungssysteme im Vergleich

Zur Verantwortung des Menschen gegenüber dem Mitgeschöpf Pferd gehört die artgemäße und verhaltensgerechte Gestaltung seines Umfeldes. Das Haltungssystem soll den Pferden daher maximale Sicherheit, Möglichkeiten zu gegenseitigen Kontakten, Erlebnisvielfalt, ausreichenden Bewegungsraum und -anreiz sowie Licht und frische Luft bieten. Zur pferdegerechten Haltung tragen entscheidend auch der gute Pfleger und der verständnisvolle Hufschmied bei.

Außer den beispielhaft angeführten Haltungssystemen gibt es selbstverständlich noch weitere Varianten wie eine Außenbox ohne Auslauf oder eine Außenbox mit Auslauf.

Die Gruppenauslaufhaltung sei im Folgenden etwas ausführlicher vorgestellt: Bei der Unterbringung von Pferden in Gruppenauslaufhaltung können die oben genannten Unzulänglichkeiten sowohl für die Pferde als auch für den Halter oder Nutzer befriedigend beseitigt werden. Vorteile dieser Haltungsart sind zum Beispiel:

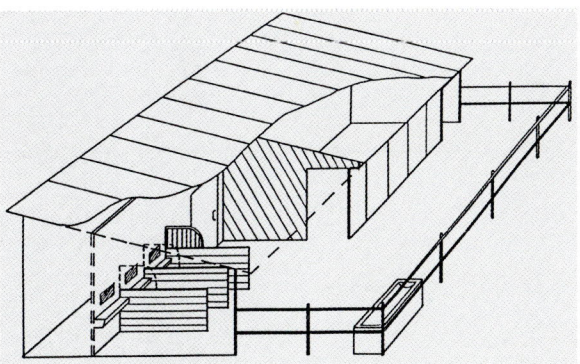

Gruppenauslauf-Haltung für drei Pferde
- ständige Bewegungsmöglichkeit
- Dauerangebot an Frischluft und Licht
- Sozialkontakte und Sozialdistanz gesichert
- viel Beschäftigung mit Artgenossen und Umweltreizen

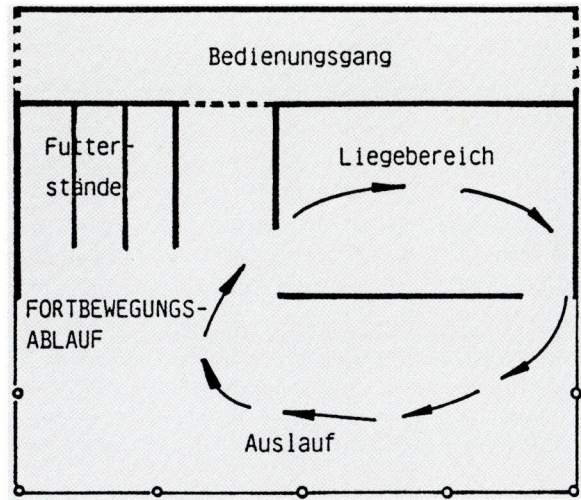

Raum- und Funktionsprogramm
bei der Gruppenauslauf-Haltung von drei Pferden

- Die Pferde sind auf Grund der verhaltensgerechten Unterbringung gesünder, ausgeglichener im Wesen und dennoch in der Regel leicht verfügbar und leistungsbereit
- Der gesamte Organismus wird ständig in „Betriebstemperatur" gehalten, so dass von den Pferden auch verkürztes Warmreiten eher schadlos ertragen werden kann
- Das Thermoregulationssystem wird mit dem Wechsel der Außentemperaturen ständig trainiert, so dass auch bei zeitweilig ungünstigen klimatischen Bedingungen die Gefahr der Erkrankung erheblich verringert ist
- Auch das Sozialverhalten und die Sinnesorgane werden ständig trainiert, so dass es bei der Begegnung mit fremden Pferden oder Situationen weniger zu überschießenden und für alle Beteiligten gefährlichen Reaktionen kommt

- Darüber hinaus sind die Kosten für den Bau einer Gruppenauslaufhaltung gegenüber einem geschlossenen Stall in der Regel geringer, unter anderem, weil kostenintensive Klimatisierungsvorrichtungen wegfallen.

Bis auf wenige Ausnahmen können Pferde fast aller Nutzungsarten und Rassen und unabhängig vom Geschlecht in der Gruppenauslaufhaltung gemeinsam untergebracht werden. Werden bestimmte Voraussetzungen für die Einrichtung einer Gruppenauslaufhaltung berücksichtigt, kommt diese Haltungsform der Natur des Pferdes am nächsten.

Die räumliche Trennung von Fress-, Liege- und Laufbereich ist eine wesentliche Voraussetzung für die Funktionssicherheit dieser Haltungsform. Sie fördert die ständige arttypische Bewegung der Pferde, indem sie gezwungen werden, sich fortzubewegen, um an das Futter zu gelangen, zu trinken oder zu ruhen. Auch die sozialen Aktivitäten fördern die Fortbewegung. Andererseits wird durch die räumliche Trennung vermieden, dass ranghohe Tiere Futterstellen, Tränken oder andere attraktive Plätze blockieren. Auch können rangniedere Tiere dem sozialen Druck ausweichen, der von ranghohen ausgeht.

Den in Gruppenhaltung untergebrachten Pferden ist ein witterungsgeschützter Liegereich anzubieten, der eingestreut sein muss, um den Pferden ungehindertes Ruhen auf einer trockenen, sauberen und zugfreien Fläche zu ermöglichen. Da in größeren Beständen nie alle Pferde gleichzeitig liegen und die einzelnen Pferde eher soziale Partner finden, mit denen sie besonders gut harmonieren, hängt die Dimensionierung des Liegebereichs von der Bestandsgröße ab. Grundsätzlich gilt: je größer der Bestand, desto kleiner der Flächenbedarf pro Pferd. Dabei spielt allerdings eine Rolle, ob die Gruppe gut integriert ist, das heißt ob die Pferde gut zueinander passen und sich vertragen. Auch ist zu berücksichtigen, dass die Anordnung und Gestaltung der Anlage für die Pferde verhaltensgerecht ist. Es ist wichtig, dass es zwei Zugänge zum Liegebereich gibt beziehungsweise der Zugang so breit ist, dass kein ranghohes Tier diesen blockieren kann. Auch Sackgassen müssen vermieden werden.

Der Laufbereich muss vom Liegebereich aus unmittelbar zugänglich sein. Er muss so groß bemessen sein, dass die Pferde bei sozialen Auseinandersetzungen voreinander ausweichen können und soll mindestens die doppelte Fläche des Liegebereichs aufweisen. Dabei ist von Vorteil, wenn ein Teil des Auslaufs überdacht ist, da er unter anderem auch eine Pufferzone für rangniedere Pferde darstellt.

Der Fressbereich soll von den Liegeflächen getrennt angeordnet sein. Bei der Fütterung und Futterzuteilung darf die Rangordnung in der Gruppe keine Auswirkungen haben. Deshalb ist – unabhängig von der Art der Fütterungseinrichtung – für jedes Pferd ein Futterplatz bereitzustellen,

▼ *Arbeits- und Verhaltensgesichtspunkte bei der Fütterung, im Vergleich*

FÜTTERUNG IM VERGLEICH	ZEIT FÜR BESCHICKUNG EINES FRESS-PLATZES	ARBEITS-WEG JE PFERD	Ø WARTE-ZEIT AUF FUTTER	ANTEIL UNRUHI-GER PFERDE
ANBINDESTALL	15,8 SEC	13.2 M	209 SEC	28.6 %
EINZELBOX FUTTER INNEN	19.8 SEC	13.6 M	272 SEC	38.1 %
EINZELBOX FUTTERLUKE	5.8 SEC	6.2 M	140 SEC	14.0 %
GRUPPENSTALL STANGEN-FRESSGITTER	5.2 SEC	1.0 M	110 SEC	47.7 %

NACH G. BOK 1985

◀ Die räumliche Tren-
nung nach Fress-, Liege-
und Laufbereich fördert
die ständige arttypische
Bewegung der Pferde

◀ Der Fressbereich.
Für jedes Pferd muss ein
Futterplatz bereit gestellt
werden, um die individu-
elle, gleichzeitige Futteraufnahme zu ermögli-
chen

Nutzungsart	geeignete Haltungssysteme			
	Einzelboxen	Gruppenauslaufhaltung	Einraum-Gruppenlaufstall	Weide mit Witterungsschutz
Zucht Stuten mit Fohlen	geeignet, Auslauf und Weide Bedingung	geeignet, Weide Bedingung	geeignet, Auslauf und Weide Bedingung	geeignet
Stuten ohne Fohlen	geeignet, Auslauf und Weide Bedingung	geeignet, Weide Bedingung	geeignet, Auslauf und Weide Bedingung	geeignet
Jährlinge/Jungpferde	–	geeignet, Weide Bedingung	geeignet, Auslauf und Weide Bedingung	geeignet
adulte Hengste	geeignet, zusätzliche ausreichende Bewegung Bedingung	geeignet, je nach Aufzuchtbedingung und Rasse	bedingt geeignet, je nach Aufzuchtbedin-gung und Rasse	geeignet, je nach Aufzuchtbedingung und Rasse
Verkaufsstall/ Ausstellungsstall	geeignet	–	–	–
Reitstall/Fahrstall	geeignet mit angeschlossenem Auslauf	geeignet bei wenig Wechsel der Pferde	–	geeignet bei wenig Wechsel der Pferde
Rennstall	geeignet, Auslauf wird empfohlen	geeignet bei wenig Wechsel der Pferde	–	–
Pensionspferdehaltung	geeignet bei häufigem Wechsel der Pferde, Auslauf oder Weide Bedingung	geeignet bei wenig Wechsel der Pferde, Weidegang wird empfohlen	–	geeignet je nach Art des Reitbetriebes, bei wenig Wechsel der Pferde
Arbeitspferde	geeignet, Auslauf bzw. Weidegang wird empfohlen	geeignet	–	geeignet
Zoo/Freigehege	geeignet, Auslauf Bedingung	geeignet	–	geeignet
Zirkus	geeignet, im Heimat-/Winterquartier Auslauf Bedingung	geeignet	–	im Heimat-./Winterquartier geeignet
Schaustellung**)	geeignet, im Heimat-/Winterquartier Auslauf Bedingung	geeignet	–	im Heimat-./Winterquartier geeignet

**) Für kurzzeitig Unterbringung ist eine Ständer-Haltung möglich

▲ *BML-Leitlinien zur Beurteilung von Pferdehaltung nach Tierschutzgesichtspunkten, 1995*

der die individuelle, gleichzeitige Futteraufnahme gewährleistet. Die Zahl der Fressplätze muss also der Zahl der untergebrachten Pferde entsprechen.

Zwei Alternativen bestehen für die Fütterung: Entweder man bindet die Pferde an oder man bietet ihnen getrennte Fressstände an. Bei Fressständen sollen die Seitenwände gegenüber dem Nachbarn Schutz bieten, müssen aber durchbrochen sein, um den Pferden freie Sicht zum Erkunden der Umgebung zu gewähren, ohne dafür den Fressstand verlassen zu müssen. Jeder Betrieb mit Gruppenauslaufhaltung muss auch über Vereinzelungsmöglichkeiten verfügen, um die Integration von Neuzugängen schonend durchführen zu können, aber auch um notfalls unverträgliche Pferde unterbringen zu können. Es muss besonders darauf hingewiesen werden, dass die Gruppenauslaufhaltung zwar den Bedürfnissen der Pferde am besten entgegenkommt, aber nur wenn die Voraussetzungen stim-

men. Dabei besteht die besondere Schwierigkeit darin, fremde Pferde in bestehende Gruppen einzugliedern. Mindestens zwei Einzelboxen sollten zur Verfügung stehen.

Der Übersicht halber sei noch auf eine Tabelle verwiesen, die zeigt, dass besondere Sorgfalt darauf aufgewendet werden muss, Nutzungsart und Haltungssystem aufeinander abzustimmen.

Fazit

Kaum jemand kann seine Pferde so halten wie es der Herzog von Croy mit seinen „Dülmener Wildpferden" macht. Die Optimierung der Haltungsbedingungen in der oben genannten Art trägt jedoch ganz wesentlich zur Verbesserung des Wohlbefindens der Pferde bei. Außerdem können dadurch unerwünschtes Verhalten, Verhaltens- und Entwicklungsstörungen sowie Erkrankungen vermieden werden.

Agnes Sternschulte

Die Sennerzucht im Westfälischen Freilichtmuseum Detmold

Mit dem Ankauf der beiden Sennerstuten Nadine und Dorinah im November 2001 ging der lang gehegte Wunsch des Westfälischen Freilichtmuseums Detmold, auch aktiv in die Zucht einzusteigen, in Erfüllung. Die Gefährdung der landschaftstypischen Rasse, inzwischen auch durch viele Fachverbände anerkannt, war und ist extrem, ganze 36 Pferde gibt es noch. Umso wichtiger ist es, die Zuchtgrundlage auf eine möglichst breite Basis zu stellen – dieser Verpflichtung konnte und wollte sich das Westfälische Freilichtmuseum nicht länger verschließen. Bereits seit 1978 waren die Pferde im Sommer ständige und gern gesehene Gäste, die dafür gesorgt haben, die Senner wieder ins Bewusstsein der interessierten Besucherschaft zu bringen. Am Beispiel von Nadine und Dorinah wird eine weitere Besonderheit der

Rasse deutlich: Abgesehen von der sehr frühen ersten schriftlichen Erwähnung des Gestüts (1160), beginnen auch die Zuchtaufzeichnungen sehr früh. Bereits zwischen

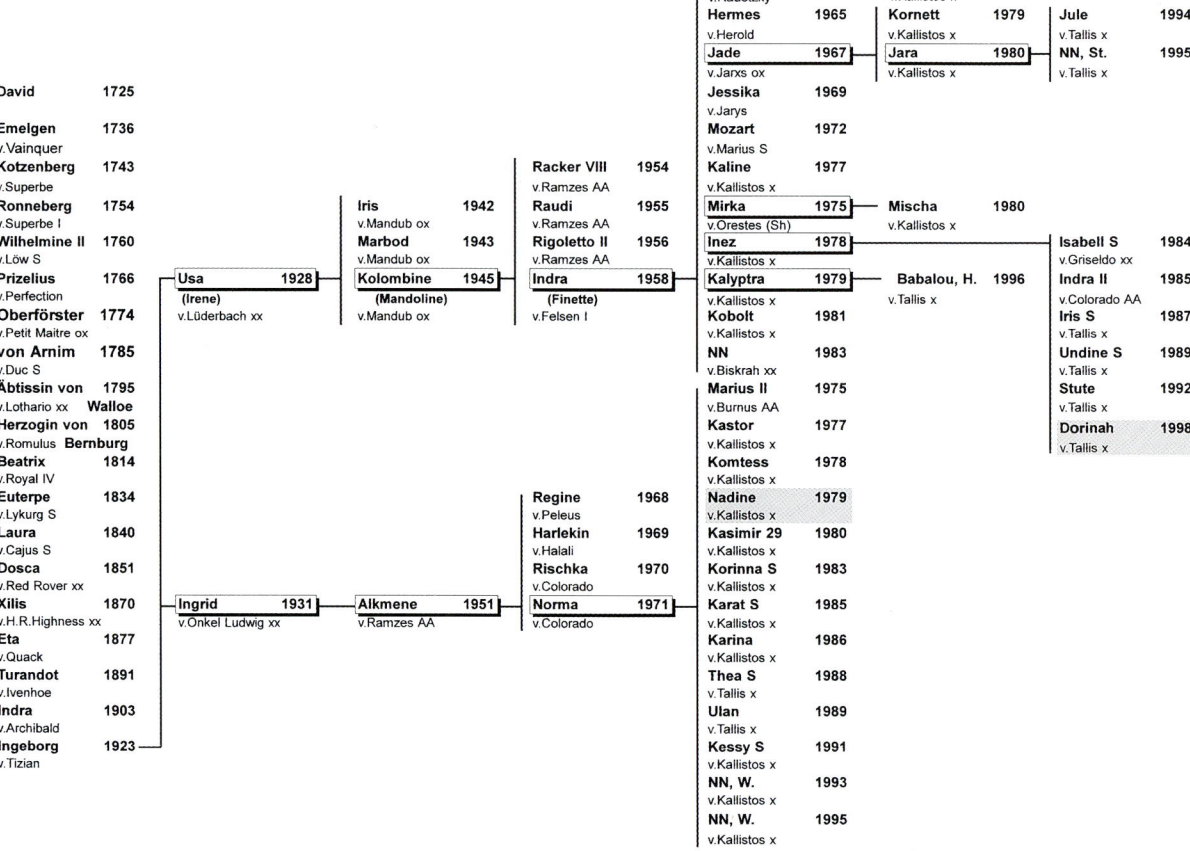

							Rhapsodie	1963	Kartusch 4	1987		
							v.Radetzky		v.Kallistos x			
							Hermes	1965	Kornett	1979	Jule	1994
							v.Herold		v.Tallis x		v.Tallis x	
							Jade	1967	Jara	1980	NN, St.	1995
							v.Jarxs ox		v.Kallistos x		v.Tallis x	
David	1725							Jessika	1969			
							v.Jarys					
Emelgen	1736							Mozart	1972			
v.Vainquer								v.Marius S				
Kotzenberg	1743					Racker VIII	1954	Kaline	1977			
v.Superbe						v.Ramzes AA		v.Kallistos x				
Ronneberg	1754			Iris	1942	Raudi	1955	Mirka	1975	Mischa	1980	
v.Superbe I				v.Mandub ox		v.Ramzes AA		v.Orestes (Sh)		v.Kallistos x		
Wilhelmine II	1760			Marbod	1943	Rigoletto II	1956	Inez	1978			Isabell S	1984
v.Löw S				v.Mandub ox		v.Ramzes AA		v.Kallistos x			v.Griseldo xx	
Prizelius	1766	Usa	1928	Kolombine	1945	Indra	1958	Kalyptra	1979	Babalou, H.	1996	Indra II	1985
v.Perfection		(Irene)		(Mandoline)		(Finette)		v.Kallistos x		v.Tallis x		v.Colorado AA	
Oberförster	1774	v.Lüderbach xx		v.Mandub ox		v.Felsen I		Kobolt	1981			Iris S	1987
v.Petit Maitre ox								v.Kallistos x			v.Tallis x	
von Arnim	1785							NN	1983			Undine S	1989
v.Duc S								v.Biskrah xx			v.Tallis x	
Äbtissin von	1795							Marius II	1975			Stute	1992
v.Lothario xx **Walloe**								v.Burnus AA			v.Tallis x	
Herzogin von	1805							Kastor	1977			Dorinah	1998
v.Romulus **Bernburg**								v.Kallistos x			v.Tallis x	
Beatrix	1814							Komtess	1978				
v.Royal IV								v.Kallistos x				
Euterpe	1834					Regine	1968	Nadine	1979				
v.Lykurg S						v.Peleus							
Laura	1840					Harlekin	1969	Kasimir 29	1980				
v.Cajus S						v.Halali		v.Kallistos x					
Dosca	1851					Rischka	1970	Korinna S	1983				
v.Red Rover xx						v.Colorado		v.Kallistos x					
Xilis	1870	Ingrid	1931	Alkmene	1951	Norma	1971	Karat S	1985				
v.H.R.Highness xx		v.Onkel Ludwig xx		v.Ramzes AA		v.Colorado							
Eta	1877							Karina	1986				
v.Quack								v.Kallistos x					
Turandot	1891							Thea S	1988				
v.Ivenhoe								v.Tallis x					
Indra	1903							Ulan	1989				
v.Archibald								v.Tallis x					
Ingeborg	1923							Kessy S	1991				
v.Tizian								v.Kallistos x					
								NN, W.	1993				
								v.Kallistos x					
								NN, W.	1995				
								v.Kallistos x					

► *Onkel Ludwig,
geb. 1919 v. Slieve Gallion
a.d. Varasfeny xx
Aquarell von K. Volkers,
1929*

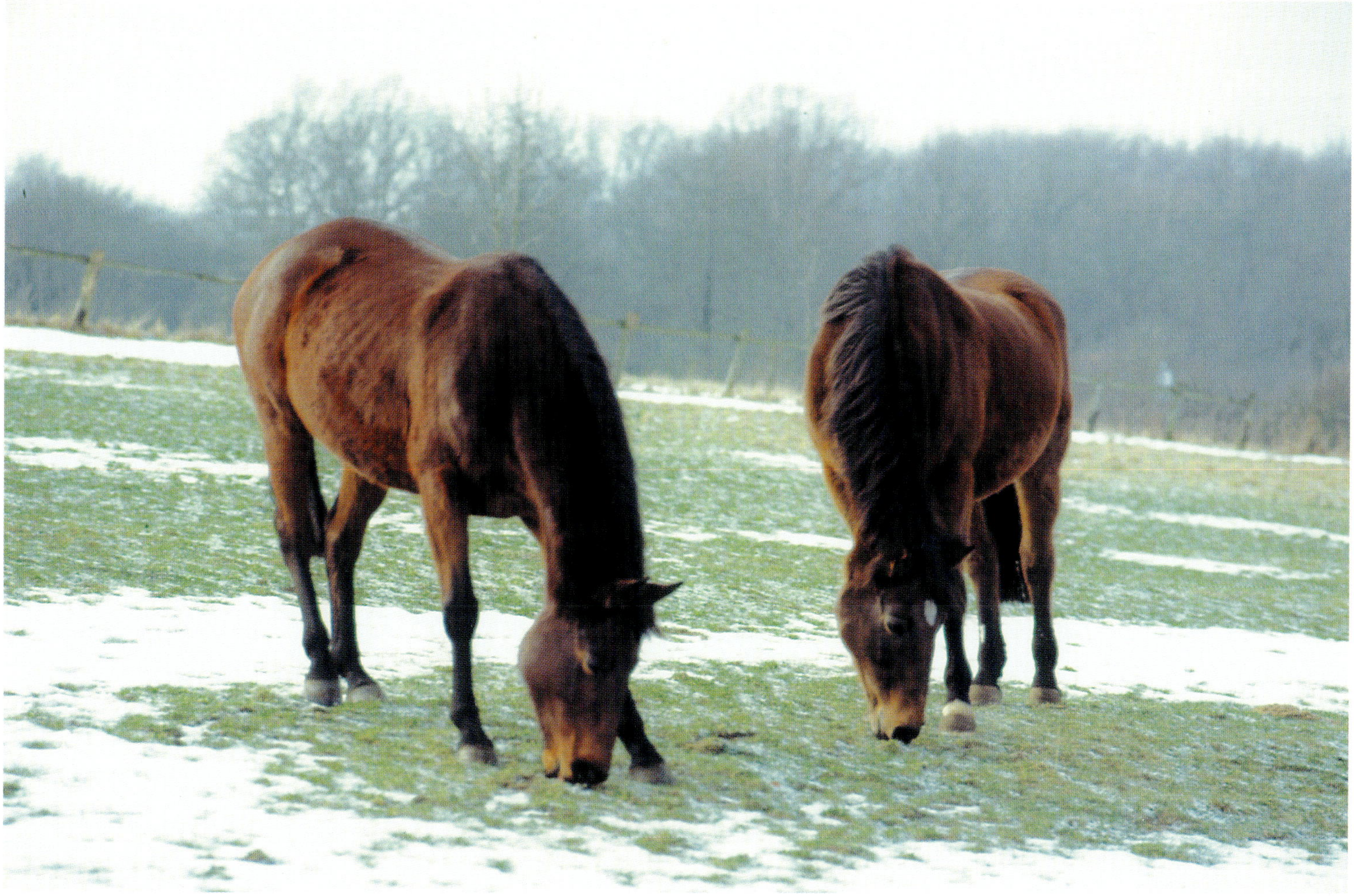

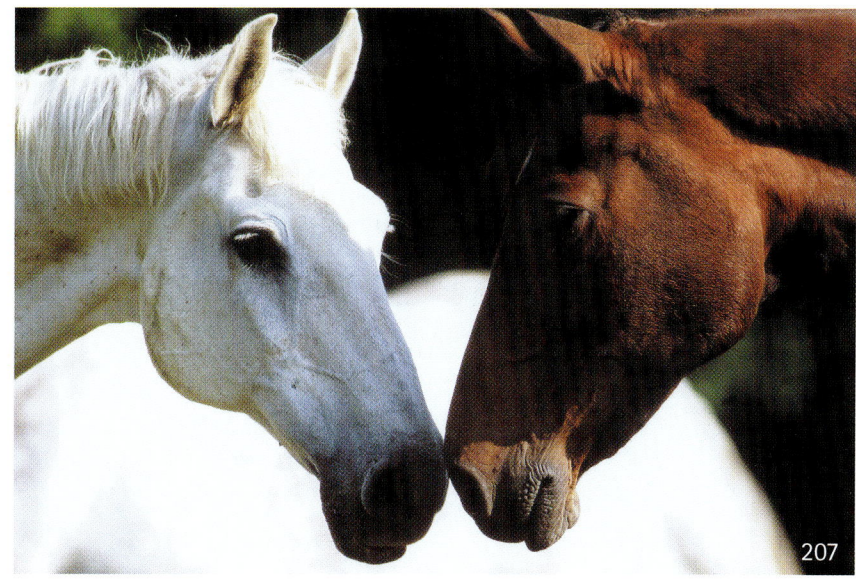

1713 und 1850 werden die Sennergestütsregister geführt, ab 1851 ein detailliertes Mutterstutenregister, so dass alle heute lebenden Senner lückenlos bis zu dieser Zeit zurückverfolgt werden können.[1] Zum Vergleich: Das berühmte „General Stud Book", das Stutbuch der Araber, erschien 1793 zum ersten Mal in England.[2]

Leider existieren von den vier berühmten Stutenlinien David, Dohna, Stallmeister und Exterde nur noch Nachkommen von David. Im Pedigree von Nadine tauchen so berühmte Hengst wie Lothario, der als erster Anglo-Araber-Hengst in der Sennerzucht eingesetzt wurde, oder Onkel Ludwig xx, ein Deckhengst aus dem Vollblutgestüt Ravensberg,[3] auf. Dorinah ist die Enkelin von Indra (aus der Zucht von Frau Lüpke, Lemgo) beziehungsweise die Urenkelin von Kolumbine, die kurz vor der Plünderung und Brandschatzung des Jagdschlosses Lopshorn am 21. April 1945 geboren wurde. Kolumbine wiederum ist eine Tochter von Mandub ox, einem Vollblutaraber, der zunächst als Deckhengst im Landgestüt Osnabrück eingesetzt worden war und 1942 in den Besitz von Frau Immink überging.

Ein Blick in die Zukunft ist natürlich immer gewagt, aber würde Nadine ein gesundes Stutfohlen zur Welt bringen ... – ein weiterer kleiner Schritt in eine hoffnungsvolle sennerreiche Zukunft wäre getan.

▲ *Die Sennerzuchtstuten des Westfälischen Freilichtmuseums Detmold, Dorinah und Nadine, im Januar 2002*

▼ *Mutter und Tochter, die Sennerstuten Norma und Nadine*

Karl-Ludwig Lackner

Vollständige Liste aller in den letzten 5 Jahren zur Zucht benutzten Sennerstuten

	Name	Lebensnummer	Geburtsjahr	Farbe	Vater	Mutter	Züchter
1	Inez	410368078	1978	Braun	Kallistos x	Indra	Lackner
2	Nadine	410085179	1979	Braun	Kallistos x	Norma	Lackner
3	Kalyptra	410357579	1979	Braun	Kallistos x	Indra	Lackner
4	Jara	410365080	1980	Braun	Kallistos x	Jade	Lackner
5	Korinna	410352783	1983	Schimmel	Kallistos x	Norma	Lackner
6	Isabell S	410572284	1984	Braun	Griseldo xx	Inez	Lackner
7	Karina	410285486	1986	Schimmel	Kallistos x	Norma	Lackner
8	Iris S	410823687	1987	Braun	Tallis x	Inez	Lackner
9	Thea S	410817588	1988	Fuchs	Tallis x	Norma	Lackner
10	Undine S	410274289	1989	Braun	Tallis x	Inez	Lackner
11	Kessy S	410574391	1991	Schimmel	Kallistos x	Norma	Lackner
12	Xilis	410910292	1992	Braun	Tallis x	Inez	Lackner
13	Jana	411827995	1995	Braun	Tallis x	Jara	Lödige

Mathias Vogt

Die gefährdeten
Arenberg-Nordkirchener

Liste der zur Zucht benutzten Pferde

Seit 1998 waren folgende Hengste und Stuten im Zuchteinsatz.

Hengste:

Peter,	geb. 1966,	Fuchs,	v. Bubi a.d. Petrinchen v. Wildbahnhengst ANK
Nantano,	geb. 1975,	dunkelbraun,	v. Nante I a.d. Komtesse v. Kristallo
Nansen,	geb. 1976,	dunkelbraun,	v. Nalet a.d. Candra v. Bubi
Nachtflug,	geb. 1978,	dunkelbraun,	v. Nabob a.d. Dornröschen v. Atair
Nordlicht,	geb. 1981,	braun,	v. Nantano a.d. Haira v. Guido

Stuten:

Sabinchen,	geb. 1976,	Schimmel,	v. Saki a.d. Tini v. Atair
Fee,	geb. 1976,	graufalb,	v. Nabob a.d. Anni v. Atair
Rebecka,	geb. 1978,	braun,	v. Rustem Pasha a.d. Nancy v. Nelusko
Drossel,	geb. 1980,	dunkelbraun,	v. Simsalabim a.d. Dornröschen v. Inselritter
Sarina,	geb. 1983,	hellbraunfalb,	v. Smaragd a.d. Sabinchen v. Saki
Roxette,	geb. 1989,	braun,	v. Rubin a.d. Kora v. Korvin

Anmerkungen

Anmerkungen zu:
Cordula Marx
Die Wildbahngestüte Westfalens ...

1 Roth von Schreckenstein 1851, S. 5.

2 Kleinsorge 1923, S. [3].

3 Devens 1898. Siehe z.B. Herzog Croysches Archiv, 312-4; FA Schloss Detmold Nr. 5652.

4 Roth von Schreckenstein 1851, S. 29.

5 Kleinsorge 1902, S. 9; Böing 1911, S. 7-8; Lintel 1908, S. 5; Sagebiehl 1988, S. 149.

6 Rau 1911, S. 81.

7 Stoffregen-Büller 1995, S. 10-12.

8 Mohr 1959; Volf 1996.

9 Nissen 1997, Bd. 1, S. 44; Volf 1996, S. 134-141.

10 Rau 1911, S. 81.

11 Dorminger, Cäsar, 1966, Lib. IV, 2, S. 146-147; Fehrle, Tacitus, 1939, S. 9, 15; z.B. Schäfer 1929, S. 61.

12 Lampe 1977, S. 24-32 u. S. 40-45; Kapitzke 1973, S. 24; Devens 1898, S. 21: „Es ist nicht anders: die Wildpferde stammen von den einst in den Rheingegenden heimischen wilden Pferden ab, die der Mensch sich erst allmählich dienstbar machte."; Arcularius 1921, S. 158.

13 Rothert 1949, S. 331 u. S. 434-435; Hehn 1911, S. 21-25; Seibertz Urk. Buch II, Nr. 824, Landfrieden von 1371: „ouch sullen alle wilde pferde veylich [befriedet] seyn."

14 Lampe 1977, S. 17; Kapitzke 1973, S. 24; Bölsche 1921, S. 109; Devens 1898, S. 21.

15 Nissen 1997, Bd. 1, S. 38.

16 Zeeb 1998, S. 10-11.

17 Kapitzke 1999, S. 10, S. 271 u. S. 335; Zeeb 1998, S. 13; Volf 1996, S. 21-27; Mohr 1959, S. 21-42.

18 StA Dt., L 99 B Fach 25 Nr. 1. Bei der an den Prinzen Alexander von Croy verkauften Stute v. Vortex a. d. Inez, geb. 18.1.1865, wird ein Aalstrich vermerkt. www.senner.de (Stand Dezember 2001); Nissen 1997, Bd. 1, S. 157; Zeeb 1998, S. 13; Prof. Antonius urteilt in seinem Gutachten von 1943 (Privatbesitz Karl-Ludwig Lackner), die Senner seien zweifellos auf dem Blut des kleinen tarpanblütigen germanischen Hauspferds aufgebaut.

19 Zehenter 1770, S. 82.

20 Ersch u.a. 1856, Sektion A-G, Encyklopädie, S. 419.

21 Ebd.; Zedler 1741, S. 1382: Es wird nur zwischen wilden und zahmen Gestüten unterschieden; Wolsteins 1786, S. 31: „Wilde Gestüte bestehen aus einer großen oder kleinen Herde Stuten, Hengste und Füllen, die einen Platz bewohnen, auf welchem sie Tag und Nacht, Sommer und Winter sich selbst überlassen bleiben." Wieries 1922, S. 39-42.

22 Wieries 1922, S. 41, Wolsteins 1786, S. 70.

23 Ernst 1956, S. 45; Ammon 1829, S. 360: „Es [das Sennergestüt] war früher ein halbwildes Gestüte, gegenwärtig aber verdient es diesen Namen nicht mehr ganz (...)."

24 Lampe 1977, S. 47.

25 Devens 1898, S. 18; Kurowski 1993, S. 149.

26 Devens 1928, S. 81.

27 Devens steht zudem in verwandtschaftlicher Beziehung zu dem Züchter, der als letzter seine Emscherbrücher versteigert. Devens 1928, S. 81.

28 StA Münster, A 186 Vest Recklinghausen 924; Devens 1898, S. 19.

29 Devens 1898, S. 23.

30 StA Recklinghausen, H.A.A. (Herzögl. Arenbergisches Archiv), VI Fach 164 Nr. 4.

31 In der Abschrift des Berichts des Polizeibeamten Brack [?] an die herzogliche Regierung vom 13.8.1808 über den Verfall des Gestüts wird kritisiert, diese Pferde seien nach und nach zur Höhe von 11 bis 12 Faust gesunken.

32 StA Recklinghausen, H.A.A., VI Fach 164 Nr. 4; Devens 1898, S. 20; Kreuz u.a. 1931, S. 10.

33 Der Dortmunder Tierarzt Bombach, der selbst noch Emscherbrücher ritt, konnte die Emscherbrücher Devens noch so detailliert beschreiben. Devens 1898, S. 20.

34 StA Recklinghausen, H.A.A., VI Fach 164 Nr. 4; StA Münster, A 186 Vest Recklinghausen 924; Wenn nicht anders vermerkt, stammen die folgenden Zitate aus diesen Quellen.

35 Devens 1898, S. 20-21.

36 StA Recklinghausen, H.A.A., VI, Fach 164 Nr. 4.

37 Ebd.

38 Vgl. die unter Anm. 34 angegebenen Quellen sowie StA Recklinghausen, H.A.A., IL Fach 76 Nr. 103 u. Spürk 1980, S. 136:

Hochlaer Mark	87 Stuten
Hertener Mark	151 Stuten
Resser Mark	200 Stuten
Recklinghäuser Mark*	380 Stuten
Berger Mark	80 Stuten
Horster Mark	80 Stuten
Welheimer Mark	150 Stuten
Osterfelder Mark	50 Stuten
	1.158 Stuten

(mit 1- bis 3-jährigen zirka 3.000 Pferde)
* In der Recklinghäuser Mark wurden 1785 900 Pferde gezählt, 1808 geht man von einer Zahl unter 100 aus.

39 Devens zählt alle berechtigten Güter z.T. mit ihren aufeinanderfolgenden Besitzern auf. Devens 1889, S. 22.

40 Krus-Bonazza 1992; Turkowski 1969.

41 Devens 1898, S. 23-24; Der Name Pferdeställer hat sich lange als Familien- und Flurname gehalten. Dorider 1924, S. 79.

42 Spürk 1980, S. 136: 1800 musste die Resser Mark 163 Treiber stellen, davon fehlten 21.

43 Bei der Einzeljagd benutzte man in seltenen Fällen auch Fanggruben oder Umzäunungen aus Flechtwerk.

44 Devens zitiert viele zufriedene Besitzer von Emscherbrüchern und ihre Urteile über deren Qualitäten. Devens 1898, S. 25-26.

45 StA Recklinghausen, H.A.A., VI Fach 164 Nr. 4.

46 Devens 1898, S. 28; eine Verfügung an den Grafen von Westerholt beweist, dass die Machthaber das Dekret einsetzen wollen, um die Markengenossen zu zwingen, ihre Pferde aus den Waldungen zu holen.

47 Roth von Schreckenstein 1851, S. 29.

48 Martell 1915, S. 169.

49 Archiv Schloss Heltorf, Q 3, 22.

50 Duisburger-, Speldorfer-, Saarner-, Lintorfer-, Huckinger-, Grinds-, Heltorfer-, Überanger-, Forstbuscher-, Ratinger- und Eggerscheider-Gemarke und der Domanialwald Hinkesforst. Die Laupendahler Gemark wird 1763 vom Gestüt getrennt, die Herrschaft Broich folgt zu Beginn des 19. Jahrhunderts. Ferber 1892, S. 71-72 u. S. 78-79.

51 Bis zum Ende der Wildbahn werden die Stifte Kaiserswerth und Saarn und die Rittergüter Heltorf, Broich, Linnep, zum Haus, Boeckem, Winkelhausen, Landsberg und Oeft genannt. Ferber 1892, S. 73.

52 Ferber 1892, S. 72-74; Devens 1898, S. 32-33; Averdunk 1894, S. 52-53.

53 Seit 1440 sind acht Namen bekannt. Devens 1898, S. 33-34; Ferber 1892, S. 75.

54 Archiv Schloss Heltorf, Q 3, 12 b, c.

55 Ferber 1892, S. 78; Devens 1898, S. 34: Uniform in kurpfalz-bayerischer Zeit, unter der Herrschaft Murats und nach 1811.

56 Abgedruckt bei Ferber 1892, S. 117-144.

57 Roden 1998: Bericht des französischen Ingenieur-Offiziers Vicomte de Chatillon 1742 (S. 76), Freiherr Karl Ludwig von Pöllnitz 1732 (S. 64) u. anonym (S. 107).

58 Archiv Schloss Heltorf, Q 3, 24.

59 Ferber 1892, S. 72: Selbst der Standort der Schuppen ist noch bekannt.

60 Ferber 1892, S. 117-145; Devens 1898, S. 36.

61 Devens 1898, S. 35; Ferber 1892, S. 79-83; Archiv Schloss Heltorf, Q 3, 44a; Q 3, 12 a.

62 Roth von Schreckenstein 1851, S. 43-44; Averdunk 1894, S. 47: 1750 hatte der Kurfürst von der Pfalz 261 Stuten; der Graf von Spee

und der Graf von Hatzfeld 53. Ferber 1892, S. 117–145: 1811 besitzt der Großherzog 351 Pferde, 1812 verbleiben 297. Hinzu kommen 91 Pferde der adeligen Häuser.

63 Devens 1898, S. 37–38; Gehne 1958, S. 131.

64 Averdunk 1894, S. 49; Roth von Schreckenstein 1851, S. 45.

65 Averdunk 1894, S. 49; Ferber 1892, S. 94–98; Devens 1898, S. 38–39.

66 Archiv Schloss Heltorf, Q 3, 45–50; Ferber 1892, S. 101–102.

67 Ferber 1892, S. 103–111.

68 „Sehr schwierig ist es hierin eine Bestimmung zu treffen, indem sich Holzkultur und das Interesse des wilden Gestüts sich schnurstracks entgegen stehen." Graf von Spee zit. n. Ferber 1892, S. 111; Archiv Schloss Heltorf, Q 3, 29, 30.

69 Zit. n. Ferber 1892, S. 113.

70 Kreuz o. J., S. [7].

71 Stoffregen-Büller 1995, S. 356.

72 Herzog Croysches Archiv, Dülmen.

73 Vgl. dazu die beiden Beiträge von Klaus Zeeb in diesem Band.

74 Devens 1898, S. 44.

75 Dege 1969, S. 10.

76 Replik im Herzog Croyschen Archiv, abgedruckt im Westf. Urk. Buch Bd VIII, Nr. 1106.

77 Etwa am 18. Januar 1498, als Bernd von Merveld und seine Frau Alheyde ihrem Sohn Johann und dessen Frau Elisabeth ihr Gut übertragen und nach Dülmen ziehen. Ausdrücklich erhält Johann die wilden Pferde, die der Vater zusammen mit Hinrich von Mervelde, seinem Vetter, besitzt. Denjenigen Teil der wilden Pferde, die ihm nicht gemeinsam mit seinem Vetter gehören, reserviert der Vater bis auf weiteres für sich selbst. Herzog Croysches Archiv, Dülmen, A Urkunde Nr. 515; siehe auch Kindlinger 1787, Bd. 1, S. 20–23.

78 Herzog Croysches Archiv, Urkunden 500; Späh 1939, S. 18; Devens 1898, S. 44–45.

79 Herzog Croysches Archiv, Urkunden 551.

80 Herzog Croysches Archiv, 240/8, Teilungs-Rezess des Merfelder Bruchs vom 3.7.1845: 109 Beteiligte.

81 1803 wird der Herzog von Croy vom Reichsdeputationshauptschluss mit dem bis dahin fürstbischöflich münsterischen Amt Dülmen für seine auf dem linken Rheinufer erlittenen Verluste entschädigt. Mit der Rheinbundakte wird die „Grafschaft" Dülmen 1806 dem Herzog von Arenberg übertragen. Auf dem Wiener Kongress wird das Haus Croy schließlich Preußen untergeordnet. Weskamp 1911, S. 159–160.

82 Späh 1939, S. 18; Nagel 1922, S. 115–116; Kreuz u.a. 1931, S. 33–34.

83 Kreuz u.a. 1931, S. 34–35; Nagel nennt sogar die Zusammensetzung der Düngemischung und der Grassamenmischung. Nagel 1922, S. 118–119. www.duelmen.com (Stand Dezember 2001).

84 Späh 1939, S. 21; Herzog Croysches Archiv, 312-4; Devens 1898, S. 45.

85 Glitz 1954, S. [2].

86 Zum heutigen Aussehen der Dülmener und den drei in der Herde vertretenen Haupttypen vgl. den entsprechenden Beitrag von Klaus Zeeb in diesem Band.

87 Baltruschat 1982, S. 92/44; Devens berichtet von einem englischen und einem Shetlandhengst, die in der Croyschen Wildbahn vor 1898 eingesetzt wurden. Devens 1898, S. 46.

88 Herzog Croysches Archiv, 312-6, Briefwechsel 10.3. und 22.3.1947: Sie bietet einen dreijährigen Hengst von Mandub und der Vernünftigen an.

89 Küppers 1958, S. 60; Nissen 1997, Bd. 1, S. 229; Späh 1939, S. 44–50; Baltruschat 1982, S. 92/44; Devens 1898, S. 46; Herzog Croysches Archiv, 312-4: Ein Briefwechsel zwischen H. Glitz und Klaus Zeeb 1958 zeigt, dass sich auch Prof. Zeeb dafür eingesetzt hat, „dringend nach einem Hengst zu suchen, dessen Konstitution (...) wildbahngerecht ist."

90 Baltruschat 1982, S. 92/44; Nissen 1997, Bd. 1, S. 229; Herzog Croysches Archiv, 312-6: Tom Faggens ist z.B. auch in Popielno gezogen.

91 1922 veranschlagt man 600 bis 800 Zentner Heu für die Winterfütterung. Nagel 1922, S. 118 u. S. 123; Kreuz u.a. 1931, S. 35–36.

92 Späh 1939, S. 35; Devens 1898, S. 46; Kreuz u.a. 1931, S. 36.

93 Kreuz u.a. 1939, S. 23.

94 Späh 1939, S. 34–35.

95 Späh 1939, S. 41–42; vgl. auch den bereits zitierten Briefwechsel zwischen Direktor Glitz und Klaus Zeeb 1958–1963; Nissen 1997, Bd. 1, S. 230.

96 Devens 1898, S. 46; Späh 1939, S. 20 (zit. Auskünfte des Domänenrats L. Bertrand an Devens).

97 Kreuz u.a. 1931, S. 39–40. Ein anschaulicher Bericht vom Pferdefang am 14. (!) Mai 1925 findet sich bei Schäfer 1929, S. 70–73. Er schreibt, der Pferdefang sei bis wenige Jahre zuvor in der Region selbst noch nicht registriert worden, habe aber inzwischen mehr und mehr den Charakter einer Volksbelustigung angenommen. Die Tribüne biete Platz für 1000 Sitzplätze.

98 Kreuz u.a. 1931, S. 37; Nissen 1997, Bd. 1, S. 230–231.

99 Späh 1939, S. 20, 26 u. S. 52.

100 Herzog Croysches Archiv, 312-5.

101 Nissen 1997, Bd. 1, S. 228; Frevert 2000.

102 Nissen 1997, Bd. 1, S. 230; www.dainet.de; Frevert 2000.

103 Heupel 1987, 2, S. 41.

104 In Dülmen setzt man Konik-Beschäler ein. Nissen 1997, Bd. 1, S. 39 u. S. 234–235; Stoffregen-Büller 1995, S. 313.

105 Nissen 1997, Bd. 1, S. 234; Symanczyk 1987, S. 211.

106 Uppenborn 1994, S. 374–376 u. S. 386; Heupel 1987, 3, S. 42; Symanczyk 1987, S. 211–212; Vogt 2001, S. 108. Vgl. dazu auch den entsprechenden Beitrag von Mathias Vogt in diesem Band.

107 Lintel 1908, S. 7.

108 Böing 1911, S. 6–7.

109 Das Sendgericht ist ein aus den bischöflichen Visitationen um 800 hervorgegangenes gräfliches Gericht unter Bischofsbann, seit Ende des Mittelalters teilweise verweltlicht.

110 Devens 1898, S. 47.

111 Studienprojekt Davert 1999/2000, 1.

112 Devens 1898, S. 47; Kreuz u.a. 1931, S. 15–16; Bergmann 2001, S. 3.

113 Lampe 1977, S. 66; Devens 1898, S. 47.

114 Lampe 1977, S. 65–69; Devens 1898, S. 47–48; Jähns 1872 (Reprint 1994), Bd. 1, S. 363 u. Bd. 2, S. 101; Böing bezeichnet die Münsterländer und die Davertnickel, da sie unter gleichen bzw. ähnlichen klimatischen und Bodenverhältnissen aufgewachsen seien, als fast gleichartig. Katte 1821; Sagebiel 1988, S. 149–150; Schwerz 1836, S. 141–143; Roth von Schreckenstein 1851, S. 54.

115 Nachschub- und Versorgungstruppen des Heeres.

116 Symanczyk 1987, S. 200; Böing 1912, S. 6; Grote 1932, S. 4; Nordhoff 1890, S. 232; Pferdezucht 1910, S. 5; Lütke-Wentrup 1904, S. 19–21.

117 Nabu o. J., o. S.

118 Bergmann 2001; Kreuz u.a. 1931, S. 18; Devens 1898, S. 48.

119 Löns 1949, S. 49–50.

120 Folgende Bestände sind in erster Linie relevant: L 92 Q Marstall und Gestüt 1631–1920, L 98 Hofmarschallamt, Marstall und Gestüt 1812–1905, L 100 Direktion der Fideikommißverwaltung, Marstall und Gestüt, deren Bedienstete, L 99 A Landgestüt und L 99 B Sennergestüt.

121 Vgl. dazu den Stallmeisterbericht A. von Andertens in diesem Band. Vgl. auch das seinem Vater, dem Landstallmeister von Celle und Stallmeister des Sennergestüts von Unger gewidmete Buch Wolfgang von Ungers (Unger 1915), für das der Autor dessen Aufzeichnungen verwendet.

122 Vogt 1990; Schlicht 1991.

123 Prizelius 1771, S. 7.

124 Mieckley 1914, S. 145; Devens 1898, S. 53; zu Vegetation, klimatischen und geologischen Bedingungen vgl. Vogt o. J., S. 1–3; Harteisen 2000.

125 Stolz 1980, S. 36; Ernst 1956, S. 9; Wolsteins 1786, 20–21.

126 Prizelius 1771, S. 10–11; Donop 1784, S. 17; Meysenbug 1911, S. 58 u. S. 60; Kittel 1964,

S. 33; Ernst 1956, S. 9; Bouwinghausen 1794, S. 40; Stolz 1967, S. 27; StA Dt., L 99 B Fach 23 Nr. 15; Traut 1971, S. 74.

127 StA Dt., L 99 B Fach 2 Nr. 3, Verpflichtungen der Pivitsheider zum Wasserfahren und Wassertreten aus dem Brunnen (bis 1858 belegt).

128 Dünkelberg 1898, S. 92; StA Dt., L 99 B Fach 15 Nr. 14; Meysenbug 1911, S. 60.

129 StA Dt., L 99 B Fach 23 Nr. 15.

130 Pusch 1891, S. 46; Prizelius 1771, S. 16–17; Devens berichtet, die Glocken würden die Leitstuten seit 1859 tragen. Devens 1898, S. 54; Düring 1827, S. 522; StA Dt., L 99 B Fach 4 Nr. 13.

131 Meysenbug 1911, S. 60; Ernst 1956, S. 40–41; Bouwinghausen 1794, S. 41; Prizelius 1771, S. 18–22; Unger 1915, S. 14.

132 Prizelius 1771, S. 19–20.

133 Ebd.; StA Dt., L 99 B Fach 15 Nr. 14, L 99 B Fach 8 Nr. 2, L 77a Nr. 3998, 8990, 8996, 8897.

134 StA Dt., L 99 B Fach 1 Nr. 3, Acta die Befriedigung der Gestütskämpe zu Lopshorn betreffend. Hier Vorschläge von Forstmeister Wagener an Stallmeister Wülcker von 1823; StA Dt., L 99 B Fach 13 1 I-II, L 99 B Fach 11 Nr. 8; Meysenbug 1911, S. 57.

135 Prizelius 1771, S. 64–65.

136 Ammon 1829, S. 362; Düring 1827, S. 529–530.

137 Unger 1915, S. 35 u. S. 46.

138 StA Dt., L 99 B Fach 7 Nr. 9.

139 Pusch 1891, S. 47; Ersch u.a. 1856, Sektion A-G, Encyklopädie, S. 460.

140 Mieckley 1914, S. 147; Mieckley war Mitherausgeber der Zeitschrift für Gestütkunde, Veterinärrat und Gestütsinspektor in Beberbeck. Meysenbug 1911, S. 60; Ersch u.a. 1856, Sektion A-G, Encyklopädie, S. 458.

141 FA Schloss Detmold, Nr. 5486; Prizelius 1771, S. 68.

142 www.senner.de (Stand Dezember 2001); Dünkelberg 1898, S. 94.

143 FA Schloss Detmold, Nr. 5486.

144 Ammon 1829, S. 362; Prizelius 1771, S. 66–89; FA Schloss Detmold, Nr 5486; StA Dt., L 99 B Fach 15 Nr. 14; Sinne [1995], S. 89.

145 StA Dt., L 99 B Fach 23 Nr. 15.

146 Die ersten beiden Worte waren zunächst gestrichen, anschließend durch eine Unterpunktung wieder in Kraft gesetzt worden.

147 Die Meierei ließ Graf Simon Henrich 1690 in Lopshorn anlegen. Die landwirtschaftliche Nutzfläche betrug 69 Hektar. Es ist nicht bekannt, warum sie 1699 verpachtet wird. Eine Zeit lang ist sie an Johanettental verpachtet, bis Prizelius die neuerliche Zusammenlegung anordnet. Heu muss jedoch zugekauft werden, da die Meierei keine Wiesen hat. Im 19. Jahrhundert wird die Wirtschaftsführung unter Verwalter Albrecht mit Verbesserungen im Düngemittelbereich, Urbarmachun-

gen auch von Teilen des Gestütskamps und Forstgrund, dem Anbau neuer Futterpflanzen wie Esparsette und Mohrrüben an die Entwicklung der Landwirtschaft angepasst und aus der Perspektive des Gestüts noch effizienter auf seine Bedürfnisse ausgerichtet. 1859 liefert die Meierei vom Haferbedarf des Gestüts, der 5190 Scheffel beträgt, 1200 Scheffel. Der damalige Stallmeister von Unger hätte den Modernisierer der Meierei gern auch mit der Führung des Gestüts betraut. Ernst 1956, S. 9–10; StA Dt., L 100 Nr. 195.

148 Stroh und Heu.

149 Laut Prizelius werden die Fohlen im Allgemeinen Ende September abgesetzt. Dann bekommen sie 14 Tage lang zum Übergang Weizen, Kleie, fein geschnittenes Rockenstroh und gutes Heu, danach geschnittenen Hafer mit geschnittenem Rockenstroh vermischt. Prizelius 1771, S. 26 u. S. 30; FA Schloss Detmold, Nr. 5486.

150 Doppelt im Text.

151 Er steht dem Sennergestüt von 1774 bis 1792 vor und ist Lorenz bis dahin übergeordnet.

152 Einschub am Rand.

153 Sobald das erste Grün sprießt, werden die Fohlen durch Dienste im Wald nahe Lopshorn gehütet und abends wieder in die Ställe getrieben, bis zum 20. Mai, wenn sie nach Varenholz auf die Weide getrieben werden. Prizelius 1771, S. 30.

154 Im ersten Gestütsregister ab 1713 variiert der Beginn der Deckzeit noch stark, von Anfang Mai bis Mitte Juni. Im Allgemeinen ist der Termin so gewählt, dass die Fohlen erst nach Ende des Winters fallen. StA Dt., L 99 B Fach 25 Nr. 15; Ernst 1956, S. 18; Prizelius 1771, S. 49: „Würde der Anfang mit dem Bedecken im Merz oder April gemacht, so würden in diesen Monathen auch bereits die ersten Füllen fallen, die aber in den morastigen und schlechten Wegen der Mutter nicht folgen könten." 1833 schlägt Stallmeister Knoch vor, man könne eher mit dem Bedecken beginnen, da die Stuten im Winter aufgestallt seien und es nicht schaden würde, wenn die Fohlen eher geboren würden. StA Dt., L 99 B Fach 6 Nr. 3.

155 Wie das Brennen vor sich geht, beschreibt Prizelius. Die Fohlen werden in einen Kasten, eine Art Notstall, gesperrt, der an der Seite der linken Lende eine Falltür hat, durch die der Brand vorgenommen wird. Prizelius 1771, S. 31–33.

156 Prizelius widmet der „Art und Weise, die Senner Stuten zu bedecken" ein Kapitel. Prizelius 1771, S. 37–61.

157 Zuerst nutzte Graf Simon VI. (geb. 1554, 1563–1613) die Varenholzer Weide für das Senner Gestüt.

158 Schaten 1663, S. 813.

159 Meysenbug 1911, S. 57; Bräuer 1901, S. 105; Peez 1899, S. 66; Teudt 1931, S. 117–128; Schönlau 1950, S. 3; Unger 1915, S. 11–12; Schäfer 1929, S. 63; Devens 1898, S. 54.

160 Preuss u.a. 1868, S. 167–168; www.senner.de (Stand Dezember 2001); Ernst 1956, S. 11.

161 Vgl. Anhang Stallmeister des Sennergestüts.

162 Vgl. dazu den Beitrag von Heike Schmidt in diesem Band; Meysenbug 1911, S. 59.

163 Meysenbug 1911, S. 59–60; Ernst 1956, S. 12–14; Devens 1898, S. 54.

164 Ernst 1956, S. 12–14; Meysenbug 1911, S. 59–60; Lindner 1879, S. 239; Stolz 1980, S. 39–40; StA Dt., L 92 Q II A Tit. 2 Nr. 2, Acta wegen der Bestellung u. Des Gehalts des Gräfl. Lipp. Oberstallmeisters v. Heiderstett 1721.

165 StA Dt., L 99 B Fach 25 Nr. 1, General heißt 1721 ein schwarzer Senner, 1722 ein apfelschimmelter Senner, 1723 ein grauschimmelter Türk, 1725 ein schwarzer Spanier ohne Zeichen usw. Bei Vainquer wird 1723 vermerkt „apfelschimmelter Senner, voriges Jahr General genannt".

166 Meysenbug 1911, S. 61; Ernst 1956, S. 14; Wittenstein 1949, S. 27–28; StA Dt., L 99 B Fach 25 Nr. 11; Stolz 1967 S. 28.

167 Unger 1915, S. 14–15; Wittenstein 1949, S. 11–12; StA Dt., L 99 B Fach 23 Nr. 15; Zehenter 1770, S. 88–89; Stolz 1980, S. 41.

168 Zehenter 1770, S. 116–117.

169 FA Schloss Detmold, Nr. 5485 u. 5486; StA Dt., L 99 B Nr. 2: 1751 bestimmt er die „Stuterey zu Lopshorn" solle nur aus 30 tragbaren Stuten, sechs vierjährigen, sechs dreijährigen, sechs zweijährigen und sechs einjährigen Fohlen bestehen und diese Zahl solle niemals überschritten werden.

170 Stoffregen-Büller 1995, S. 161–163; Stolz 1968 (Prizelius), S. 242–249.

171 Mitte des 19. Jahrhunderts war es nicht mehr möglich, die Anforderungen an die Beschäler für den Marstall und die Landwirtschaft auf einen Nenner zu bringen. Zur Entwicklung des Landgestüts vgl. Collmann 1890 u. Stolz 1970.

172 Stolz 1980, S. 42–44; FA Schloss Detmold, Nr. 5486; Dünkelberg 1898, S. 96; StA Dt., L 99 B Fach 25 Nr. 12, Hengstregister II; Unger 1915, S. 18.

173 Der Hengst wurde vom kurhessischen General von Hammerstein in den Kriegen geritten und dann gegen zwei Senner und 60 Pistolen vom Gestüt gekauft. In zwölf Jahren fielen von ihm 113 Fohlen. 12 wurden als Beschäler eingesetzt und 23 als Mutterstuten verwendet. Laut damaligem Stallmeister Wülcker

bereitete sein Ankauf viel Mühe. StA Dt., L 99 B Fach 15 Nr. 18; Ernst 1956, S. 21–22; Dünkelberg 1898, S. 96; Unger 1915, S. 20; Rieck 1960, S. 167–168; Collmann 1890, S. 28–29; Ammon 1829, S. 369: „Vor etwa 15 Jahren wurde ein Hengst arabischer Herkunft, der in dem Königl. preußischen Gestüte zu Neustadt an der Dosse gefallen war, angekauft, und dessen Nachkommenschaft hat dem Gestüte einen hohen Aufschwung gegeben; auch sind jetzt fast alle, im Gestüte befindlichen Beschäler Abkömmlinge dieses Hengstes."

174 Unger 1915, S. 26; Malwend ist der Sennerhengst, der von allen die beste und meiste Nachzucht bringt: In zehn Jahren zeugt er 22 Hengst- und Stutfohlen von geprüftem Gebrauchs- und Zuchtwert. Dünkelberg 1898, S. 103.

175 Staercke 1936, S. 177; Lippische Landeszeitung v. 27.1.1950, Nr. 23; StA Dt., L 99 B Fach 15 Nr. 18, L 99 B Fach 25 Nr. 12, Hengstregister II; L 99 B Fach 8 Nr. 1–2: Die Auktionsprotokolle dokumentieren, welche Pferde Conductor Hausmann vom Sennergestüt erwarb. 1815 macht die 20-jährige bedeckte Stute „Fürst von Bernburg" den Anfang. Der berühmte Arabersohn Malwend stammt wohl aus seiner Zucht. Nachdem er im Besitz des lippischen Fürsten von 1824 bis 1830 80 Stuten gedeckt hat, geht er in der Auktion 1832 an den Fürsten von Bückeburg.

176 StA Dt., L 99 B Fach 15 Nr. 18, L 99 B Fach 11 Nr. 8; Stolz 1980, S. 47.

177 StA Dt., L 92 Q Tit. XA Nr. 2.

178 StA Dt., L 92 Q Tit. XA Nr. 13, S. 17; Meysenbug 1911, S. 62: Von nun an kommen die Pferde im Winter tagsüber auf große eingefriedete Kämpe, die voneinander durch hohe Tannenhecken getrennt sind, damit die verschiedenen Rudel bzw. Abteilungen sich nicht sehen und beunruhigen.

179 StA Dt., L 99 B Fach 15 Nr. 18; vgl. auch den Abdruck seines Gutachtens in Ernst 1956, S. 43–45.

180 Ammon 1829, S. 360.

181 StA Dt., L 99 B Nr. 8.

1812 Die Stuten erhalten ihren Namen vor dem ersten Bedecken. Bouwinghausen 1794, S. 45–46; StA Dt., L 99 B Fach 9 Nr. 1, Acta die den Pferden gegebenen Namen betreffend: Fürstin Pauline am 21.4.1809: „Ehe ich diesen Pferden Namen gebe, will ich sie sehen (...)".

183 StA Dt., L 99 B Fach 6 Nr. 3, L 99 B Fach 8 Nr. 2.

184 Ernst 1956, S. 28; Stolz 1980, S. 52; Unger 1915, S. 32–35 u. S. 65.

185 Ernst 1956, S. 39–40 u. S. 45–46 (vgl. darin auch die Rationen nach 1849); FA Schloss Detmold, Nr. 5486; vgl. auch die Abhandlung

des Kammerrats Führer 1828, der mit Wülcker noch an der Raufütterung festhält, da sie zweckmäßig sei und man noch keine Nachteile festgestellt habe. StA. Dt., L 99 B Fach 23 Nr. 15 u. L 92 Q Tit. XA Nr. 13.

186 Unger 1915, S. 48–49.

187 Unger 1915, S. 35–36; Stolz 1980, S. 54; Ernst 1956, S. 29.

188 Ernst 1956, S. 29–31.

189 StA Dt., L 99 B Fach 15 Nr. 18: „Das Wild muß für das Jagdvergnügen Seiner Hochfürstlichen Durchlaucht erhalten werden, folglich könnte die Entfernung doch wol nur die Pferde treffen. Deren Entfernung scheint uns aber nur eine Frage der Zeit zu sein." (25.4.1873). Am 16.9.1873 ist die fürstliche Anordnung erfolgt. Wittenstein 1949, S. 19; Stolz 1980, S. 54–55.

190 StA Dt., L 92 Q Tit. 1 Nr. 28.

191 Nissen 1997, Bd. 1, S. 160; Stolz 1980, S. 56–57; Ernst 1956, S. 31–32; Unger 1915, S. 68.

192 Mieckley 1914, S. 148; Ersch u.a. 1856, Sektion A-G, Encyklopädie, S. 460; StA Dt., L 99 B Fach 7 Nr. 9.

193 StA Dt., L 99 B Fach 7 Nr. 9.

194 StA Dt., L 92 A Tit 181 Nr. 65 II: Die verbleibenden Stuten sind Perle, Carmen, Indra, Vedette und Vernunft.

195 StA Dt., D 107 E; Lipp. Staatszeitung Nr. 10 vom 22.4.1941.

196 Vgl. Zuchtziel unter von Unger; Albert 1924, S. 91–93; Gatermann 1924, S. 58.

197 StA Dt., D 107 E; Lippische Landeszeitung Nr. 93 vom 19.4.1935 „Zur Auflösung des Sennergestüts".

198 Briefwechsel Julie Marie Immink erhalten bei Karl-Ludwig Lackner (Privatbesitz); Wachler 1940.

199 StA Dt., Nr. 157 Hs.Slg., Stallbuch des Sennergestüts ab Mitte März 1945 sowie Abgabe von Ernst von Oberschmidt, Kammerrentmeister a.D.

200 Bestand 1946 in Schönlau 1950, S. 17.

201 www.senner.de (Stand Dezember 2001); Nissen 1997, Bd. 1, S. 161; Rüther 2001, S. 111–114.

202 Späh 1931; StA Dt., L 99 B Fach 8 Nr. 2; Franzmeier 1962, S. 62; Cölln 1829, S. 78; das älteste Auktionsprotokoll stammt von 1747, als 125 Pferde und 20 Maultiere verkauft werden. StA Dt., L 99 Fach 9 Nr. 3; vgl. auch 22.7.1824: „Und es freut mich, daß ich den Nassauern mit der Abtretung des Minjons noch ihre Wünsche habe erfüllen können." StA Dt., L 99 B Fach 9 Nr. 2: 1845 bekommt Schulz aus Duisburg 10 Louis d'or erlassen, weil er „ein großer Freund der Senner zu seyn scheint, auch diese in dortiger Gegend empfohlen wird."

203 StA Dt., L 99 B Nr. 2; Lippische Landeszeitung Nr. 258 vom 4.11.1886: „Einiges über das

frühere Sennergestüt zu Lopshorn" von Bereiter von Both.

204 StA Dt., L 99 B Fach 9 Nr. 2 V.; vgl. auch Devens 1898, S. 58; FA Schloss Detmold Nr. 5652; Lippische Landeszeitung Nr. 93 vom 19.4.1935: „Das ehem. Sennergestüt im Fürstenthum Lippe" von Adolf v. Anderten, Oberstlt. a.D.

205 FA Schloss Detmold, Nr. 5103: „Instruction für den Gang der Auction und den Vorbereitungen dazu", in der der Ablauf von Stallmeister von Unger geregelt wird.

206 Nipperdey 1983, S. 209; STA Dt., L 99 B Fach 9 Nr. 2; StA Dt., L 99 B Fach 15 Nr. 17.

207 StA Dt., L 99 B Fach 9 Nr. 2; FA Schloss Detmold, Nr. 5652; Dünkelberg 1898, S. 113. Nach Beberbeck gehen zur Zucht Aurora, Tosca, Hertha, Iphigenia, Menona, Norma, Olga, Ophelia, Pandora, Quaterne, Thea, Pamela und Yora. FA Schloss Detmold, Nr. 5652 und 6443; Stolz 1967, S. 32; Zeitschrift für Gestütkunde 11 (1914), S. 233ff.; Willkomm 1921, S. 11–17 u. S. 39–40.

208 Fa Schloss Detmold, Nr. 5729.

209 FA Schloss Detmold, Nr. 6168 u. 6951; Mieckley 1914, S. 150; das siebte Pferd ist zur Reserve, wenn ein Pferd kurz- oder langfristig ausfällt. Sarastro wird 1851 an Prinz Friedrich Karl von Preußen verkauft. Meysenbug 1911, S. 61.

210 Fa Schloss Detmold, Nr. 4207.

211 Ebd. sowie FA Schloss Detmold, Nr. 6443.

212 FA Schloss Detmold, Nr. 5997.

213 Dünkelberg 1898, S. 95–96 u. S. 103; StA Dt., L 99 B Fach 25 Nr. 1 u. 12.

214 Collmann 1898, S. 104–106.

215 Vaterländische Blätter 2 (4.5.1844) 2, S. 72; Vaterländische Blätter 2 (6.4.1844) 1, S. 10: „Und wenn es möglich wäre, alle unsere Hengste, die im Landgestüt decken, denen anderer Landgestüte gegenüber zu stellen, so zweifle ich nicht, daß die hiesigen den Sieg davon tragen würden." Vgl. auch Stolz 1970; Collmann 1890.

216 Es handelt sich um die Vollbluthengste Vortex und Numa, Reitpferd der Fürstin Elisabeth zur Lippe, und die vier Stuten Norma (Garrick-Thea), Niobe (Beiram-Benedicta, geb. 1860), Garrick-Thea und Garrick-Rovenna. Ein Bericht ihrer Reise ist überliefert in StA Dt., L 99 B Fach 7 Nr. 5; vgl. auch L 99 B Fach 7 Nr. 9.

217 FA Schloss Detmold, Nr. 5534: Da sie außer Konkurrenz auf der Ausstellung sind, erhalten sie keine Preise.

218 Wittenstein 1949, S. 20.

219 Unger 1915, S. 12; StA Dt., L 99 B Fach 15 Nr. 18; Franzmeier 1962, S. 20; Mieckley 1914, S. 147–148; Meysenbug 1911, S. 62.

220 Mieckley 1914, S. 148; von Hans-Karl Unger überlassene Unterlagen und Aufzeichnungen

Ernst von Ungers; Devens 1898, S. 58; StA Dt., L 99 B Fach 7 Nr. 9, Lorelei wird später durch einen Granatsplitter getötet.

221 StA Dt., L 99 B Fach 9 Nr. 2 IV.; FA Schloss Detmold, Nr. 5729; Mieckley 1914, S. 147.

222 Eine deutsche Meile entspricht 7420,4 Metern. Verdenhalven 1968.

223 FA Schloss Detmold, Nr. 6068: Die Liste der Aktionäre nennt 1852 25 Aktionäre, die Aktien zu 50 Tahlern besitzen und 27 Aktionäre, meist aus dem 8. Husarenregiment, die 1 Friedrichs d'or pro Aktie zahlen. Vorwerk 2000, S. 186-187.

224 Schilling von Canstatt 1996, S. 108.

225 Schaller o. J., S. 108; auf der Auktion 1867 kauft er z.B. Quick, 1876 eine braune Stute Zebetta, und Baron von Breidbach erwirbt für Seine Hoheit den Wallach xanthus. StA Dt., L 99 B Fach 9 Nr. 2 V; FA Schloss Detmold, Nr. 5652.

226 Lippische Post (52), Nr. 225 vom 25.9.1899; Arthur wird 1850 bis 1852 im Marstall als Reitpferd geführt, ist 1850 vier Jahre, Vollblut braun mit Stern v. Brother to Rostrum a. Myladi. 1859 geht er auf der Auktion an Prinz Alexis von Croy. FA Schloss Detmold, Nr. 6951 u. Nr. 5103.

227 FA Schloss Detmold, Nr. 5282; Nr. 5537: Acta das Rennen des Delawar, Garrick betreffend.

228 FA Schloss Detmold, Nr. 5538; Collmann 1890, S. 127; Wittenstein 1949, S. 20.

229 Jähns 1872, Bd. 2, S. 101.

230 Lampe 1977, S. 54-59; Gehne 1958, S. 131; Lütke-Wentrup 1904, S. 18.

231 Kuske 1949, S. 66; Vogtt 1980, S. 145-146.

232 Bouwinghausen 1794, S. 43.

233 Zehenter 1770, Vorbericht u. S. 117-118.

234 StA Dt., L 100 Nr. 195.

235 StA Dt., L 99 B Fach 8 Nr. 2: Die Auktionen der Jahre 1800 bis 1824 erbrachten 36.335 Taler Gold. Stolz 1980, S. 45-46, S. 56 u. S. 58.

236 Die Reichsverband-Stutenprämierung für Lippe zu Lemgo am 30. Juli 1923. In: Sankt Georg 13/14 (1923), S. 12.

237 Das Originalgutachten befindet sich im Privatbesitz von Karl-Ludwig Lackner, der es dankenswerterweise zur Verfügung stellte. Vgl. auch Grußwort des Herzog Carl von Croy in Zeeb 1998, S. 7.

238 Rüther u.a. 2001, S. 183-186.

Anmerkungen zu
Jens Lorenz Franzen:
Die Evolution der Pferde

1 Franzen 1984.
2 Matthew 1926, S. 171.
3 Franzen 1976.
4 Koenigswald u.a. 1983.
5 Franzen 1990.
6 Elias 1942.
7 Ting u.a. 2001, S. 95.
8 Hooker 1994, S. 43.
9 Abusch-Siewert 1983.
10 Kaiser u.a., in Vorb.
11 Camp u.a. 1942.
12 Tobien 1952.
13 Lindsay u.a. 1980.
14 Martin u.a. 1984.

Anmerkungen zu:
Thomas Held
Der Landschaftswandel im
Emscherbruch

1 Spethmann 1933, S. 9.
2 Brepohl 1957, S. 1-28.
3 Dege u.a. 1983, S. 14.
4 Kurowski 1993, S. 10.
5 Meisel 1959-1962, S. 818.
6 Spethmann 1933, S. 9.
7 Meisel 1959-1962, S. 818.
8 Spethmann 1933, S. 71.
9 Schulze 1992, S. 144-154.
10 Huske 2000, S. 10 u. S. 17.
11 Schulze 1992, S. 176.
12 Heese 1941, S. 11.
13 Spürk 1980, S. 130.
14 Devens 1928, S. 81.
15 Dorider 1924, S. 19.
16 Akademie für Raumforschung und Landesplanung, Kartenbeilage.
17 Dorider 1924, S. 19.
18 Schulte 1977, S. 29.
19 Ebd., S. 17.
20 Funcke 1984, S. 3.
21 Schulte 1977, S. 107.
22 Spürk 1980, S. 137-140; Schulte 1977, S. 105-107.
23 Spürk 1980, S. 135-137.
24 Devens 1928, S. 81-85.
25 Steinen 1797-1801, T. II, Stück 12 u. T. IV, Stück 16.
26 Devens 1928, S. 85.
27 SVR 1975, S. 9.
28 Heese 1941, S. 25.
29 Meisel 1959-1962, S. 817.
30 Held u.a. 2001, S. 19-26.
31 SVR 1975, S. 27.
32 In SVR 1975 sind die Maßnahmen zur Sanierung des Emscherbruchs und zur Umwandlung in eine Naherholungslandschaft ausführlich, reich bebildert und mit Kartenmaterial versehen dargestellt.
33 Held 2002.

Anmerkungen zu:
Heike Brenken:
Das Pferd als Landschaftsgestalter

1 Sambraus 1986.
2 Vgl. Prizelius, zit. in Harteisen 2000, S. 89.
3 Postuliert z.B. von Harteisen 2000, S. 89.
4 Auch nicht bei Harteisen 2000, S. 168.
5 Vgl. Harteisen 2000, S. 43f.
6 Eine ausführlichere Diskussion zur Vegetationsentwicklung und kontroverse Theorien finden sich bei Harteisen 2000, S. 43f.
7 Vgl. hierzu auch die Heideentstehungstheorien, diskutiert bei Harteisen 2000, S. 49.
8 Günther 1985, zit. in Wächter-Gees 1998, S. 9.
9 Vgl. ebd., S. 10.
10 Vgl. ebd., S. 9.
11 Unger 1915, zit. in Harteisen 2000, S. 88.
12 Volf 1996, zit. in Harteisen 2000, S. 88.
13 Vgl. Führer 1823, zit. in Wehrmann 1990.
14 Vgl. Ellenberg 1986 und speziell für die Senne Harteisen 2000.
15 Schröder 1978, zit. in Wächter-Gees 1998, S. 13.
16 Vgl. die Abb. in diesem Band.
17 Stolz 1980, zit. in Harteisen 2000, S. 88.
18 Vgl. Wächter-Gees 1998.
19 Ebd., S. 14.
20 Vgl. die Abb. in diesem Band.
21 Vgl. die Abb. in diesem Band.
22 Vgl. die Abb. in diesem Band.
23 Vgl. Wehrmann 1990, S. 59.

Anmerkungen zu:
Heike Schmidt
Repräsentation mit Pferden ...

1 Meysenbug 1911, S. 58. Vgl. auch Sinne [1995], S. 13; Unger 1915, S. 13; Lampe 1977, S. 51.
2 Unger 1915, S. 12.
3 Jähns 1872, Reprint 1994, S. 129.
4 Vgl. auch Baum 1991, S. 26.
5 Fugger 1584, Reprint 1999, S. 19.
6 Stolz 1980, S. 38.
7 Unger 1915, S. 12.
8 Ebd.
9 Stolz 1980, S. 42. Vgl. auch Lampe, S. 50f.; Sinne [1995], S. 9 u. S. 25; Unger 1915, S. 12.
10 Lampe 1977, S. 46ff.
11 Ebd., S. 57.
12 Ebd., S. 61.
13 Ebd., S. 66.
14 StA Detmold, L 99 B Fach 23, Nr. 15.
15 Zit. n. Sinne [1995], S. 17.
16 StA Detmold, L 92 Q Titel 8, Nr. 2.
17 Ebd.
18 Stolz 1980, S. 39.
19 Vgl. Schmidt 1997.

20 Wie u.a. bei den Münsterländern.

21 Lampe 1977, S. 68: „Das münsterländische Pferd erschien mittelgroß, dickknochig und stämmig, breit im Kopf und in der Brust, flau im Auge, schlapp in den Ohren, niedrig im Widerrist, kurz im Mittelstück, rund in der Rückenlage und im Rücken. Behaart und biegsam waren seine Fesseln, platt die Hufe, bei steiler Schulter machte es kurze Tritte. Ruhig war sein temperament. Die Farben waren meist schwarz und dunkelbraun. Im ganzen also ein bescheidenes Produkt, aber vielseitig verwendbar bei der Post, in der Landwirtschaft und auch beim Heerestrain." Vgl. auch Devens um 1900, S. 5.

22 Heimatland Lippe 5 (1985), S. 151-156.

23 Schmidt 1997, S. 145.

24 Baum 1991, S. 61f.

25 Ebd., S. 98. Vgl. auch Baumgart 1981, S. 30.

26 StA Detmold, L 92 Q Titel 1, Nr. 4.

27 Ebd.

28 Ebd.

29 Lampe 1977, S. 52.

30 Stolz 1980, S. 41f.

31 Ebd., S. 42.

32 Meysenbug 1911, S. 61.

33 StA Detmold L 92 Q Titel 8, Nr. 2.

34 Zit. n. Lampe 1977, S. 53.

35 Unger 1915, S. 17.

36 Zit. n. Unger 1915, S. 15f.

37 Ebd., S. 16.

38 StA Detmold, L 99 B Fach 8, Nr. 2 I.

39 StA Detmold, L 92 Q Titel 5, Nr. 4.

40 Lampe 1977, S. 53.

41 Unger 1915, S. 15; Meysenbug 1911, S. 62.

42 StA Detmold, L 92 Q Titel 10, Nr. 6.

43 Ebd.

44 Unger 1915, S. 28.

45 Ebd., S. 19.

46 NHStAH Dep. 103 XXVI, Nr. 1401.

47 StA Detmold, L 92 P, Nr. 604/L92 P, Nr. 616.

Anmerkungen zu:
A. von Anderten: Das Sennergestüt ...

1 Vgl. dazu den Beitrag von Cordula Marx in diesem Band (Abschnitt über das Sennergestüt).

2 Beide Unterstreichungen im Text.

3 Es ist nicht eindeutig, auf welche Quellen sich von Anderten stützt. Dies gilt sowohl in Bezug auf die Korrespondenz von Mitgliedern der Fürstenfamilie als auch für die im Folgenden zitierten Notizen.

4 Vgl. Schaten 1663, S. 813.

5 Hermann Adolph (31.1.1616-10.10.1666) regiert seit 1652 als Graf.

6 Simon Heinrich (13.3.1649-12.5.1697) regiert seit 1666 als Graf.

7 Eine Lippische Meile entspricht 9264,416 Metern. Verdenhalven 1968, S. 36.

8 An dieser Stelle wechselt der Autor in seine Gegenwart: Das Hermannsdenkmal wird erst 1875 feierlich eingeweiht.

9 Vgl. den Kupferstich von Elias Lennep vom Sennergestüt Lopshorn (um 1663/1665) in diesem Band, auf dem man das Tretrad des Brunnens erkennen kann.

10 Das erste erhaltene Zuchtbuch beginnt in diesem Jahr. StA Dt., L 99 B Fach 25 Nr. 1.

11 Nach Jahrgängen und Geschlecht getrennt sowie die bedeckten Stuten gesondert. Vgl. dazu den Beitrag von Cordula Marx in diesem Band.

12 Esparsette ist eine Staude, Schmetterlingsblütler, eine sehr gute Futterpflanze.

13 Fuß im Lippischen: 12 Zoll oder 0,290 Meter. Verdenhalven 1968, S. 24.

14 Die Druse ist eine besonders ansteckende, durch eine bestimmte Bakterienart, die nur beim Pferd und beim Esel diese Wirkung aufweist, hervorgerufene Schleimhautentzündung der oberen Atemwege, verbunden mit einer Vereiterung der Lymphknoten. Sie kommt besonders häufig bei Fohlen und geschwächten Tieren vor.

15 Mit Füllen- oder Fohlenlähme bezeichnet man eine allgemeine Infektion in den ersten Lebenstagen und -wochen, die sich über den ganzen Körper ausbreitet. Dabei entzünden sich ein oder mehrere Gelenke, so dass das Fohlen lahm oder steif wird.

16 Leopold I. (2.12.1767-4.4.1802, reg. 1782-1802), verheiratet mit Prinzessin Pauline von Anhalt-Bernburg (1769-1820).

17 Vgl. Anlage – Stallmeister des Sennergestüts, S. 58.

Anmerkungen zu:
Agnes Sternschulte
Die Senner im Tiergarten ...

1 Meysenbug 1911, S. 62; Schwanold 1928, S. 233; Kraemer 1930, S. 21; Anderten 1873. Ein Zeitgenosse, ein Förster, urteilt dagegen etwas anders: „Prinz Woldemar sei ein trefflicher Jäger, ein warmer Freund des Waldes und seiner Bewohner, insbesondere der ‚Senner', sein eigenes, kleines zwar nur, aber treffliches Gestüt im sog. Thiergarten bei Detmold sei ein wahres Musterstück und liefere höchst wertvolle Pferde." (zit. n. Stein-Gröpperhof 1875, S. 29).

2 StA Dt., L 92 P Nr. 1347, Acta wegen Ueberlassung der ehemaligen Fasanerie und des Thiergartens an Sr. Durchlaucht den Prinzen Woldemar zur Benutzung als Gestüt und Weidekamp.

3 StA Dt., L 92 P Nr. 1347, Brief von Wagener an Kammerdirektor Rohdewald vom 23.11.1849.

4 StA Dt., L 92 P Nr. 1347, Anmerkungen von Woldemar Prinz zur Lippe vom 25.12.1849.

5 StA Dt., L 92 P Nr. 1347, Brief von Schnitger an die hochfürstliche Rentkammer vom 30.4.1850, im Einzelnen wurden angepflanzt:

44.200 Stück im Bexter Forste
23.000 Stück im Dahlhauser Holze
36.000 Stück im Heidelbecker Holze
4.000 Stück in hiesigen städtischen Gehölzen
_____
107.200 Stück
(Ein lippischer Fuß entspricht 0,290 m.)

6 StA Dt., L 92 P Nr. 1347, Brief von Wagener an Durchlaucht vom 18.11.1850. 24 bis 30 Fuß entsprechen 6,96 m bis 8,70 m

7 StA Dt., L 92 P Nr. 1347, Brief von Limberg an Kammerdirektor Rohdewald vom 12.5.1853.

8 StA Dt., L 92 S Titel III f 3 Vol II.

9 StA Dt., L 92 P Tit. 20/9. Nr. 2; vgl. auch Schlicht 1991, S. 35.

10 StA Dt., Stadt L 100 A VI, Nr. 13; vgl. auch Schlicht 1991, S. 35.

11 Verdenhalven 1979, S. 28.

12 StA Dt., L 92 P Nr. 1347, 12.2.1850, ad acta wegen der Fasanerie resp. des Gestüts im Thiergarten. Ein lippischer Zoll entspricht 2,41 cm.

13 Sechs lippische Fuß entsprechen 1,74 Meter.

14 FA Schloss Detmold, Nr. 5550.

15 StA Dt., D 110 B VII Nr. 32.

16 Schlicht 1991, S. 35.

17 StA Dt., L 92 P Nr. 1347: Brief von Unger an hochfürstliche Rentkammer vom 2.12.1854.

18 StA Dt., L 92 R 1 Nr. 55, Hofbauten Gestütsgelände im Thiergarten 1873-1912.

19 StA Dt., L 92 R Nr. 842.

20 FA Schloss Detmold, Nr. 5550; im Vergleich dazu eine moderne Aussaatmischung für eine Pferdeweide: 40 % Lolium perenne – Englisches Raygras; 20 % Phleum pratense – Wiesen-Lieschgras; 30 % Poa pratensis – Wiesen-Rispengras; 10 % Festuca rubra – Roter Schwingel.

21 Ebd.

22 StA Dt., L 99 B Fach 5 Nr. 23, Personalakte Meise, Mitteilung an von Gustedt vom 20.4.1918.

23 StA Dt., L 99 B Tit 25 Nr. 15, Signalement der Mutterstute nebst ihrer Nachkommenschaft.

24 FA Schloss Detmold, Nr. 5495, Nr. 5499, Futter-Rapporte des Gestüts im Tiergarten 1881-1884 u. 1897-1899; StA Dt., L99 B Fach 5 Nr. 23, Personalakte Meise; StA Dt., L99 B Fach 22 Nr. 2, Futterberichte vom Cottage 1884-1897: Nach diesen Quellen sind es beispielsweise im Juli 1881 die fünf Stuten Recluse, Henia, Zero, Yeast und Ophelia mit ihren Fohlen von Quack. Die Fohlen bekommen je 1 Pfund Hafer und 1 Pfund Esparsettenheu, ab 24.7. sogar 2 Pfund Hafer, 2 Pfund Esparsettenheu, ab

28.8. 3 Pfund Hafer, 2 Pfund Esparsettenheu. Ab Mitte 1881 bekommen auch die Stuten 3 Pfund Heu. Am 24.9.1881 werden die Fohlen abgesetzt und kommen nach Lopshorn. Am 7.10.1881 gehen auch die Stuten (Recluse, Henia, Yeast, Zero und Yeth) nach Lopshorn, eine Stute von 1878 und vier Stuten von 1879 kommen am 6.10.1881 zum Tiergarten, am 7.10. auch noch drei Wallache von 1878. Die Pferde von 1878 und 1879 erhalten täglich 8 Pfund Heu und 5 Pfund Mohrrüben. Ab 16.10. bekommen sie zusätzlich 4 Pfund Hafer und 2 Pfund Esparsettenheu, ab 23.10 täglich 6 Pfund Hafer, 3 Pfund Esparsettenheu. Ab 30.10. bekommen die vier Pferde von 1878 täglich 8 Pfund Hafer, 4 Pfund Esparsettenheu, 8 Pfund Heu und 3 Pfund Mohrrüben, die vier von 1879 6 Pfund Hafer, 4 Pfund Esparsetten, 8 Pfund Heu, 3 Pfund Mohrrüben. Am 3.11. gehen die vier Wallache von 1878 und eine Stute zum Marstall, am 4.11. kommen zwei Wallache und zwei Stuten von 1879 zum Tiergarten. Ab 1.1.1882 gibt es zusätzlich 1/4 Pfund Erbsen, die Möhren sind bis zum 17.3 verfüttert, die Erbsen bis 11.4. Vom 13.8. bis 1.10.1882 ist keine Fourage verausgabt, entweder waren zu dieser Zeit keine Pferde im Tiergarten, oder die vorhandenen Pferde bekamen außer der Weide keine Zufütterung.

25 FA Schloss Detmold, Nr. 5550, Weidepferde für den Tiergarten 07.

26 FA Schloss Detmold, Nr. 5610, Brief des Kammerherrn von Gustedt an Durchlaucht vom 20.10.1917.

27 Lackner 1996, S. 39.

28 StA Dt. L 94 B Tit. 1, Nr. 6, Akten des Fürstlich-Lippischen Marstallamts

29 StA Dt., L 92 A Tit 181 Nr. 65 II, Auflösung bzw. Einschränkung des Sennergestüts Lopshorn und Verpachtung des Tiergartens an den Verband Lippischer Pferdezüchter 1919, Verzeichnis der dem Verbande Lippischer Pferdezüchter e.G.m.b.H. übergebenen Inventarien im Tiergarten.

30 Ebd., Verzeichnis der dem Verbande Lippischer Pferdezüchter e.G.m.b.H. übergebenen Pferde des Sennergestütes.

31 Ebd., Verkauf von Sennergestütspferden, Brief des Verbandes der Lippischen Pferdezüchter (Simpson) an Lippische Rentkammer vom 2.9.1919.

32 StA Dt., L 92 A Tit 181 Nr. 65 II.

33 FA Schloss Detmold, Nr. 5537.

34 StA Dt., D 107 E, Bericht der Geschäftslage für die Aufsichtsrats- und Vorstandssitzung am 8.12.1919.

35 StA Dt., L 92 A Tit 181 Nr. 65 II, Brief von Simpson an das Landespräsidium des Freistaates Lippe vom 17.9.1920.

36 Meyer zu Dörentrup 1933, S. 72.

37 Ebd.

38 Lippische Pferdezucht in: St. Georg (31) vom 20.3.1924, S. 7.

39 Sobczak war vom 1.1.1920 bis zum 31.3.1934 für den Verband tätig.

40 Meyer zu Dörentrup 1933, S. 72.

41 Der Unterrichtsplan im Einzelnen:
täglich: 1 Stunde Reiten (Reitlehrer, Sattelmeister) in Bahn und Gelände;
täglich: 1 Stunde Voltigieren oder Turnen (Sattelmeister);
täglich: 1 Stunde Fahren und Longieren (Oberkutscher);
wöchentlich: 2 Stunden Zuchtlehre (Gestütsleiter);
wöchentlich: 1 Stunde Gestütbuchführung (Gestütbuchführer);
wöchentlich: 2 Stunden Hufbeschlag (Schmied);
wöchentlich: 1 Stunde Veterinärkunde (Tierarzt);
wöchentlich: Instruktion über persönliche Haltung, Benehmen in und außer Dienst, Anzug, Sattelung, Zäumung usw. (Sattel- bzw. Futtermeister).

42 Kraemer 1930, S. 22.

43 Die Interviews wurden zwischen 1990 und 1994 geführt mit Hermann Lüttmann, Hörstmar; Fritz Meier, Altendonop; Wilhelm Meier, Lemgo-Leese; Niemeier, Lemgo-Leese; Paul Sünkel, Lemgo.

44 Zeitschrift für Gestütkunde, Heft 15 (1920) 7, S. 149.

45 Vgl. ebd.

46 StA Dt., D107 E Nr. 13.

47 Mündliche Auskunft von Hermann Lüttmann, Reitschüler im Tiergarten vom 1.4. bis 30.6.1930.

48 StA Dt., D 107 E, Geschäftsbericht 1933/34.

49 StA Dt., D 107 E, Verzeichnis der Gestütspferde.

50 StA Dt., D 107 E, Vertrag über die Errichtung einer Reit- und Fahrschule der SA auf dem Tiergartengelände in Detmold vom 28.3.1934.

51 StA Dt., Stadt D 110 BVII Nr. 32, Vorgang 2; vgl. auch Schlicht 1991, S. 37.

52 StA Dt., Stadt D 110 BVII Nr. 32 NA 18 Vorgang 1; vgl. auch Schlicht 1991, S. 38.

53 StA Dt., D 107 E Nr. 15 Verbleib der Sennerpferde.

54 Meyer zu Dörentrup 1933, S. 73.

Anmerkungen zu:
Thomas Jansen:
Genetische Untersuchungen ...

1 An dem Kooperationsprojekt, aus dem dieser Beitrag stammt, wirkten mit: Peter Forster (MacDonald institute für Archaeological Research), Hardy Oelke, Jürgen Weber (Biopsytec Analytik GmbH) und Klaus Olk (Biopsytec Ana-

lytik GmbH und Institut für klinische Biochemie der Universität Bonn)

2 Auf alle Ergebnisse der Studie einzugehen, würde an dieser Stelle zu weit führen. Es sei darauf hingewiesen, dass sich dazu ein Manuskript in Vorbereitung zur Veröffentlichung befindet.

3 Higuchi u.a. 1984, S. 282-284; Higuchi u.a. 1987, S. 283-287; Ishida u.a. 1994, S. 215-221; Ishida u.a. 1995, S. 180-188; Marklund 1995, S. 193-196.

4 Bowling u.a. 2000, S. 1-7; Kim u.a. 1999, S. 102-108; Lister u.a. 1998, S. 267-280; Vila u.a. 2001, S. 474.

5 Kaneda u.a. 1995, S. 4542-4546.

6 Xu u. Àrnason 1994, S. 357-362.

7 Oakenfull u.a. 2000, S. 341-355.

8 MacFadden u.a. 1992; Eisenmann 1992, S. 161-170; Eisenmann u.a. 2000, S. 89-100.

9 Forster u.a. 1996, S. 935-945.

10 Zum Beispiel Azzaroli 1995, S. 205-221.

11 Eisenmann u.a. 2000, S. 89-100.

Anmerkungen zu:
Eva-Maria Amberger
Das (Wild-)Pferd in der Kunst ...

1 Schumacher 1994, S. 8.

2 Ebd., S. 7.

3 Piper zit. n. Schalhorn 2000, S. 243.

4 Marc zit. n. List 1993, S. 225.

5 Lasker-Schüler zit. n. von Holst 2000, S. 38.

6 Macke 1912, S. 22.

Anmerkungen zu:
Andreas Bimmer:
Pferde und Volkskunde ...

1 Beitl u.a. 1936, S. 577.

2 Handwörterbuch des deutschen Aberglaubens 1927 (Reprint 1986), Bd. VI, Spalte 1598-1683.

3 Neben dem Deutschen Volksliedarchiv in Freiburg, dem Atlas der deutschen Volkskunde in Bonn und der Enzyklopädie des Märchens in Göttingen ist als vierte zentrale Einrichtung der Volkskunde in Deutschland das Zentralarchiv der deutschen Volkserzählung am Institut für Europäische Ethnologie/Kulturwissenschaft der Philipps-Universität Marburg angesiedelt. Hier finden sich zigtausend Belege aus allen deutschen Ländern zu Volkserzählungen aus dem 19. und 20.Jahrhundert.

4 Schenda 1995.

5 Internationale Volkskundliche Bibliographie 2000; seit 1917, zuletzt für das Jahr 1997.

6 Schilling 1965, S. 178.

7 Eine gute Darstellung sowie instruktive Abbildungen des Geschehens auf Pferdemärkten finden sich bei Amberger 1998, S. 16–26.

8 Der Pferdemarkt in Hamm findet alle 14 Tage mittwochs in den Zentralhallen statt. Er gilt als einer der größten Pferdemärkte in Deutschland.

9 Der Pferdemarkt in Bottrop wurde 1984 von einigen Kaufleute wieder veranstaltet, nachdem er in den zwanziger Jahren mangels Bedarfs eingestellt worden war. Heute findet der Pferdemarkt zweimal jährlich, im Mai und September, mit enormem Publikumsandrang statt. Das Stünzelfest, am ersten Wochenende im Juni seit nunmehr über 150 Jahren, wird auf dem Waldfestplatz des Berleburger Ortsteils Stünzel als Heimatfest mit der „traditionellen Tierschau des Wittgensteiner Berglandes" gefeiert und zieht ebenfalls Tausende von Besuchern an.

10 Buchner 1996.

11 Amberger 1998.

12 Boßhammer 1988, S. 43–50.

13 Vgl. Bimmer u.a. 1991, S. 195–201.

14 Kretzenbacher 1966.

15 Rattelmüller 1988.

16 Frenzel 1953.

17 Dundes u.a. 1993.

18 Rigele 1995.

19 Meyer 1982.

Anmerkungen zu:
Harald A. Euler:
Mädchen, Frauen und Pferde

1 Adolph u.a. 1994.

2 Euler 1998 (Manuskript vom Autor erhältlich).

3 Bowlby 1975.

4 Unter dem Begriff Selbstwirksamkeit („self-efficacy") wird die subjektive Überzeugung verstanden, schwierige Aufgaben und Lebensprobleme auf Grund eigener Kompetenzen bewältigen zu können.

5 Allman 1996; Daly u.a. 1983; Geary 1998; Mealey 2000; Voland 2000.

6 Die prinzipiellen Überlegungen gelten für alle Säugetiere, also auch für Pferde.

7 Murdock 1965, zit. n. Daly u.a. 1983, S. 262–263.

8 Kelly u.a. 2001, S. 89–106.

9 Vgl. Matthews 1992; Whiting u.a. 1973.

10 Barry u.a. 1980 (untersucht wurden 185 Kulturen).

11 Anthony 1991; Anthony u.a. 1991; Anthony u.a 1992.

12 Capps 1993, S. 44–75.

13 Harris 1988, S. 13–43.

14 Nur in acht von 143 Kulturen wird ausschließlich oder hauptsächlich von Frauen geschlachtet (Barry u.a. 1980, zit. n. Mealy 2000, S. 3, 4 u. 6).

15 Capps 1993, S. 56.

16 Harris 1988, S. 89–111.

17 Vgl. z.B. Wegner u.a. 1998.

18 Baumgärtner 2001, S. 31–86; Adolph u.a. 1994, S. 9–11.

Anmerkungen zu:
Christian Sieling:
Auswirkungen der Beweidung ...

1 Die Untersuchung wurde im Rahmen einer Diplomarbeit am Institut für Landschaftsökologie der Westfälischen Wilhelms-Universität Münster durchgeführt. Die Datenerhebung erfolgte von Ende April bis Ende Oktober 1997.

2 Lt. Geschäftsstelle des Landesverbandes NRW der Vereinigung der Freizeitreiter und -fahrer in Deutschland VFD.

3 Janis 1976, S. 757–774.

4 Hofmann 1995.

5 Volf 1996, S. 9–11 u. S. 32.

6 Weber 1996, S. 137.

7 Zimmermann 1990, S. 97–103.

8 Berger 1993, S. 82; Weber 1996, S. 137; Mohr u.a. 1984, S. 128.

9 Oklahoma State University Board of Regents 1977.

10 Porzig u.a. 1991, S. 252–289.

11 Raymond u.a. 1956; Harris 1960; Holms u.a. 1956.

12 Klapp 1971, S. 620.

13 Porzig u.a. 1991, S. 252–289.

14 Ebd.

15 Ebd.

16 Dirven u.a. 1973, S. 123–130; Ödberg u.a. 1976, S. 147–149.

17 Ebd. Der Begriff Geilstellen leitet sich ab von „Geilung" und bezeichnet üppiges Blattwachstum bei überreicher Stickstoffzufuhr.

18 Edwards u.a 1982, S. 953–964.

19 Feist u.a. 1976, S. 337–371; Putman u.a. 1991, S. 329–347.

20 Hafez 1962.

21 Weber 1995.

22 Atlas der DDR 1981 (Angaben aus den Kartenlegenden).

23 Ebd.

24 Ebd.

25 Dierschke 1994, Tüxen.

26 GPS (Global Positioning System) liefert Messdaten, mit denen die räumliche Ausnutzung des Geländes durch die Pferde ermittelt werden kann.

27 Jacobs 1974, S. 413–417.

28 Levins 1968.

29 Gordon 1989, S. 1–51; S. 53–64; S. 65–79.

30 Schubert u.a. 1995, S. 403.

31 Hulzink 1989, S, 119–124; Drost u.a. 1990, S. 68–74.

32 Klapp 1971, S. 620.

33 Woodfine 1996.

34 Roddis 1996.

35 Kennedy 1996.

36 Gordon 1989, S. 1–51; S. 53–64; S. 65–79.

37 McCann u.a. 1991, S. 275–277.

38 Zervanos u.a. 1979.

39 Flade u.a. 1989.

40 Schach 1994.

41 Kalz 1994, S. 75.

42 Liebscher 1995; Scheibe u.a.1996.

43 Schach 1994.

44 Gibson u.a. 1992.

45 Van Deuseren u.a. 1993.

46 Miltner 1997, S. 6.

47 Edwards u.a.1982, S. 953–964; Archer 1977, S. 98; Putman u.a. 1991, S. 32 -347.

48 Lamm 1997, S. 109.

Anmerkungen zu:
Agnes Sternschulte: Die Sennerzucht

1 Ernst 1956, S. 51.

2 Dossenbach 2000, S. 43.

3 Lackner 1996, S. 63.

Literaturverzeichnis

Abusch-Siewert, Susanne: Gebißmorphologische Untersuchungen an eurasiatischen Anchiterien (Equidae, Mammalia) unter besonderer Berücksichtigung der Fundstelle Sandelzhausen. In: Courier Forschungsinstitut Senckenberg, 62 (1983), S. 1–361.

Adolph, Helga; Euler, Harald A.: Warum Mädchen und Frauen reiten. Eine empirische Untersuchung. Kassel 1994 (Psychomotorik in Forschung und Praxis; Bd. 19).

Akademie der Wissenschaften der DDR (Hrsg.): Atlas Deutsche demokratische Republik. Gotha 1981.

Akademie für Raumforschung und Landesplanung (Hrsg.): Deutscher Planungsatlas Bd. I: Nordrhein-Westfalen, Lieferung 3: Vegetation (Potentielle natürliche Vegetation). Hannover 1972.

Albert, Hans: Das Sennergestüt Lopshorn. In: Lippischer Dorfkalender, 9 (1924), S. 91–93.

Allman, William F.: Mammutjäger in der Metro. Wie das Erbe der Evolution unser Denken und Verhalten prägt. Heidelberg 1996.

Alsheimer, Rainer (Hrsg.): Internationale Volkskundliche Bibliographie (seit 1917), zuletzt für das Jahr 1997. Bonn 2000.

Amberger, Eva-Maria: Ohne Pferde ging nichts. Haltung. Nutzung und Brauchtum des ländlichen Arbeitspferdes um 1900. 2. Aufl., Münster-Hiltrup 1998 (= Damals bei uns in Westfalen. Bilder und Berichte zur Volkskunde und Volkskultur).

Ammon, Karl Wilhelm: Über die Verbesserung und Veredelung der Landespferdezucht durch Landgestüts-Anstalten. Nürnberg 1829.

Anderten, Adolf von: Das Sennergestüt im Fürstenthum Lippe-Detmold. Detmold 1873. [NRW Staatsarchiv Detmold H 101]

Anthony, David W.: The domestication of the horse. In: Meadow, Richard H. Uerpmann, Hans-Peter (Hgg.): Equids in the Ancient World, Bd.2, Wiesbaden 1991, S. 250–277.

Anthony, David W.; Brown, Dorcas R.: The origins of horseback riding. In: Antiquity, 65 (1991), S. 22–38.

Anthony, David W.; Telegin, Dimitri Y.; Brown, Docras R.: Die Anfänge des Reitens. In: Spektrum der Wissenschaft, (1992) 2, S. 88–94.

Archer, M.: Grazing patterns of horses. In: British Veterinary Journal, 133 (1977), 1, S. 98.

Arcularius, Dr.: Wilde Pferde. In: Deutsche landwirtschaftliche Tierzucht, 25 (1921), S. 158.

Averdunk, Heinrich: Geschichte der Stadt Duisburg. Duisburg 1894.

Azzaroli, Augusto: A synopsis of the quaternary species of Equus in North America. In: Bulletino della Società Paleontologica Italiana, 34 (1995), 2, S. 205–221.

Bachmann, Iris: So wohnen unsere Pferde. In: Zoologisches Museum der Universität Zürich (Hrsg.): Pferde in der Steppe und im Stall. Zürich 1998.

Bächtold-Stäubli, Hans (Hrsg.) unter Mitwirkung von Hoffmann-Krayer, Eduard: Handwörterbuch des deutschen Aberglaubens. Neuauflage mit einem Vorwort von Christoph Daxelmüller. Unveränderter photomechanischer Nachdruck. Berlin, New York 1927/1986.

Baltruschat, Renate: Wie die wilden Ponys leben. Beobachtungen im Merfelder Bruch des Herzogs von Croy. In: Krewerth, R. A.: Pferde in Westfalen. Münster 1982 (= Sonderteil aus: Jahrbuch Westfalen, 37 (1983), S. 91/43–100/52).

Barry, Herbert (Hrsg.): Cross-cultural samples and codes. Pittsburgh 1980.

Baum, Marlene: Das Pferd als Symbol. Frankfurt a.M. 1991.

Baumann, Richard: Graf Adolfs Pferd kam aus dem Ratinger Wildgehege. Die Wildpferdeherde vom Junkersbusch. In: Journal/Kreis Mettmann, 12 (1992/93), S. 87–89.

Baumgart, Peter: Der deutsche Hof in der Barockzeit als politische Institution. In: Burke, August (Hrsg.): Europäische Hofkultur im 16. und 17. Jahrhundert. Hamburg 1981 (Wolfenbüttler Arbeiten zur Barockforschung, 1).

Baumgärtner, Ingrid: Biblische, mythische und fremde Frauen. Zur Konstruktion von Weiblichkeit in Text und Bild mittelalterlicher Weltkarten. In: Ertzdorff, Xenia (Hrsg.): Erkundung und Beschreibung der Welt. Zur Poetik der Reise- und Länderberichte. Amsterdam 2001.

Beitl, Erich; Osswald, Erich: Wörterbuch der deutschen Volkskunde. Leipzig 1936.

Bell, R. H. V.: A grazing system in the Serengeti. In: Scientific American, 225 (1971), S. 86–93.

Bell, R. H. V.: The use of the herb layer by grazing ungulates in the Serengeti. In: Watson, Adam (Hrsg.): Animal population in relation to their food resources. Oxford 1970, S. 111–123.

Berger, Anne: Untersuchungen zum Tagesrhythmus beim Przewalskipferd. Dipl.Arb., Berlin 1993.

Bergmann, Hermann-Josef: Zur Geschichte der Davert. In: Davensberger Jahrbuch, 30.2001 (2000), S. 96–99.

Bimmer, Andreas C.: Kein Platz für Tiere. Über die allmähliche Verdrängung aus der Öffentlichkeit des Menschen. In: Becker, Siegfried; Bimmer, Andreas C. (Hgg.): Mensch und Tier. Kulturwissenschaftliche Aspekte einer Sozialbeziehung. In: Hessische Blätter für Volks- und Kulturforschung, N.F. 27 (1991), S. 195–201.

BMELF: Leitlinien im Pferdesport. 1992

BMELF: Leitlinien zur Beurteilung von Pferdehaltungen unter Tierschutzgesichtspunkten.
http://www.bml.de/tierschutz/pferdehaltung.htm [Stand 17.01.01].

Böing, Joseph: Entwicklung und Stand der westfälischen Pferdezucht. Diss., Halle 1911.

Bölsche, Wilhelm: Tierbuch. Eine volkstümliche Naturgeschichte. Bd. 2: Das Pferd und seine Geschichte. Berlin 1909.

Boßhammer, Albert: Dorfgeschichten. Erinnerungen eines hessischen Bauernjungen. Lahntal 1988.

Boumann, Inge; Bouman, Jan: The history of Przewalski's horse. In: Boyd, L.; Houpt, K. A. (Hgg.): Przewalski's horse. The history and biologie of an endangered species. New York 1994, S. 5–38.

Bouwinghausen von Wallmerode, Franz Max Freiherr von: Taschenkalender auf das Jahr 1794 für Pferdeliebhaber, Reuter, Pferdezüchter, Pferdeärzte und Vorgesetzte großer Marställe. Tübingen 1794.

Bowlby, John: Bindung. Eine Analyse der Mutter-Kind-Beziehung. München 1975.

Bowling, Ann T.; Del Valle, Angel; Bowling, Michael: A pedigree-based study of mitochondrial D-loop sequence variation among Arabian horses. In: Animal Genetics, 31 (2000), S. 1–7.

Bräuer, Carl: Die Gestüte des In- und Auslandes. Dresden 1901.

Brepohl, Wilhelm: Industrievolk im Wandel von der agraren zur industriellen Daseinsform dargestellt am Ruhrgebiet. Tübingen 1957 (Sozialforschungsstelle an der Universität Münster: Soziale Forschung und Praxis, 18).

Buchner, Jutta: Kultur mit Tieren. Zur Formierung des bürgerlichen Tierverständnisses im 19. Jahrhundert. Münster 1996.

Camp, Charles L.; Smith, Natasha: Phylogeny and functions of the digital ligaments of the horse. In: Memoirs University of California, 13 (1942), S. 65–122.

Capps, Benjamin: Die Indianer. Amsterdam 1993.

Chemisches und Veterinäruntersuchungsamt Freiburg (Hrsg.): Gruppenhaltung von Pferden. Eingliederung fremder Pferde in bestehende Gruppen. Freiburg 2000.

Chenevix Trench, Charles: Geschichte der Reitkunst. München 1970.

Christian Holst (Hrsg.): Franz Marc Pferde. Katalog der Staatsgalerie Stuttgart. Stuttgart 2000.

Collmann, Adolph: Rückblick auf die Geschichte der Landespferdezucht im Fürstenthum Lippe. Detmold 1890.

Cope, E. D.: Contributions to the history of the vertebrata of the lower Eocene of Wyoming and New Mexico. In: Proceedings of the American Philosophical Society, (1881/82), S. 139–197.

Daly, Martin; Wilson, Margo: Sex, evolution, and behaviour. 2. Aufl., Belmont 1983.

Das Pferd in der Kunst. Ausstellungskatalog. München 1936.

Dege, W.: Das Merfelder Bruch – die Erschließung einer Bruchlandschaft des westlichen Münsterlandes. In: Dülmener Heimatblätter, (1969), 2, S. 10–13.

Dege, Wilhelm; Dege, Wilfried: Das Ruhrgebiet. 3. berichtigte Aufl., Stuttgart 1983.

Dent, Anthony: The horse through fifty centuries of civilization. London 1974.

Detten, Georg von: Das Wildpferd Niedersachsens. In: Niedersachsen, 13/14 (1907/8), S. 348–349.

Devens, Friedrich Karl: Das deutsche Roß in der Geschichte. In: Sitte, Sang und Sage. Leipzig 1898–1901.

Devens, Friedrich Karl: Die wilden Emscherbrücher. In: Das Emscher-Lippeland, Monatliche Heimatbeilage des General-Anzeigers für das Emscher-Lippeland, 8 (1928), S. 81–85.

Die Pferdezucht und ihre Förderung in der Provinz Westfalen, Münster 1910 (Veröffentlichungen der Landwirtschaftskammer für die Provinz Westfalen, Heft 10).

Dierschke, Hartmut: Pflanzensoziologie. Stuttgart 1994.

Dirven, J. G.; de Vries, D. M.: Botanische Zusammensetzung von Pferdeweiden. In: Zeitschrift für Acker und Pflanzenbau, 137 (1973), S. 123–130.

Donop, Wilhelm Gottlieb Levin: Historisch-geographische Beschreibung der Fürstlich-Lippischen Lande. Lemgo (Faksimiledruck der 2. verb. Aufl. von 1790) 1984.

Dorider, Adolf: Emscherbrücher Pferde. In: Heimatblätter für Castrop-Rauxel und Umgebung, 3 (1924), 4, S. 79.

Dorider, Adolf: Von der Emscher und dem Emscherbruche. In: Die Heimat in Vergangenheit und Gegenwart, Recklinghausen, 1 (1924), 2, S. 17–21.

Dorminger, Georg (Hrsg.): Gaius J. Caesar, Der Gallische Krieg, 2. Aufl., München 1966.

Dreusen, Mieleke van; Cornellissen, Perry; Vulnik, Theo; Esselink, Peter: Jaarondbegrazing in de Lauwersmeer. Zelfredzaamheid van grote grazers en effecten op de vegetatie. In: De levende Natuur, 94 (1993), 6, S. 196–204.

Drost, H. J.; Deursen, E. J. M. van; Muis, A.: Begrazing van Riet door runderen en paarden in de Lauwersmeer. In: De levende Natuur, 91 (1990), 3, S. 68–74.

Duncan, Patrick u. a.: Comparitive nutrient extraction from forages by grazing bovids and equids. A test of the nutritional model of equid/bovid competiton and coexistence. In: Oecologia, 84 (1990), S. 411–418.

Duncan, Patrick: Horses and Grasses. The nutritional ecologie of equids and their impact on the Carmague. New York 1992.

Dundes, Alan; Falassi, Alessandro: La Terra in Piazza. Die Erde auf dem Platz. Eine Interpretation des Palio in Siena. Siena 1993.

Dünkelberg, Friedrich Wilhelm: Die Zuchtwahl des Pferdes im besonderen das englisch-arabische Vollblut. Braunschweig 1898.

Düring, Major von: Das Sennergestüt am Teutoburger Walde. In: Bismark, Fr. Wilhelm: Reuter-Bibliothek. 3. Teil. Karlsruhe 1827, S. 516–537.

Edwards, Peter J.; Hollis, S.: The distribution of excreta on New Forest grassland used by cattle, ponies and deer. In: Journal of Applied Ecology, 19 (1982), S. 953–964.

Eisenmann, Véra: Origins, dispersals and migrations of Equus (Mammalia, Perissodactyla). In: Courier des Forschungsinstituts Senckenberg, 153 (1992), S. 161–170.

Eisenmann, Véra; Baylac, Michel: Extant and fossil Equus (Mammalia, Perissodactyla) skulls: a morphometric definition of the subgenus Equus. In: Zoologica Scripta, 29 (2000), S. 89–100.

Elias, Maxim K.: Tertiary Prairie grasses and other herbs from the High Plains. In: Special Papers, Geological Society of America, 41 (1942), S. 1–176.

Ellenberg, H.: Die Vegetation Mitteleuropas mit den Alpen in ökologischer Sicht. Stuttgart 1986.

Ernst, Heinrich: Entwicklung des ehemaligen Fürstlich-Lippischen Sennergestüts. Diss., Hannover, Bielefeld 1956.

Ersch, Johann Samuel; Gruber, Johann Gottfried (Hgg.): Allgemeine Encyklopädie der Wissenschaften und Künste, 63. Teil, Section A-G, Leipzig 1856.

Euler, Harald A.: Jungen – Mädchen – Pferde und Reiten. Vortrag auf der Fachtagung „Jugend im Wandel" der Deutschen Reiterlichen Vereinigung. Warendorf 1998.

Fehrle, Eugen (Hrsg.): P. C. Tacitus, Germania, München. 3. Aufl., Berlin 1939.

Feist, J. D.; McCullough, D. R.: Behaviour patterns and communication in feral horses. In: Tierpsychologie, 41 (1976), S. 337–371.

Felix-Henningsen, Peter: Anleitung zur Ansprache von Böden im Gelände. Münster 1990.

Ferber, Heinrich: Gestüt der wilden Pferde im Duisburger Wald. In: Beiträge zur Geschichte des Niederrheins: Jahrbuch des Düsseldorfer Geschichtsvereins, 6 (1892), S. 69–145.

Flade, Johannes Erich: Shetlandponys. Wittenberg 1986.

Flade, Johannes Erich; Gless, Karl Heinz: Kleinpferde. Berlin 1989.

Forster, Peter; Harding, Rosalind; Torroni, Antonio; Bandelt, Hans-Jürgen: Origin and evolution of native American mtDNA variation: A reappraisal. In: American Journal of Human Genetics, 59 (1996), S. 935–945.

Franzen, Jens Lorenz: Senckenbergs Grabungskampagne 1975 in Messel: Erste Ergebnisse und Ausblick. In: Natur und Museum, 106 (1976), 7, S. 217–223.

Franzen, Jens Lorenz: Die Stammesgeschichte der Pferde in ihrer wissenschaftshistorischen Entwicklung. In: Natur und Museum, 114 (1984) 6, S. 149–162.

Franzen, Jens Lorenz: Hallensia (Mammalia, Perissodactyla) aus Messel und dem Pariser Becken sowie Nachträge aus dem Geiseltal. In: Bulletin de l'Institut Royal des Sciences Naturelles de Belgique, 60 (1990), S. 175–201.

Franzmeier, Otto: Fürst Woldemar und seine Zeit. In: Heimatland Lippe, 55 (1962), 1, S. 19–22.

Frenzel, Alfons: Osterreiten. Ein sorbischer Brauch. Bautzen 1992.

Frevert, Sylvia: Senner-Pferde. Die älteste Pferderasse Deutschlands. In: Rasseportrait: Pferdezeitung – Freude mit Pferden. Ausgabe 57 v. 21.4.2000. http://www.pferdezeitung.de/Rassen/57/ [Stand 23.11.2001].

Fugger, Markus: Von der Gestüterey. Hildesheim 1584 (Nachdruck 1999).

Funcke, Heinrich: Die Emscher. In: Wanne-Eickeler Hefte, (1984), 1, S. 3–23.

Funcke, O. von: Das Fürstlich Lippe'sche Sennergestüt Lopshorn. In: Sankt Georg (1915), 16, S. 2–3.

Gatermann, Wilhelm (Hrsg.): Pferdehochzuchten. Berlin 1924. (Deutsche Hochzuchten; Bd. 2).

Geary, David C.: Male, Female. The evolution of human sex differences. Washington 1998.

Gehne, Fritz: Die letzten Wildpferde. In: Heimatkalender Landkreis Rees, hrsg. von der Kreisverwaltung Rees in Wesel, (1958), S. 131–132.

Gingerich, Philip D.: New earliest Wasatchian mammalian fauna from the Eocene of northwestern Wyoming. Composition and diversity in a rarely sampled highfloodplain assemblage. In: University of Michigan Papers on Paleontology, 28 (1989), S. 1–97.

Glitz, H.: Die Wildbahn im Merfelder Bruch. In: Dülmener Heimatblätter, (1954), S. 3–7.

Gordon, I. J.: Vegetation community selection by ungulates on the Isle of Rhum, I. Food supply, II. Vegetation community selection, III. Determinants of vegetation community selection. In: Journal of Applied Ecology, 26 (1989), I., S. 35–51; II., S. 53–64; III., S. 65–79.

Gramatzki, Fritz; Rohde, Alfred: Künstler sehen Pferde. Königsberg, Berlin 1939.

Gross, L: Die berühmte I-Linie wird fortgesetzt. Zucht der Senner Pferde auf Gut Ottenhausen. In: Der Kiepenkerl 1958. [Lippische Landesbibliothek L 419 1].

Grote, Wilhelm: Die Entwicklung der westfälischen Warmblutzucht und ihre herausragenden Stutenstämme. Düsseldorf 1932.

Günther, K.: Die Jungsteinzeit in Lippe. Führer zu archäologischen Denkmälern in Deutschland. Der Kreis Lippe, Bd. 10. Stuttgart 1985, S. 86–96.

Hafez, Eldin Saad Elsayed: The behaviour of domestic animals. London 1962.

Harris, Marvin: Wohlgeschmack und Widerwillen. Das Rätsel der Nahrungstabus. Stuttgart 1988.

Harteisen, Ulrich: Die Senne. Eine historisch-ökologische Landschaftsanalyse als Planungselement im Naturschutz. Münster 2000.

Hase-Schmundt, Ulrike von (Hrsg.): Albrecht Adam und seine Familie: zur Geschichte einer Münchner Künstlerdynastie im 19. und 20. Jahrhundert. München 1981.

Heck, Karl: Bericht von wilden Pferden. In: Monatsschrift des Bergischen Geschichtsvereins, 12 (1905), 1, S. 14–15.

Heese, Maria: Der Landschaftswandel im mittleren Ruhrindustriegebiet seit 1820. Münster 1941 (Arbeiten der Geographischen Kommission im Provinzialinstitut für westfälische Landes- und Volkskunde, 6).

Hehn, Victor: Kulturpflanzen und Haustiere in ihrem Übergang aus Asien und Griechenland und Italien sowie in das übrige Europa: historisch-linguistische Studien. Berlin 1911.

Heimat- und Verkehrsverein (Hrsg.): Bad Lippspringe. Bad Lippspringe 1995.

Heimat- und Verkehrsverein Davensberg (Hrsg.): 725 Jahre Davensberg. Davensberg 1980.

Held, Thomas: Eine Stadt wechselt die Branche – Hertens Wandel von der Bergbaustadt zum Recyclingzentrum. In: Geographisches Institut der Ruhr-Universität Bochum u. Kommunalverband Ruhrgebiet (

: Vor Ort im Ruhrgebiet. Essen (überarb. Auflage in Druck).

Held, Thomas; Schmitt, Thomas: Vom Spitzkegel zur Landmarke. In: Geographische Rundschau, 53 (2001), 9, S. 19–26.

Hengstverteilungsplan 1972 der in Westfalen-Lippe aufgestellten Hengste des Nordrhein-Westfälischen Landgestüts Warendorf und der Privat- und Genossenschaftshengste. In: Westfalens Ross und Reiter, (1972) 43, S. 17–21.

Hengstverteilungsplan 1974 der in Westfalen-Lippe aufgestellten Hengste des Nordrhein-Westfälischen Landgestüts Warendorf und der Privat- und Genossenschaftshengste. In: Westfalens Ross und Reiter, (1974) 51, S. 11–16.

Henrichmann, Wilhelm (Hrsg.): Die Davert war Heimat der Wildpferde. In: Davensberg – Burg und Flecken. Davensberg 1993, S. 200–202.

Heupel, Heinz: Drei Jahrzehnte Reitponyzucht: Wildbahnstuten aus Nordkirchen. In: Reiter und Pferde in Westfalen, 12 (1987), 1, S. 32–33; 12 (1987), 2, S. 36; 12 (1987), 3, S. 40–41; 12 (1987), 4, S. 44–45.

Heupel, Heinz: Westfalens Reitponys in Zucht und Sport. Selm 1995.

Higuchi, Russell G.; Wrischnik, Lisa A.; Oakes, Elizabeth; George, Matthew; Tong, Benton; Wilson, Allan C.: Mitochondrial DNA of the extinct Quagga: Relatedness and extent of postmortem change. In: Journal of Molecular Evolution, 25 (1987), S. 283–287.

Higuchi, Russell; Bowman, Barbara; Freiberger, Mary; Ryder, Oliver A.; Wilson, Allan C.: DNA sequences from the quagga, an extinct member of the horse familiy. In: Nature, 312 (1984), S. 282–284.

Hofmann, R.: The development of social behaviour in immature males of a feral horse population. Diss., Tübingen 1983.

Hofmann, R. R.: Die Wiederkäuer. In: Biologie unserer Zeit, 21 (1991), Heft 2, S. 73ff.

Hohenschwert, F.: Tönsberglager bei Oerlinghausen, Wistinghauser Schlucht und Hügelgräber in der Wistinghauser Senne. Führer zu archäologischen Denkmälern in Deutschland. Der Kreis Lippe. Bd. 11, Stuttgart 1985, S. 91–103.

Hooker, Jeremy J.: The beginning of the equoid radiation. In: Zoological Journal of Linnean Society, 112 (1994), S. 29–63.

Hulzink, Paul: Pionieren met pony's in de Zepeduinen. In: De levende Natuur, 90 (1989), 4, S. 119–124.

Huske, Joachim: Der Steinkohlenbergbau im Ruhrrevier von seinen Anfängen bis zum Jahr 2000. Werne 2000.

Huxley, T. H.: Anniversary address of the president of the Geological Society, London. In: Quarterley Journal of the Geological Society, 26 (1870), S. XXIV–LXIV.

Ishida, N.; Hasegawa, T.; Takeda, K.; Sakgami, M.; Onishi, A.; Inumara, S.; Komatsu, M.; Mukoyama, H.: Polymorphic sequence in the D-loop region of equine mitochondrial DNA. In: Animal Genetics, 25 (1994), S. 215–221.

Ishida, Nobushige; Oyunsuren, Tsendsuren; Mashima, Suguru; Mukoyama, Harutaka; Saitou, Naruya: Mitochondrial DNA sequences of various species of the genus Equus with special reference of the phylogenetic relationship between Przewalskii's wild horse and domestic horse. In: Journal of Molecular Evolution, 41 (1994), S. 180–188.

Jacobs, Jürgen: Quantitive measurement of food selection. In: Oecologia, 14 (1974), S. 413–417.

Jähns, Max: Ross und Reiter in Leben und Sprache, Glauben und Geschichte der Deutschen. Eine kulturhistorische Monografie. 2 Bde. Leipzig 1872 (Reprint 1994).

Janis, Christine M.: The evolutionary strategy of the Equidae and the origins of rumen and cecal digestion. In: Evolution, 30 (1976), S. 757–774.

Kaiser, Thomas; Bernor, Raymond L.; Franzen, Jens L.; Scott, Robert S.; Solounias, Nikos:

New interpretations of the systematics and palaeoecology of the Dorn-Dürkheim 1 Hipparions (Late Miocene, Turolian Age (MN11)), Rheinhessen, Germany (in Vorbereitung).

Kalz, Beate: Untersuchungen zum Feindvermeidungsverfahren unter Berücksichtigung des Sozialverhaltens von zoogeborenen Przewalskipferden im Semi-Reservat Schorfheide (Brandenburg). Dipl. Arb., Berlin 1994.

Kaneda, Hideki; Hayashi, Jun-Ichi; Takaham, Sumiyo; Taya, Choji; Fischer-Lindahl, Kirsten; Yonekawa, Hiromichi: Elimination of paternal mitochondrial DNA in intraspecific crosses during early mouse embryogenesis. In: Proceedings of the National Academy of Sciences of the USA, 92 (1995), S. 4542–4546.

Kapitzke, Gerhard: Das Pferd von A–Z. Rassen, Zucht, Verhalten, Reiten und Fahren. 5. völlig neu bearb. Aufl., München 1999.

Kapitzke, Gerhard: Wildlebende Pferde. Berlin 1973.

Katte, Major von: Bericht über die Pferdezucht in Westdeutschland (Rheinland, Westfalen) aus dem Jahre 1821. In: Herzog von Croy'sches Archiv, Hs 57.

Kelly, Susan; Dunbar, Robin I. M.: Who dares wins: heroism versus altruism in women's mate choice. In: Human Nature, 12 (2001) 2, S. 89–105.

Kennedy, Joe: Aspects of the social behaviour and behavioural ecology of a bachelor group of Przewalski's horses (Equus przewalskii) under free ranging conditions at Eelmore Marsh. Farnborough College of Technology 1996.

Kim, K.-I.; Yang, Y.-H.; Lee, S.-S.; Park, C.; Ma, R.; Bouzat, J. L.; Lewin, H. A.: Phylogenetic relationships of Cheju horses to other horses as determined by mtDNA D-loop sequence polymorphism. In: Animal Genetics, 30 (1999), S. 102–108.

Kindlinger, Niklas: Münsterische Beiträge zur Geschichte Deutschlands, hauptsächlich Westfalens, 3 Bde., Münster 1787–1793.

Kittel, Erich: Elias van Lennep: ein lippischer Kupferstecher des 17. Jahrhunderts. In: Lippischer Kalender, 263 (1951), S. 118–121.

Klapp, Ernst: Wiesen und Weiden. Berlin, Hamburg 1971.

Kleff, B. (Hrsg.): Bochum. Ein Heimatbuch für Stadt und Land. Bochum 1925.

Kleinsorge, Josef: Die Wildpferde der Davert, des Stever- und Emscherbruches. In: Lüdinghauser Kreiskalender, (1923), [o.S.].

Kleinsorge, Josef: Geschichte und Förderungsmaßnahmen der landwirtschaftlichen Tier-

zucht Westfalens. Diss., Weilburg 1902.

Klingel, Hans: Das Verhalten der Pferde (Equidae). In: Handbuch der Zoologie. Berlin, New York 1972, S. 1–10.

Knese, Louis: Ein königlicher Einzug. In: Heimatland Lippe, 78 (1985), 5, S. 151–156.

Koch, Alois (Hrsg.): Encyclopädie der gesammten Thierheilkunde und Thierzucht. 11 Bde., [Einträge Senner, Sennergestüt, Senner-Pferde] Wien 1885–1894.

Koenigswald, Wighart von; Schaarschmidt, Friedemann: Ein Urpferd aus Messel, das Weinbeeren fraß. In: Natur und Museum, 113 (1983) 3, S. 79–84.

Koenigswald, Wighart von; Storch, Gerhard (Hgg.): Messel. Ein Pompeji der Paläontologie. Sigmaringen 1998.

Köllmann, Wolfgang; Hoffmann, Frank; Maul, Andreas E.: Bevölkerungsgeschichte. In: Köllmann, Wolfgang; Korte, Hermann; Petzina, Dietmar; Weber, Wolfhard (Hgg.): Das Ruhrgebiet im Industriezeitalter. Geschichte und Entwicklung. Düsseldorf 1990, Bd.1, S. 111–197.

Kordt, Walter: Die Wildpferde im Angermunder Wald. In: Die Heimat. Heimatzeitschrift für Düsseldorf und Umgebung, 9 (1958), S. 354–358.

Kowalevsky, Wladimir: Monographie der Gattung *Anthracotherium Cuv.* und Versuch einer natürlichen Classifikation der fossilen Hufthiere. In: Palaeontographica, 22 (NF. 2), (1876), S. 133–347.

Kowalevsky, Wladimir: Sur l'*Anchitherium aurelianense Cuv.*, et sur l'Histoire Paléontologique des Chevaux. In: Mémoires l'Académie Impériale des Sciences de St. Petersbourg, (7) 20 (1873) 5, S. 1–73.

Kraemer, Ado: Die Reit- und Fahrschule des Sennergestüts Lopshorn. In: Sankt Georg, (1930) 3, S. 21–22.

Kretzenbacher, Leopold: Ringreiten, Rolandspiel und Kufenstechen. Sportliches Reiterbrauchtum von heute als Erbe aus abendländischer Kulturgeschichte. Klagenfurt 1966.

Kreuz, August: Herzog von Croy'sches Wildpferdgestüt im Merfelderbruch bei Dülmen. In: Kreiswerbebuch [des Kreises Coesfeld], o.J.

Kreuz, August; Späh, K.: Wildpferde einst und jetzt. Essen [1931].

Krewerth, Rainer A. (Hrsg.): Pferde in Westfalen. Bilder und Texte aus Vergangenheit und Gegenwart. Münster 1982.

Krewerth, Rainer A.; Rensing, Dieter: Wo die wilden Pferde leben. Über Sommer und

Winter. Geburt und Tod in der Wildbahn von Dülmen. Warendorf 1995.

Krus-Bonazza, Annette: Auf Cranger Kirmes. Vom Pferdemarkt zum Oktoberfest des Westens. Münster 1992 (Beiträge zur Volkskultur in Nordwestdeutschland, 80).

Küppers, Heimtraut: Von den Wildpferden im Meerfelder Bruch. In: Die Heimat, Düsseldorf, 9 (1958), 12, S. 358–360.

Kurowski, Hubert: Die Emscher. Geschichte und Geschichten einer Flußlandschaft. Essen 1993.

Kuske, Bruno: Wirtschaftsgeschichte Westfalens in Leistung und Verflechtung mit den Nachbarländern bis zum 18. Jahrhundert. 2. Aufl., Münster 1949 (Veröffentlichungen des Provinzialinstituts für westfälische Landes- und Volkskunde, Reihe 1: Wirtschafts- und verkehrswiss. Arbeiten, 4).

KVR (Kommunalverband Ruhrgebiet): Städte- und Kreisstatistik Ruhrgebiet 1999. Essen 2000.

Lackner, Karl-Ludwig: Die Senner. Borgholzhausen 1996.

Lamm, Hendrik: Der Einsatz von Haustierrassen in Landschaftschutz und Landschaftspflege. Eine Beschreibung der Praxis in der Bundesrepublik Deutschland von 1985–1996. Dipl.Arb., Hannover 1997.

Lampe, Hans Peter: Wildpferde in Westfalen. Von der Steinzeit bis heute. Recklinghausen 1977.

Landesanstalt für Groß-Schutzgebiete (Hrsg.): Pflege- und Entwicklungsplan Biosphärenreservat Schorfheide, Biotoptypenkarte, TK 0709-113, Döllner Siedlung. Eberswalde 1996.

Liebschner, Alexander: Freilanduntersuchungen zum Auswilderungsprojekt Przewalskipferde. Kursprotokoll zum Vertiefungskurs: Verhaltens- und Sinnesbiologie bei Wirbeltieren vom 3.4.95–12.5.95 am Institut für Verhaltensbiologie und Zoologie der HU Berlin. Berlin 1995.

Lindenberg, Paul: Durch's Lippische Land. Bilder aus Gegenwart und Vergangenheit. Detmold 1913.

Lindner, Ferdinand: Die Senner. In: Die Gartenlaube, 14 (1879), S. 239–242.

Lindsay, Everett H.; Opdyke, Neil D.; Johnson, Noye D.: Pliocene dispersal of the horse *Equus* and late Cenozoic mammalian dispersal events. In: Nature, 287 (1980), S. 135–138.

Lintel, Ludger: Untersuchungen über den inneren Werdegang züchterischen Wissens an der Hand der geschichtlichen Entwickelung der westfälischen Pferdezucht. Diss., Münster 1908.

Lippische Pferdezucht. In: Sankt Georg, (1924) 31, S. 7–9.

List, Claudia: Tiere. Gestaltung und Bedeutung in der Kunst. Stuttgart, Zürich 1993.

Lister, Adrian M.; Kadwell, Miranda; Kaagan, Laura M.; Jordan, William C.; Richards, Martin B.; Stanley, Helen F.: Ancient and modern DNA in a study of horse domestication. In: Ancient Biomolecules, 2 (1998), S. 267–280.

Löns, Hermann: Eine Sennefahrt. In: Lippischer Dorfkalender, 1 (1949) NF, S. 49–50. Oder: Frau Einsamkeit. In: Hermann Löns, Sämtliche Werke. Bd. 2, hrsg. von Castelle, Friedrich. Leipzig 1924, S. 95–99.

Lütke-Wentrup, Adolf: Die geschichtliche Entwicklung der Pferdezucht in der Provinz Westfalen, ihre Förderung durch Staats- und Vereinshilfe und ihr gegenwärtiger Standpunkt. Diss., Münster 1904.

MacFadden, Bruce J.: Fossil horses: systematics, paleobiology and evolution of the family equidae. Cambridge 1992.

Marklund, S.; Chaudhary, R.; Marklund, L.; Sandberg, K.; Andersson, L.: Extensive mtDNA diversity in horses revealed by PCR–SSCP analysis. In: Animal Genetics, 26 (1995), S. 193–196.

Marsh, Othniel C.: Notice of new Equine mammals from the Tertiary formation. In: American Journal of Science and Arts, (3) 7 (1874) 5, S. 247–258.

Marsh, Othniel C.: Polydactyle horses, recent and extinct. In: American Journal of Science and Arts, (3)17 (1879), S. 497–503.

Martell, P.: Zur Geschichte des wilden Gestüts zu Duisburg. In: Zeitschrift für Gestütkunde und Pferdezucht, 10 (1915) 11, S. 169–174.

Martin, Paul S.; Klein, Richard G.: Quarternary extinctions. A prehistoric revolution. Tucson 1984.

Mattes, Hermann; Beulting, Andreas; Broll, Gabriele; Trappmann, Carsten; Tumbrinck, Josef: Studienprojekt Davert. In: www.uni-muenster/landschaftsoekologie/ag_bioz/ projekt/ Studienprojekte/Davert/ [Stand 23.08.2001].

Matthew, William D.: The evolution of the horse. A record and its interpretation. In: Quarterly Review Biology, 1 (1926) 2, S. 139–185.

McBane, Susan: Pferde der Welt. Das große Bildlexikon zu allen Pferderassen der Welt. Köln 1997.

McCann, Julia S.; Hoveland, Carl S.: Equine grazing preferences among winter annual grasses and clovers adapted to the southeastern United States. In: Equine Veterinary Science, 11 (1991) 5, S. 275–277.

Mealey, Linda: Sex differences. Development and evolutionary strategies. San Diego 2000.

Meisel, Sofie: Emscherland. In: Meyen, Emil; Schmithüsen, J.; Gellert, J.; Neef, E.; Müller-Miny, H.; Schulze, J. H. (Hgg.): Handbuch der naturräumlichen Gliederung Deutschlands. Bd. 2, Bad Godesberg 1959–1962, S. 816–818.

Metzler, A.; Wilbertz, O. M.: Bronzezeit. In: Häßler, H. J.: Ur- und Frühgeschichte in Niedersachsen. Stuttgart 1991, S. 155–192.

Meyer zu Dörentrup, August: Vom Sennergestüt Lopshorn. In: Zeitschrift für Gestütkunde und Pferdezucht, 29 (1933), S. 72–73.

Meyer, Heinz: Das Erlebnis Reiten. Psychologie und Soziologie des Reitens. Köln 1982.

Meysenburg, Otto von: Das Sennergestüt. In: Niedersachsen, 17 (1911) 1, S. 57–62.

Mieckley, E.: Lopshorn. In: Zeitschrift für Gestütkunde und Pferdezucht, 9 (1914) 7, S. 145–155.

Mohr, Erna: Das Urwildpferd. Wittenberg 1959 (Neue Brehm-Bücherei, 249).

Mohr, Erna; Volf, Jiri: Das Urwildpferd. Wittenberg 1984.

Müller, Helmut: Die Davert. Historische Streifzüge durch ein münsterländisches Wald- und Jagdgebiet. Ascheberg 1973.

Murdock, George P.: Culture and society. Twenty-four essays. Pittsburgh 1965.

N.N.: Lippisches Landgestüt. In: Vaterländische Blätter, 2 (6.4.1844) 1, S. 7–14; ders.: Einiges über die jetzigen Landgestüts-Beschäler und deren Verbesserung. In: Vaterländische Blätter, 2 (4.5.1844) 2, S. 71–74.

Nagel-Ittlingen, Adrian von: Die wirtschaftliche Entwicklung der Standesherrschaft Dülmen im Besitz des Herzogs von Croy unter besonderer Berücksichtigung der letzten Jahrzehnte. Diss., Würzburg 1922.

Nickel, Richard; Schummer, August; Seiferle, Eugen: Lehrbuch der Anatomie der Haustiere, Bd. 1: Bewegungsapparat. Berlin, Hamburg 1961.

Nipperdey, Thomas: Deutsche Geschichte 1800–1866. Bürgerwelt und starker Staat. München 1983.

Nissen, Jasper: Enzyklopädie der Pferderassen. Europa. Bd. 1, Stuttgart 1997.

Nobis, Günter: Vom Wildpferd zum Hauspferd. Studien zur Phylogenie pleistozäner Equiden Eurasiens und das Domestikationsproblem unserer Hauspferde. Köln, Wien 1971.

Nobis, Günter: Zur Stammesgeschichte der Wildpferde im Eiszeitalter und das Problem ihrer Domestikation in der Nacheiszeit. Habil., Köln 1969.

Nordhoff, J. B.: Das westfälische Pferd. In: Natur und Offenbarung, 37 (1890), S. 257–273.

Oakenfull, E. Ann; Lim, Han N.; Ryder, Oliver A.: A survey of equid mitochondrial DNA: Implications for the evolution, genetic diversity and conservation of Equus. In: Conservation Genetics, 1 (2000), S. 341–355.

Oklahoma State University Board of Regents: OSU Breeds of Livestock, Przewalski. http:// www.ansi.okstate.edu/breeds/horses/ przew/ [Stand Jan. 2001].

Owen, Richard: Odontography. Bd 1, London 1840.

Paalmann, Anthony: Springreiten. Stuttgart 1977.

Passarge, Harro: Pflanzengesellschaften des norddeutschen Flachlandes I. In: Pflanzensoziologie. Bd. 13., Jena 1964.

Passarge, Harro; Hofmann, Gerhard: Pflanzengesellschaften Nordostdeutschlands. Berlin, Stuttgart 1996.

Pollkläsener, Georg: Die Jagdverhältnisse in der Senne. In: Schirrmann, Richard, Unsere Senne, Staumühle 1928, S. 233–238.

Pollkläsener, Georg: Jagden, Wildschäden und Rassepferde in der Senne. In: Die Warte, 22 (1961), 1, S. 5–7.

Pollmann, U.; Zeeb, Klaus: Verhaltensgerechte Pferdehaltung, Gruppenauslaufhaltung. Tierhygienisches Institut Freiburg. Stand Mai 1996.

Porzig, Erhard; Sambraus, Hans Hinrich (Hgg.): Pferd. In: Nahrungsaufnahmeverhalten landwirtschaftlicher Nutztiere. Berlin 1991, S. 252–289.

Pott, Richard; Hüppe, Joachim: Weidetiere im Naturschutz. In: LÖBF-Mitteilungen, 3 (1994), S. 10–16.

Preuss, Otto; Falkmann, August: Lippische Regesten, Bd. 1, 2, 4. Detmold 1860–68.

Prizelius, Johann Gottfried: Beschreibung des so bekannten Sennergestüts in der Grafschaft Lippe. Lemgo 1771.

Prizelius, Johann Gottfried: Der Bereiter. Leipzig 1787.

Prizelius, Johann Gottfried: Etwas für Liebhaberinnen der Reiterey. Leipzig 1777.

Prizelius, Johann Gottfried: Vollständige Pferdewissenschaft. Leipzig 1777.

Pusch, Gustav: Das Gestütswesen Deutschlands. Berlin 1891.

Putman, J., Fowler; A. D., Tout, S.: Pattern of use of ancient grassland by cattle and horses

223

and effects on vegetational composition and structure. In: Biological Conversation, 56 (1991), S. 329–347.

Rattelmüller, Paul Ernst: Pferdeumritte in Bayern. Tradition und Brauchtum in Altbayern. München 1988.

Rau, Gustav: Die deutschen Pferdezuchten. Studien über die Abstammung ihrer Vertreter und deren Typen auf Grund der Hamburger D.L.G.-Ausstellung 1910. Stuttgart 1911.

Reher, August: Deutsches Hengst-Buch. Die in Deutschland tätigen Vollblut-Beschäler. Berlin 1914.

Rieck, Wilhelm: Detmold in veterinärhistorischer Sicht. Nikolaus Wülcker, der erste tierärztliche Leiter des Sennergestüts. In: Der praktische Tierarzt, (1960), 5, S. 167–168.

Rigele, Brigitte: Sardellendragoner und Fliegenschütz. Vom Pferd im Alltag der Stadt. Wien 1995 (Wiener Geschichtsblätter. Beiheft 1995, 2).

Rocholl, Theodor: Beberbeck und Sababurg. In: Velhagen und Klasings Monatshefte, 45 (1930/31), 1, S. 625–632.

Rocholl, Theodor: Ein Malerleben. Erinnerungen. Berlin 1921.

Roddis, Nichola J.: The grazing behaviour and diet selection of a free-ranging bachelor group of Przewalski´s horses. Diss., Gwynedd 1996.

Roden, Günter von (Hrsg): Duisburger Notizen. Zeitgenössische Berichte von 1417–1992. Duisburg 1998 (Duisburger Forschungen, 44).

Rodenbeck, Dietrich: Der Emscherbrücher. Wildpferdezucht und Wildpferdefang in der Alt-Crange. In: Der Emscherbrücher. Wanne-Eickeler Hefte, 1 (1968), S. 4–9.

Roth von Schreckenstein, Karl Heinrich Freiherr: Betrachtungen über Pferdezucht im Allgemeinen und mit besonderer Rücksicht auf die Provinz Westfalen. Karlsruhe 1851.

Rothert, Hermann: Westfälische Geschichte. Bd. 1: Das Mittelalter. Gütersloh 1949.

Rothmaler, Werner: Exkursionsflora. Atlas der Gefäßpflanzen. Berlin 1988.

Rothmaler, Werner: Exkursionsflora. Kritischer Band. Berlin 1990.

Rüther, Peter: Landschaftspflege in der „Moosheide" mit Hilfe der Senner Pferde. In: Heimatjahrbuch Kreis Gütersloh, (2001), S. 111–114.

Rüther, Peter; Vogt, Mathias: Wildbahn Senner Pferde. Ein Projekt für Naturschutz, Landschafts- und Heimatpflege. In: Heimatland Lippe, 94 (2001), 12, S. 183–186.

Sagebiel, Martin D.: Westfalens Pferdezucht im 19. Jahrhundert. In: Westfälische Zeitschrift, 138 (1988), S. 149–172.

Sambraus, H. H.: Atlas der Nutztierrassen: 180 Rassen in Wort und Bild. Stuttgart 1986.

Schach, Claudia: Psychologische und ökologische Aspekte der Ernährung von Przewalski-Pferden (Equus przewalskii) in einem neu angelegten Semi-Reservat. Nährstoffe, Präferenzen, Saisonabhängigkeit. Dipl.Arb., Köln 1994.

Schäfer, Josef: Wildpferde in Westfalen. Auf roter Erde. Münster 1929 (Beiträge zur Geschichte des Münsterlandes und der Nachbargebiete, 1).

Schaller, Rudolf: Die Sennejagden in alter und neuer Zeit. In: Vaterländische Blätter. Lippisches Magazin, 7 (1928), 3, S. 14–16.

Schaller, Rudolf: Senne-Parforcejagden. In: Schaller, Rudolf (Hrsg.): Wo die Lippe quillt. Almanach für Bad Lippspringe. [o.O] [o.J.], S. 101–111.

Schaten, Nicolao: Annalium Paderbornensium, Pars I, Liber VIII/IX. Paderborn 1663.

Scheibe, Klaus M.; Lange, Barbara u.a.: Przewalskipferde in einem Semireservat – Verhaltensuntersuchungen einer Auswilderung. Vortrag auf der Internationalen Tagung für Angewandte Ethologie. In: KTBL – Aktuelle Arbeiten zur artgemäßen Tierhaltung. Freiburg 1996.

Schenda, Rudolf: Das ABC der Tiere: Märchen, Mythen und Geschichten, München 1995.

Schilling von Canstatt, Williburg: Parforcejagden in der Senne. In: Börste, Norbert; Friedrich, Gustav (Hgg.): Ross und Reiter. Von der Kavallerie zum modernen Pferdesport. Eine Dokumentation am Beispiel des Kavallerie-Regiments 15. Paderborn 1996, S. 105–117.

Schilling von Canstatt, Williburg: Sport hinter den Hunden. Die Parforcejagden in der Senne seit 1853. In: Die Warte, 26 (1965), 12, S. 178–179.

Schlicht, Udo: Die Geschichte des jetzigen Freilichtmuseumsgeländes in Detmold von 1680 bis 1960, unveröffentl. Manuskript, Detmold (Westfälisches Freilichtmuseum Detmold) 1991.

Schmidt, Heike: Die Bedeutung des Pferdes und der Pferdezucht vom 17. bis zum 19. Jahrhundert im Kurfürstentum/Königreich Hannover. Diss., Hannover 1997.

Schmitt, W.: Die Emscherbrücher Wildpferde in der Geschichte. In: Das Vest, 4 (1924), 4, S. 65–80.

Schneeweiß, Emil: Feste und Volksbräuche der Sorben. 2. Aufl., Berlin 1953.

Schönlau, Friederike: Die Senner. Dipl.arb., Hohenheim 1950.

Schopohl, Fr.: Wildpferde. In: Heimatblätter für Castrop und Umgebung, 2 (1921/23), 9, S. 267–268; 3 (1924), 1, S. 6–11; 3 (1924), 2, S. 24–25.

Schröder, Friedrich-Wilhelm: Bei Lopshorn. In: Heimatland Lippe, 71 (1978), 4, S. 132–136.

Schubert, Rudolf; Hilbig, Werner; Klotz, Stefan: Bestimmungsbuch der Pflanzengesellschaften Mittel- und Norddeutschlands. Stuttgart 1995.

Schulte, Eduard: Geschichtsbilder der Rittersitze Crange im Emscherbruch und Weitmar bei Bochum. Bochum 1977.

Schulze, Wolfgang: Bewegte Zeiten. Erzählte Geschichte des Ruhrgebiets. 4. Aufl., Essen 1992.

Schumacher, Birgit: Pferde. Meisterwerke des Pferde- und Reiterbildes. Stuttgart, Zürich 1994.

Schwank, Hans Joachim: Pferdezucht. Berlin 1988.

Schwanold, Heinrich: Das Senne-Gestüt. In: Schirrmann, R.: Unsere Senne. Staumühle 1928, S. 232–233.

Schwarz, Georg: Wildpferde in Deutschland. In: Atlantis, (1933), 8, S. 462–466.

Seibertz, Johann Suibert: Urkundenbuch zur Landes- und Rechtsgeschichte des Herzogtums Westfalen. Bd. 2: 1300–1400. Arnsberg 1843.

Simpson, George G.: Horses. New York 1951.

Simpson, George G.: Pferde. Die Geschichte der Pferdefamilie in der heutigen Zeit und in sechzig Millionen Jahren ihrer Entwicklung. Berlin, Hamburg 1977.

Sinne, Arno: Die Wildpferde der Senne. Erinnerungen an eine berühmte Pferderasse. [Paderborn 1995].

Sinne, Arno: Erinnerungen an eine berühmte Pferderasse. Beginn und Untergang des Senner Pferdegestüts. In: Die Warte, 23 (1979), 1, S. 3–5.

Solms-Lauterbach, Ernst Otto zu: Die schönsten Reiterbilder aus europäischen Sammlungen. Wiesbaden [1976].

Späh, Hans: Die deutsche Pferdezucht – Die Wildpferde in der Senne. In: Dortmunder Zeitung vom 7.1.1931. In: Herzog Croysches Archiv, Nr. 312-4.

Späh, Hans: Die Geschichte und Entwicklung des Wildponygestüts der Herzogs von Croy zu Dülmen von der Gründung bis zur Neuzeit. Diss., Hannover 1939.

Spethmann, Hans: Das Ruhrgebiet im Wechselspiel von Land und Leuten, Wirtschaft, Technik und Verkehr. Bd. 1–3, Berlin 1933.

Sporkhorst, August: Cranger Wildpferdezucht. In: Stadt Wanne-Eickel und Kreisleitung der NSDAP (Hrsg.): 500 Jahre Dorf Crange und Cranger Kirmes. [Wanne-Eickel] [1935], S. 18–24.

Spürk, Gustav A.: Berger Mark – Emscherbruch. Die wilden Pferde und ihre Bahnen. In: Verein für Orts- und Heimatkunde (Hrsg.): Beiträge zur Stadtgeschichte. Gelsenkirchen-Buer, 10 (1980), S. 130–145.

Staercke, Max: Menschen vom lippischen Boden. Detmold 1936.

Stein-Gröpperhof, K. Wilhelm H.: Im Daheim der Senner am Teut. Berlin 1875.

Steinen von, Johann Diederich: Westphälische Geschichte Teil II, Stück 12, Historie der Kirchspiele im Amt Unna und Teil VI, Stück 16, Stadt und Amt Bochum. Lemgo 1797–1801.

Stoffregen-Büller, Michael: Westfalen – Land der Pferde. Ein Streifzug durch die Jahrhunderte. Münster-Hiltrup 1995.

Stolz, Gerd: Die Geschichte des Sennergestüts verliert sich im Dunkel der Vorzeit. In: Sankt Georg Almanach, Düsseldorf 1967, S. 25–32.

Stolz, Gerd: Johann Gottfried Prizelius – Hochgräflich-Lippischer Hauptmann und Stallmeister. In: Lippische Mitteilungen aus Geschichte und Landeskunde, 37 (1968), S. 242–249.

Stolz, Gerd: Das Fürstlich-Lippische Senner Gestüt zu Lopshorn. In: Lippische Mitteilungen, 49 (1980), S. 33–62.

Stolz, Gerd: Das Landesgestüt Lippe in seiner Verbindung zur Landespferdezucht. In: Lippische Mitteilungen, 39 (1970), S. 193–204.

Stolz, Gerd: Lippische Gestütsbrände. In: Heimatland Lippe, 61 (1968), Heft 1, S. 21–22.

Stoob, Heinz: Arnsberg. In: Westfälischer Städteatlas. Lieferung I, Nr. 2. Dortmund 1975.

SVR (Siedlungsverband Ruhrkohlenbezirk) (Hrsg.): Der Emscherbruch. Modellversuch einer Landschaftsveränderung im industriellen Verdichtungsraum des Ruhrgebietes durch planmäßige Landschaftspflege und -gestaltung. Gelsenkirchen 1975.

Symanczyk, Karin: Das westfälische Pferd. München, Wien, Zürich 1987.

Teudt, Wilhelm: Die heiligen Rosse von Lopshorn. In: Heimat und Welt. Lippische Blätter für Unterhaltung und Wissen, 1 (1929), S. 3–4.

Theiler, Dr.: Das Sennergestüt, ein Opfer der Zeit. In: Zeitschrift für Gestütkunde und Pferdezucht, 28 (1932), 7/8, S. 102–108.

Thein, Peter (Hrsg.): Handbuch Pferd. Zucht, Haltung, Ausbildung, Sport, Medizin, Recht. 5. Aufl., Sonderausgabe, München, Wien, Zürich 2000.

Thenius, Erich: Stammesgeschichte der Säugetiere (einschließlich der Hominiden). Berlin 1969.

Thenius, Erich; Hofer, Helmut: Stammesgeschichte der Säugetiere. Eine Übersicht über Ergebnisse und Probleme. Berlin, Göttingen, Heidelberg 1960.

Ting, Suyin; Bowen, Gabriel J.; Koch, Paul L.; Clyde, William C.; Wang, Yuanquin; Wang, Yuan; McKenna, Malcolm C.: Biostratigraphic chemostratigraphic, and magnetostratigraphic study across the Paleocene/Eocene boundary in the Henyang Basin, Hunan, China. In: Ash, Amanda W.; Wing, Scott L. (Hgg.): Climate and Biota of the Early Paleogene. Abstract Volume. Washington 2001, S. 95.

Tobien, Heinz: Über die Funktion der Seitenzehen tridactyler Equiden. In: Neues Jahrbuch für Geologie und Paläontologie. Abhandlungen, 96 (1952), S. 137–172.

Traut, Friedrich: Gestüte Europas. Hrsg. vom Dt. Pferdemuseum e.V.. Verden 1971.

Turkowski, Waltraud: Die Cranger Kirmes. In: Der Emscherbrücher. Wanne-Eickeler Hefte, 2 (1969), S. 1–6.

Turkowski, Waltraud: Die Cranger Kirmes. Ursprung, Entwicklung und heutige Bedeutung. Herne 1969.

Ueckermann, Erhard: Westfalens wilde Pferde. In: ders., Kulturgut Jagd. Ein Führer durch die Jagdgeschichte Nordrhein-Westfalens und zu jagdhistorischen Stätten. Münster-Hiltrup 1994.

Unger, Wolfgang von: Die Ahnen des Hannoveraners. Hannover 1928.

Unger, Wolfgang von: Die Senner. Beitrag zur Geschichte deutscher Pferdezucht. Berlin 1915.

Uppenborn, Wilhelm: Die Entwicklung der Pony- und Kleinpferdezucht in der Bundesrepublik Deutschland. In: Stenglin, Christian Freiherr von (Hrsg.): Deutsche Pferdezucht. Geschichte. Zuchtziele. 2. Aufl., Warendorf 1994, S. 372–389.

Verdenhalven, Fritz: Alte Maße, Münzen und Gewichte aus dem deutschen Sprachgebiet. Neustadt a. d. Aisch 1968.

Verdenhalven, Fritz: Detmold Anno dazumal. Lemgo 1979.

Vilà, Carles; Leonard, Jenifer A.; Götherström, Anders; Marklund, Stefan; Sandberg, Kaj; Liden, Kerstin; Wayne, Robert K.; Ellegren, Hans: Widespread origins of domestic horse lineages. In: Science, 291 (2001), S. 474.

Vogt, Mathias: Das Sennergestüt Lopshorn: Ein Rückblick auf Geschichte und Gegenwart der Sennerzucht. Unveröffentl. Manuskript, Detmold 1990.

Vogt, Mathias: Gefährdete Haustierrassen: Die Senner. Witzenhausen 1995.

Vogt, Mathias: Kaum bekannte Kleinpferdrasse. In: Landwirtschaftliches Wochenblatt, (2001), 13, S. 108.

Vogtt, Hubert: Wildpferde in Lohner Liesner? In: Unsere Heimat. Jahrbuch des Kreises Borken, (1980), S. 145–146.

Voland, Eckart: Grundriß der Soziobiologie. 2. Aufl., Heidelberg 2000.

Volkmann, K. (Bearb.): Die Brandzeichen in der deutschen Pferdezucht. Reichsverband für Zucht und Prüfung deutschen Warmbluts. Berlin 1929

Volf, Jiri: Das Urwildpferd. 4. Aufl., Magdeburg 1996 (Neue Brehm-Bücherei, 249).

Vorwerk, Kurt: Fürstin Elisabeth zur Lippe. Aus ihren Aufzeichnungen und Briefen. In: Lippische Mitteilungen, 69 (2000), S. 183–242.

Wachler, Ernst: Das Sennergestüt im Teutoburger Wald in Gefahr! In: Weltwacht der Deutschen, (1940), 6 [o.S.].

Wächter-Gees, Ch.: Die Kulturpflanzen der Senne. Eine agrarhistorische Untersuchung zur Entwicklung der Kulturlandschaft in der Senne. Solingen 1998.

Weber, Sonja: Vergleichende Studien zum Feindvermeidungsverhalten und zur Aktivitätsrhythmik von Equiden unter Berücksichtigung ihrer Stammform (an zoogeborenen Wildpferden und Hauspferden). Dipl. Arb., Frankfurt 1996.

Weber, Thomas: Einfluß des Ausscheidungs- und Markierungsverhaltens von Przewalskipferden (Equus przewalski) auf Weide-Gehegenutzung. Dipl. Arb., Köln 1995.

Weddingen, Peter Florens: Sennergestüt zu Lopshorn. In: Donop, Wilhelm Gottlieb Levin: Historisch-geographische Beschreibung der Fürstlich-Lippischen Lande. Lemgo (Faksimiledruck der 2. verb. Aufl. von 1790) 1984, S. 175–178.

Wegner, Bärbel; Steinmaier, Helga: Von Frauen und Pferden. Zur Geschichte einer besonderen Beziehung. Königstein 1998.

Wehrmann, Volker: Die Senne in alten Ansichten und Schilderungen. Detmold 1978.

Wentrup, Dr.: Die Entwicklung der westfälischen Pferdezucht im vorigen Jahrhundert.

In: Deutsche Landwirtschaftliche Tierzucht, 12 (1908), 18, S. 205–207.

Weskamp, Albert: Die Geschichte der Stadt Dülmen. Dülmen 1911.

Wieries, Richard: Wildengestüte in Norddeutschland, insbesondere am Harz. In: Zeitschrift für Gestütkunde und Pferdezucht, 17 (1922), 3, S. 39–42; 17 (1922), 4, S. 65–69; 17 (1922), 5, S. 80–83.

Wiesebrock, Th.: Die westfälische Wildpferdezucht. In: Gemeinnütziges Wochenblatt für Feld, Garten und Haus. Beilage zum Münsterischen Anzeiger, 17.4.1913.

Willkomm, Walter: Das Beberbecker Pferd. Diss., Leipzig 1921.

Wittenstein, Hannagrete: Das Sennergestüt. Eine kulturgeschichtliche und biologische Betrachtung. Ex.-Arb., Detmold 1949.

Wolsteins, Johann Gottlieb: Bruchstücke über die wilde-halbwilde Militär- und Landgestüte. 2. Teil, Wien 1786.

Woodfine, Tim: The influence of the nutritional quality of vegetation on the habitat use of free-ranging Przewalski´s horses Equus Przewalskii. B.SC. thesis, University of Bournemouth, Enviromental Protection, 1996.

Xu, Xiufeng; Árnason, Úlfur: The complete mitochondrial DNA sequence of the horse, Equus caballus: extensive heteroplasmy of the control region. In: Gene, 148 (1994), S. 357–362.

Zedler, Johann Heinrich: Grosses vollständiges Universal Lexikon aller Wissenschaften und Künste, Bd. 27, Leipzig, Halle 1741, S. 1375–1411.

Zeeb, Klaus: Artgemäße Pferdehaltung und verhaltensgerechter Umgang mit Pferden. In: Thein, Peter (Hrsg.): Handbuch Pferd. 5. Aufl., München, Wien, Zürich 2000.

Zeeb, Klaus: Die Natur des Pferdes. Beobachtungen eines Verhaltensforschers. Fotos von Dieter Schinner. Stuttgart 1998.

Zeeb, Klaus: Ethologische Anforderungen an die Haltung von Rind und Pferd. Freiburg 1995 (Schriftenreihe der Akademie für Tierärztliche Fortbildung).

Zehenter, J. C.: Kurzer und gründlicher Unterricht von der Pferdezucht. 2. Aufl., Berlin 1770.

Zervanos, Stam M.; Keiper, Ronald R.: Seasonal home ranges and activity patterns of feral assateague Slnad Ponies. Symposium on the ecology and behaviour of wild and feral equids. University of Wyoming. Laramie 1979.

Zimmermann, Waltraud: 4 Jahre EEP Przewalskipferde. In: Equus, 3 (1990), S. 97–103.

Zoologisches Museum der Universität Zürich (Hrsg.): Pferde in der Steppe und im Stall. Zürich 1998.

Zürn, F. A.; Zürn, Ernst: Das Pferd und seine Rassen. Ein Lehrbuch für Pferdezüchter und Pferdefreunde, auch für Tierärzte, Künstler und Kunstgewerbetreibende. Leipzig 1902.

Zur Landespferdezucht in Lippe. In: Zeitschrift für Gestütkunde, 15 (1920), 7, S. 149.

Bild-, Quellen-, Herkunftsnachweis

S. 7   aus Friedrich Karl Devens, Das deutsche Roß in Geschichte, in Sitte, Sang und Sage, Leipzig 1898–1901, S. 53; Karl-Ludwig Lackner

S. 9   aus Friedrich Karl Devens, Das deutsche Roß in Geschichte, in Sitte, Sang und Sage, Leipzig 1898–1901, S. 24; Karl-Ludwig Lackner

S. 11   Lippisches Landesmuseum Detmold; Foto Jürgen Ihle

Beitrag Marx:

S. 13   Lippische Landesbibliothek Detmold, 4 W 2; Format: 72 x 90 mm; Foto Andreas Krukemeyer

S. 14   oben: Foto Cordula Marx
unten: Deutsches Pferdemuseum Verden; Format: 43,5 x 59,2 cm; Foto Andreas Krukemeyer

S. 15   oben: nach Kleinsorge, Josef: Geschichte und Förderungs-maßnahmen der landwirtschaftlichen Tierzucht Westfalens. Diss., Weilburg 1902; Vorlage für die Karte: Angelika Reuter AGD, Holzminden
unten: Devens, Friedrich Karl: Das deutsche Roß in Geschichte, in Sitte, Sang und Sage. Leipzig 1898–1901; Karl-Ludwig Lackner; Foto Andreas Krukemeyer

S. 16   WFM Detmold, Inv.Nr. 2000:438; Format: 29 x 22 cm; Foto Andreas Krukemeyer

S. 17   links: aus Adlersflügel, Georg Simon von: Neuer und vermehrter Tractat von der Stuterey oder Fohlenzucht. Nürnberg 1687; Deutsches Pferdemuseum Verden, Zu 100/232; Foto Andreas Krukemeyer
rechts: Stadtarchiv Recklinghausen, Archiv Westerholt-Arenfels IV J 320

S. 18   Westfälisches Museum für Naturkunde, Münster; Foto Gerda Thomas

S. 19   links: aus Viehweger, Wolfgang: Spaziergang im Eichenwald... Wanne-Eickel 2001, S. 109 f.: Pramen der Häuser: 1. Altendorf 2. Aldendorp 3. von der Horst 4. Boele 5. Holtey 6. Husen (Farbe unbekannt) 7. Boleken (Farbe unbekannt) 8. Crampe 9. auf dem Demen (Farbe unbekannt) 10. Kukelshem 11. Dycke op dem Sevinkhus
rechts: Stadtmuseum Hofgeismar; Format Buchblock: 43 x 31,3 cm; Foto Andreas Krukemeyer

S. 20   oben und Mitte: Repros Stadtarchiv Herne
unten: undatiert; Emschertalmuseum Herne; Foto Andreas Krukemeyer

S. 21   links: Lippische Landesbibliothek Detmold, G 2049.pa
Mitte: Archiv Schloss Heltorf, Q 3, 22; Fotos Andreas Krukemeyer

S. 22   Privatbesitz; WS: 20 x 15 cm, Länge Griff: 103 cm; HS: Durchmesser 12 cm; Länge Griff: 126 cm; Foto Andreas Krukemeyer

S. 23   Fotos Dieter Schinner

S. 24   Archiv des Herzogs von Croy, Urkunden 551, Format: 21,5 x 34,5 cm; Foto Andreas Krukemeyer

S. 26   oben: Familie Erbprinz Rudolf von Croy; Repro Andreas Krukemeyer
unten links: Foto Dieter Schinner
unten rechts: Archiv des Herzogs von Croy; 12,4 x 5cm, Länge Griff: 50,2 cm; Foto Andreas Krukemeyer

S. 27   Foto Mathias Vogt

S. 28   Stadtmuseum Hofgeismar; Format Buchblock: 45 x 34 cm; Foto Andreas Krukemeyer

S. 29   oben: aus Friedrich Karl Devens, Das deutsche Roß in Geschichte, in Sitte, Sang und Sage, Leipzig 1898–1901, S. 48; Karl-Ludwig Lackner; Foto Andreas Krukemeyer
links unten: Lippische Landesbibliothek Detmold, 6 L 1; Format: 106 x 153 mm; Foto Andreas Krukemeyer
rechts unten: Bouwinghausen von Wallmerode, Franz Max Freiherr von: Taschenkalender auf das Jahr 1794 für Pferdeliebhaber, Reuter, Pferdezüchter, Pferdeärzte und Vorgesetzte großer Marställe. Tübingen 1794; WFM Detmold, Inv.Nr. 2001:22; Foto Andreas Krukemeyer

S. 30   Lippische Landesbibliothek Detmold, H 7058; Fotos Andreas Krukemeyer

S. 31   oben: WFM Detmold, Inv.Nr 141-95; Format: 43 x 31 cm; Foto Andreas Krukemeyer
unten: NRW Staatsarchiv Detmold, L 99 B Fach 13 Nr.1 I-II

S. 32   links: aus Devens, Friedrich Karl: Das deutsche Roß in Geschichte, in Sitte, Sang und Sage. Leipzig 1898–1901, S. 29; Karl-Ludwig Lackner; Foto Andreas Krukemeyer
rechts: Repro Deutsches Pferdemuseum Verden

S. 33   oben: NRW Staatsarchiv Detmold, D 75 Nr. 289; Format Leinwand: 30,6 x 40,4 cm, Rahmen: 45 x 55 cm; Foto Andreas Krukemeyer
unten: NRW Staatsarchiv Detmold, L 99 B Fach 25 Nr. 15

S. 34   oben links: Lippische Landesbibliothek Detmold, H 7058; Foto Andreas Krukemeyer
oben rechts: NRW Staatsarchiv Detmold, L 99 B Fach 23 Nr. 15

S. 35   oben links: NRW Staatsarchiv Detmold, L 99 B Fach 23 Nr. 15
Mitte rechts: aus Prizelius, Johann Gottfried: Der Bereiter. Leipzig 1787; Privatbesitz; Foto Andreas Krukemeyer

S. 36   NRW Staatsarchiv Detmold, D 73 Tit. 4 Nr. 6897-6899

S. 37   oben links und rechts: Lippische Landesbibliothek Detmold, Lith. Dt. 1850; Format Blatt: 45,7 x 58,5 cm, Format Druck: 29,4 x 37,4 cm; Foto Andreas Krukemeyer
Mitte: NRW Staatsarchiv Detmold, L 99 B Fach 23 Nr. 5, aus dem Nachlaß von Stallmeister Wülcker, um 1820

S. 39   oben links: Lippisches Landesmuseum Detmold, Inv.Nr. 2699/94; Format: 22,4 x 19 cm
rechts: Diözesanarchiv Paderborn; Fotos Andreas Krukemeyer

S. 40   NRW Staatsarchiv Detmold, L 99 B Fach 25 Nr. 1

S. 41   Dr. Armin Prinz zur Lippe, Schloss Detmold; Foto Andreas Krukemeyer

S. 42   oben: aus Prizelius, Johann Gottfried: Vollständige Pferdewissenschaft. Leipzig 1777; WFM Inv.Nr. 2001:77
Mitte: Sennerarchiv Karl-Ludwig Lackner
unten rechts: Lippische Landesbibliothek Detmold, 2 O 1; Format: 105 x 150 mm; Foto Andreas Krukemeyer

S. 43   oben rechts: Deutsches Pferdemuseum Verden; Sennerar-
        chiv Karl-Ludwig Lackner
        unten: Privatbesitz; Format Rahmen: 69,5 x 81 cm, Format
        Gemälde: 57 x 68 cm; Repro Sennerarchiv Karl-Ludwig
        Lackner
S. 44   oben: Lippisches Landesmuseum Detmold, Inv.Nr.18/93;
        Format: 55,5 x 63,5 cm;
        unten: Lippisches Landesmuseum Detmold, Inv.Nr. 955/
        92; Format: 55 x 63 cm; Fotos Andreas Krukemeyer
S. 45   oben: Lippisches Landesmuseum Detmold, Inv.Nr. 19/93;
        Format: 53 x 63,5 cm;
        unten: Lippisches Landesmuseum Detmold, Inv.Nr. 20/93;
        Format: 53 x 63,5 cm; Fotos Andreas Krukemeyer
S. 46   oben: Privatbesitz; Format Abb.: 5,5, x 9,5 cm; Foto Andre-
        as Krukemeyer
S. 46- Excel-Dateien auf Basis der Rapporte vom Fürstl. Marstal-
        le in Detmold u. vom
S. 47   Sennergestüt zu Lopshorn 1854–1880, NRW Staatsarchiv
        Detmold, L 92 Q Tit 1 Nr. 28
S. 48   oben: Repro Sennerarchiv Karl-Ludwig Lackner
        unten: Foto Dieter Schinner
S. 49   oben: Repro Sennerarchiv Karl-Ludwig Lackner
        unten: Sennerarchiv Karl-Ludwig Lackner; Format: 31,7 x
        38 cm, Foto: 17,7 x 23,3 cm; Foto Andreas Krukemeyer
S. 50   Verein Ressource Detmold; Format: 23,5 x 39 cm; Foto An-
        dreas Krukemeyer
S. 51   Dr. Armin Prinz zur Lippe, Schloss Detmold; Fotos Andreas
        Krukemeyer
S. 52   oben: Dr. Armin Prinz zur Lippe, Schloss Detmold; Foto An-
        dreas Krukemeyer
        unten: Vorlage Hanskarl von Unger; Format des verbrann-
        ten Originals: 60 x 110 cm
S. 53   Lippische Landesbibliothek Detmold, Lith. Dt. 1850; For-
        mat Blatt: 45,7 x 58,5 cm, Format Druck 29,4 x 37,4 cm;
        Foto Andreas Krukemeyer
        unten: NRW Staatsarchiv Detmold, L 99 B Fach 25 Nr. 20
S. 54   Stadtarchiv Bad Lippspringe; Foto Knoll (Großherzöge von
        Luxemburg)
S. 55   nach einem Foto von Schnäbeli; Sennerarchiv Karl-Ludwig
        Lackner
S. 56   NRW Staatsarchiv Detmold, D 106 Detmold Nr. 2482

Beitrag Franzen:
S. 59   Reproduktion mit freundlicher Genehmigung des Thorbe-
        cke-Verlags, Stuttgart
S. 60   Entwurf: Verfasser (nach Thenius, Erich: Stammesge-
        schichte der Säugetiere (einschließlich der Hominiden).
        Berlin 1969); Zeichnung: Elke Pantak-Wein, Forschungs-
        institut Senckenberg Frankfurt
S. 62   oben: Rekonstruktion: Verfasser
        Mitte: Foto Verfasser, mit freundlicher Genehmigung des
        Naturkundlichen Bildungszentrums München
        unten: Foto Verfasser, mit freundlicher Genehmigung des
        Staatlichen Museums für Naturkunde Karlsruhe
S. 63   oben: REM-Aufnahme: Dr. Gotthard Richter, Forschungs-
        institut Senckenberg Frankfurt
        Mitte und unten: aus Franzen, Jens Lorenz: Hallensia
        (Mammalia, Perissodactyla) aus Messel und dem Pariser

Becken sowie Nachträge aus dem Geiseltal. In: Bulletin de
l'Institut Royal des Sciences Naturelles de Belgique, 60
(1990), S. 175-201
S. 64   aus Thenius, Erich; Hofer, Helmut: Stammesgeschichte der
        Säugetiere. Eine Übersicht über Ergebnisse und Probleme.
        Berlin, Göttingen, Heidelberg 1960
S. 65   Karten: leicht abgeändert aus Franzen, Jens Lorenz: Die
        Stammesgeschichte der Pferde in ihrer wissenschaftshis-
        torischen Entwicklung. In: Natur und Museum, 114 (1984)
        6, S. 149-162
        unten: Zeichnung aus Gingerich, Philip D.: New earliest
        Wasatchian mammalian fauna from the Eocene of north-
        western Wyoming. Composition and diversity in a rarely
        sampled highfloodplain assemblage. In: University of Mi-
        chigan Papers on Paleontology, 28 (1989), S. 1-97
S. 66   abgeändert nach Simpson, George G.: Pferde. Die Ge-
        schichte der Pferdefamilie in der heutigen Zeit und in
        sechzig Millionen Jahren ihrer Entwicklung. Berlin, Ham-
        burg 1977
S. 67   Zeichnung: Verfasser (nach Camp, Charles L.; Smith, Na-
        tasha: Phylogeny and functions of the digital ligaments of
        the horse. In: Memoirs University of California, 13 (1942),
        S. 65-122 sowie MacFadden, Bruce J.: Fossil horses: syste-
        matics, paleobiology and evolution of the family equidae.
        Cambridge 1992)

Beitrag Held:
S. 70-71 Vorlagen des Autors
S. 73   Foto Thomas Schmitt

Beitrag Brenken:
S. 75   Lippisches Landesmuseum Detmold, Inv.Nr. 2001:92; For-
        mat: 98,5 x 143cm; Foto Andreas Krukemeyer
S. 80   Lippisches Landesmuseum Detmold; Inv.Nr. GAK; Format
        Motiv: 17,5 x 13,3 cm; Format Blatt: 20 x 16 cm; Foto
        Andreas Krukemeyer
S. 82   Dr. Armin Prinz zur Lippe, Schloss Detmold; Foto Andreas
        Krukemeyer
        unten: Stadtarchiv Bad Lippspringe; Foto Knoll; (Groß-
        herzöge von Luxemburg)
S. 83   WFM Detmold, Inv.Nr. 18-93; Format Leinwand: 53 x 71
        cm; Foto Andreas Krukemeyer

Beitrag Schmidt:
S. 85   Deutsches Pferdemuseum Verden, Ge 100/55; Foto Andre-
        as Krukemeyer
S. 86   Privatbesitz; Repro Sennerarchiv Karl-Ludwig Lackner
S. 87   WFM Detmold, Inv.Nr. 88-85; Foto Andreas Krukemeyer
S. 89   oben: Deutsches Pferdemuseum Verden, Ge 100/55; Foto
        Andreas Krukemeyer
        unten: Deutsches Pferdemuseum Verden, Zu 100/232;
        Foto Andreas Krukemeyer
S. 90   oben links: Lippische Landesbibliothek Detmold, H 7058;
        Foto Andreas Krukemeyer
        oben rechts: NRW Staatsarchiv Detmold, L 99 B Fach 9 Nr. 3
        unten: Lippische Landesbibliothek Detmold, 1 D 18,1:
        Leihgabe an das Lippische Landesmuseum Detmold; For-
        mat: 115 x 220 cm; Foto Andreas Krukemeyer

S. 91 oben: NRW Staatsarchiv Detmold, L 99 B Fach 9 Nr. 3
unten: Lippische Landesbibliothek Detmold, 6 L2; Format: 21 x 27,3 mm; Foto Andreas Krukemeyer
Stallmeisterbericht von A. von Anderten:

S. 93 unten: WFM Detmold, Inv.Nr. 141-95; Format: 31 x 43 cm; Foto Andreas Krukemeyer

S. 94 WFM Detmold, Inv.Nr. 129-93; Format der Abb.: 20,8 x 32 cm, Format des Blatts: 24 x 36 cm; Foto Andreas Krukemeyer

S. 95 NRW Staatsarchiv Detmold, D 73 Tit. 4 Nr. 16761 ff.: Karte und Beschreibungen über die dem lippischen Landesherrn zustehenden Waldungen.Lopshorn. Generaltabelle und kolorierte Handzeichnungen gemessen, aufgetragen und beschrieben durch Christian Jacob Feige, Förster zu Diestelbruch und Barntrup. Maßstab: ca. 1 : 7500, 1756

S. 96 Lippische Landesbibliothek Detmold, 4 W 1; Format: 165 x 245 mm; Foto Andreas Krukemeyer

S. 97 Stadtmuseum Hofgeismar, Inv. Nr. R 3/82/1; Passepartoutformat: 25,5 x 37 cm; Foto Andreas Krukemeyer

S. 98 WFM Detmold, Inv.Nr. 2000:950; Format Blatt: 22 x 31 cm; Foto Andreas Krukemeyer

S. 99 Lippisches Landesmuseum Detmold, oben: Inv.Nr. 2696/94, FAL: 21,5 x 17 cm; Inv.Nr. 2698/94, FWL: 27,7 x 19,2 cm; Inv.Nr. 2697/94, LIV: 29,7 x 18 cm;
unten: Inv.Nr. 2700/94; LG:27 x 13,8 cm; Dr. Armin Prinz zur Lippe, Schloss Detmold; PAL: Format: 27 x 18 cm, Griff (abgebrochen): 79,3 cm; Fotos Andreas Krukemeyer

S. 100 WFM Detmold, Inv.Nr. 2001:277; Foto Andreas Krukemeyer

Beitrag Sternschulte, Tiergarten:

S. 104 NRW Staatsarchiv Detmold, D 73 Tit. 4 Nr. 1370
S. 105 oben: NRW Staatsarchiv Detmold, L 100 Nr. 207
unten: FA Schloß Detmold Nr. 5550
S. 106-107 NRW Staatsarchiv Detmold, D 110 B VI Nr. 32
S. 108 Repro WFM
S. 109 oben: Fotografie von Th. Kliem, Detmold 1883; Dr. Armin Prinz zur Lippe, Schloss Detmold; Foto Andreas Krukemeyer; Zitat: NRW Staatsarchiv, L 99 B Fach 7 Nr. 9, Brief des Stallmeisters von Schönfeldt an Herrn von Unger, 2.7.1914
unten: NRW Staatsarchiv Detmold, L 99 B Fach 22 Nr. 2
S. 110 oben: Privatbesitz; Format Leinwand: 66 x 91 cm; Format mit Rahmen: 90 x 114 cm; Foto Mathias Vogt
unten: Privatbesitz; Repro Andreas Krukemeyer
S. 111 oben: Dr. Armin Prinz zur Lippe, Schloss Detmold; Foto Andreas Krukemeyer
unten: NRW Staatsarchiv Detmold, L 92 A 1 Tit. 181 Nr. 65 II. Bl. 10
S.112 links: NRW Staatsarchiv Detmold, L 92 A1 Tit. 181 Nr. 65 II, Bl. 32
oben rechts: NRW Staatsarchiv Detmold, L 92 A1 Tit. 181 Nr. 65 II
unten rechts: Repro Deutsches Pferdemuseum Verden
S. 113 oben links: nach Volkmann, K.: Die Brandzeichen in der deutschen Pferdezucht. Berlin 1929; Privatbesitz; Foto Andreas Krukemeyer
oben rechts: NRW Staatsarchiv Detmold, H 669
unten: NRW Staatsarchiv Detmold, D 75 289; Format

Leinwand: 30,4 x 40,4 cm, Format Rahmen: 45 x 55 cm; Foto Andreas Krukemeyer; Zitat: Futternachweisung vom Gestüt Thiergarten, FA Schloss Detmold Nr. 5550

S. 114 oben: Sennerarchiv Karl-Ludwig Lackner
unten: H. Lüttmann, Lemgo; Repro WFM
S. 115 oben: W. Karius, Dortmund; Repro WFM
unten: H. Rott, Detmold; Repro WFM
S. 116 oben links und rechts: NRW Staatsarchiv Detmold, H 669
unten: Lippische Landesbibliothek Detmold, Hs A6 Fotoalbum „Alt-Detmold" von Ferdinand Düstersiek, 1911; Foto Andreas Krukemeyer
S. 117 oben: aus Zeitschrift für Gestütkunde, 29 (1933); Sennerarchiv Karl-Ludwig Lackner
unten: nach Lippischer Dorfkalender 1924; Privatbesitz; Foto Andreas Krukemeyer
S. 118 oben: nach Lippischer Dorfkalender 1924; Privatbesitz; Foto Andreas Krukemeyer
Mitte: Sennerarchiv Karl-Ludwig Lackner
rechts unten: Wilhelm Meyer, Lemgo; Repro WFM
S. 119 Sennerarchiv Karl-Ludwig Lackner; Repro WFM
S. 120 NRW Staatsarchiv Detmold, D 4 B Nr. 548
S. 121 NRW Staatsarchiv Detmold, D 4 B Nr. 548
S. 122 NRW Staatsarchiv Detmold, D 107 E Nr. 15

Beitrag zur Lippe:
S. 123 Lippische Landesbibliothek Detmold, Hs A 6, Fotoalbum „Alt-Detmold" von Ferdinand Düstersiek, 1911, Nr. 103 Marstall; Foto Andreas Krukemeyer
S. 124 Foto Dr. Armin Prinz zur Lippe, Schloss Detmold
S. 125 Foto Meyer, Altendonop

Beitrag Jansen:
S. 129 Grafiken vom Autor
S. 130 Tabelle vom Autor

Beitrag Amberger:
S. 131 WFM Detmold, Inv.Nr. 2000:283; Format: 47,5 x 58 cm; Foto Andreas Krukemeyer
S. 132 oben: nach Andree, J.: Eine altsteinzeitliche Gravierung aus der Balver Höhle in Westfalen. In: Mannus, 22 (1930) 1, 2, S. 67
unten: WFM Detmold, Inv.Nr. 2001:643; Format Druckplatte: 34,5 x 43 cm; Foto Andreas Krukemeyer
S. 133 nach Kapitzke, Gerhard: Wildlebende Pferde, Berlin, Hamburg 1973
S. 134 Dr. Armin Prinz zur Lippe, Schloss Detmold; Format: 107 x 136 cm; Foto Andreas Krukemeyer
S. 135 Stadtarchiv Bad Lippspringe; Foto Knoll; (Großherzöge von Luxemburg)
S. 137 Lippisches Landesmuseum Detmold; Format: 144,5 x 94 cm; Foto Andreas Krukemeyer
S. 139 Foto Dieter Schinner

Beitrag Lackner:
S. 141 Foto Sennerarchiv Karl-Ludwig Lackner
S. 142 Fotos Sennerarchiv Karl-Ludwig Lackner
S. 143 oben: Foto Sennerarchiv Karl-Ludwig Lackner
Mitte und unten: Fotos Dieter Schinner

Beitrag Vogt:
S. 145-146 Fotos Mathias Vogt

Beitrag Zeeb, Dülmener Wildbahn:
S. 150-157 Fotos Dieter Schinner

Beitrag Bimmer:
S. 159 mit freundlicher Genehmigung der Volkskundlichen Kommission Münster
S. 160 Zentralarchiv der Volkserzählung der Universität Marburg
S. 161 oben: Stadtarchiv Bad Lippspringe; Foto Knoll; (Großherzöge von Luxemburg)
unten: Lippisches Landesmuseum Detmold, Inv.Nr. 91/2001; Format: 120 x 162 cm; Foto Andreas Krukemeyer
S. 164 Foto Andreas Bimmer
S. 165 Foto Achim Thiel
S. 166 Foto Agnes Sternschulte

Beitrag Euler:
S. 167 aus Capps, Benjamin: Die Indianer. [Amsterdam], Time-Life International 1978
S. 169 Niedersächsische Staats- und Universitätsbibliothek Göttingen, H SD'D D 2000A476
S. 173 Foto Andreas Krukemeyer

Beitrag Rüther/Venne:
S. 177 oben: Foto Christian Venne
unten: Foto Walter Venne
S. 178 Foto Bernd Stemmer
S. 179 oben: Foto Christian Venne
unten: Foto Dieter Schinner
S. 180 links:Foto Dieter Schinner
rechts: Foto Walter Venne
S. 181 Foto Guido Sachse

Beitrag Sieling:
S. 182 Fotos Cordula Marx
S. 183 Vorlage vom Autor
S. 182 oben: Vorlage vom Autor
unten: nach R. R. Hofmann, 1976, modifiziert 1995
S. 185 oben: nach Zeeb, Klaus: Artgemäße Pferdehaltung und verhaltensgerechter Umgang mit Pferden, in: Handbuch Pferd, München, Wien, Zürich 1995
S. 186-187 Fotos Christian Sieling
S. 194-197 Karten Christian Sieling

Beitrag Zeeb, Pferdehaltung:
S. 199 aus Zeeb, Klaus; Pollmann, U.: Verhaltensgerechte Pferdehaltung, Gruppenauslaufhaltung, Mai 1996
S. 200 Foto Dieter Schinner
S. 201 aus Zeeb, Klaus: Ethologische Anforderungen an die Haltung von Rind und Pferd.
Freiburg 1995, 18.1; 18.2, 18.3, 18.4
S. 202 U. Schnitzer 87 nach Zeeb, Klaus: Ethologische Anforderungen an die Haltung von Rind und Pferd, Freiburg 1995, 18.9;
S. 203 Fotos Dieter Schinner
S. 204 nach den Leitlinien zur Beurteilung von Pferdehaltungen unter Tierschutzgesichtspunkten, [Stand Januar 2002]

Beitrag Sternschulte, Sennerzucht:
S. 205 oben: Bildpostkarte, Sennerarchiv Karl-Ludwig Lackner
unten: Großmann; Repro WFM
S. 206 oben: nach Lackner, Karl-Ludwig: Die Senner. Borgholzhausen 1996
unten: Sennerarchiv Karl-Ludwig Lackner
S. 207 oben: Foto Andreas Krukemeyer
unten: Foto Dieter Schinner

Die Autorinnen und Autoren

Eva-Maria Amberger (1956), nach einer Ausbildung zur Berufsreiterin bei Fritz Tempelmann in Essen Studium der Kunstgeschichte, Volkskunde und klassischen Archäologie an der Westfälischen Wilhelms-Universität Münster. 1990 Promotion im Fach Kunstgeschichte. Leiterin der Architektursammlung der Berlinischen Galerie, Landesmuseum für Moderne Kunst, Photographie und Architektur in Berlin. Publikationen im Bereich der Kunst- und Baugeschichte sowie der Volkskunde. Bis heute begeisterte Reiterin und Pferdebesitzerin.

Andreas C. Bimmer (1943), Studium der Volkskunde, Soziologie und Pädagogik in Hamburg, Kiel, Münster und Marburg. Akademischer Oberrat am Institut für Europäische Ethnologie/Kulturwissenschaft der Philipps-Universität Marburg. Interessen: Fest und Brauch, Tiere im Volksleben, Kulturgeschichte, französische und ungarische Ethnologie. Vorsitzender der Hessischen Vereinigung für Volkskunde und Herausgeber der Hessischen Blätter für Volks- und Kulturforschung. Mitglied im Reit- und Fahrverein Wetschaftstal Wetter, Freizeitreiter und langjähriger Besitzer eines Pferdes.

Heike Brenken (1969), 1988 bis 1995 Studium der Landschafts- und Freiraumplanung an der Universität Hannover. 1992 bis 1993 Studium der Landschaftsarchitektur an der University of Edinburgh. Dissertation zum Thema „Naturschutz als Innovation" am Institut für Landschaftspflege und Naturschutz der Universität Hannover, Promotion im Februar 2002. Seit 1994 freie Mitarbeiterin der Arbeitsgemeinschaft Umweltplanung (ARUM) in Hannover, seit 1997 wissenschaftliche Mitarbeiterin und Lehrbeauftragte am Institut für Landschaftspflege und Naturschutz der Universität Hannover. Passionierte Hobbyreiterin und Pferdeliebhaberin.

Harald A. Euler (1943), Studium der Psychologie in Bonn und als Fulbright-Student an der Washington State University im Wilden Westen im Palouse Country, Herkunftsgegend der Appaloosas der Nez Percé Indianer. Seit 1974 Professor für Psychologie an der Universität Kassel. Interessenschwerpunkte: Evolutionäre Psychologie, Geschlechterunterschiede, Emotionen, Familienbeziehungen.

Jens Lorenz Franzen (1937), ehemaliger Leiter der Abteilung Paläoanthropologie und Quartärpaläontologie am Forschungsinstitut Senckenberg in Frankfurt am Main, seit September 2000 im Ruhestand. Studium der Geologie, Paläontologie und Anthropologie an den Universitäten Freiburg im Breisgau und Kiel. 1963 Diplom in Geologie. 1968 Promotion über die Gattung Palaeotherium, frühe Pferdeverwandte. 1964 bis 1966 Stipendiat der Stiftung Volkswagenwerk. 1965 halbjähriger Studienaufenthalt in Frankreich. Lenkte als erster Wissenschaftler die Aufmerksamkeit auf die Gefährdung und das enorme Potenzial der Fossillagerstätte Messel, heute Weltnaturerbe der Menschheit. Begründete die Messel-Abteilung am Senckenbergmuseum und leitete dessen Messel-Grabungen von 1975 bis 1984. Mehr als 200 Publikationen über fossile Säugetiere, zur Evolution der Pferde und des Menschen sowie diverse Fossillagerstätten. Erster Träger des Alberti-Preises der Paläontologischen Gesellschaft.

Thomas Held (1959), 1984 bis1990 Studium der Biologie, Geographie, Pädagogik und Philosophie in Bochum. 1990 1. Staatsexamen für das Lehramt der Sekundarstufe II/I. Dissertation zur Schwermetallbelastung von Kleingartenböden, Februar 1995 Promotion. 1995 bis 2000 wissenschaftlicher Mitarbeiter und wissenschaftlicher Assistent am Lehrstuhl für Landschaftsökologie und Bio-geographie des Geographischen Instituts der Ruhr-Universität Bochum. Seit 2000 Wissenschaftlicher Angestellter und Kustos des Geographischen Instituts. Forschungen zur Stadtökologie und Angewandten Geographie.

Thomas Jansen (1967), 1989 Aufnahme des Studiums der Lebensmittelchemie an der Rheinischen Friedrich-Wilhelms-Universität Bonn. 1991 Wechsel in den Studiengang Diplom-Chemie. 1996 Abschluss des Studiums mit dem Diplom. Diplomarbeit zum Thema „Isolierung und Sequenzierung von Mikrosatellitsequenzen aus einer genomischen Bibliothek eines Hundes (Canis familiaris)" im Arbeitskreis von Prof. Dr. Olek. Seit 1996 Arbeit an der Dissertation zum Thema „Untersuchungen zur Phylogenie und Domestikation des Hauspferdes" im selben Arbeitskreis. Parallele Mitarbeit bei der IMD GmbH, heute Biopsytec Analytik GmbH als wissenschaftlicher Mitarbeiter mit den Schwerpunkten Etablierung und Durchführung von Untersuchungen zur Identifizierung erwünschter oder unerwünschter Erbanlagen bei Haustieren mittels genetischer Markersysteme, Abstammungsuntersuchungen bzw. Herkunftssicherung bei Haustieren sowie Sequenzierung und Analyse der mitochondrialen DNA bei diversen Spezies, zum Teil als Auftragsuntersuchungen.

Karl-Ludwig Lackner (1947), 1970 Beginn des Studiums der Agrarwissenschaften an den Universitäten Bonn und Göttingen mit Schwerpunkt Tierzucht, 1975 1. Staatsprüfung zum Diplom-Agraringenieur. Berufliche Tätigkeit bei der Deutschen Reiterlichen Vereinigung und dem Verband der Züchter und Freunde des arabischen Pferdes. Referendarausbildung mit Großer Staatsprüfung 1978. Seit 1979 Studienrat an der Bezirksfachschule für Pferdewirte in Münster. Mitglied des Prüfungsausschusses für die Pferdewirte, Schwerpunkt Reiten, Zucht und Haltung. Seit 1965 beziehungsweise 1971 Einsatz für die Sennerzucht, Leiter des Sennergestüts Borgholzhausen.

Armin Prinz zur Lippe (1924), geboren im Schloss Detmold als Sohn von Fürst Leopold

IV. zur Lippe und seiner Gemahlin Anna Fürstin zur Lippe, Prinzessin zu Ysenburg und Büdingen in Büdingen. 1930 bis 1936 Privatunterricht, 1936 Eintritt in die Quarta des Leopoldinums, Detmold. 1942 Abitur, anschließend Soldat der Deutschen Luftwaffe. Im Sommer 1945 Entlassung aus amerikanischer Gefangenschaft. Seit 1946 Studium der Naturwissenschaften, Biologie, in Göttingen. 1954 Promotion zum Dr. rer. nat. Im Anschluss daran Übernahme des väterlichen Erbes in Detmold. Neben vielfältigem Engagement auf sozialem und kulturellem Gebiet kontinuierlicher Förderer der Sennerzucht und Schirmherr des Wildbahnprojekts Senne.

Cordula Marx (1961), Studium der Geschichte und Romanistik an der Julius-Maximilians-Universität Würzburg und gefördert durch den DAAD und das DFJW an der Universität Bordeaux III. 1987 Magister Artium. 1994 Promotion mit einer Arbeit zum Thema „Die französische Wochenzeitschrift ‚L'Illustration' während der Zeit der französischen Besatzung 1940–1944". 1989 wissenschaftliche Mitarbeiterin und Lehrbeauftragte am Lehrstuhl für Neuere und Neueste Geschichte an der Universität Würzburg. 1993 bis 1994 Erfassung westfälischer Landmaschinenhersteller für das Westfälische Freilichtmuseum Detmold – Landesmuseum für Volkskunde. Zur Zeit aufs Pferd gekommen als Mutter von zwei Mädchen und Wissenschaftliche Referentin am Westfälischen Freilichtmuseum.

Heike Schmidt (1971), Studium der Germanistik und Geschichte an der Universität Hannover. 1997 Promotion zum Thema „Das Pferd – Energieträger, Kriegsmaschine, Repräsentationsobjekt – die Bedeutung des Pferdes und der Pferdezucht vom 17. bis zum 19. Jahrhundert". Volontariat und anschließende Anstellung als Redakteurin bei der Hannoverschen Allgemeinen Zeitung. Weiterer Forschungsschwerpunkt ist das Hebammenwesen und die medizinische Versorgung in ländlichen Regionen.

Peter Rüther (1962), 1983 bis 1988 Studium der Biologie in Bielefeld und Göttingen. 1990 bis 1992 beim Wasserschutzamt der Stadt Bielefeld. Seit 1992 bei der Biologischen Station Senne. Arbeitsschwerpunkte: fachliche Betreuung von Naturschutzgebieten, Projektkoordination. Seit 2000 bearbeitet die Biologische Station ein Beweidungsprojekt mit Senner Pferden. Mehrere Veröffentlichungen zu naturverträglicher Erholung in der Senne. Weitere Interessenschwerpunkte: Botanik und Naturfotografie.

Christian Sieling (1966), Ausbildung zum Sozialversicherungsangestellten, Studium der Landschaftsökologie, mit den Nebenfächern Zoologie und Geografie an der Westfälischen Wilhelms-Universität Münster. 1998 Diplomarbeit zum Thema „Vergleichende Untersuchungen zur Auswirkung von Pferdebeweidung am Beispiel von drei Przewalski-Herden in der Schorfheide und der Uckermark in Brandenburg". Begeisterter Reiter in der Natur und früher Züchter von Dülmenern.

Agnes Sternschulte (1957), Studium der Geografie, Fachrichtung Landschaftsökologie, mit den Nebenfächern Botanik, Geologie und Volkskunde an der Westfälischen Wilhelms-Universität Münster und der Eidgenössisch Technischen Hochschule in Zürich. Diplomarbeit 1983 über die Ansiedlung von gefährdeten dörflichen Ruderal- und Gräftengesellschaften und historischen Bauerngartenkulturen im Westfälischen Freilichtmuseum Detmold. 1985 bis 1987 Mitarbeit in einem Projekt des Freilichtmuseums, seit 1987 dort Leitung des Referats Landschaftsökologie. Lernte auf der Dülmener Wildpferdestute Amsel reiten und ist heute Besitzerin eines „wilden" Pferdes.

Christian Venne (1974), 1995 bis 2001 Studium der Biologie an der Universität Bielefeld. Diplomarbeit zum Thema: Auswirkungen von Schafbeweidung auf bodenbrütende Singvogelarten. Seit 2001 bei der Biologischen Station Senne. Arbeitsschwerpunkt: zoologische Erfassung in den betreuten Naturschutzgebieten. Mitarbeit im Beweidungsprojekt mit Senner Pferden. Interessenschwerpunkte: Entomologie und Naturfotografie.

Mathias Vogt (1965), Ausbildung zum Landwirt, Studium der Agrarwissenschaft an der Universität Göttingen, seit 1993 Diplom-Agraringenieur. Selbstständig tätig im eigenen Fachberatungsbüro für Tierzucht, Tierhaltung und Tierfütterung mit Schwerpunkt im Bereich der Tierzucht. Ehrenamtliche Tätigkeit als Koordinator für Pferderassen in der Gesellschaft zur Erhaltung alter und gefährdeter Haustierrassen e. V. Gründungsmitglied oder aktive Mitarbeit in zahlreichen Vereinen zur Erhaltung einzelner alter Nutztierrassen und Arbeitskreisen zu dieser Thematik.

Klaus Zeeb (1930), Fachtierarzt für Verhaltenskunde, Studium der Veterinärmedizin an der Ludwig-Maximilians-Universität München, Promotion 1958. Honorarprofessor an der Universität Hohenheim. 1960 bis 1995 am Tierhygienischen Institut Freiburg, Fachgebiet Ethologie der Tierhaltung. Mitarbeit in zahlreichen nationalen und internationalen Gremien. Autor von zirka 200 Aufsätzen, Büchern und Filmen. Forschungsschwerpunkt: Pferdeverhalten.

4.8.23. / Mülleimer

4.8.23. / Mülleimer

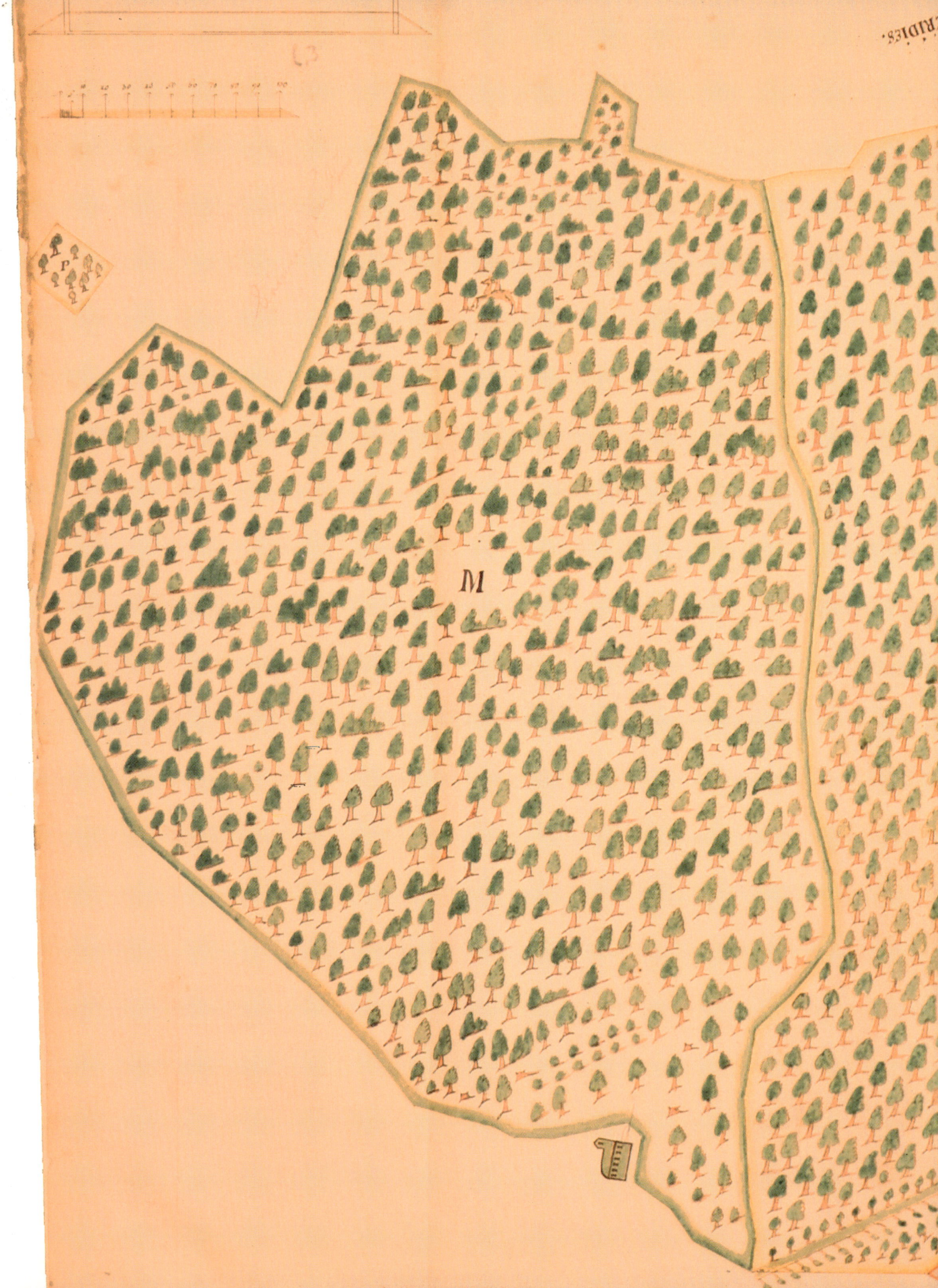

P

M